Klimaschutz im Verwaltungsverfahren

Europäische Hochschulschriften Recht

European University Studies in Law

Publications Universitaires Européennes de Droit

Band/ Volume **6311**

Lukas Lenz

Klimaschutz im Verwaltungsverfahren

Eine Untersuchung der Klimaverträglichkeit von Vorhaben, Plänen und Programmen durch Verwaltungsverfahrensrecht, insbesondere durch das Instrument der Umweltprüfung

PETER LANG

Bibliografische Information der Deutschen Nationalbibliothek
Die Deutsche Nationalbibliothek verzeichnet diese Publikation in der Deutschen Nationalbibliografie; detaillierte bibliografische Daten sind im Internet über http://dnb.d-nb.de abrufbar.

Zugl.: Köln, Univ., Diss., 2022

D 38
ISSN 0531-7312
ISBN 978-3-631-88325-9 (Print)
E-ISBN 978-3-631-88439-3 (E-PDF)
E-ISBN 978-3-631-88440-9 (EPUB)
DOI 10.3726/b20063

Peter Lang – Berlin · Bern · Bruxelles · New York · Oxford · Warszawa · Wien

Diese Publikation wurde begutachtet.

www.peterlang.com

Vorwort

Nachfolgende Arbeit wurde im April 2022 von der Rechtswissenschaftlichen Fakultät der Universität zu Köln als Dissertation angenommen.

Das Klimaschutzrecht stellt eine der sich am schnellsten entwickelnden Rechtsmaterien im gesamten öffentlichen Recht dar. Die grundlegende Idee für die vorliegende Arbeit kam mir im Jahr 2017 bei der Erstellung eines Vortrags zur Novelle des Gesetzes über die Umweltverträglichkeitsprüfung im Rahmen meiner Tätigkeit als wissenschaftlicher Mitarbeiter in einer auf das Bau- und Umweltrecht spezialisierten Anwaltskanzlei. Seither hat sich die einschlägige Rechtsmaterie erheblich weiterentwickelt. Ereignisse wie der Erlass des Bundes-Klimaschutzgesetzes Ende 2019 oder der Klimaschutzbeschluss des Bundesverfassungsgerichts aus dem März 2021 fallen in die Zeit der Erstellung des Manuskripts. Aus diesem Grund musste und konnte sich die Arbeit parallel zum Rechtsgebiet weiterentwickeln.

Die Schaffung einer klimaverträglichen Infrastruktur, nicht nur im Bereich des Verkehrs, sondern im gesamtgesellschaftlichen Sinne, ist eine der maßgeblichen Herausforderung für die Errichtung einer nachhaltigen und klimaresilienten Gesellschaft. Bislang besteht jedoch kein vollends entwickeltes rechtliches Instrument, um einschlägige Vorhaben, Pläne und Programme auf ihre Auswirkungen und Wechselwirkungen zum globalen Klima zu untersuchen. Diese Rolle können Umweltprüfungen wie die Umweltverträglichkeitsprüfung oder die strategische Umweltprüfung einnehmen. Die Konturierung dieses Problemkreises war Ziel dieser Arbeit.

Besonderen Dank möchte ich in erster Linie meinem Doktorvater *Prof. Dr. Kirk W. Junker* aussprechen. Zahlreiche Gespräche im Rahmen von Doktorandenseminaren und des wöchentlich stattfindenden „writing labs" haben mir nicht nur die Verarbeitung meiner eigenen Ideen ermöglicht, sondern meinen Blick über die „klassische deutsche Rechtswissenschaft" auch auf andere Rechtskreise, Gedankengänge und Herangehensweisen erweitert. Ebenfalls danke ich *Prof. Dr. Burkhard Schöbener* für die zügige Erstellung des Zweitgutachtens. Den übrigen Doktoranden von *Prof. Dr. Junker* möchte ich für fruchtbare Gespräche und die kollegiale Atmosphäre zu jeder Phase der Arbeit danken.

Letztlich wäre die gesamte Arbeit jedoch ohne die liebe- und hingebungsvolle Unterstützung meiner Eltern *Klaus Modigell* und *Karen Lenz* nicht möglich gewesen. Ihnen ist sie daher gewidmet. Insbesondere meinem Vater danke ich für zahlreiche Stunden des Korrekturlesens. Auch meiner Partnerin *Anja Lomparski* danke ich für ihre Unterstützung und die stets ermunternden Worte.

Inhaltsverzeichnis

Vorwort 5

Abkürzungsverzeichnis 17

Kapitel 1: Einleitung 23

I. Einführung 23

II. Gang der Untersuchung 26

III. Methodik 30

Kapitel 2: Grundlagen der Debatte um Klimastörungen 35

I. Begrifflichkeiten 36

1. Klima 36
2. Klimawandel 37

II. Naturwissenschaftliche Grundlagen 39

1. Treibhauseffekt 39
2. Treibhausgase, insbesondere CO_2 40
3. Verursachergruppen 42

III. Auswirkungen des Klimawandels 43

1. Anstieg der Temperatur 43
2. Rückgang der globalen Eisvorkommnisse 44
3. Anstieg des Meeresspiegels 45
4. Wetterextreme 46
5. Auswirkungen auf Ökosysteme 47
6. Auswirkungen auf den Menschen 48
7. Zusammenfassung der Auswirkungen 49

IV. Strategien zur Bekämpfung der Klimastörungen 49

1. Mitigation, Adaption und Resilienz 49
   a. Mitigation 51
   b. Adaption 52

c. Resilienz ... 53
d. Klimapolitik hat mehrere Gesichter ... 53
2. Herausforderungen der Klimapolitik ... 54
3. Das 2-Grad-Ziel ... 57

Kapitel 3: Rechtliche Vorgaben zum Klimaschutz ... 61

I. Völkerrechtliche Vorgaben ... 61
1. Genfer Übereinkommen ... 61
2. Wiener Übereinkommen zum Schutz der Ozonschicht ... 62
3. Protokoll von Montreal ... 62
4. Klimarahmenkonvention ... 64
5. Kyoto-Protokoll ... 65
a. Reduktionspflichten ... 66
b. Weitere Kyoto-Mechanismen ... 66
c. Emissionszertifikatehandel ... 67
d. Bewertung des Kyoto Regimes ... 68
e. Post Kyoto Regime ... 69
6. Paris Abkommen ... 70
a. Klimaziele ... 70
b. Verantwortlichkeit ... 71
c. Unterschiedliche Verbindlichkeiten ... 71
d. Nationally Determined Contributions (NDCs) ... 72
e. Loss and Damage ... 73
f. Erfüllungskontrolle und Transparenzsystem ... 74
g. Bewertung ... 74
7. Klimakonferenzen COP24 und COP25 ... 75
8. Stellung und Bedeutung des IPCC ... 76
9. Erkenntnisse des Völkerrechts ... 77

II. Europarechtliche Vorgaben ... 77
1. Primärrecht ... 78
2. Europäische Zielsetzungen ... 79
3. Sekundärrechtliche Maßnahmen ... 83

4. Erkenntnisse des Europarechts ... 86
III. Nationale Vorgaben ... 86
1. Verfassungsrecht ... 87
a. Grundrechte auf Klimaschutz ... 89
aa. Abwehrrechtliche Dimension ... 89
bb. Schutzrechtliche Dimension ... 91
aaa. Dogmatische Herleitung ... 92
bbb. Tatbestand ... 94
ccc. Intergenerationelle Dimension ... 97
ddd. Schutzumfang und gerichtliche Kontrolldichte ... 101
eee. Schutzverwirklichung durch Verwaltungsverfahren ... 103
b. Vorgaben aus Art. 20a Grundgesetz ... 105
aa. Schutzbereich ... 105
bb. Einordnung als Staatsziel ... 106
cc. Maß der Schutzverpflichtung ... 108
dd. Erkenntnisse aus Art. 20a GG für den Klimaschutz ... 110
c. Erkenntnisse des Verfassungsrechts zum Klimaschutz ... 110
2. Nationale Klimaschutzziele ... 111
a. Meseberger Beschlüsse ... 112
b. Energiekonzept ... 113
c. Aktionsprogramm Klimaschutz 2020 ... 113
d. Klimaschutzplan 2050 ... 113
e. Kritik an Klimaschutzzielsetzung ... 115
f. Klimaschutzgesetz ... 115
3. Der Klimaschutz-Beschluss des Bundesverfassungsgerichts ... 117
a. Gegenstand des Beschlusses und Entscheidung ... 118
b. Bedeutung der Wissenschaft/Budgetansatz des SRU ... 119
c. Schutzpflichten ... 120

d. Intertemporale Freiheitsrechte ... 122
e. Erkenntnisse zu Art. 20a GG ... 125
f. Das Verhältnis von Maßnahmen zum Klimaschutz und zur Anpassung an den Klimawandel ... 128
g. Stellungnahme und Ausblick ... 129
4. Entwicklungen seit dem Klimaschutz-Beschluss ... 131
IV. Zusammenfassung der Vorgaben ... 132

Kapitel 4: Verwaltungsverfahrensrecht ... 133
I. Erfassung des Verfahrensrechts ... 133
II. Allgemeine Stellung des Verfahrensrechts ... 135
1. Dienende Funktion des Verfahrens ... 136
2. Schwankende Grade der dienenden Funktion ... 137
3. Funktionen des Verfahrensrechts ... 139
a. Richtigkeitsgewähr ... 139
b. Generierung von Informationen und Wissen ... 140
c. Demokratische Funktion ... 141
d. Schutz der Grundrechte ... 142
aa. Funktion ... 142
bb. Schutzpflichten, Verfahren und Klimaschutz ... 145
e. Akzeptanzschaffung ... 147
f. Zwischenergebnis ... 148
III. Die Abwägung als zentrales Element planungsrechtlicher Verfahren ... 149
1. Ablauf der Abwägung ... 151
a. Ermittlung des Abwägungsmaterials ... 151
b. Einstellung der Belange ... 153
c. Gewichtung der Belange ... 153
aa. Auswirkungen von Art. 20a GG auf die planerische Abwägung ... 155

bb. Auswirkungen des Bundes-Klimaschutzgesetzes und des Klimaschutz-Beschlusses des BVerfG auf die planerische Abwägung ... 156
cc. Auswirkungen der UVP auf die planerische Abwägung ... 160
d. Ausgleich konfligierender Belange ... 164
2. Planungsalternativen ... 165
3. Gebot gerechter Abwägung/ Recht auf gerechte Abwägung ... 166
a. Abwägungsausfall ... 168
b. Abwägungsdefizit ... 168
c. Abwägungsfehleinschätzung ... 169
d. Abwägungsdisproportionalität ... 169
4. Der Klimaschutzbelang in der Abwägung ... 170
a. Ermittlung und Einstellung ... 171
b. Gewichtung ... 172
c. Ausgleich mit konfligierenden Belangen ... 174
IV. Zusammenfassung zum allgemeinen Teil des Verfahrensrechts ... 175

Kapitel 5: Die Umweltprüfung ... 177

I. Grundgedanken und Grundzüge ... 177
1. Umweltprüfungen als Instrument des Umweltrechts ... 178
2. Umweltprüfung als Verwirklichung des Verfassungsrechts? ... 179
3. Prinzipien der Umweltprüfung ... 181
a. Vorsorgeprinzip ... 182
aa. Inhalt und Bedeutung ... 182
bb. Verfassungsrechtliche Dimension ... 184
cc. Vorsorgeprinzip, Umweltprüfung und Klimaschutz ... 185
b. Integrationsprinzip ... 187

aa. Inhalt und Bedeutung 187
bb. Integrationsprinzip, Umweltprüfung und Klimaschutz 189
c. Kooperationsprinzip 190
II. Geschichte der Umweltprüfungen 191
1. USA 191
2. Europa 193
a. Richtlinie 85/337/EWG 194
b. UVP-Änderungsrichtlinie 97/11/EG 195
c. Die SUP-Richtlinie 196
d. UVP-Richtlinie 2011/92/EU 197
e. Richtlinie 2014/52/EU 198
3. Deutschland 200
a. Vor der EU-Gesetzgebung 200
b. Umsetzung der Richtlinie 85/337/EWG 202
c. Weitere nationale Genese und Novelle 2017 203
III. Verfahrensablauf der Umweltprüfung 205
1. Feststellung der UVP-Pflicht 205
2. Unterrichtung über den Untersuchungsrahmen (Scoping) 206
3. UVP-Bericht 208
4. Behördenbeteiligung 210
5. Öffentlichkeitsbeteiligung 210
6. Zusammenfassende Darstellung 211
7. Bewertung der Umweltauswirkungen 212
a. Funktion und Zweck 212
b. Maßstäbe der Bewertung 214
c. Gesamtbewertung und Alternativen 216
8. Berücksichtigung bei der Vorhabenzulassung 217
9. Bekanntmachung der Entscheidung 220
10. Verhältnis der Umweltprüfung zur allgemeinen Abwägung 220
IV. Klima in der Umweltprüfung 223
1. Normativer Niederschlag des Klimas im UVPG 223

a. Schutzgut Klima ... 223
b. UVP-Bericht ... 227
c. Umweltbericht (SUP) ... 228
2. Klima in den unterschiedlichen Stufen der UVP ... 228
a. Feststellung der UVP-Pflicht ... 228
b. Unterrichtung über den Untersuchungsrahmen (Scoping) ... 230
c. UVP-Bericht ... 230
aa. Beschreibung des Vorhabens ... 231
bb. Beschreibung der Merkmale des Vorhabens ... 232
cc. Beschreibung der geplanten Maßnahmen ... 232
dd. Beschreibung der erheblichen Umweltauswirkungen ... 233
ee. Vernünftige Alternativen ... 234
d. Behörden- und Öffentlichkeitsbeteiligung ... 235
e. Zusammenfassende Darstellung ... 235
f. Bewertung der Klimaauswirkungen ... 235
aa. Verbindlichkeit ... 236
bb. Konkretheit ... 238
aaa. Zeitliche Dimension ... 239
bbb. Räumliche Dimension ... 239
ccc. Inhaltliche Dimension ... 240
cc. Fazit ... 240
g. Berücksichtigung des Klimas bei der Vorhabenzulassung ... 241
3. Klima in den unterschiedlichen Stufen der SUP ... 242
a. Feststellung der SUP-Pflicht ... 243
b. Festlegung des Untersuchungsrahmens ... 243
c. Umweltbericht ... 243
aa. Darstellung der Umweltziele ... 244
bb. Beschreibung der Auswirkungen ... 244
cc. Darstellung der Vermeidungsmaßnahmen ... 245

dd. Alternativen ... 245
ee. Bewertung ... 245
d. Behörden- und Öffentlichkeitsbeteiligung ... 245
e. Abschließende Bewertung ... 246
f. Berücksichtigung ... 246
4. Fazit: Klima im Verfahren der Umweltprüfung ... 246
5. Ausblick: Einführung einer Klimaverträglichkeitsprüfung ... 248
a. Einführung als Teil der UVP/SUP ... 248
b. Einführung als selbstständiges Verfahren ... 249
c. Bewertung und Fazit ... 250
d. Prüfung der Klimawandelanpassungsfähigkeit und Klimaresilienz ... 251

Kapitel 6: Die Rügemöglichkeit von Fehlern der UVP/SUP ... 253

I. Relevanz der Rügemöglichkeiten für die Zwecke des Klimaschutzes ... 253
II. Struktur der Rügemöglichkeiten ... 255
1. Allgemeine Klagemöglichkeiten gegen Verfahrensfehler ... 255
2. Klagen nach Umweltrechtsbehelfsgesetz ... 258
a. Rechtsbehelfe von Umweltverbänden ... 259
b. Rechtsbehelfe von Individualklägern ... 259
c. Verfahrensfehler ... 261
aa. Absolute Verfahrensfehler ... 261
bb. Relative Verfahrensfehler ... 263
cc. Verfahrensverständnis des § 4 UmwRG ... 264
aaa. Ansicht des Bundesverwaltungsgerichts ... 264
bbb. Ansicht des Oberverwaltungsgerichts Münster ... 265
ccc. Stellungnahme ... 267
d. Fehlerhafte Ermittlung des Klimabelangs ... 269

e. Relativierung durch Heilungsmöglichkeiten 272
aa. Struktur der Heilungsmöglichkeiten 272
bb. Auswirkungen auf das Verfahren 273

Kapitel 7: Klimaschutz bei der Planung von Bundesautobahnen 275

I. Klimarelevanz des Verkehrs auf Bundesautobahnen 275

II. Klimaschutzinstrumente im Verkehrsbereich 277
1. Überblick 277
2. Planungsansätze 279
a. Städtebaurecht 280
b. Raumordnung 281
c. Fachplanungsrecht der Verkehrsinfrastruktur 283
d. Handlungsoptionen Klimaschutz 284
e. Verkehrsinduzierende Wirkung neuer Straßen 285

III. Die Planung von Bundesautobahnen 286
1. Verfahrensschritte der Planung von Bundesautobahnen 287
a. Transeuropäisches Verkehrsnetz 287
b. Bundesverkehrswegeplan 288
c. Bedarfsplan 291
d. Raumordnungsverfahren 293
e. Linienbestimmungsverfahren 294
f. Planfeststellungsverfahren 295
g. Einflussfaktoren 300
2. Klimaschutz im Verfahren der Planung von Bundesautobahnen 301
a. Bundesverkehrswegeplan 303
b. Bedarfsplan 305
c. Raumordnungsverfahren 306
d. Linienbestimmungsverfahren 307
e. Planfeststellungsverfahren 309
f. Zusammenfassende Erkenntnisse 311

3. Überprüfung bisher ergangener Planungsentscheidungen ... 312

a. SUP zum BVWP 2030 ... 313

aa. Ermittlung des Klimaschutzbelangs ... 314

bb. Kritik an der SUP ... 318

cc. Rechtliche Bewertung durch das BVerwG ... 320

dd. Stellungnahme ... 321

b. Beispielhafte Planungsentscheidungen ... 324

aa. Rahmenbedingungen ... 324

bb. Untersuchte Merkmale ... 326

aaa. Anerkennung des globalen Klimas ... 326

bbb. Treibhausgasemissionen von Fahrzeugen ... 328

ccc. Natürliche Kohlenstoffsenken ... 330

ddd. Trassenalternativen ... 332

eee. Klimaschutz in der materiellen Abwägungsentscheidung ... 333

cc. Stellungnahme ... 335

VI. Zusammenfassung und Ausblick ... 338

Kapitel 8: Gesamtergebnis ... 341

I. Umweltprüfung als geeignetes Klimaschutzinstrument ... 341

II. Weitere Erkenntnisse ... 344

III. Ausblick ... 346

Literaturverzeichnis ... 349

Abkürzungsverzeichnis

A	Autobahn
ABl. EU/EG	Amtsblatt der Europäischen Union/ der Europäischen Gemeinschaft
Abs.	Absatz
AEG	Allgemeines Eisenbahngesetz
AEUV	Vertrag über die Arbeitsweise der Europäischen Union
APuZ	Aus Politik und Zeitgeschichte
ARSP	Archiv für Rechts- und Sozialphilosophie
Art.	Artikel
Aufl.	Auflage
AöR	Archiv des öffentlichen Rechts
a.F.	Alte Fassung
BAB	Bundesautobahn
BauGB	Baugesetzbuch
BauNVO	Baunutzungsverordnung
BauO NRW	Bauordnung des Landes Nordrhein-Westfalen
BeckRS	Beck-Rechtsprechung
BEHG	Brennstoffemissionshandelsgesetz
Beschl.	Beschluss
BImSchG	Bundesimmissionsschutzgesetz
BGBl.	Bundesgesetzblatt
BMI	Bundesministerium des Innern, für Bau und Heimat
BMVI	Bundesministerium für Verkehr und digitale Infrastruktur
BNatSchG	Bundesnaturschutzgesetz
BR	Bundesrat
BRD	Bundesrepublik Deutschland
BT	Bundestag
BT-Drs.	Bundestagsdrucksache
BVerfG	Bundesverfassungsgericht
BVerfGE	Entscheidungen des Bundesverfassungsgerichts
BVerwG	Bundesverwaltungsgericht
BVerwGE	Entscheidungen des Bundesverwaltungsgerichts
BVWP	Bundesverkehrswegeplan
Bzw.	Beziehungsweise
CH_4	Methan

cm	Zentimeter
CMD	Mechanismus für umweltverträgliche Entwicklung
COM	Europäische Kommission
COP	Conference of the Parties; UN-Klimakonferenz
CO_2	Kohlenstoffdioxid
D. h.	das heißt
Drs.	Drucksache
DVBl.	Deutsches Verwaltungsblatt
DÖV	Die öffentliche Verwaltung
Ebd.	ibidem (lat.): genau, gerade dort.
EG	Europäische Gemeinschaft
EGV	Vertrag zur Gründung der Europäischen Gemeinschaft
EH	Emissionshandel
EHS	Europäisches Emissionshandelssystem
EIA	Environmental Impact Assessment
EIS	Environmental Impact Statement
EnWZ	Zeitschrift für das gesamte Recht der Energiewirtschaft
eq	Äquivalent
ERU	Emission Reduction Units; Emissionsreduktionseinheiten
EU	Europäische Union
EU-ETS	Europäischer Emissionshandel
EUV	Vertrag über die Europäische Union
EurUP	Zeitschrift für Europäisches Umwelt- und Planungsrecht
EWG	Europäische Wirtschaftsgemeinschaft
FCKW	Fluorchlorkohlenwasserstoff
Fn.	Fußnote
FStrG	Bundesfernstraßengesetz
FStrAbG	Fernstraßenausbaugesetzes
f.	folgend
ff.	Fortfolgend
GmbH	Gesellschaft mit beschränkter Haftung
GG	Grundgesetz
GWP	Global Warming Potential
Hrsg.	Herausgeber
IPCC	Intergovernmental Panel on Climate Change
i.V.m.	In Verbindung mit
i.S.d	Im Sinne des/der
JA	Juristische Arbeitsblätter
JuS	Juristische Schulung

Kap.	Kapitel
KJ	Kritische Justiz
Km	Kilometer
KP	Kyoto-Protokoll
KritV	Kritische Vierteljahresschrift für Gesetzgebung und Rechtswissenschaft
KSG	Bundes-Klimaschutzgesetz
Lfg.	Lieferung
lit.	littera
LKW	Lastkaftwagen
Ls.	Leitsatz
LuftVG	Luftverkehrsgesetz
m	Meter
Mio.	Millionen
Mrd.	Milliarden
MW	Megawatt
M.w.N.	Mit weiteren Nachweisen
NAPE	Nationaler Aktionsplan Energieeffizienz
NDC	Nationally Determined Contributions; Nationale Minderungsbeiträge
NEPA	National Environmental Policy Act
NJW	Neue Juristische Wochenschrift
Nr.	Nummer
NuR	Zeitschrift Natur und Recht
NVwZ	Neue Zeitschrift für Verwaltungsrecht
NVwZ-RR	NVwZ-Rechtsprechungs-Report Verwaltungsrecht
N_20	Distickstoffoxid
OVG	Oberverwaltungsgericht
PA	Paris Abkommen
Pkm	Produkt aus dem jährlichen Verkehrsaufkommen reisender Personen in ihrer Anzahl mit der Länge der zurückgelegten Strecke in km
PKW	Personenkraftwagen
PNAS	Proceedings of the National Academy of Sciences of the United States of America
ppm	Parts per Million
PRINS	Projektinformationssystem zum Bundesverkehrswegeplan
RL	Richtlinie
ROG	Raumordnungsgesetz

RoV	Raumordnungsverordnung
Rn.	Randnummer
SRU	Sachverständigenrates für Umweltfragen
SUP	Strategische Umweltprüfung
StVO	Straßenverkehrsordnung
S.	Seite
t	Tonnen
t/a	Tonnen pro Jahr
THG	Treibhausgase
TEHG	Treibhausgas-Emissionshandelsgesetz
Tkm	Produkt der transportierter Güter in Tonnen mit der Länge der zurückgelegten Strecke in km
u. a.	Unter anderem
UmwRG	Umweltrechtsbehelfsgesetz
UN	United Nations; Vereinte Nationen
UNEP	Umweltprogramm der Vereinten Nationen
UPR	Zeitschrift für Umwelt- und Planungsrecht
Urt.	Urteil
USA	United States of America; Vereinigte Staaten von Amerika
UVP	Umweltverträglichkeitsprüfung
UVPG	Gesetz über die Umweltverträglichkeitsprüfung
UVPVwV	Allgemeine Verwaltungsvorschrift zur Ausführung des Gesetzes über die Umweltverträglichkeitsprüfung
u. a.	Unter anderem/ und andere
VerwArch	Zeitschrift Verwaltungsarchiv
VG	Verwaltungsgericht
Vgl.	Vergleiche
VVDStRL	Veröffentlichungen der Vereinigung der Deutschen Staatsrechtslehrer
VwVfG	Verwaltungsverfahrensgesetz
VwGO	Verwaltungsgerichtsordnung
v.	vom
WBGU	Wissenschaftlicher Beirat der Bundesregierung für globale Umweltänderungen
WHG	Wasserhaushaltsgesetz
WHO	World Health Organisation; Weltgesundheitsorganisation
WMO	Weltorganisation für Meteorologie
ZfBR	Zeitschrift für deutsches und internationales Bau- und Vergaberecht

Ziff.	Ziffer
ZRP	Zeitschrift für Rechtspolitik
ZUR	Zeitschrift für Umweltrecht
z. B.	Zum Beispiel
°C	Grad Celsius

Kapitel 1: Einleitung

I. Einführung

Klimaschutz ist eine der wichtigsten, wenn nicht die wichtigste Aufgabe unserer Zeit. Diese Wahrnehmung war jedoch zu Beginn der vorliegenden Arbeit im Herbst 2018 nicht so uneingeschränkt vorherrschend. Das Politikfeld Klimaschutz wurde vielfach zwar als wichtiges Thema angesehen, ernsthafte politische Bestrebungen zur Bekämpfung der Klimastörungen waren jedoch die Ausnahme. Spätestens seit dem Wahlkampf zur Bundestagswahl 2021 ist Klimaschutz im gesellschaftlichen Mainstream angekommen. Als Auswirkung wird auch der rechtswissenschaftliche Diskurs in zunehmendem Maße von Fragen des Klimaschutzes, der Klimawandelanpassung und neuerdings auch der Klimaresilienz geprägt. Das Klimaschutzrecht unterliegt daher seit wenigen Jahren einem immensen Anpassungs- und Entwicklungsdruck. Auch im allgemeinen Umweltrecht hat das Klimaschutzrecht als ein Teilgebiet einen starken Bedeutungszuwachs erlebt. Wurde im Jahr 2010 noch über die Existenz und die Konturen eines Rechtsgebiets „Klimaschutzrecht" nachgedacht[1], bestehen mittlerweile mehrere deutschsprachige Handbücher speziell zu diesem Gebiet[2] und weitere sind im Erscheinen.[3]

Klimaschutz ist eine gesamtgesellschaftliche Aufgabe. Alle Teile der Gesellschaft müssen daher in das Klimaschutzregime eingebunden werden. Aus diesem Grund ist das Klimaschutzrecht geprägt durch einen breiten und ausdifferenzierten Instrumentenkatalog. So bestehen etwa ordnungsrechtliche Instrumente, wie die Bestimmung von Emissionsgrenzwerten für neuzuzulassende PKW. Für einen Großteil der Emissionen aus der Industrie hat sich zudem das ökonomische Instrument des Handels mit Emissionszertifikaten als das zentrale Instrumente in der EU entwickelt. Außerdem werden inzwischen die Emissionen aus Brennstoffen, wozu auch Benzin und Diesel gehören, in einem

---

1 Siehe nur *Schlacke*, in: *Erbguth (Hrsg.)*, Umwelt- und Planungsrecht im Wandel: System, Funktionen, Perspektiven 2010; *Schlacke*, Umweltrecht 2019, S. 476f.; *Kahl/Gärditz*, Umweltrecht 2019, S. 207.

2 Siehe etwa *Frenz*, Klimaschutzrecht 2021; *Frenz*, Grundzüge des Klimaschutzrechts 2020; *Rodi*, Handbuch Klimaschutzrecht 2022.

3 Alle im Erscheinen: *Schlacke/Kreuter-Kirchhof*, Klimaschutzrecht 2022; *Härtel*, Einführung in das Klimaschutzrecht 2024; *Fellenberg/Guckelberger*, Klimaschutzrecht 2022.

nationalen Zertifikatsystem gehandelt. Von Relevanz sind sodann der Ausbau der erneuerbaren Energien und die Förderung der Energieeffizienz. Nicht zuletzt kommt dem nationalen Planungsrecht, worunter etwa die Verkehrswegeplanung, die Raumplanung aber auch die Bauleitplanung zu fassen sind, gestiegene Bedeutung zu.[4]

Umweltprüfungen, wie die Umweltverträglichkeitsprüfung (UVP) und die strategische Umweltprüfung (SUP), sind seit ihrer Einführung ins nationale Recht im Jahr 1990 zentrale und wichtige Elemente des allgemeinen Umweltrechts.[5] Sie sind als spezielle verfahrensrechtliche Instrumente ausgestaltet und werden für den Fall ihrer Anwendung in das jeweilige Fachrecht integriert, das für einschlägige Zulassungsentscheidungen maßgeblich ist. Der Grundgedanken ist, dass mögliche erhebliche Auswirkungen auf die Umwelt frühzeitig erkannt und berücksichtigt werden sollen. Der Unterschied von UVP und SUP besteht grundsätzlich beim Betrachtungsgegenstand. Die UVP nimmt einen vorhaben- bzw. projektbezogenen Blick ein, wohingegen die SUP die Umweltauswirkungen von Plänen und Programmen beleuchtet. Im Rahmen der UVP und SUP sollen die Umweltauswirkungen ermittelt, beschrieben und bewertet werden, damit eine (Zulassungs-)Entscheidung im Hinblick auf alle umweltrechtlichen Belange umfassend vorbereitet wird. Dadurch sollen die Belange der Umwelt das ihnen in der jeweiligen Situation zustehende Gewicht erlangen.[6]

Für den Schutz einer Vielzahl umweltrechtlicher Güter stellen UVP und SUP heute anerkannte und etablierte Instrumente dar.[7] Obwohl auch das Klima ein Schutzgut dieser Umweltprüfungen ist, wurden UVP und SUP in Deutschland bisher kaum als Instrumente des Klimaschutzes angesehen.[8] Vorliegende Arbeit geht daher der Frage nach, ob dieses spezielle Verfahrensrecht ein effektives

---

4 Siehe zu diesem Komplex überblicksartig *Kahl/Gärditz*, [Fn. 1], S. 214ff.

5 So auch *Kahl/Gärditz*, ebd., S. 122f.

6 Vgl. *Kloepfer*, Umweltrecht 2016, S. 317.

7 *Schink*, Entwicklungen und Stand der UVP, NuR 2018, 21 (21) sieht die UVP als das zentrale Element bei der Behandlung von Umweltauswirkungen von Vorhaben. Auch *Kahl/Gärditz*, [Fn. 1], S. 122f. sprechen davon, dass UVP und SUP zu den wichtigsten (Verfahrens-)Instrumenten eines integrativen und vorsorgenden Umweltschutzes zählen.

8 Zur Implementation von Klimaschutzüberlegungen in das internationale Pendant der Umweltprüfung, das Environmental Impact Assessment, siehe etwa *Peel*, in: *Farber/Peeters (Hrsg.)*, Climate Change Law 2016. Auch im internationalen Kontext bestehen Unsicherheiten bezüglich der genauen Handhabung des Klimaschutzbelangs. Siehe *Peel*, ebd., S. 353f.

Instrument im Kampf gegen den anthropogenen Klimawandel sein kann und daher in der Lage ist, den bereits bestehenden Instrumentenkatalog zu ergänzen.

In diesem Zusammenhang stellt sich außerdem die Frage, welchen Beitrag das allgemeine Verwaltungsverfahrensrecht zu den nationalen Klimaschutzbemühungen leisten kann. Denn in der rechtswissenschaftlichen Diskussion geht es vorrangig um materiellrechtliche Anforderungen zum Klimaschutz, wie etwa die Einführung der Klimaschutzklausel in § 2 Abs. 2 Nr. 6 S. 7 ROG, wonach Klimaschutzmaßnahmen ebenfalls durch Maßnahmen der Raumordnung Rechnung zu tragen ist.[9] Die Bedeutung und der Beitrag des allgemeinen Verwaltungsverfahrensrechts zu den nationalen Klimaschutzbemühungen werden in diesem Zusammenhang bislang gänzlich ausgespart. Auch diese Lücke soll vorliegende Arbeit schließen.

Da Verfahrensrecht nicht alleine stehen kann, sondern immer der Erfüllung externer, materiellrechtlicher Zwecke dienen soll, stellt sich insbesondere beim Instrument der Umweltprüfung die Frage, wie, an welchen Stellen und in welchem Maße dieses spezielle Verfahrensrecht mit dem materiellen Recht interagiert. Als Referenzgebiet wird im Rahmen dieser Arbeit die Planung und Zulassung von Bundesautobahnen behandelt.

Der Verkehrssektor stellt einen wichtigen Bereich der Klimaschutzpolitik dar. Wie das allgemeine Klimaschutzrecht ist auch der Verkehrssektor geprägt durch einer Vielzahl von Klimaschutzinstrumenten. Gedacht sei etwa an die Verkehrswende mit dem maßgeblichen Umstieg auf alternative Antriebsarten oder die Forderung nach einem generellen Tempolimit auf Autobahnen.[10] Auch dem Planungsrecht kommt in diesem Zusammenhang eine hervorzuhebende Bedeutung zu.[11] Denn durch die Umsetzung von Verkehrsinfrastrukturvorhaben werden die tatsächlichen Voraussetzungen für die Mobilität der Zukunft geschaffen. Es handelt sich mithin gewissermaßen um Systementscheidungen für und gegen bestimmte Verkehrsträger. Daher stellt sich die Frage, wie und an welchen Stellen der Planung von Bundesautobahnen Klimaschutzaspekte angebracht werden können. Zwar spricht das in diesem Bereich angesehene Handbuch Straßenrecht, begründet von Kurt Kodal, in seinem Vorwort davon, dass es allen Straßenbauern wichtig sei, die Instrumente, die das Planungsrecht zum Schutz der

9 Siehe dazu noch unter Kapitel 7, Ziff. II, 2, lit. b.

10 Für einen Überblick siehe Kapitel 7, Ziff. II, 1.

11 So auch *Groß*, in: *Böhm/Schmehl (Hrsg.)*, Verfassung – Verwaltung – Umwelt 2010, S. 40; *Böhler/Bongardt*, Sorgenkind Verkehr – Maßnahmen zum Klimaschutz, APuZ 2007, 15 (18).

Umwelt bereitstellt, inhaltlich voll anzuwenden. Demnach würde auch die Thematik „Klimakatastrophe" sehr ernst genommen.[12] Weder das Handbuch noch andere Publikationen gehen jedoch darauf ein, wie dies im Einzelfall vonstattengehen sollte. Auch die Schließung dieser Forschungslücke ist Ziel dieser Arbeit. Schließlich kann erst durch die Ausweitung des Blicks über den Fokus des Verfahrensrechts hinaus auch auf materielle Rechtsmaterien, wie die Planung von Bundesautobahnen, eine umfassende Bilanz zum allgemeinen Verfahrensrecht, aber auch zu den Instrumenten der UVP und SUP gezogen werden.

II. Gang der Untersuchung

Zur Beantwortung dieser Leitfragen müssen zunächst die naturwissenschaftlichen und begrifflichen Grundlagen des natürlichen und anthropogenen Klimawandels erörtert werden (Kapitel 2). Denn nur durch ein Verständnis der ökologischen Prozesse können in den folgenden Schritten das Schutzgut „Klima" im Rahmen der UVP und SUP konturiert und dadurch rechtlich handhabbar gemacht werden. Dazu werden zunächst die Begriffe des Klimas und des Klimawandels beschrieben (Kapitel 2, Ziff. I). Ebenfalls werden das Phänomen des Treibhauseffekts (Kapitel 2, Ziff. II, 1) sowie der bereits eingetretenen und noch zu erwartenden Auswirkungen des Klimawandels dargestellt (Kapitel 2, Ziff. III). Diese Auswirkungen verdeutlichen die Relevanz des Politikfelds und bilden darüber hinaus die Grundlagen insbesondere für die grundrechtlichen Schutzpflichten bezüglich der Klimastörungen (in Kapitel 3, Ziff. III, 1, lit. a). Schließlich werden die Politikfelder des klassischen Klimaschutzes (Mitigation), der Anpassungsmaßnahmen an die nicht mehr vermeidbaren Auswirkungen des Klimawandels (Adaption) und der Klimaresilienz beleuchtet (Kapitel 2, Ziff. IV). Die Arbeit konzentriert sich in ihrem Fortgang indes auf das Feld der Mitigation. Nur an wenigen Stellen werden Bezüge zur Adaption und Resilienz hergestellt.

In Kapitel 3 werden sodann die rechtlichen Vorgaben zum Klimaschutz auf internationaler, europäischer und nationaler Ebene analysiert (Kapitel 3, Ziff. I, II, III.). Von hervorzuhebender Bedeutung sind in diesem Zusammenhang die verfassungsrechtlichen Vorgaben, insbesondere die bereits angesprochenen grundrechtlichen Schutzpflichten (Kapitel 3, Ziff. III, 1, lit. a) und Art. 20a GG (Kapitel 3, Ziff. III, 1, lit. b). Diesen verfassungsrechtlichen (Schutz-)Pflichten kann durch eine verfassungs- und grundrechtssensible Ausgestaltung von

12 Vgl. *Herber*, in: *Kodal*, Straßenrecht 2021, Vorwort, IX.

Verwaltungsverfahren nachgekommen werden (Kapitel 3, Ziff. III, 1, lit. a, bb, eee). Es stellt sich daher in der Folge auch die Frage, ob sowohl das allgemeine Verfahrensrecht als auch UVP und SUP als Verwirklichungsmodi des Verfassungsrechts anzusehen sind (siehe Kapitel 4, Ziff. II, 3, lit. b, aa sowie Kapitel 5, Ziff. I, 2). Das Kapitel schließt mit einer ausführlichen Auseinandersetzung mit dem Klimaschutz-Beschluss des Bundesverfassungsgerichts vom 24.03.2021[13] (Kapitel 3, Ziff. III, 3), welcher in der rechtswissenschaftlichen Literatur ein breites Echo hervorgerufen hat und das nationale Klimaschutzrecht wohl für die nächsten Jahre prägen wird.

Kapitel 4 verlagert den Blick zum allgemeinen Verwaltungsverfahrensrecht. Dazu wird zunächst geklärt, was unter Verwaltungsverfahrensrecht zu verstehen ist (Kapitel 4, Ziff. I). Im Anschluss wird die allgemeine Stellung des Verfahrensrechts in der deutschen Rechtsordnung beleuchtet.[14] Insbesondere wird hierzu das Konzept der dienenden Funktion des Verfahrens, sprich das Verhältnis zum materiellen Recht und dessen Ausprägungen in unterschiedlichen Verfahrensarten herausgearbeitet (Kapitel 4, Ziff. II. 1, 2). Die eigenständige Bedeutung wird sodann in den zu beleuchtenden Funktionen des Verwaltungsverfahrensrechts herausgestellt (Kapitel 4, Ziff. II, 3). Denn der Wert des Verwaltungsverfahrens für den Klimaschutz steht und fällt mit der Leistungsfähigkeit ebendieser Funktionen. Dabei stellt die Funktion des Schutzes der Grundrechte eine Verbindung zu den in Kapitel 3 aufgefundenen verfassungsrechtlichen Vorgaben her. Das zentrale Element einer Vielzahl von (umweltrechtlichen) Verfahren stellt eine oftmals durchzuführende Abwägung dar, in deren Rahmen alle beachtlichen Belange in einen gerechten Ausgleich gebracht werden müssen. Insbesondere in multipolaren Interessen bzw. Rechtslagen kann hierdurch eine ausgleichende Bilanzierung geschaffen werden. Daher werden zunächst der allgemeine Ablauf einer Abwägung sowie das hierfür maßgebende Gebot der gerechten Abwägung beschrieben (Kapitel 4, Ziff. III). Daran anschließend wird dargestellt, wie sich der Belang des Klimas bzw. Klimaschutzes im Abwägungsverfahren verhält. Von

---

13 BVerfG, Beschl. v. 24.03.2021 – 1 BvR 2656/18 u. a., NJW 2021, 1723, NVwZ 2021, 951.

14 Diesbezüglich bestehen gewisse inhaltliche Überschneidungen zur Seminararbeit „Klimarelevante Verwaltungsverfahren – Eine Untersuchung ausgewählter Handlungsfelder der Verwaltung auf ihren potentiellen Beitrag zu den nationalen Klimaschutzbemühungen", welche der Autor im Rahmen der Vorbereitung auf die Dissertation im Sommersemester 2020 angefertigt hat. Der Schwerpunkt der Seminararbeit lag jedoch auf der Analyse der klimaschützenden Regelungen im Zulassungsverfahren nach dem Bundesimmissionsschutzgesetz und der Planung von Verkehrsflughäfen.

besonderem Interesse sind hierbei die Gewichtung des Klimaschutzes Allgemeinen, aber auch durch etwaige Gewichtung- bzw. Optimierungsvorgaben wie etwa Art. 20a GG oder auch das Bundes-Klimaschutzgesetz in Verbindung mit dem Klimaschutz-Beschluss des BVerfG (Kapitel 4, Ziff. III, 4). Abschließend kann der Wert des allgemeinen Verwaltungsverfahrensrechts für die Zwecke des Klimaschutzes bilanziert werden (Kapitel 4, Ziff. III).

Durch die Herausarbeitung des Beitrags des allgemeinen Verfahrensrechts kann im Anschluss daran das besondere Verfahrensinstrument der Umweltprüfung in den Blick genommen werden (Kapitel 5).[15] In diesem Rahmen wird auch geklärt, wie schon für das allgemeine Verfahrensrecht, ob Umweltprüfungen als Verwirklichungsinstrument des Verfassungsrechts angesehen werden können (Kapitel 5, Ziff. I, 2). Hierdurch wird abermals die Verbindung zu den verfassungsrechtlichen Vorgaben hergestellt. Um eine Aussage über die Geeignetheit der Umweltprüfung als Instrument zum Klimaschutz treffen zu können, müssen zudem die Grundgedanken und Prinzipien von UVP und SUP dargestellt werden (Kapitel 5, Ziff. I). Ein besseres Verständnis für das Instrument und damit auch weitere Grundlagen zur Bewertung der Möglichkeit als Klimaschutzinstrument kann durch die Betrachtung der Geschichte der Umweltprüfung von ihren Wurzeln in den USA über die europäischen Vorgaben bis zur nationalen Genese des Gesetzes über die Umweltverträglichkeitsprüfung (UVPG) erlangt werden (Kapitel 5, Ziff. II). Zwar war das „Klima" schon bei Einführung der deutschen UVP 1990 als Schutzgut enthalten[16], jedoch wurde es fast ausschließlich in seiner lokalen und regionalen Ausprägung verstanden.[17] Erst durch die Richtlinie 2014/52/EU[18] und die UVPG-Novelle 2017[19] wurde dieses Verständnis auch auf das globale Klima erweitert (unter Kapitel 5, Ziff. IV, 1). Ebenfalls notwendig ist das grundsätzliche Verständnis des Verfahrensablaufs einer UVP

---

15 Auch in diesem Kapitel gibt es inhaltliche Überschneidungen zu der in Fn. 14 genannten Seminararbeit.

16 Siehe den Entwurf eines Gesetzes zur Umsetzung der Richtlinie des Rates vom 27. Juni 1985 über die Umweltverträglichkeitsprüfung bei bestimmten öffentlichen und privaten Projekten (85/337/EWG), BT-Drs. 11/3919, S. 4.

17 Vgl. *Erbguth/Schink*, Gesetz über die Umweltverträglichkeitsprüfung, 2. Aufl. 1996, § 2, Rn. 9a.

18 Richtlinie 2014/52/EU des Europäischen Parlaments und des Rates vom 16. April 2014 zur Änderung der Richtlinie 2011/92/EU über die Umweltverträglichkeitsprüfung bei bestimmten öffentlichen und privaten Projekten, ABl. EU v. 25.04.2014, Nr. I. 175, S. 40.

19 BGBl. I 2017, S. 2808.

und SUP, um im darauffolgenden Schritt zu analysieren, wie Klimaschutzaspekte in diesen Stufen Niederschlag finden können (Kapitel 5, Ziff. III und Ziff. IV, 2, 3). In diesem Rahmen stellt der Verfahrensschritt der Bewertung den theoretisch wie praktisch herausforderndsten Teil der Umweltprüfung dar. Insbesondere die Auffindung eines geeigneten Bewertungsmaßstabs für den Belang des Klimas ist dabei mit Schwierigkeiten verbunden (Kapitel 5, Ziff. IV, 2, lit. f). Abschließend wird als Ausblick die Möglichkeit diskutiert, ob die Ermittlung, Beschreibung und Bewertung der Auswirkungen eines Projekts oder Plans auf das Klima in einem eigenen Verfahrensinstrument, einer Klimaverträglichkeitsprüfung, ausgegliedert werden sollte (Kapitel 5, Ziff. IV, 5).

Die Stellung und Bedeutung des Verfahrensrechts im Allgemeinen, aber auch der UVP und SUP im Speziellen, bestimmt sich nicht zuletzt danach, in welchem Maße hier unterlaufende Fehler gerichtlich rügbar sind. In Kapitel 6 werden daher die gerichtlichen Klagemöglichkeiten solcher Fehler untersucht. Dabei werden zunächst die tatsächlichen Auswirkungen der Rügemöglichkeiten für die Zwecke des Klimaschutzes erörtert (Kapitel 6, Ziff. I). Anschließend wird die allgemeine Struktur der Klagerechte dargelegt. Besondere Aufmerksamkeit erlangt dabei das Umwelt-Rechtsbehelfsgesetz (UmwRG) und die Spezifikationen, die dieses Gesetzes für bestehende und neu eingeführte Klagerechte bereithält (Kapitel 6, Ziff. II). In der Norm des § 4 UmwRG tritt zudem ein eigenes Verfahrensverständnis zutage, dessen genaue Konturen in der Rechtsprechung weiterhin umstritten sind. Dieses Verständnis wird analysiert und die daraus resultierenden Erkenntnisse auf die fehlerhafte Ermittlung des Klimaschutzbelangs im Rahmen der UVP und SUP übertragen (Kapitel 6. Ziff. II, lit. c und d). Letztlich werden auch die Heilungsmöglichkeiten von Verfahrensfehlern und deren Auswirkungen auf das Verfahren und den Klimaschutz im Verfahrensrecht erörtert (Kapitel 6, Ziff. II, lit. e.).

Wie bereits angedeutet kann der letztliche Beitrag von UVP und SUP zu den Klimaschutzbemühungen nur durch eine Zusammenschau mit materiellen Rechtssystemen umfänglich betrachtet werden. Für diese Zwecke wird in Kapitel 7 daher schwerpunktmäßig das Zusammenspiel von UVP/SUP und den fachrechtlichen Vorgaben zur Planung von Bundesautobahnen beleuchtet. In einem ersten Schritt sollen dazu die Klimarelevanz des Verkehrs auf Bundesautobahnen und die unterschiedlichen bestehenden und in Frage kommenden Klimaschutzinstrumente im Verkehrssektor beleuchtet werden (Kapitel 7, Ziff. I, II). Erst im Anschluss werden das Planungs- und Zulassungsverfahren von Bundesautobahnen überblicksartig dargestellt und die Ansatzpunkte für Klimaschutzüberlegungen in den jeweiligen Verfahrensschritten herausgearbeitet (Kapitel 7, Ziff. III, 1, 2). Schließlich können bisher ergangene Planungs- und

Zulassungsentscheidungen sowie die dazugehörigen Unterlagen auf die in diesem Kapitel herausgearbeiteten Vorgaben und Möglichkeiten zum Klimaschutz untersucht werden (Kapitel 7, Ziff. III, 3).

III. Methodik

Die Komplexität des Forschungsthemas sowie seine planungsrechtlichen Bezüge ermöglichen eine differenzierte methodische Vorgehensweise, sodass eine möglichst tiefgreifende Analyse des normativen Zustandes des Rechts herbeigeführt, aber auch ein Überblick über bestehende Tendenzen der Verwaltung geliefert werden kann. In einem ersten Schritt sollen daher die normativen Vorgaben zum Klimaschutz, der UVP und SUP sowie der Planung von Bundesautobahnen herausgearbeitet werden. Dies dient zur Rahmensteckung und Vorbereitung der im Anschluss durchzuführenden Falluntersuchung.

Klassischerweise sind wissenschaftliche juristische Arbeiten in der Disziplin der Jurisprudenz beheimatet. Dabei geht es um die Untersuchung des im jeweiligen Untersuchungsbereich geltenden Rechts. In erster Linie handelt es sich hier um geschriebene Normtexte sowie in gewisser Weise auch um Rechtsprechung. Die Jurisprudenz versucht dieses Recht in seinem normativen Sinngehalt zu erfassen und zu verstehen. Dabei sollen nicht lediglich der nach normalem Sprachgebrauch erfassbare Gehalt, sondern auch weitere rechtliche und soziale Bezüge und Zusammenhänge miteinbezogen werden.[20] Insofern geht es um die normative Geltung des Rechts, welche von der faktischen Geltung zu unterscheiden ist.[21]

Die Aufgabe der Jurisprudenz besteht daher darin, mit Hilfe der juristischen Hermeneutik als der ihr zu Grunde liegenden Methodik, den Sinngehalt einer gesetzlichen Norm zu erfassen und zu konkretisieren. Dazu bedient sie sich der hierfür entwickelten Auslegungsmethoden, der sogenannten juristischen Methodenlehre.

Das durch Auslegung gefundene Ergebnis ist zumeist nicht logisch zwingend. Vielmehr handelt es sich hierbei um eine durch „hinreichende Gründe motivierte Wahl zwischen verschiedenen Deutungsmöglichkeiten“[22]. Angelehnt an die „klassische Auslegungstheorie“ Savignys werden heute grundsätzlich vier Auslegungskriterien zur Erfassung des Gesetzeszweckes herangezogen. Zunächst

---

20 Vgl. etwa *Larenz*, Methodenlehre der Rechtswissenschaft 1991, S. 203.
21 Vgl. *Larenz*, ebd., S. 195.
22 *Larenz*, ebd., S. 204.

sind mit der grammatikalischen Auslegung, bzw. der Ermittlung des Wortsinns, die Grenzen der möglichen Bedeutungsalternativen zu ermitteln. Sodann kann durch die systematische Auslegung der Norm der Bedeutungs- und Regelungszusammenhang aufgefunden werden, in dem eine Norm steht. Daneben kann ebenfalls die Entstehungsgeschichte der Norm Bedeutung erlangen (historische Auslegung). Schließlich kann im Wege der teleologischen Auslegung der Sinn und Zweck der Norm ermittelt werden.[23]

Sinn und Zweck einer Regelung erlangen bei der Auslegung darüber hinaus eine besondere Bedeutung. Fraglich ist nämlich, welcher Zweck durch die Auslegung zu ermitteln ist, welche Blickrichtung der Auslegende also einzunehmen hat. Zu unterscheiden sind hier grob zwei verschiedene Strömungen. Die subjektive Auslegungstheorie plädiert dafür, dass Gesetzestexte verbindliche Äußerungen sind, die ihre Grundlage im Willen der am Gesetzgebungsverfahren beteiligten Personen haben. Die objektive Auslegungstheorie hingegen vertritt die Ansicht, dass nicht der Wille der beteiligten Personen ausschlaggebend sein soll, sondern vielmehr der „Wille des Gesetzes".[24] Nach Auffassung des Bundesverfassungsgerichts ist „maßgebend für die Auslegung einer Gesetzesbestimmung [...] der in dieser zum Ausdruck kommende objektivierte Wille des Gesetzgebers, so wie er sich aus dem Wortlaut der Gesetzesbestimmung und dem Sinnzusammenhang ergibt, in den diese hineingestellt ist. Nicht entscheidend ist dagegen die subjektive Vorstellung der am Gesetzgebungsverfahren beteiligten Organe oder einzelner ihrer Mitglieder über die Bedeutung der Bestimmung. Der Entstehungsgeschichte einer Vorschrift kommt für deren Auslegung nur insofern Bedeutung zu, als sie die Richtigkeit einer nach den angegebenen Grundsätzen erhaltenen Auslegung bestätigt oder Zweifel behebt, die auf dem angegebenen Weg allein nicht ausgeräumt werden können."[25] Die soeben genannten Auslegungskriterien erlangen je nach Situation unterschiedliche Gewichtung, denn die Auslegung ist keine Rechenarbeit, sondern vielmehr „schöpferische Geistestätigkeit".[26] Entscheidend ist daher, dass die Erkenntnisse sowie die Wahl der Methode hinreichend begründet werden um so ein überprüf- und bewertbares Ergebnis zu erzielen.

Die Grundlage der juristischen Methodenlehre bildet die Hermeneutik. Hierunter versteht man die Interpretation und das Verstehen der Sinnhaftigkeit eines

---

23 Vgl. grundlegend *Larenz*, ebd., S. 312ff.

24 Vgl. zusammenfassend *Zippelius*, Juristische Methodenlehre 2005, S. 21f.

25 BVerfG, Urt. v. 21.05.1951 – 2 BvH 2/52, BVerfGE 1, 299.

26 *Larenz*, [Fn. 20], S. 346.

Textes. Insbesondere sind bei diesem Vorgehen weitere Sinnbezüge des Textes zu beachten und in den Prozess des Verstehens einzubeziehen.[27] Die juristische Hermeneutik ist dabei zu unterscheiden von der „klassischen“ Hermeneutik, wie sie in der Philosophie oder den Literaturwissenschaften Anwendung findet. Die juristische Hermeneutik befasst sich mit Recht, also normativen Texten, die im Zweifelsfall mit Zwang durchgesetzt werden können. Die Geltung dieser Texte ist nicht abhängig vom Verstehen, der Einsicht oder der Zustimmung der Adressaten, so wie es in anderen hermeneutischen Wissenschaften der Fall ist.[28] Rechtsnorm hingegen entfalten ihre Geltung im Verfassungsstaat aufgrund ihrer demokratischen Legitimation durch den Gesetzgeber und dem Prinzip der Rechtsstaatlichkeit.

Wie bereits erwähnt ist die normative Geltung einer Rechtsnorm von der tatsächlichen, faktischen Geltung zu unterscheiden. Auch diese Erscheinungsform des Rechts kann erforscht werden. Dazu muss sich der Blick des Forschenden jedoch von den geschriebenen Rechtsnormen erheben und auf die Umsetzung des Rechts, seine Funktionsweise und die Rückwirkung auf das tatsächliche Leben erweitern.[29] Wie können diese faktischen Umstände nunmehr erfasst werden? Die juristische Methodenlehre (Hermeneutik) kann hier nur bedingt weiterhelfen. Zunächst kann mit ihrer Hilfe – sozusagen als Rahmensteckung – herausgearbeitet werden, welchen Gehalt eine Norm aufweist. Ist der normative Gehalt erfasst, sind jedoch auch die Möglichkeiten der (juristischen) Hermeneutik erschöpft. Zur Erforschung der tatsächlichen Umstände lohnt sich daher ein Blick auf verwandte wissenschaftliche Disziplinen. Fruchtbare Ergebnisse dürften die Forschungsmethoden der Rechtssoziologie liefern. Denn die Rechtssoziologie befasst sich nicht lediglich mit normativen Rechtssätzen, sondern nimmt auch das „lebende Recht“, das „law in action“ in Augenschein.[30]

Werden im ersten Schritt im Wege der hermeneutischen Interpretation die normativen Vorgaben zum Klimaschutz, der Umweltprüfung und deren Verhältnis zum Recht der Planung von Bundesautobahnen herausgearbeitet, kann anschließend beleuchtet werden, wie sich dieses normative Recht in der Praxis verhält. Dazu soll im Rahmen einer Untersuchung relevanter Verwaltungsentscheidungen und Umweltberichte eine Betrachtung des tatsächlichen Verwaltungs- und Planungshandelns erfolgen. Wird der Aspekt des Klimas durch

27 Vgl. *Larenz*, ebd., S. 245.
28 *Müller*, Juristische Methodik 1995, S. 124.
29 Vgl. *Raiser*, Grundlagen der Rechtssoziologie 2013, S. 6.
30 *Raiser*, ebd., S. 6.

Planungsbüros und Verwaltungsstellen entsprechend den gesetzlichen Vorgaben geprüft? Wie und in welcher Tiefe wird der Aspekt des Klimas geprüft? Schlägt das im Verfahrensrecht zu berücksichtigende Klima auch auf die materielle Ebene durch?

Hierbei ist jedoch ausdrücklich darauf hinzuweisen, dass im Rahmen der vorliegenden Arbeit keine Dokumentenanalyse nach den methodischen Vorgaben der Rechtssoziologie durchgeführt wird.[31] Vielmehr soll durch das Aufzeigen von Beispielen aus tatsächlichen Planungsdokumenten ein erster Eindruck der bisherigen Verwaltungspraxis ermöglicht werden, der jedoch keinen Anspruch auf Vollständigkeit erhebt. Die Untersuchung des tatsächlichen Verwaltungshandels anhand einer methodisch nachprüfbaren Dokumentenanalyse könnte indes Schwerpunkt weiterer Forschungsarbeiten auf diesem Gebiet sein. Die hier durchgeführte Falluntersuchung könnte dafür als erster Forschungsanstoß dienen.

Durch die Kombination der Methodik der juristischen Hermeneutik zur Erfassung des normativen Gehalts der rechtlichen Vorschriften und der Falluntersuchung bereits ergangener Planungsunterlagen bei der Planung von Bundesautobahnen kann zum einen ein umfassender Blick auf die normative Seite des Rechts, zum anderen aber auch erste Eindrücke deren faktischer Geltung geliefert werden.

---

31 Vgl. dazu etwa *Baer*, Rechtssoziologie 2017, § 10; *Röhl*, Rechtssoziologie 1987, S. 110ff.

Kapitel 2: Grundlagen der Debatte um Klimastörungen

Die Begriffe Klimawandel und Klimaschutz sind heutzutage in aller Munde. Eine exakte begriffliche und wissenschaftliche Einordnung ist jedoch nicht jedem geläufig. Als Rechtswissenschaftler beschäftigen wir uns in der Regel nur selten mit anderen wissenschaftlichen Disziplinen. Diese Kurzsichtigkeit kann jedoch bei der Erfassung solch komplexer Materien wie dem globalen Klimasystem und dem Klimaschutzanliegen zu Problemen und Missverständnissen führen. Möglich ist, dass die Schwere eines Problems verkannt wird, aber auch, dass Maßnahmen getroffen werden, die unter naturwissenschaftlichen Gesichtspunkten nicht als sinnvoll einzuordnen sind. Zunächst ist daher eine kurze Einführung in die naturwissenschaftlichen Grundlagen erforderlich. Dies ist unerlässlich, da nur so sichergestellt werden kann, dass das Schutzgut Klima genau erfasst wird. Daher bedarf es eines grundsätzlichen Verständnisses der Wirkungsweise und Funktion von Treibhausgasen im Klimasystem. Die meisten Maßnahmen im Bereich des Klimaschutzes setzen nämlich an dieser Schraube an und zielen darauf ab, den anthropogenen Ausstoß dieser Gase zu verringern bzw. ganz zu vermeiden. Die durch diese Arbeit hervorzubringenden Erkenntnisse können zudem nur auf ihre Geeignetheit und Wirksamkeit überprüft werden, wenn das Verständnis der einschlägigen Wirkungsweisen vorhanden ist. Verzichtet wird in diesem Rahmen auf eine tiefgreifende und umfassende naturwissenschaftliche Analyse des Klimasystems. Es ist nicht die Aufgabe oder Intention einer rechtswissenschaftlichen Arbeit, neue naturwissenschaftliche Erkenntnisse hervorzubringen oder bestehende zu bewerten. Vielmehr werden die wichtigsten Erkenntnisse und Auswirkungen überblicksartig dargestellt, um so ein erforderliches Grundverständnis herzustellen.[32]

---

32 Aufgrund der schier unüberschaubaren Zahl relevanter naturwissenschaftlicher Publikationen zum Thema Klimawandel kann im Rahmen dieser Arbeit lediglich eine Auswahl präsentiert werden. Sie hat daher keinen Anspruch auf Vollständigkeit.

I. Begrifflichkeiten

1. Klima

Zunächst ist als Grundlage aller weiteren Überlegungen der Begriff des „Klimas" zu klären. Insbesondere dürfte die Abgrenzung zum Begriff des „Wetters" nicht allgemein bekannt sein. Klima beschreibt den statistischen Durchschnitt bestimmter meteorologischer Daten (z. B. Temperatur, Niederschlag, Wind) über einen Zeitraum von mehreren Monaten bis hin zu Millionen von Jahren über einem gewissen Ort. Klassischerweise wird hierfür ist eine Zeitspanne von 30 Jahren angenommen.[33] Das Klima ist keine feste Größe, sondern beschreibt ein komplexes, interdependentes System, welches durch verschiedene Faktoren wie die Atmosphäre, die Landoberfläche, Schnee und Eis, Ozeanen und andere Gewässer sowie die Lebewesen bedingt wird.[34] Es ist darüber hinaus abhängig von externen Faktoren.[35] In erster Linie ist hier als Grundlage allen Lebens die Sonnenenergie zu nennen. Die Sonneneinstrahlung bestimmt maßgeblich alle weiteren Vorgänge. Das Klima kann daher sehr vereinfacht als die Energiebilanz von auf die Erde treffender Sonneneinstrahlung und der von der Erde wieder ins All zurückgeworfenen Wärmestrahlung beschrieben werden.[36]

Das Wetter auf der anderen Seite umfasst einzelne Ereignisse oder Faktoren in einem viel enger begrenzten Zeitraum. Daher wird das Klima oftmals als durchschnittliches Wetter charakterisiert. Der Klimawandel kann mithin als die „statistischen Wetteränderungen im Laufe der Zeit"[37] beschrieben werden.[38] Klima und Wetter stehen somit in engem Zusammenhang. Es ist jedoch um einiges schwieriger das Wetter für einen bestimmen Zeitpunkt vorherzubestimmen, als das Klima. Ein anschauliches Beispiel bietet der Vergleich zum durchschnittlichen Lebensalter eines Menschen. In Industrienationen kann man sagen, dass das durchschnittliche Lebensalter eines Mannes ungefähr 75 Jahre beträgt. Es ist jedoch nicht möglich, für eine bestimme Person das voraussichtliche Lebensalter in Jahren vorherzusagen. Ähnlich verhält es sich mit dem Verhältnis von Klima

---

33 Vgl. dazu die Definition des IPCC in: *IPCC*, Klimaänderung 2007, Wissenschaftliche Grundlagen 2007, S. 4.

34 *IPCC*, ebd., S. 4; *Jacobeit*, in: *Endlicher/Gerstengarbe (Hrsg.)*, Der Klimawandel: Einblicke, Rückblicke und Ausblicke 2007, S. 1.

35 Siehe dazu *Jacobeit*, [Fn. 34], S. 3.

36 Vgl. *Rahmstorf/Schellnhuber*, Der Klimawandel 2018, S. 12.

37 *IPCC*, [Fn. 33], S. 6.

38 Ebd.

zu Wetter. Das Wetter wird von extrem vielen Faktoren bestimmt. Ändert sich einer nur minimal, so kann dies zu völlig anderen Wetterereignissen führen.[39] Beim Klima hingegen sind aufgrund des statistischen Mittels und der weiteren Zeitspannen genauere Vorhersagen und Prognosen möglich.[40]

Bei der Beschreibung des Klimas kann man überdies verschiedene Betrachtungslinsen anlegen. So kann die Linse von einem kontinentalen, ja auch globalen Blick jeweils weiter über eine regionale Betrachtung bis hin zur bodennahen eingeengt werden. In diesem Rahmen wird das globale Klima zunächst als sogenanntes Makroklima beschrieben. Hierbei spielen Faktoren wie die Zirkulation der Luft, die geographische Breite sowie die Lage zu Festland oder Meer eine Rolle.[41] Sodann kann sich der Blick verengen auf die regionale, lokale Ebene, welche mit dem Begriff Mesoklima umschrieben wird. Hierbei sind insbesondere die Geländeform sowie die Neigung und Beschaffenheit der Erdoberfläche ausschlaggebend.[42] Schließlich kann man die unmittelbare Bodennähe klimatisch betrachten, das Mikroklima. Ausschlaggebende Faktoren sind hier der Boden an sich und die vorhandene Vegetation.[43]

2. Klimawandel

Der Klimawandel beschreibt mithin eine über lange Zeit hinweg zu beobachtende statistische Veränderung des Klimas. Die derzeitigen wissenschaftlich belegbaren Veränderungen treten jedoch nicht zum ersten Mal auf. Die Erde unterliegt seit ihrem Bestehen einer Vielzahl klimatischer Schwankungen, teilweise erheblicher Art.[44] Ausschlaggebend sind in der Regel drei Vorgänge, welche alle die Strahlungsbilanz der Erde verändern. Zunächst ist hier die Änderung der einfallenden Sonnenstrahlung zu nennen. Dies kann z. B. bei einer Veränderung der Erdumlaufbahn um die Sonne (sogenannte Milanković-Zyklen[45]) stattfinden oder in einer veränderten Abstrahlung der Sonne selbst liegen. Sodann

---

39 Vgl. dazu *IPCC*, [Fn. 33], S. 6f. Dieser Effekt wird auch Schmetterlings- oder Chaoseffekt genannt.

40 Dies darf nicht darüber hinwegtäuschen, dass auch die Klimaprognosen mit großen Unsicherheiten behaftet sind.

41 Vgl. *Heyer*, Witterung und Klima 1993, S. 251.

42 Ebd.

43 Ebd.

44 Siehe dazu auch *Bubenzer/Radtke*, in: *Endlicher/Gerstengarbe (Hrsg.)*, Der Klimawandel: Einblicke, Rückblicke und Ausblicke 2007, S. 17.

45 Vgl. *Rahmstorf/Schellnhuber*, [Fn. 36], S. 21.

kann es Änderungen in der Menge der reflektierten Sonneneinstrahlung geben. Treffen Sonnenstrahlen auf die Erde, wird etwa ein Drittel sofort wieder von der Erde zurück ins All reflektiert. Dies liegt an Wolken, an kleinen Partikeln in der Atmosphäre (Aerosole) aber auch an Eisflächen, welche Teile der Erde bedecken. Verändern sich diese Parameter, kann dies aufgrund der Wechselwirkungen zu einer Veränderung des globalen Klimas führen. Als dritte Möglichkeit ist die Veränderung der Rückstrahlung langwelliger Wärmeenergie ins All anzusehen. Als einflussreichster Faktor ist hier der Treibhauseffekt zu nennen.[46]

In der Erdgeschichte haben sich Warm- und Kaltphasen oftmals zyklisch abgewechselt. Symptomatisch ist beispielsweise die Kreidezeit vor 140 bis 65 Millionen Jahren. Zu dieser Zeit lebten Dinosaurier selbst in (heute) polaren Breiten. Daran schloss sich eine Abkühlung der Erde an. Diese mündete in einem Eiszeitalter, in welchem wir auch heute noch leben. In solchen Zeiten ist über das ganze Jahr ein Teil der Erde mit Eis bedeckt. Auch in relativ warmen Perioden dieses Eiszeitalters, wie dem heutigen Holozän sind die Pole weiterhin vereist.[47] Das Holozän ist durch ein relativ stabiles Klima gekennzeichnet. Dies wird von einigen Forschern überdies als Voraussetzung für die Sesshaftwerdung des Menschen angesehen. Nur in einem solch stabilen Klima ist die weitverbreitete Nutzung von Landwirtschaft und Viehhaltung möglich. Auch in diese Phase fallen jedoch teils sehr prägnante klimatische Ereignisse, wie beispielsweise die Desertifikation der Sahara.[48]

Vor diesem Hintergrund ist es nicht allzu weit hergeholt anzunehmen, die momentanen Klimaänderungen seien Teil eines natürlichen Prozesses. Das könnte zu der Ansicht führen, ein Tätigwerden im Bereich des Klimaschutzes sei sowieso nicht zielführend. Um diesen Bedenken zu begegnen muss daher in einem nächsten Schritt der Beitrag des Menschen zu den klimatischen Veränderungen beleuchtet werden. Besondere Bedeutung kommt in diesem Rahmen den Treibhausgasen und deren Zusammenspiel in Bezug auf den Treibhauseffekt zu.

---

46 Siehe dazu *Rahmstorf/Schellnhuber*, ebd., S. 13; *IPCC*, [Fn. 33], S. 25.

47 Vgl. *Rahmstorf/Schellnhuber*, [Fn. 36], S. 17f. Als Holozän werden klassisch die letzten 10.000 Jahre beschrieben. Manche Wissenschaftler sehen mittlerweile ausreichend Beweise für die These, dass sich der Mensch bereits im sogenannten Anthropozän befindet. Vgl. dazu *Kersten*, Das Anthropozän-Konzept 2014; *Hoffmann*, Anthropozän und Recht – Reaktionsmuster am Beispiel des Umweltrechts, UPR 2019, 52.

48 Vgl. *Rahmstorf/Schellnhuber*, [Fn. 36], S. 25f.

II. Naturwissenschaftliche Grundlagen

1. Treibhauseffekt

Ein Faktor, der das globale Klima wesentlich beeinflusst ist der Treibhauseffekt. Diesem Phänomen liegt folgendes Prinzip zugrunde: Kurzwellige Sonnenstrahlen treffen weitgehend ungehindert durch die Atmosphäre auf die Erdoberfläche. Die von der Oberfläche umgewandelte und wieder abgestrahlte langwellige Wärmestrahlung wird hingegen durch die in der Atmosphäre befindlichen Gase in großem Maße absorbiert und zum Teil wieder auf die Erde zurückgeworfen.[49] Die Wärmestrahlung kann also nur vermindert wieder ins All abgestrahlt werden. Somit findet eine Art „Wärmestau“[50] in der Nähe der Erdoberfläche statt. Die wichtigsten Treibhausgase sind Wasserdampf, Kohlendioxid und Methan. Sie alle kommen auch in der Natur vor. Der Treibhauseffekt ist daher ein natürliches Phänomen und keineswegs allein menschgemacht. Im Gegenteil, er ist sogar lebensnotwendig. Ohne seine Wirkung würde auf der Erde minus 18 Grad Celsius herrschen.[51] Sie wäre daher von höheren Lebensformen, wie wir sie kennen, unbewohnbar. Die Stärke des Treibhauseffektes ist abhängig von der Zusammensetzung der Atmosphäre, insbesondere der Treibhausgase. Ändert sich das Verhältnis dieser Gase, führt das zu einer veränderten Rückstrahlung der Wärme auf die Erde. Dies beeinflusst den Wärmehaushalt direkt.[52] Die Konzentration der verschiedenen Treibhausgase ist in der Geschichte der Erde ebenso wie das Klima selbst keine konstante Größe.[53] Natürliche Phänomene wie Vulkanausbrüche, Meteoriteneinschläge oder plattentektonische Verschiebungen haben ebenfalls einen immensen Einfluss.[54] Erst in jüngerer Zeit spielt der Mensch durch die Verbrennung fossiler Brennstoffe in dieses natürliche System herein. Diese Einflüsse werden vielfach unter dem Begriff des anthropogenen Treibhauseffekts zusammengefasst. Um den Unterschied zwischen natürlich stattfindendem Klimawandel und dem menschlichen Beitrag zu diesen

49 Vgl. *Jacobeit*, [Fn. 34], S. 10.
50 *Rahmstorf/Schellnhuber*, [Fn. 36], S. 31.
51 *Rahmstorf/Schellnhuber*, ebd., S. 32.
52 Vgl. *Rahmstorf/Schellnhuber*, ebd., S. 30ff.
53 Vgl. *Rahmstorf/Schellnhuber*, ebd., S. 32ff.
54 Vgl. *Bubenzer/Radtke*, [Fn. 44], S. 19f.

Veränderungen hervorzuheben, wird im Fortlauf der Arbeit der Begriff „Klimastörung" für ebendiesen menschlichen Beitrag zu den Veränderungen des Klimas verwendet.[55]

2. Treibhausgase, insbesondere CO_2

Die Atmosphäre besteht aus verschiedenen Gasen. Die Konzentration dieser Gase variiert abhängig von der Höhe über dem Erdboden. Die bodennahe Schicht, auch Homosphäre genannt, hat dabei eine recht gleichmäßige Zusammensetzung. Den Hauptanteil macht mit 78 % Stickstoff aus. Sauerstoff hat einen Anteil von ca. 21 %. Die wichtigsten Treibhausgase sind indes Wasserdampf, welcher mit einer regional und zeitlich wechselnden Konzentration von 0 bis 4 % (globales Mittel 0,25 %) vorkommt, sowie Kohlenstoffdioxid (CO_2) mit einer Konzentration von 0,04 %.[56] Weitere wichtige Treibhausgase sind Methan (CH_4), Fluorchlorkohlenwasserstoff (FCKW) und Distickstoffoxid (N_2O). Im Vergleich ist der Anteil dieser Gase am Volumen der Luft eher gering. Ihre Treibhauswirkung ist jedoch um ein Vielfaches höher.[57] Um eine Bewertung der Klimaschädlichkeit der verschiedenen Gase vornehmen zu können, wird deren Treibhauspotential (Global Warming Potential/GWP) erfasst.[58] Als Referenzgröße wird dabei Kohlendioxid mit der Maßeinheit 1 angegeben. Alle anderen Gase werden daher als CO_2-Äquivalent in einem Zeitraum von 100 Jahren angegeben. Methan kommt beispielsweise ein GWP von 21, Distickstoffoxid 310 und Schwefelhexalfluorid sogar ein Wert von 23.900 zu.[59]

Die mit Abstand größte Bedeutung kommt aufgrund der schieren Menge allerdings CO_2 zu. Schon 1896 errechnete der schwedische Physiker Svante Arrhenius, dass eine Verdopplung der CO_2 Konzentration in der Atmosphäre zu

---

55 Diesen Hinweis verdanke ich meinen Doktorvater Professor Dr. Kirk W. Junker. Auch Art. 2 der Klimarahmenkonvention spricht davon „die Stabilisierung der Treibhausgaskonzentrationen in der Atmosphäre auf einem Niveau zu erreichen, auf dem eine gefährliche anthropogene Störung des Klimasystems verhindert wird." Der Begriff Klimastörung findet zudem zunehmend Anhänger in der Wissenschaft. So spricht auch *Kloepfer* von „anthropogener Störung des Klimasystems", vgl. *Kloepfer*, [Fn. 6], S. 1547.

56 Vgl. Brönnimann, Klimatologie 2018, S. 43ff.

57 Vgl. *Rahmstorf/Schellnhuber*, [Fn. 36], S. 34f.; *IPCC*, [Fn. 33], S. 10f.

58 *Lucht/Spangardt*, Emissionshandel 2005, S. 1.

59 Vgl. die Auflistung auf der Seite des UNFCCC, https://unfccc.int/process/transparency-and-reporting/greenhouse-gas-data/greenhouse-gas-data-unfccc/global-warming-potentials.

einem Temperaturanstieg von 4 bis 6 Grad Celsius führen würde. Damit war der Grundstein für weitere Forschungen gelegt. Aufmerksamkeit der breiten Öffentlichkeit erlange die Bedeutung von CO_2 jedoch erst in den 1970er Jahren, als die National Academy of Science der USA die globale Erwärmung aufgrund von CO_2 ansprach.[60]

Aussagekräftige Messungen zum CO_2-Gehalt in der Atmosphäre gibt es seit den 1950er Jahren, als Charles Keeling eine Messreihe auf Hawaii begann. Seitdem ist ein kontinuierlicher Aufwärtstrend zu verzeichnen.[61] Überdies kann seit Beginn der industriellen Revolution um 1750 ein globaler Anstieg von 40 % festgestellt werden.[62] Die Konzentration in der Atmosphäre hat mittlerweile einen Wert von 410 ppm (Parts per Million) erreicht.[63] Mit großer Sicherheit ist dies der höchste Wert seit 800.000 Jahren. Weitere Messergebnisse legen nahe, dass dies sogar der höchste Wert seit vielen Millionen Jahren ist.[64]

Das atmosphärische CO_2 ist eingebettet in den Kohlenstoffkreislauf. Dies ist ein System gegenseitigen Austausches von Kohlenstoffverbindungen zwischen den verschiedenen geologischen Sphären. Das atmosphärisch gebundene CO_2 interagiert zum einen mit den oberen Schichten der Ozeane. Dort reagiert es mit Wassermolekülen zu Kohlensäure. Meeresströmungen und das Absinken des Wassers aufgrund von Temperaturunterschieden verteilen den Kohlenstoff sodann auch in tiefere Wasserschichten. Der Kohlenstoff wird überdies von marinen Organismen durch die Bildung organischen Gewebes und Kalkschalen gebunden und umverteilt. An Land wird Kohlenstoff von der Biosphäre gebunden. Pflanzen nehmen CO_2 aus der Atmosphäre auf und binden dieses durch Photosynthese in ihren Organismus. Ein Teil wird von den Pflanzen durch die Atmung als CO_2 wieder abgegeben. Totes organisches Material wird in den Böden abgelagert, durch Mikroorganismen abgebaut und durch deren Atmung wiederum in die Atmosphäre zurückgeführt. Der in der Vegetation gebunden Kohlenstoff wird überdies durch Feuer, Pflanzenfresser, Vieh sowie deren Konsum durch den Menschen wieder zu CO_2 umgewandelt. Durch den Anstieg des atmosphärischen CO_2 wird die Photosynthese angeregt und führt somit zu einer vermehrten Aufnahme von Kohlenstoff in die Biosphäre. Jedoch führt ein wärmeres Klima andererseits zu einer verminderten Kohlenstoffaufnahmefähigkeit

---

60 Vgl. hierzu *Rahmstorf/Schellnhuber*, [Fn. 36], S. 29f.

61 *Rahmstorf/Schellnhuber*, ebd., S. 32f.

62 *Deutscher Wetterdienst*, Die deutschen Klimabeobachtungssysteme 2013, S. 32.

63 *IPCC*, Climate Change 2021, S. 5.

64 Vgl. *Rahmstorf/Schellnhuber*, [Fn. 36], S. 33.

der Ozeane,[65] was nicht darüber hinwegtäuschen darf, dass der CO_2 bedingte Säuregehalt der Weltmeere steigt.[66]

Besondere Bedeutung für die Zwecke des Klimaschutzes erlangen zudem sogenannte Senken. Senken sind natürliche Kohlenstoffspeicher. Sie nehmen CO_2 aus der Atmosphäre auf und verringern auf diese Weise deren Konzentration. Die Senken, auf die der Mensch den größten Einfluss hat, sind Wälder und Moore. Hier wird durch Photosynthese atmosphärisches CO_2 gebunden und in Biomasse umgewandelt. Im Vergleich zu dauerhaften Kohlenstoffspeichern sind Senken jedoch dynamisch. Ihre Aufnahmefähigkeit ist davon abhängig, dass die Biomasse wächst, also beispielsweise neuer Wald aufgeforstet wird.[67] Auch Ozeane sind bedeutende Kohlenstoffsenken. Jedoch hat der Mensch nur eine begrenzte Einflussnahmemöglichkeit auf die Aufnahmefähigkeit der Meere als Senken.[68]

3. Verursachergruppen

Es ist weitgehend unstreitig, dass der Anstieg der globalen CO_2-Konzentration in der Atmosphäre durch menschliche Aktivitäten verursacht wurde.[69] Der neueste IPCC-Bericht aus dem Jahr 2021 stellt diesen menschlichen Beitrag ausdrücklich heraus.[70] Als Hauptgrund ist die Verbrennung fossiler Energieträger zu sehen. Sie ist für mehr als 75 % des Anstiegs der CO_2 Konzentration anzusehen.[71] In erster Linie geht es hier um Energie- und Wärmegewinnung, industrielle Prozesse, den Gebäudebereich aber auch den Verkehr.[72] Der restliche Anstieg ist auf eine geänderte Landnutzung, wie beispielsweise Rodung und Brandrodung

---

65 Vgl. dazu *IPCC*, Klimaänderung 2013, Naturwissenschaftliche Grundlagen, 2017, S. 29f.

66 *IPCC*, Special Report on the Ocean and Cryosphere 2019, S. 9; *Kerr*, Ocean Acidification Unprecedented, Unsettling, Science 2010, 1500.

67 Zur Bedeutung von Senken vgl. *Wissenschaftlicher Beirat der Bundesregierung Globale Umweltveränderungen*, Über Kyoto hinaus denken – Klimaschutzstrategien für das 21. Jahrhundert 2003, S. 53.

68 Es besteht beispielsweise die Möglichkeit der Düngung der Weltmeere. Vgl. dazu etwa https://www.umweltbundesamt.de/presse/pressemitteilungen/geo-engineering-kommerzielle-duengung-der-meere; sowie https://www.zeit.de/2016/45/klimawandel-erderwaermung-ingenieure-methoden-rettung/seite-4.

69 So schon *Oreskes*, The Scientific Consensus on Climate Change, Science 2004, 1686.

70 *IPCC*, [Fn. 63], S. 5.

71 *IPCC*, [Fn. 33], S. 29.

72 Vgl. *IPCC*, Synthesebericht Klimaänderung 2014, 2015, S. 47.

von Wäldern und auf geänderte landwirtschaftliche Praktiken, insbesondere die industrielle Viehhaltung, zurückzuführen.[73]

Der gemessene Anstieg der Konzentration spiegelt jedoch nicht die gesamten menschlichen Emissionen wieder. Durch die Einbindung des CO_2 in den Kohlenstoffkreislauf wird ein nicht unerheblicher Teil des ausgestoßenen CO_2 direkt wieder gebunden und ist somit wissenschaftlich nicht nachweisbar. Insbesondere Senken haben fast die Hälfte des ausgestoßenen CO_2 wieder gebunden. Ohne diese Abfederung wäre der Anstieg der Konzentration noch weitaus drastischer ausgefallen.[74] Dies verdeutlicht abermals die herausragende Bedeutung von Senken für die Zwecke des Klimaschutzes.

III. Auswirkungen des Klimawandels

Durch den Ausstoß von Treibhausgasen nimmt der Mensch Einfluss auf das Klimasystem. Der Anstieg der Treibhausgaskonzentrationen verstärkt den Treibhauseffekt, was vereinfacht ausgedrückt zu einem Anstieg der durchschnittlichen globalen Temperatur führt. Dies ist jedoch nur die Offensichtlichste der Auswirkungen. Die Notwendigkeit des Handelns wird indes erst bei einem genaueren Blick auf die bereits eingetretenen und noch zu erwartenden Auswirkungen offenkundig.

1. Anstieg der Temperatur

Wie bereits erwähnt ist die wohl offensichtlichste und auch in der Öffentlichkeit am meisten diskutierte Auswirkung der Klimastörung die Erhöhung der durchschnittlichen globalen Temperatur. Seit Beginn der industriellen Revolution in der zweiten Hälfte des 18. Jahrhunderts hat sich die Temperatur um etwa 1 Grad erhöht (in Deutschland sogar um 1,8 Grad Celsius).[75] Bei einem gleichbleibenden Erwärmungstrend wird die von vielen Wissenschaftlern als kritisch angesehene Grenze von 1,5 Grad Celsius im Zeitraum von 2030 und 2052 erreicht.[76] Bis zum Ende des 21. Jahrhunderts wird mit einer Erhöhung von um die 3 Grad Celsius gerechnet. Diese Zahl ist jedoch mit großen Unsicherheiten verbunden,

---

73 Vgl. *IPCC*, [Fn. 33], S. 29.

74 Ebd.

75 *Rahmstorf/Schellnhuber*, [Fn. 36], S. 52. Der IPCC gibt in seinem neues Bericht von 2021 für den globalen Anstieg der Temperaturen einen Bereich von 08 bis 1,3 Grad Celsius an. Siehe *IPCC*, [Fn. 63], S. 5.

76 *IPCC*, Global Warming of 1.5 °C, Special Report 2018, S. 6.

denn sie ist abhängig von den zugrunde gelegten Emissions- und Wirtschaftswachstumsraten. Je nach Szenario ist daher ein Anstieg im Bereich von 1,4 bis 5,7 Grad Celsius gegenüber des Referenzjahres 1900 möglich.[77] Nicht ausgeschlossen ist sogar ein Anstieg um bis zum 6 Grad Celsius.[78] Mit einem solch starken Temperaturanstieg würde ein enormer Druck nicht nur auf die unterschiedlichsten Ökosysteme, sondern auch auf den Menschen entstehen.

2. Rückgang der globalen Eisvorkommnisse

Ein wichtiger Klimaregulator sind die globalen Eisvorkommnisse. Eis reflektiert das auf die Erde einstrahlende Sonnenlicht und wirkt somit auf die Energiebilanz der Erde ein. Große Eisvorkommen sind zum einen in Gebirgsgletschern zu finden. Seit Beginn der industriellen Revolution ist die Masse der alpinen Gletscher um die Hälfte zurückgegangen. Es wird davon ausgegangen, dass bei fortschreitender Erwärmung die meisten Gletscher der Welt verschwinden werden. Dabei spielen sie einen wichtigen Faktor im Leben von in ihrer Nähe lebenden Menschen. Sie versorgen nicht nur die Landwirtschaft mit Wasser, sondern dienen auch direkt als Frischwasserquelle.[79]

Darüber hinaus ist ein fortschreitender Rückgang des polaren Meereises zu verzeichnen. Der arktische Ozean ist im Mittel mit einer zwei Meter dicken Eisschicht bedeckt. Im September 2012 war nur noch rund die Hälfte der Eisfläche im Vergleich zu den 1970er und 80er Jahren vorhanden. Mittlerweile wird davon ausgegangen, dass schon in der ersten Hälfte des 21. Jahrhunderts der arktische Ozean im Sommer eisfrei sein wird.[80]

Auch die großen, zwischen drei und vier Kilometern dicken kontinentalen Eisschilde über der Antarktis und Grönland sind rückläufig. Das Grönlandeis schmilzt zurzeit mit einer Geschwindigkeit von 393 Milliarden Tonnen pro Jahr.[81] Auch in der Antarktis ist ein stetiger Verlust des Kontinentaleises zu verzeichnen.[82] Es ist wahrscheinlich, dass bei einer Temperaturerhöhung von

---

77 Vgl. *IPCC*, [Fn. 63], S. 17f.

78 Vgl. dazu *Rahmstorf/Schellnhuber*, [Fn. 36], S. 52.

79 Vgl. hierzu *IPCC*, [Fn. 65], S. 20f.

80 Siehe *IPCC*, ebd., S. 18f.

81 *Bevis u. a.*, Accelerating changes in ice mass within Greenland, and the ice sheet's sensitivity to atmospheric forcing, PNAS 2019, 1934.

82 *IPCC*, [Fn. 66], S. 6. Siehe etwa https://www.sueddeutsche.de/wissen/klimawandel-antarktis-eis-1.4287595.

2 Grad ein kritischer Kipppunkt überschritten wird, ab dem das gesamte Eis allmählich abschmilzt.[83]

Das Abschmilzen der globalen Eisvorkommen hat darüber hinaus eine Veränderung des sog. Albedo-Effekts zur Folge. Dieser Effekt beschreibt das von der Erde zurück ins Weltall reflektierte Sonnenlicht. Seine Stärke hängt maßgeblich von der Beschaffenheit der Erdoberfläche, insbesondere der Eisvorkommen ab. Gehen die Eisvorkommen weiter zurück, wird dadurch weniger Sonnenlicht zurück ins All reflektiert, wodurch sich die Erde weiter aufheizt.[84]

Schließlich hat das fortschreitende Auftauen der Permafrostböden zurzeit noch schwer absehbare Auswirkungen auf das Klimasystem. In diesen ganzjährlich gefrorenen Böden befinden sich enorme Mengen an CO_2 und Methan. Werden die Gase durch das Auftauen in die Atmosphäre abgegeben, wird sich ihre Konzentration weiter erhöhen.[85]

3. Anstieg des Meeresspiegels

In engem Zusammenhang mit den Eismassen des Planeten steht der Meeresspiegel. Je mehr Wasser in Form von Eis gebunden ist, desto weniger Wasser befindet sich in den Weltmeeren. Umgekehrt speisen die abschmelzenden Gletscher und Eiskappen die Ozeane mit Süßwasser. Jedoch sind die Eisvorkommen nicht die einzigen Faktoren, welche den Meeresspiegel beeinflussen. Eine große Rolle spielt auch die thermische Ausdehnung des Wassers. Wärmeres Wasser hat ein größeres Volumen als kaltes. Erhitzen sich die Ozeane führt dies also unabhängig etwaiger Zuflüsse zu einem Anstieg des Meeresspiegels. Seit dem 19. Jahrhundert ist der globale Meeresspiegel um 20 cm angestiegen.[86] Regional können sich indes starke Unterschiede aufgrund von Winden, Strömungen und geologischen Gegebenheiten ergeben. Der zu erwartende Anstieg des Meeresspiegels wird bei weiter steigenden Emissionen wohl zwischen 51 und 97 cm bis zum Ende dieses Jahrhunderts liegen.[87] Bis zum Jahr 2300 werden sogar mit 2,5 bis 5 m gerechnet, soweit die Erwärmung auf 3 Grad begrenzt wird.[88] Der IPCC Sonderbericht 2019[89] hat diese Prognosen sogar noch weiter nach oben

83 Siehe zu diesem Komplex auch *Rahmstorf/Schellnhuber*, [Fn. 36], S. 55ff.

84 Vgl. etwa *Bubenzer/Radtke*, [Fn. 44], S. 18.

85 *IPCC*, [Fn. 66], S. 6, 17.

86 *Rahmstorf/Schellnhuber*, [Fn. 36], S. 62.

87 Der IPCC-Bericht aus dem Jahr 2021 beschreibt, je nach zugrunde liegendem Emissionsszenario einen Anstieg von 0,28 m bis 1,01 m. Siehe *IPCC*, [Fn. 63], S. 28.

88 Vgl. *Rahmstorf/Schellnhuber*, [Fn. 36], S. 62ff.

89 *IPCC*, [Fn. 66].

korrigiert. Derzeit steigt der Spiegel jährlich weiter um 3,7 Millimeter.[90] Selbst wenn die Ziele des Pariser Abkommens eingehalten werden können, ist ein weiterer Anstieg des Meeres um 30 bis 60 cm bis zum Jahr 2100 zu befürchten. Sollten die globalen Emissionen hingegen weiterhin steigen, ist sogar eine Zunahme von 60 bis 110 cm bis 2100 wahrscheinlich.[91]

Der Anstieg der Weltmeere bedroht die Lebensgrundlagen einer Vielzahl von Menschen. Zum einen können Inselstaaten, die größtenteils nur wenige Meter über dem Meeresspeigel liegen, überschwemmt werden. Viele Menschen laufen akut Gefahr, ihren Wohnsitz zu verlieren. Zum anderen droht durch die Überschwemmung küstennaher Gebiete die Versalzung landwirtschaftlich genutzten Landes. Insbesondere Entwicklungsländer sind von den direkten Auswirkungen eines solchen Anstiegs gefährdet.[92]

4. Wetterextreme

Direkte, zumeist negative Auswirkungen auf die Menschen wird die Zunahme von Wetterextremen haben. Ein linear kausaler Schluss der Klimaerwärmung auf einzelne Wetterereignisse ist jedoch, wie bereits dargestellt, nur schwerlich zu ziehen. Dennoch spricht der IPCC-Bericht aus dem Jahr 2021 davon, dass viele Veränderungen im Klimasystem in unmittelbarem Zusammenhang mit der zunehmenden globalen Erwärmung stehen.[93] Außerdem hat der globale Erwärmungstrend erst begonnen. Als wissenschaftlich erwiesen gilt zudem die zunehmende Wahrscheinlichkeit von Wetterextremen.[94] So ist die Zunahme der Rekorde in Monatswerten (z. B. wärmster Juni seit Beginn der Wetteraufzeichnungen) erwiesen. Heute tritt ein solches Ereignis fünf Mal häufiger auf, als dies ohne den menschlichen Beitrag zum Klimawandel der Fall wäre.[95] In diesem Zusammenhang wird angenommen, dass solche Hitzeperioden in bestimmten Regionen vermehrt dazu führen, dass ein längerer Aufenthalt von Menschen im Freien tödliche Risiken bergen kann.[96] Das vermehrte Auftreten

90 *IPCC*, [Fn. 63], S. 6.

91 *IPCC*, [Fn. 66], S. 20ff.

92 Vgl. dazu https://www.deutschlandfunk.de/klimawandel-gefaehrdet-kuesten-von-entwicklungslaendern.676.de.html?dram:article_id=26036.

93 *IPCC*, [Fn. 63], S. 19.

94 Vgl. *IPCC*, ebd., S. 19.

95 Vgl. *Coumou u. a.*, Global increase in record-breaking monthly-mean temperatures, Climatic Change 2013, 771.

96 *Sherwood/Huber*, An adaptability limit to climate change due to heat stress, PNAS 2010, 9552.

von Extremniederschlägen[97] kann darüber hinaus zu starken Überflutungen wie der Oderflut von 1997 oder dem Elbhochwasser 2002 führen.[98] In tropischen Regionen werden sich durch die Klimastörung die Intensität und die Verbreitung von Tropenstürmen erhöhen.[99] Schwerwiegende Auswirkungen wird außerdem die Zunahme von Dürreperioden haben. Der Ausfall der Ernte wird in einigen Weltregionen zu Nahrungsengpässen führen. Damit einhergehend werden voraussichtlich große Migrationsbewegungen aus ländlichen Räumen in urbane Gebiete stattfinden. Etwaige soziale und gesellschaftliche Probleme werden dadurch hervorgerufen. Nicht zuletzt wird durch den Wegfall der natürlichen Lebensgrundlagen und Siedlungsräume in weiten Teilen der Welt die Problematik der sogenannten „Klimaflüchtlinge“ zunehmen.[100]

5. Auswirkungen auf Ökosysteme

Die Biosphäre wird bestimmt durch unzählige Wechselwirkungen innerhalb und zwischen den verschiedenen Ökosystemen. Vorhersagen bezogen auf einzelne Veränderungen in diesem Bereich sind daher fast nicht möglich. Die Erdgeschichte gibt jedoch Hinweise auf mögliche bevorstehende Auswirkungen. So hat die letzte Eiszeit die Wälder Mittel- und Nordeuropas stark zurückgedrängt. Die Verschiebung der Klimazonen würde wohl ähnliche Effekte hervorrufen. Genauere Aussagen bezüglich der Biodiversität sind derzeit jedoch nur bedingt möglich. Es ist allerdings zu befürchten, dass durch den Klimawandel ein erheblicher Verlust der Artenvielfalt eintreten wird.[101] Beispielsweise wird die alpine Flora und Fauna durch den Anstieg der Temperaturen in immer größere Höhen vordringen müssen. Sind die Gipfel erreicht und steigen die Temperaturen trotzdem weiter, werden diese Arten aussterben.[102] Ähnlich negative Effekte sind

---

97 *Lehmann u. a.*, Increased record-breaking precipitation events under global warming, Climatic Change 2015, 501.

98 Vgl. *Rahmstorf/Schellnhuber*, [Fn. 36], S. 69.

99 *Sobel u. a.*, Human influence on tropical cyclone intensity, Science 2016, 242.

100 Hierin zeigen sich die unzähligen Verbindungen zwischen den einzelnen Auswirkungen und dem Menschen. Extremwetterereignisse an sich gibt es schon seit Anfang der Erdgeschichte. Besondere Relevanz und Bedrohlichkeit erlangen sie jedoch erst mit dem Blick durch die anthropozentrische Brille.

101 Vgl. dazu *Rahmstorf/Schellnhuber*, [Fn. 36], S. 73.

102 Vgl. dazu *Halloy/Mark*, Climate-Change Effects on Alpine Plant Biodiversity: A New Zealand Perspective on Quantifying the Threat, Arctic, Antarctic, and Alpine Research 2003, 248.

für Korallenriffe zu erwarten.[103] Bis 2050 könnten sogar 15 bis 37 % aller Arten (sowohl Tier- als auch Pflanzengruppen) vom Aussterben bedroht sein.[104]

6. Auswirkungen auf den Menschen

Neben den Extremwetterereignissen, welche direkt erfahrbar sind, gibt es eine Vielzahl von mittelbaren Auswirkungen des Klimawandels auf den Menschen. Diese sind oftmals subtiler Art und deshalb nicht so unmittelbar spürbar wie beispielsweise Starkregen, extreme Hitze oder Dürreperioden. Das darf jedoch nicht darüber hinwegtäuschen, dass sie von ihrer Bedeutung teilweise sogar gravierender sein können. Durch die Verschiebung der Klimazonen können sich Insekten auch in heute gemäßigteren Zonen ausbreiten. Krankheiten wie Malaria oder Dengue-Fieber könnten sich so auch in (Süd)Europa ausbreiten.[105] Die Weltgesundheitsorganisation (WHO) schätzte bereits im Jahr 2002, dass der Tod von ca. 150.000 Menschen jährlich direkt mit dem Klimawandel verknüpft ist. Todesursache sind meist Herz-Kreislauf-Erkrankungen, Malaria, Durchfall, andere Infektionskrankheiten und Unterernährung.[106]

Die Auswirkungen des Klimawandels auf die Ernährungssicherheit sind derweilen mehrschichtiger Natur. Zudem werden hierbei auch die Interdependenzen zwischen den verschiedenen Auswirkungen sichtbar. Der Rückgang der Fischbestände aufgrund eines Anstiegs der Meerestemperatur und der Versauerung der Weltmeere ist ein tragisches Ereignis. Weil Fische darüber hinaus auch eine Nahrungsgrundlage einer Vielzahl von Menschen darstellen, hat dies auch Auswirkungen auf die Ernährungssicherheit.[107]

Auf der einen Seite wird angenommen, dass die globale Ertragsmenge annähernd gleichbleibt (wenn nicht sogar leicht ansteigt). Auf der anderen Seite wird mit einer ansteigenden Wahrscheinlichkeit von Hungersnöten für viele

---

103 *Hughes u. a.*, Spatial and temporal patterns of mass bleaching of corals in the Anthropocene, Science 2018, 80.

104 *Thomas u. a.*, Extinction risk from climate change, Nature 2004, 145.

105 *Rahmstorf/Schellnhuber*, [Fn. 36], S. 76f.

106 *The World Health Organization*, The World Health Report 2002, S. 76. Zu weiteren Auswirkungen des Klimawandels auf die menschliche Gesundheit siehe *Jendritzky*, in: *Endlicher/Gerstengarbe (Hrsg.)*, Der Klimawandel: Einblicke, Rückblicke und Ausblicke 2007, S. 108ff.

107 *Free u. a.*, Impacts of historical warming on marine fisheries production, Science 2019, 979.

Millionen Menschen gerechnet.[108] Dieser scheinbare Widerspruch kann folgendermaßen erklärt werden: Der Anstieg der Temperatur in der nördlichen Hemisphäre verschiebt die Vegetationszonen weiter nach Norden. Dadurch können in vielen Industrienationen (z. B. Kanada) große neue landwirtschaftliche Flächen erschlossen werden. In einigen subtropischen Gebieten muss hingegen mit starken Ernteeinbußen gerechnet werden. Betroffen sind hier vormalig Entwicklungsländer. Auch heute entstehen Hungersnöte nicht aufgrund eines globalen Mangels an Nahrungsmittel. Das Problem besteht vielmehr in der lokalen Unterversorgung der betroffenen Gebiete. Diese Verteilungsungerechtigkeit wird sich durch den Klimawandel noch weiter verschärfen.[109]

7. Zusammenfassung der Auswirkungen

Der menschliche Einfluss auf das Klimasystem wird eine große Bandbreite von Folgewirkungen hervorrufen. Zwar ist ein Schluss einzelner Emissionen auf eine konkrete Auswirkung schwerlich zu ziehen. Die Wechselwirkungen sind hochkomplex und nicht gänzlich erforscht. Jedoch können auch auf einer relativ unsicheren Grundlage wie wir sie momentan vorfinden, Schlüsse gezogen werden. Pauschal lässt sich nicht sagen, dass ein wärmeres Klima negativ zu bewerten ist. Jedoch setzt eine solche Veränderung die gesamte Biosphäre unter enormen Anpassungsdruck, vor allem da sie in einem sehr kurzen Zeitraum stattfindet. Viele Ökosysteme wird dies überfordern. Wie und in welchem Maße der Mensch es schaffen wird sich anzupassen, kann momentan ebenfalls nur sehr schwer vorhergesagt werden. Dies hängt in großem Maße von einer ambitionierten Anpassungspolitik und dem globalen Bewusstsein ab. Um die Auswirkungen möglich gering zu halten und so eine Anpassung zu erleichtern sind überdies weiterhin und in noch stärkerem Maße die globalen und nationalen Klimaschutzanstrengungen gefragt.

IV. Strategien zur Bekämpfung der Klimastörungen

1. Mitigation, Adaption und Resilienz

Die beiden großen Handlungsfelder im Bereich der Klimastörungen sind die des klassischen Klimaschutzes (Mitigation) und die Anpassung an die nicht

---

108 *Rosenzweig u. a.*, Assessing agricultural risks of climate change in the 21st century in a global gridded crop model intercomparison, PNAS 2014, 3268.

109 So auch *Rahmstorf/Schellnhuber*, [Fn. 36], S. 75.

mehr vermeidbaren Folgen des Klimawandels (Adaption). Mitigative Maßnahmen setzen zeitlich früher an. Es wird versucht, weitere Auswirkungen auf das Klimasystem zu verhindern bzw. abzumildern. Adaptive Maßnahmen hingegen sollen einen Umgang mit den unvermeidbaren Folgen ermöglichen und eintretende Schäden verringern. Zwar sind diese Bereiche grundsätzlich getrennt zu behandeln, nichtsdestotrotz bestehen enge Wechselwirkungen zwischen Anpassungsmaßnahmen und Maßnahmen des klassischen Klimaschutzes. Je ambitionierter Klimaschutz betrieben wird und je mehr der Ausstoß von Treibhausgasen begrenzt werden kann, desto weniger gravierend und kostenintensiv werden die Anpassungsmaßnahmen auszufallen haben.[110] In neuerer Zeit wird zudem oftmals von der „Klimaresilienz" sozialer und ökologischer Systeme gesprochen.[111]

Das rechtliche und programmatische Verhältnis der Politikfelder Mitigation und Adaption unterlag in der Vergangenheit einem Wandel. Eingeführt wurden beide Begriffe schon 1992 im Rahmen der Klimarahmenkonvention[112]. Primäre Verantwortung ist gemäß Art. 2 der Konvention die Stabilisierung der Treibhausgaskonzentration in der Atmosphäre, sodass eine gefährliche Störung des Klimasystems vermieden werden kann. Vorrangiges Ziel ist mithin der Klimaschutz. Weiterführend findet sich jedoch auch die Verpflichtung für die Vertragsparteien, nationale Programme zu erarbeiten, die u. a. auch „Maßnahmen zur Erleichterung einer angemessenen Anpassung an die Klimaänderungen"[113] vorsehen. Die Klimarahmenkonvention führte mithin grundsätzlich beide Politikfelder ein. Lange Zeit galt das Hauptaugenmerk der Politik auf den Maßnahmen der Mitigation.[114] Es wurde befürchtet, dass eine Konzentration der Anstrengungen auf adaptive Maßnahmen die Bemühungen für mehr Klimaschutz unterlaufen würde.[115] Mittlerweile hat sich dieses Verhältnis jedoch eher umgekehrt. Zahlreiche Maßnahmen, seien sie politischer oder wirtschaftlicher Natur, befassen sich zunehmend mit den Feldern der Adaption und Resilienz.

---

110 Siehe dazu *Stern*, Stern Review 2007.

111 Zur Klimaresilienz von Infrastrukturvorhaben siehe etwa *Libbe u. a.*, Diskurse und Leitbilder zur zukunftsfähigen Ausgestaltung von Infrastrukturen 2018.

112 United Nations Framework Convention on Climate Change, UNFCCC. Dazu ausführlich unter Kapitel 3, Ziff. I, 4.

113 Art. 4 Abs. 1 Ziff. b Klimarahmenkonvention.

114 Siehe etwa *Doelle*, in: *Farber/Peeters (Hrsg.)*, Climate Change Law 2016, S. 617.

115 Vgl. *Köck*, Klimawandel und Recht – Adaption an Klimaänderungen: Auswirkungen auf den Hochwasserschutz, die Bewirtschaftung der Wasserressourcen und die Erhaltung der Artenvielfalt, ZUR 2007, 393 (394).

a. *Mitigation*

Unter Mitigation werden in erster Linie Maßnahmen zur Reduktion des CO_2 Ausstoßes gefasst. Die Verbrennung fossiler Stoffe in den Bereichen der Energiegewinnung, Industrie und Verkehr ist hauptursächlich für den anthropogenen Beitrag zum Klimawandel. Hier setzen daher die meisten Maßnahmen an. Geblickt wird aber auch auf das Ende der Energiekette, den Endverbraucher. Zunächst geht es um die Substituierung fossiler Energieträger durch erneuerbare Energien wie Sonnen-, Wasser- oder Windkraft. Andererseits soll aber auch die Energieeffizienz gesteigert werden. So sollen sowohl Haushaltsgeräte, Industriemaschinen, aber auch Gebäude und gesamte Prozesse effizienter werden. Der Begriff Energieeffizienz beschreibt daher das zu optimierende Verhältnis von erzieltem Nutzen und eingesetzter Energie.[116] Diese Maßnahmen sollen zu einer Verringerung der benötigten Energie und somit auch zu einer Verringerung der Menge an benötigten, verbrannten fossilen Energieträgern führen.

Auch im Verkehrssektor als zweitgrößtem CO_2 Emittenten werden einige Maßnahmen diskutiert. Im Blickfeld sind hier die Energieeffizienz bei Neufahrzeugen, die Förderung der Elektromobilität, der Ausbau klimafreundlicher Verkehrsträger wie dem Schienenverkehr oder Fahrradwegen sowie der Abbau umweltschädlicher Subventionen.[117] Auch dem infrastrukturellen Planungsrecht kommt eine erhebliche Bedeutung zu.

Die Landwirtschaft wird ebenfalls vermehrt in die Klimaschutzbemühungen einbezogen. Aufgrund natürlicher Prozesse im Pflanzenanbau und bei der Tierhaltung wird eine Reduktion auf Nullemissionen in diesem Bereich jedoch nicht möglich sein. Nichtsdestotrotz sind auch in diesem Sektor Einsparungen möglich. Diskutiert werden Maßnahmen zur Reduzierung der Stickstoffemissionen bei der Düngemittelnutzung, die Förderung der ökologischen/biobasierten Landwirtschaft, die stärkere Nutzung tierischen Düngers zur Biogaserzeugung sowie die Vermeidung von Lebensmittelabfällen.[118]

---

116 So die Definition des Wuppertal Institut für Klima, Umwelt, Energie GmbH, https://wupperinst.org/uploads/tx_wupperinst/energieeffizienz_definition.pdf; vgl. auch die Definition in *Pehnt*, Energieeffizienz 2010, S. 2.

117 Vgl. *Bergk u. a.*, Klimaschutz im Verkehr 2017, S. 20f.

118 Vgl. dazu *Bundesministerium für Umwelt, Naturschutz, Bau und Reaktorsicherheit*, Klimaschutzplan 2050, 2016, S. 62.ff. Siehe auch *Ekardt u. a.*, Landnutzungs- und düngungsbezogener Klimaschutz in europa- und völkerrechtlicher Perspektive, ZUR 2018, 143.

Schließlich kommt dem Schutz natürlicher Senken eine überaus wichtige Stellung zu. Wie bereits dargestellt können diese Senken den menschlichen Beitrag zum Klimawandel durch die Speicherung von CO_2 abfedern. Überdies wird durch die (Brand)Rodung von Wäldern in erheblichem Maße CO_2 ausgestoßen. Ihr Schutz ist daher in doppelter Hinsicht wichtig.[119]

b. Adaption

Das zweite große Handlungsfeld ist die Anpassung an die nicht mehr vermeidbaren Folgen des Klimawandels. Auch die derzeitige CO_2-Konzentration in der Atmosphäre führt unweigerlich zu erheblichen Auswirkungen auf Mensch und Natur. Selbst wenn ab dem heutigen Tag keine weiteren anthropogenen Emissionen mehr in die Atmosphäre gelangen würden, ist mit einer weiteren Erhöhung der globalen Durchschnittstemperatur und damit einhergehenden weiteren Auswirkungen zu rechnen.[120] Notwendig ist daher die Berücksichtigung dieser Auswirkungen in einer Vielzahl von Handlungsbereichen.

Wetterextreme werden verschiedene Teile der Gesellschaft in unterschiedlichster Weise fordern. Hitzeperioden werden zu gesundheitlichen Problemen führen, vor allem bei älteren Menschen. Gehobene Anforderungen an Gebäude bzw. Kühlsysteme könnten hier Abhilfe schaffen. Auch werden durch den Rückgang der sommerlichen Niederschläge Dürren auch in gemäßigten Breiten wie Deutschland wahrscheinlicher.[121] Dadurch kann es auch in diesen Gebieten zu Wasser- und Nahrungsengpässen kommen. Politik und Landwirtschaft werden mithin Lösungswege entwickeln müssen, um die Auswirkungen solcher Extremereignisse abzufedern.

Das vermehrte Vorkommen von Starkregen wird insbesondere die Stadtplanung fordern. Wie können Flussläufe geplant bzw. umgebaut werden, um gravierende Überschwemmungen zu verhindern oder abzumildern? Auch die städtische Kanalisation wird zunehmend an ihre Grenzen stoßen.

Schließlich können sich durch Insekten übertragbare Krankheiten aufgrund der veränderten klimatischen Bedingungen leichter verbreiten. Das

---

119 Ausführlich zu den Handlungsfeldern im Bereich der Mitigation vgl. die Ausführungen zu den nationalen Klimaschutzzielsetzungen unter Kapitel 3, Ziff. III, 2.

120 *IPCC*, [Fn. 76], S. 7.

121 Man werfe nur einen Blick auf die extrem niederschlagsarmen Sommer in den Jahren 2018 und 2019.

Gesundheitswesen wird diese Entwicklungen beobachten und geeignete Maßnahmen ergreifen müssen.[122]

c. Resilienz

Unter „Klimaresilienz“ werden grundsätzlich mehrere Aspekte verstanden. Zum einen geht es um die Widerstandsfähigkeit von Systemen, zeitlich begrenzte Schocks zu überstehen, ohne dabei wichtige Schwellenwerte zu durchbrechen. Zudem lässt sich die Anpassungsfähigkeit von Systemen unter dieses Konzept fassen. Demnach ist ein System resilient, wenn es sich an veränderte äußere Umstände anpassen kann, ohne dabei einen bestimmten Entwicklungspfad vollständig zu verlassen. Schließlich ist der Aspekt der Transformierbarkeit relevant. Hierbei geht es um die Fähigkeit, kritische Schwellenwerte zu überschreiten und auf neue, langfristige Entwicklungsstrategien umzusteigen.[123] Die Schaffung klimaresilienter Systeme ist dabei eine Langzeitaufgabe, die insbesondere durch die kumulative Etablierung geeigneter Anpassungsmaßnahmen erreicht werden kann. Klimaresilienz kann daher als ein anzustrebender Zustand verschiedener Systeme angesehen werden, dessen Erreichung eines der Ziele der Klimaprogramme sein muss.

d. Klimapolitik hat mehrere Gesichter

Die Zusammenschau der unterschiedlichen Politikfelder verdeutlicht den Handlungsbedarf in allen Bereichen. Weder allein klimaschützende, noch allein adaptive Maßnahmen werden sowohl Schwere als auch Reichweite des Problems gerecht. Nur ein umfassender Ansatz kann dem Problem der Klimastörungen in adäquater und weitsichtiger Weise beikommen. Als Ziel der Klimapolitik kann daher eine klimaresiliente Gesellschaft gesehen werden, die trotz klimatischer Veränderungen weiter funktionieren und prosperieren kann.[124]

---

122 Vgl. zu diesem Komplex etwa *Schuchardt/Wittig*, Germany in the Midst of Climate Change 2010; *Wittig/Schuchardt*, Anpassung an den Klimawandel 2013.; *Meunier/BioConsult Schuchardt & Scholle GbR*, Anpassung an den Klimawandel, 2013.

123 Vgl. dazu die Definitionen des Potsdam-Instituts für Klimafolgenforschung, einsehbar unter https://www.pik-potsdam.de/de/institut/abteilungen/klimaresilienz/rd2-klimaresilienz.

124 In diese Richtung auch *Libbe u. a.*, [Fn. 111], S. 77.

2. Herausforderungen der Klimapolitik

Ein weiteres Problem ergibt sich aus der langzeitlichen Perspektive des Klimawandels, denn die gravierendsten Folgen stehen wohl noch bevor. Die heute lebenden Generationen erleben zwar schon jetzt Auswirkungen teilweise erheblicher Art, jedoch werden sich diese aufgrund der Langlebigkeit der Treibhausgase in der Atmosphäre und ihrer versetzten Wirkung in Zukunft weiter verstärken. Wie kann eine verantwortungsbewusste Politik mit solchen Problemfeldern umgehen?

Der (nationale) politische und mediale Diskurs wird durch die Wahlzyklen beeinflusst. Dringende soziale und ökonomische Probleme, wie beispielsweise die Wirtschaftskrise im Jahre 2008 oder die beginnende Flüchtlingskrise 2015 ziehen ein Großteil der medialen und gesellschaftlichen Aufmerksamkeit auf sich. Die Bewältigung dieser aktuellen Aufgaben ist auch unter dem Gesichtspunkt eines zukünftigen Wahlerfolges primäres Anliegen der meisten politischen Parteien.[125]

Der Klimawandel hingegen wird selten als ein so akutes und drängendes Problem wahrgenommen, als dass wahrliche Umbrüche initiiert würden. Lange Zeit war diese Sicht weltweit wohl zutreffend. Der Klimawandel ist seit Jahrzehnten ein bekanntes Problem. Doch erst in jüngster Vergangenheit findet ein Umdenken statt. Ausgelöst durch die Protestbewegung der schwedischen Schülerin Greta Thunberg findet seit Ende 2018 der Klimawandel vermehrt Einzug auch in Tagespolitik und Grundsatzprogramme von Parteien.

Dieses Umdenken ist längst überfällig. Der Klimawandel gefährdet die Lebensgrundlage aller zukünftigen Generationen nicht nur in Deutschland, sondern weltweit. Die Wahrnehmung der Rechte kommender Generationen ist unabhängig von ihrer Qualifikation als subjektive Rechte möglich.[126] Zahlreiche Gesetze, Programme und Leitlinien verpflichten auch die heutige Politik dem Prinzip der nachhaltigen Entwicklung bzw. Nachhaltigkeit (*sustainable development*).

---

125 So wohl auch *Enquete-Kommission des deutschen Bundestages*, Schutz des Menschen und der Umwelt – Ziele und Rahmenbedingungen einer nachhaltig zukunftsverträglichen Entwicklung 1998, S. 18. Auch das BVerfG weist in seinem Klimaschutz-Beschluss vom 24.03.2021 auf diese institutionellen Bedingungen von demokratischen Entscheidungen hin. Siehe BVerfG, Beschl. v. 24.03.2021 – 1 BvR 2656/18 u. a., Rn. 206.

126 In die Richtung einer „intertemporalen" und globalen Ausweitung von (Grund)rechten etwa *Ekardt*, Umweltverfassung und „Schutzpflichten", NVwZ 2013, 1105 (1106f.). Vgl. dazu auch die Ausführungen in Kapitel 3, Ziff. III, 1, lit. a, bb, ccc.

Darunter versteht sich grundsätzlich eine Entwicklung, die die Bedürfnisse der heutigen Generationen befriedigt, ohne die Fähigkeit künftiger Generationen, ihren eigenen Bedürfnissen nachzukommen, zu beeinträchtigen.[127]

Auf dieser Annahme aufbauend hat auch die damalige Bundesregierung unter Umweltministerin Angela Merkel anlässlich der UN-Sondergeneralversammlung über Umwelt und Entwicklung 1997 in New York in einem Bericht ausgeführt, dass Ökologie, Ökonomie und soziale Sicherheit eine untrennbare Einheit bilden. Diese drei Aspekte stellen demnach den Kern des Leitbildes der nachhaltigen Entwicklung dar.[128] International festgeschrieben wurden diese drei Säulen schließlich beim Weltgipfel für nachhaltige Entwicklung 2005 in New York.[129] In der Resolution heißt es, dass das Konzept der nachhaltigen Entwicklung aus den drei Komponenten der wirtschaftlichen Entwicklung, sozialen Entwicklung und Umweltschutz besteht, als voneinander abhängige und sich gegenseitig verstärkende Säulen.[130] Diese Definition besteht dem Grunde nach auf internationalem Level bis heute fort.[131]

Voraussetzung für eine nachhaltige Politik ist daher, dass für zukünftige Generationen noch ausreichend natürliche Ressourcen vorhanden sind, um

127 Vgl. *Winkler*, Klimaschutzrecht 2005, S. 45. Im Original: „Sustainable development is development that meets the needs of the present without compromising the ability of future generations to meet their own needs." so die Definition der *World Commission on Environment and Development*, Our Common Future 1987, S. 41, auch Brundtland-Bericht genannt.

128 *Bundesministerium für Umwelt, Naturschutz und Reaktor Sicherheit*, Bericht der Bundesregierung anläßlich der UN-Sondergeneralversammlung über Umwelt und Entwicklung 1997 in New York, Auf dem Weg zu einer nachhaltigen Entwicklung in Deutschland, BT-Drucks. 13/7054, S. 6.

129 Vgl. Resolution adopted by the General Assembly on 16 September 2005, einsehbar unter: https://www.un.org/en/development/desa/population/migration/generalassembly/docs/globalcompact/A_RES_60_1.pdf.

130 Freie Übersetzung des Autors. Im Original heißt es: „These efforts will also promote the integration of the three components of sustainable development – economic development, social development and environmental protection – as interdependent and mutually reinforcing pillars." Resolution adopted by the General Assembly on 16 September 2005, S. 11.

131 Vgl. *Junker*, The Progression of the Sustainability Concept in Environmental Law, Umwelt und Gesundheit Online 2012, 13 (19). *Junker* beschreibt zudem ausführlich, dass für das Konzept der nachhaltigen Entwicklung die rechtliche Anerkennung, im Gegensatz zu vielen anderen Normen, vom internationalen Level zum nationalen Level hin erfolgte.

effizient zu wirtschaften. Außerdem darf die Umwelt nicht bereits so stark verschmutzt bzw. geschädigt sein, dass eine wirtschaftliche und soziale Entwicklung auf ihrer Grundlage und in ihren Grenzen nicht mehr möglich ist. Die heutige Gesellschaft darf daher keine unumkehrbaren Umstände für die Zukunft schaffen, die es den kommenden Generationen unmöglich machen würde, ein menschenwürdiges Leben zu führen.[132]

Der Aspekt des Umweltschutzes, als Teil des Konzepts der nachhaltigen Entwicklung, tritt indes oftmals in Konflikt mit den anderen Zielbestimmungen des Konzepts, sprich der ökonomischen und sozialen Entwicklung. Die theoretische Auflösung dieser Konfliktlage ist in Wissenschaft und Politik umstritten.[133] Zum Teil wird eine Gleichrangigkeit der verschiedenen Ziele im Sinne eines „Dreisäulenmodells“[134] angenommen. Teilweise wird angebracht, dass es bestimmte ökologische „Leitplanken“[135] gebe, deren Durchbrechung zu nicht hinnehmbaren Folgen führen würde. Als eine solche Leitplanke muss im Klimaschutz die Begrenzung der Erderwärmung auf unter 2 Grad Celsius gegenüber dem vorindustriellen Niveau gesehen werden.[136] Eine Überschreitung dieser Grenze würde zu nicht tolerierbaren Folgen führen.[137] Die Annahme einer Gleichstellung der Zielbestimmungen verkennt zudem, dass wirtschaftliche und soziale Entwicklung immer nur in den Grenzen und auf der Grundlage der Natur möglich ist.[138] Daher müssen ökologische, insbesondere die Interessen des Klimaschutzes, gerade in dem Fall Vorrang genießen, wo gewisse Mindeststandards wie das 2-Grad-Ziel gefährdet sind.[139]

---

132 *Sieben*, Was bedeutet Nachhaltigkeit als Rechtsbegriff?, NVwZ 2003, 1173 (1174f.).

133 Einen Überblick über die verschiedenen Modelle liefert *Junker*, in: *Schöbener (Hrsg.)*, Völkerrecht: Lexikon zentraler Begriffe und Themen 2014, S. 331.

134 *Christner/Pieper*, Bedeutung und Stellenwert „nachhaltiger Entwicklung“ bei der Gewinnung oberflächennaher Rohstoffe 1998, S. 11; *Enquete-Kommission des deutschen Bundestages*, [Fn. 125], S. 21.

135 Vgl. etwa *Wissenschaftlicher Beirat der Bundesregierung Globale Umweltveränderungen*, Jahresgutachten 1995, 112f.; *Wissenschaftlicher Beirat der Bundesregierung Globale Umweltveränderungen*, Welt im Wandel, 118f.

136 Zum 2-Grad-Ziel sogleich mehr; vgl. außerdem Art. 2 Abs. 1 lit. a Paris Abkommen.

137 *Winkler*, [Fn. 127], S. 62.

138 Vgl. *Winkler*, ebd., S. 58.

139 So auch *Winkler*, ebd., S. 61.

3. Das 2-Grad-Ziel

Als „Leitplanke" einer nachhaltigen Klimapolitik kann bzw. muss, wie bereits erwähnt, das 2-Grad-Ziel angesehen werden. Schon in der Klimarahmenkonvention von 1992 wurde das Ziel aufgenommen, „die Stabilisierung der Treibhausgaskonzentrationen in der Atmosphäre auf einem Niveau zu erreichen, auf dem eine gefährliche anthropogene Störung des Klimasystems verhindert wird. Ein solches Niveau sollte innerhalb eines Zeitraums erreicht werden, der ausreicht, damit sich die Ökosysteme auf natürliche Weise den Klimaänderungen anpassen können, die Nahrungsmittelerzeugung nicht bedroht wird und die wirtschaftliche Entwicklung auf nachhaltige Weise fortgeführt werden kann."[140] Wann genau eine „gefährliche anthropogene Störung des Klimasystems" eintritt, ist jedoch naturwissenschaftlich nicht exakt zu beantworten. Vielmehr handelt es sich hierbei um eine normative Entscheidung,[141] die mit naturwissenschaftlichen Erkenntnissen unterfüttert ist. Erstmals erwähnt wurde das 2-Grad-Ziel von der EU in einer Ratssitzung im Jahre 1996.[142] Seither wurde die Grenze durch zahlreiche Gremien und Strategien anerkannt. Letztlich völkerrechtliche Verbindlichkeit erlangte sie durch das Paris Abkommen im Jahr 2015. Darin heißt es, dass „der Anstieg der durchschnittlichen Erdtemperatur deutlich unter 2 °C über dem vorindustriellen Niveau gehalten [werden soll] und Anstrengungen unternommen werden, um den Temperaturanstieg auf 1,5 °C über dem vorindustriellen Niveau zu begrenzen, da erkannt wurde, dass dies die Risiken und Auswirkungen der Klimaänderungen erheblich verringern würde."[143]

Diese normative Entscheidung wird durch zahlreiche naturwissenschaftliche Prognosen gestützt. Zunächst ist die Erkenntnis entscheidend, dass der Mensch seit jeher in einem recht stabilen Klima gelebt hat. Die CO_2 Konzentration der Atmosphäre in den letzten 100.000 Jahren hat nie mehr als 270–280 ppm betragen. Auch die durchschnittliche globale Mitteltemperatur hat den vorindustriellen Wert nie um mehr als 1,5 Grad überstiegen.[144] Der Mensch musste sich

---

140 Art. 2 Klimarahmenkonvention, United Nations Framework Convention on Climate Change, UNFCCC.

141 Vgl. dazu *Klingenfeld*, in: *Keil/Poscher (Hrsg.)*, Unscharfe Grenzen im Umwelt- und Technikrecht 2012, S. 152; *Calliess*, Abstand halten: Rechtspflichten der Klimaschutzpolitik aus planetaren Grenzen, ZUR 2019, 385 (386).

142 *Rat der Europäischen Union*, Pressemittelung zur 1939. Ratssitzung Umwelt vom 25.06.1996, Nr. 8518/96 (1996).

143 Art. 2 Abs. 1 lit. a des Paris Abkommens.

144 *Endlicher*, in: *Endlicher/Gerstengarbe (Hrsg.)*, Der Klimawandel: Einblicke, Rückblicke und Ausblicke 2007, S. 119.

folglich nie einer Temperaturänderung von mehr als 1,5 Grad anpassen. Insofern ist diese Grenze ein Erfahrungswert. Sodann ist von maßgeblicher Bedeutung, dass durch die 2-Grad-Grenze voraussichtlich die Überschreitung einiger gewichtiger „Kipppunkte" (Tipping Points) verhindert werden kann. Dies sind unumkehrbare geophysische und klimatische Ereignisse, deren Eintreten nicht vorhersehbare Folgen und eine Verstärkung des Klimawandels nach sich ziehen würden, sodass die Anpassungsfähigkeit des Menschen und der restlichen Umwelt erheblich beeinträchtigt wären.[145]

Anknüpfend an das 2-Grad-Ziel hat der wissenschaftliche Beirat der Bundesregierung für globale Umweltänderungen (WBGU) in seinem Sondergutachten zur Klimakonferenz in Kopenhagen 2009 einen Budgetansatz entwickelt. In diesem Rahmen wurde die Menge an CO_2 ermittelt, die noch ausgestoßen werden darf, um die Erhöhung der globalen Temperatur voraussichtlich auf 2 Grad bis zum Ende des 21. Jahrhunderts zu begrenzen. Demnach dürfen bis zum Jahr 2050 noch maximal 750 Mrd. t CO_2 ausgestoßen werden, um mit einer 67 % Wahrscheinlichkeit das Temperaturziel noch einzuhalten. Eine etwa 75 % Wahrscheinlichkeit erhält man bei einer weiteren Reduzierung des Budgets auf ca. 600 Mrd. t. Nach 2050 darf in beiden Fällen jedoch nur noch eine sehr geringe Menge emittiert werden.[146] Der Budgetansatz sollte eigentlich als Grundlage eines neuen Klimavertrages dienen. Diesem Konzept folgend sollte allen Bewohnern der Erde ein gleiches CO_2-Kontingent pro Kopf zugeteilt werden. Daraus würden sich sodann die nationalen Budgets an Emissionsrechten ermitteln lassen, welche überdies auf internationalen Märkten handelbar wären.[147] Zu einer solchen Regelung kam es auf internationaler Ebene jedoch nicht. Auf nationaler Ebene wurde zwischenzeitlich indes ein vergleichbarer Ansatz gewählt. Nach § 4 Abs. 1 iVm Anlage 2 des Klimaschutzgesetzes dürfen bestimmte Sektoren nunmehr nur noch eine gewisse Menge an Treibhausgasen pro Jahr ausstoßen.[148]

Die Weltgemeinschaft hat sich dazu entschlossen, die 2-Grad-Grenze als normatives Ziel festzulegen. Zwar beruht diese Entscheidung auf naturwissenschaftlichen Erkenntnissen, eine Grenzziehung gerade an dieser Stelle ist jedoch nicht

---

145 *Endlicher*, ebd., S. 119. Siehe dazu auch *Schellnhuber u. a.*, Why the right climate target was agreed in Paris, Nature Climate Change 2016, 649.

146 *Wissenschaftlicher Beirat der Bundesregierung Globale Umweltveränderungen*, Kassensturz für den Weltklimavertrag – der Budgetansatz 2009, S. 2.

147 *Wissenschaftlicher Beirat der Bundesregierung Globale Umweltveränderungen*, ebd., S. 2.

148 Ausführlich dazu unter Kapitel 3, Ziff. III, 2, lit. f.

zwingend. Auch ein Anstieg um 2,1 Grad würde wohl nicht zwangsläufig zum Weltuntergang führen. Vielleicht ist aber auch schon ein Anstieg von 1,8 Grad ausreichend, um kritische Kipppunkte zu erreichen. Letztlich handelt sich bei Voraussagungen für die Zukunft immer um Prognosen, welche naturgemäß mit Unsicherheiten behaftet sind. So löblich die Festsetzung eines solchen Ziels auch sein mag, die Gefahr ist damit noch nicht gebannt.

Kapitel 3: Rechtliche Vorgaben zum Klimaschutz

Der Klimawandel mit all seinen Auswirkungen ist mittlerweile nicht mehr aus dem politischen Bewusstsein wegzudenken. Beinahe täglich erreichen uns neue Hiobsbotschaften. Seien es Wetterextreme wie Dürren, Wirbelstürme, Flutkatastrophen oder das immer schnellere Abtauen der polaren Eisschilde. Die Klimastörungen sind weltweit zu spüren. Auch wenn manche Regionen der Erde stärker betroffen sind und auch in Zukunft noch stärker betroffen sein werden als andere, ist ein globales Handeln der Weltgemeinschaft erforderlich. Durch nationale Alleingänge wird das Problem nicht in den Griff zu kriegen sein. Diese globale Verantwortung darf jedoch nicht darüber hinwegtäuschen, dass alle Hoheitsträger, seien es Nationalstaaten, Städte, Gemeinden und Kommunen in das Klimaschutzregime eingebunden sein müssen. Klimaschutz stellt grundsätzlich eine gesamtgesellschaftliche Aufgabe dar.[149]

I. Völkerrechtliche Vorgaben

Globale Verantwortung erfordert staatenübergreifendes Handeln. Für diese Zwecke besteht das grundsätzlich zwischen verschiedenen Völkerrechtssubjekten wie etwa Nationalstaaten geltende Völkerrecht. In diesem Bereich bestehen mittlerweile fünf Vereinbarungen, die als Meilensteine der internationalen Klimapolitik gewertet werden können.

1. Genfer Übereinkommen

Zunächst ist das Genfer Übereinkommen über die weiträumige grenzüberschreitende Luftverunreinigung von 1979[150] zu nennen. Ziel ist in erster Linie der Schutz des Menschen und der Umwelt vor schädlichen Luftverunreinigungen.[151] Das Übereinkommen war das erste verbindliche Projekt einer Vielzahl von Staaten auf diesem Gebiet. Es dient dabei bis heute als Grundlage für zwischenstaatliche Zusammenarbeit insbesondere in Forschung und Wissenschaft.[152] 51

149 In diesem Kapitel wird indes ausschließlich die Verantwortung der Staaten beleuchtet.

150 Convention on Long Range Transboundary Air Pollution; Die deutsche Umsetzung erfolgte in BGBl 1982 II, 373; im Folgenden „Genfer Übereinkommen".

151 Art. 2 Genfer Übereinkommen.

152 *Vitzthum/Proelß*, Völkerrecht 2016, 5. Abschnitt, Rn. 148.

Staaten sowie die EU haben es ratifiziert. Auf Grundlage der Konvention wurden bislang 8 Protokolle verabschiedet, die für bestimmte Luftschadstoffe konkrete Reduktionsziele vorgeben.[153]

2. Wiener Übereinkommen zum Schutz der Ozonschicht

Das globale Klima wird durch eine Vielzahl von Faktoren beeinflusst. Insbesondere Veränderungen der Zusammensetzung der Atmosphäre, wozu auch die Ozonschicht zählt, können erhebliche Auswirkungen haben. Bereits Mitte der 1980er Jahre wurde festgestellt, dass die Ozonschicht über der Arktis und Antarktis geschädigt ist.[154] Im Lichte dieser offensichtlichen Gefahr wurde daher im Jahre 1985 das Wiener Übereinkommen zum Schutz der Ozonschicht geschaffen.[155] Ausdrückliches Ziel ist es, „die menschliche Gesundheit und die Umwelt vor schädlichen Auswirkungen zu schützen, die durch menschliche Tätigkeiten, welche die Ozonschicht verändern oder wahrscheinlich verändern, verursacht werden oder wahrscheinlich verursacht werden."[156] Schädliche Einwirkungen im Sinne dieser Konvention sind „Änderungen der belebten oder unbelebten Umwelt, einschließlich Klimaänderungen, die erhebliche abträgliche Wirkungen auf die menschliche Gesundheit oder auf die Zusammensetzung, Widerstandsfähigkeit und Produktivität naturbelassener und vom Menschen beeinflusster Ökosysteme oder auf Materialien haben, die für die Menschheit nützlich sind."[157] Bereits in diesem Übereinkommen wird das Klima als Schutzgut miterwähnt.

3. Protokoll von Montreal

Auf Grundlage des Wiener Übereinkommens wurde am 16.09.1987 das Protokoll von Montreal beschlossen.[158] Darin ist eine stufenweise Reduzierung von ozonschädlichen Stoffen vorgesehen. Insbesondere werden hierdurch Halogenwasserstoffe reguliert, da diese als hauptverantwortlich für die Schädigung der Ozonschicht angesehen werden.[159] Das Montreal Protokoll wurde in der Folge

153 Vgl. dazu https://www.bmu.de/themen/luft-laerm-verkehr/luftreinhaltung/genfer-luft reinhaltekonvention/.

154 *Brönnimann*, [Fn. 56], S. 56.

155 BGBl 1988 II, 902. Im Folgenden: Wiener Übereinkommen.

156 Art. 2 Wiener Übereinkommen.

157 Art. 1 Nr. 2 Wiener Übereinkommen.

158 BGBl. 1988 II, 1014. In Kraft seit 01.01.1989.

159 *Vitzthum/Proelß*, [Fn. 152], 5. Abschnitt, Rn. 150.

mehrfach aufgrund vorgesehener Revisionen geändert und der Schutzstandart damit angehoben.[160] Bei der Tagung der Vertragsparteien in Kigali 2016[161] wurde zudem der Beschluss gefasst, die Verwendung von Fluorkohlenwasserstoff, welcher sowohl ozonschädlich als auch in besonderem Maße als Treibhausgas fungiert, erheblich zu reduzieren. Aus diesem Grund kann das Montrealer Protokoll auch als Instrument zum Klimaschutz hinzugezählt werden.[162]

Auch über 30 Jahre nach der Verbannung ozonschädlicher Stoffe ist das Ozonloch noch nicht wieder vollständig geschlossen. Vielmehr wird es wohl weitere 30–50 Jahre dauern, bis sich die Ozonschicht vollständig erholt hat.[163] Nichtsdestotrotz kann das internationale Regelungsregime in Bezug auf das Ozonloch als Erfolg gewertet werden. Denn die Produktion und Verwendung der die Ozonschicht schädigenden Stoffe wurde weitestgehend eingestellt. Der Zustand der Ozonschicht verbessert sich daher stetig.[164]

Aufgrund dieses Erfolges erscheint die Annahme nicht von vornhinein fehlgeleitet, dass auch das Problem der Klimastörung durch völkerrechtliche Abkommen in den Griff bekommen werden kann. Trotz eines gewissen Zusammenhangs zwischen Ozonschicht und globalem Klima adressierten das Wiener Übereinkommen und das Montrealer Protokoll vordringlich den Schutz der Ozonschicht und wenn überhaupt nur nebenbei den Klimaschutz. Ein direkter Rückschluss des Erfolges bezüglich des Ozonlochs auf den Klimaschutz kann daher nicht gezogen werden. Denn das Ozonloch stellt im Vergleich zu den Klimastörungen ein zu einem gewissen Grad einfacheres Problem dar. Die durch das Wiener Übereinkommen und das Montrealer Protokoll regulierten Stoffe werden bzw. wurden bei weitem nicht in dem Maße verwendet wie fossile Brennstoffe, welche hauptursächlich für die Klimastörungen sind. Aus diesem Grund sind diese Störungen, wie bereits dargestellt, trotz einer Vielzahl völkerrechtlicher Abkommen noch nicht im Griff.

---

160 Vgl. dazu die Londoner Revision v. 29.06.1990 (BGBl. 1991 II 1332); die Kopenhagener Revision v. 25.11.1992 (BGBl. 1993 II, 2183); die Montrealer Revision v. 17.09.1997 (BGBl. 1998 II, 2690); die Pekinger Revision v. 03.12.1999 (BGBl. 2002 II, 921). Siehe weiterführend dazu *Ipsen*, Völkerrecht 2018, S. 1111f.

161 Siehe 2. Amendment to the Montreal Protocol on Substances that Deplete the Ozone Layer, Kigali, 15 October 2016. Einsehbar unter https://treaties.un.org/Pages/ViewDetails.aspx?src=TREATY&mtdsg_no=XXVII-2-f&chapter=27.

162 So auch *Ipsen*, [Fn. 160], S. 1111f.

163 *Brönnimann*, [Fn. 56], S. 56.

164 So auch *Ipsen*, [Fn. 160], S. 1112.

4. Klimarahmenkonvention

Wie gezeigt wurde in den vorangegangenen Übereinkommen der Klimaschutz nicht explizit als ausdrückliches Ziel verfolgt. Vielmehr wurden andere Aspekte der Atmosphäre als primäre Schutzobjekte deklariert. Nur indirekt wurde damit auch das Klima miteinbezogen. Der Treibhauseffekt als hauptverantwortliches Phänomen wurde nicht adressiert. Die Wichtigkeit und Dringlichkeit der Bekämpfung des durch den Menschen verstärkten Treibhauseffekts wurde jedoch immer präsenter. Aufgrund von Initiativen des Umweltprogramms der Vereinten Nationen (UNEP) und der Weltorganisation für Meteorologie (WMO) beauftragte die UN-Generalversammlung im Jahr 1990 den Intergouvernementalen Verhandlungsausschuss für ein Rahmenabkommen über Klimaänderungen damit, einen Vertragsentwurf zu erarbeiten.[165] Dieser Entwurf wurde im Rahmen der Konferenz der Vereinten Nationen über Umwelt und Entwicklung in Rio de Janeiro im Jahr 1992 vorgelegt und angenommen.[166] Das Rahmenabkommen trat sodann am 21.03.1994, 90 Tage nach der Unterzeichnung des 50. Vertragspartners in Kraft. Besonders bedeutsam ist der Umstand, dass die größten Treibhausgasemittenten wie die USA, China, Indien, Russland und die EU dieses Abkommen ratifiziert haben.[167] Daher gilt es auch heute noch als das zentrale Instrument im Kampf gegen die Klimastörungen.[168]

Das primäre Ziel der Rahmenkonvention der Vereinten Nationen über Klimaveränderungen[169] ist es, „die Stabilisierung der Treibhausgaskonzentrationen in der Atmosphäre auf einem Niveau zu erreichen, auf dem eine gefährliche anthropogene Störung des Klimasystems verhindert wird."[170] Erstmals wird hier in einem internationalen Übereinkommen der Schutz des Klimas durch die Beschränkung der Wirkung des Treibhauseffekts adressiert. Aufgrund der Ausgestaltung als Rahmenkonvention blieb es jedoch bei eher allgemeinen Aussagen und Grundsätzen. So sollen sich die unterzeichnenden Staaten für die Durchführung des Übereinkommens von den Prinzipien der Vorsorge, der

---

165 Zur Genese siehe etwa *Ipsen*, ebd., S. 1112f.

166 United Nations Conference on Environment and Development, UNCED. Auch Erdgipfel oder Rio-Konferenz genannt; Deutsche Umsetzung in BGBl. 1993 II, 1783.

167 Zum Status der Ratifikation vgl. https://unfccc.int/process/the-convention/what-is-the-convention/status-of-ratification-of-the-convention.

168 *Vitzthum/Proelß*, [Fn. 152], 5. Abschnitt, Rn. 153.

169 United Nations Framework Convention on Climate Change, UNFCCC.

170 Art. 2. UNFCCC

gemeinsamen aber unterschiedlichen Verantwortlichkeit sowie dem Grundsatz der nachhaltigen Entwicklung leiten lassen.[171]

Das Prinzip der gemeinsamen aber unterschiedlichen Verantwortlichkeit ist das zentrale Konzept und maßgeblich für Verständnis und Folgeentwicklungen.[172] Es beinhaltet die Anerkennung des Klimas als weltweites Gemeinschaftsgut, ein inter- und intragenerationelles Gerechtigkeitsverständnis sowie das Verursacherprinzip.[173] Verantwortung für den Erhalt der Erdatmosphäre haben aufgrund der Anerkennung als weltweites Gemeinschaftsgut in erster Linie alle Staaten. Erst auf der zweiten Ebene, der Folgeverantwortlichkeiten, kommt es zu einer Unterscheidung aufgrund der unterschiedlichen Ausgangslagen der Staaten.[174]

5. Kyoto-Protokoll

Die Rahmenkonvention enthält fast ausschließlich prozessuale und grundsätzliche Aussagen. Materielle Reduktionspflichten für einzelne Staaten enthielt sie noch nicht. Daher sind auch stetige Überprüfungs- und Weiterentwicklungsinstrumente vorgesehen. Auf der ersten Vertragskonferenz in Berlin 1995 konnten noch keine materiellen Ergebnisse erzielt werden. Man einigte sich jedoch darauf, dass in einem weiteren Prozess, dem sogenannten „Berliner Mandat" andere Instrumente zur Reduktion von Treibhausgasen sowie konkrete Reduktionsziele und Zeitspannen verhandelt werden sollten.[175] Das Ergebnis dieser Verhandlungen fand auf der 3. Konferenz der Vertragsparteien am 11.12.1997 in Kyoto, Japan einen Abschluss und wurde als das Protokoll von Kyoto angenommen.[176] Damit bestand aber noch kein breiter Konsens. Erst auf der 7. Vertragsstaatenkonferenz in Marrakesch konnten weitere Anpassungen des Kyoto-Protokolls verabschiedet werden[177], womit auch die EU und Deutschland zufrieden waren. Daraufhin wurde das Protokoll am 31.05.2002 von Deutschland und der EU ratifiziert.[178] In

---

171 Vgl. Art. 3. UNFCCC.

172 Siehe dazu *Junker*, in: *Schöbener (Hrsg.)*, Völkerrecht: Lexikon zentraler Begriffe und Themen 2014, S. 324ff.

173 Vgl. *Bail*, Das Klimaschutzregime nach Kyoto, EuZW 1998, 457 (458).

174 Vgl. *Kreuter-Kirchhof*, Neue Kooperationsformen im Umweltvölkerrecht 2005, S. 525. ff.

175 *Bail*, [Fn. 173], 457 (459).

176 COP-3, Beschluss 1/CP.3 „Annahme des Protokolls von Kyoto zum Rahmenübereinkommen der Vereinten Nationen über Klimaänderungen".

177 Vgl. UN Doc FCCC/CP/2001/13/Add.1–3 v. 21.01.2002 (Marrakesh Accords).

178 BGBl. 2002 II, 967.

Kraft trat es jedoch erst am 16.02.2005, da es zuvor von mindestens 55 Staaten, welche zugleich für mindestens 55 % der im Jahr 1990 verursachten Kohlendioxidemissionen verantwortlich waren, ratifiziert werden musste.

a. Reduktionspflichten

Anknüpfend an das Prinzip der gemeinsamen aber unterschiedlichen Verantwortlichkeit enthält Art. 3 Abs. 1 Kyoto-Protokoll (KP) eine Verpflichtung für Industrienationen[179], Treibhausgase[180] in einem bestimmten geforderten Rahmen[181] zu senken. Insgesamt sollte somit eine Reduktion der Treibhausgase im Zeitraum von 2008 bis 2012 um 5 % unter das Niveau von 1990 erreicht werden. Die Entwicklungsländer treffen hingegen keine über das Maß der Verpflichtungen aus der Rahmenkonvention hinausgehenden Verpflichtungen. Auch unter den Industrienationen wurden weitere Differenzierungen bezüglich der Reduktionspflichten ausgehandelt. Die EU hat sich beispielsweise auf eine Reduktion von 8 % verpflichtet, wohingegen Island sogar eine Zunahme von Treibhausgasen um 10 % verzeichnen darf. Intern hat sich die EU im Rahmen des „burden-sharing" auf eine Verteilung der gemeinschaftlichen Reduktionspflichten anhand der Leistungsfähigkeit der einzelnen Staaten geeinigt. Deutschland ist EU-intern mit 21 % die größte Reduktionsverpflichtung eingegangen, wohingegen Frankreich das gleiche Emissionslevel beibehalten durfte. Spanien, Griechenland und Portugal hingegen durften ihre Emissionen teilweise um mehr als 15 % steigern.[182] Mit dieser internen Verteilung hielt sich die EU im Rahmen der nach Art. 4 KP eröffneten Möglichkeit, zwischenstaatliche Vereinbarungen zur Erreichung der Kyoto Ziele zu treffen. Ebenfalls tritt hierin der Grundsatz der gemeinsamen aber unterschiedlichen Verantwortlichkeit zutage.

b. Weitere Kyoto-Mechanismen

Ergänzend zu den verbindlichen Reduktionszielen sind flexible Instrumente vorgesehen, um das letztliche Minderungsziel zu erreichen.[183] Im Rahmen einer

---

179 Industrienationen sind solche, die in Anlage I der Rahmenkonvention genannten sind.

180 Solche in Anlage A KP genannten.

181 Anlage B KP.

182 Vgl. Decision 2002/358/EC; Decision 2006/944; Einsehbar unter https://ec.europa.eu/clima/policies/strategies/progress/kyoto_1_en.

183 So sieht beispielsweise Art. 17 KP bezugnehmend auf das Emissionshandelssystem in Art. 3 KP vor, dass ein solcher Handel nur ergänzend zu den innerstaatlichen Maßnahmen zur Erfüllung der quantifizierten Emissionsbegrenzungs- und

„Joint Implementation" können Industrienationen mit anderen unter Anlage I des KP genannten Industrienationen gemeinsame Projekte verwirklichen und dadurch sogenannte Emissionsreduktionseinheiten (Emission Reduction Units, ERU's) erwerben, die sich aus Projekten zur Reduktion der anthropogenen Emissionen von Treibhausgasen oder zur Verstärkung des Abbaus solcher Gase durch Senken ergeben. Die unterstützenden Nationen können diese ERU's in der Folge auf ihre eigenen Reduktionspflichten anrechnen lassen.[184] Der Kreis der Zusammenarbeit wird durch den Mechanismus für umweltverträgliche Entwicklung (CDM) nach Art. 3 Abs. 12 KP iVm Art. 12 Abs. 3 KP noch erweitert. Demnach können Industrienationen durch die Förderung von Technologietransfer, die Finanzierung von regenerativen Energieformen, Effizienzverbesserungen bei der Stromerzeugung oder dem Energieverbrauch zur Reduzierung von Treibhausgasemissionen in einem Entwicklungsland beitragen. Durch diesen Technologietransfer wird ein weiteres Kernprinzip des Kyoto-Protokolls, nämlich das der nachhaltigen, klimaverträglichen Entwicklung gefördert.[185]

c. *Emissionszertifikatehandel*

Erstmalig wurde überdies die Grundlage für die Schaffung eines internationalen Emissionshandelssystems geschaffen. Auf Druck der USA wurde in Art. 17 KP eine Rahmenregelung getroffen, die die Verwirklichung eines internationalen Handelssystems ermöglichen sollte.[186] Das Instrument des Emissionshandels war bei den Vertragsparteien höchst umstritten. Vor allem die EU fürchtete, dass Länder wie Russland oder die Ukraine durch die Ausnutzung sogenannter Phantomemissionen ihren Reduktionspflichten nachkommen könnten und dadurch das Konventionsziel unterlaufen würde.[187] Die USA hingegen hatten mit ihrem nationalen Handelssystem mit Verschmutzungsrechten für Schwefeldioxid Emissionen positive Erfahrungen gemacht und beharrte daher auf die Implementierung eines solchen Instruments.[188]

---

reduzierungspflichten dienen darf. Im Original: „Any such trading shall be supplemental to domestic actions for the purpose of meeting quantified emission limitation and reduction commitments under that Article."

184 Art. 6 KP.

185 *Hutsch*, Klimaschutz im Anlagenrecht 2015, S. 52ff.

186 Vgl. *Brown*, American Heat 2002, S. 34ff. Siehe ebenfalls *Junker*, Ethical Emissions Trading and the Law, University of Baltimore Journal of Environmental Law 2006, 149 (153).

187 *Bail*, [Fn. 173], 457 (462).

188 Vgl. US-Clean Air Act 1990, im Internet abrufbar unter http://www.epa.gov/air/caa/.

Der Grundgedanke des Emissionshandels ist die Ökonomisierung des Umweltgutes Atmosphäre. Der Ausstoß von CO_2 Emissionen wird dadurch zu einem handelbaren Gut gemacht. Die vom Handelssystem erfassten Unternehmen erhalten vom Staat Zertifikate bzw. Lizenzen, um CO_2 Emissionen ausstoßen zu dürfen. Die Gesamtemissionen unterliegen dabei einer Obergrenze, dem sogenannten Cap. Emittiert ein Unternehmen weniger CO_2, als es eigentlich nach seinen Zertifikaten dürfte, kann es die überschüssigen Berechtigungen auf einem eigenen Markt verkaufen (trade). Es folgt also dem Prinzip des „Cap and Trade". Die Obergrenze für die Gesamtemissionen wird dabei von Handelsperiode zu Handelsperiode gesenkt. Durch diese künstliche Verknappung der handelbaren Emissionen soll für die emittierenden Unternehmen ein Anreiz geschaffen werden, in emissionsarme Technologien zu investieren.

Aufgrund der großen Uneinigkeit im Vorfeld der Kyoto Konferenz konnten im Protokoll lediglich die Grundstrukturen erfasst werden. Die weitere Umsetzung und Ausgestaltung folgte auf den weiteren Vertragskonferenzen. Erst auf der COP-7 in Marrakesh im Jahr 2001 konnte ein konsensfähiges Gesamtkonzept erarbeitet werden.[189]

d. Bewertung des Kyoto Regimes

Die Verabschiedung des Kyoto-Protokolls war ein Meilensteil in den Bemühungen um den internationalen Klimaschutz. Erstmalig wurden auf breiter Basis Reduktionsverpflichtungen eingeführt. Auch die flexiblen Instrumente zur Erreichung der Ziele bieten viele Anknüpfungsmöglichkeiten für Klimaschutzmaßnahmen. Jedoch darf gleichwohl aller positiven Resonanz die Wirksamkeit nicht überbewertet werden. Trotz der großen Einflussnahme in den Vorarbeiten wurde das Protokoll in den USA nicht ratifiziert. Der Widerstand weiter Teile der Gesellschaft, Politik und Wirtschaft verhinderten, dass das Protokoll unter den Präsidenten Clinton und Obama überhaupt zur Ratifikation dem Kongress vorgelegt wurde.[190] Darüber hinaus waren große Treibhausgasemittenten wie China, Indien oder Brasilien aufgrund ihrer Einstufung als Schwellenländer von den Reduktionspflichten ausgenommen. Damit blieben gleich mehrere der ganz

189 http://unfccc.int/cop7/accords_draft.pdf; Entscheidung 18/CP.7 FCCC/CP/2001/13/Add.2.

190 Diesen Hinweis verdanke im meinem Doktorvater Prof. Dr. Junker. Siehe ebenfalls *Brown*, [Fn. 186], S. 27ff., 37. Auch unter der Bush Administration erfolgte keine Vorlage an den Senat, was jedoch mit der skeptischen Sicht der Verantwortlichen auf das Kyoto Protokoll zusammenhing. Siehe dazu *Brown*, ebd., S. 40f.

großen globalen Treibhausgasemittenten außen vor.[191] Auch ist die Wirksamkeit im Vergleich zum Ozonregime nicht vergleichbar. Dies kann wohl auch an der Komplexität der Auswirkungen der Treibhausgase auf das Klimasystem liegen. Im Vergleich hierzu ist der Zusammenhang des Ausstoßes von FCKW und dem Abbau der Ozonschicht eindeutiger und damit einfacher in den Griff zu kriegen.[192]

e. *Post Kyoto Regime*

Die Verhandlungen zu einem Nachfolgeabkommen für die Zeit nach 2012 gestalteten sich äußerst schwierig. Zum einen verlagerte die Weltwirtschaftskrise im Jahr 2008 den Fokus der medialen Aufmerksamkeit weg von den Problemen des Klimawandels hin zu wirtschaftlichen Schwierigkeiten. Außerdem stellte sich heraus, dass die ökonomischen Auswirkungen der Reduktion von CO_2 Emissionen im Vergleich zu anderen Stoffen deutlich gravierender sind.[193] Es bestand jedoch schnell die Einsicht der Industriestaaten, dass eine weitere Reduzierung der Treibhausgase vonnöten ist, um die Klimastörungen weiter einzudämmen. Jedoch konnte aufgrund des starken Gegenwindes der (damaligen) Schwellenländer Indien und China kein Konsens bezüglich weiterer konkreter Reduktionpflichten erzielt werden. Sie beharrten auf die primäre Verantwortlichkeit der westlichen Industriestaaten für den bisherigen Treibhausgasausstoß.[194] Auf der Kopenhagener Konferenz 2009 wurde daher lediglich der allgemeine Passus aufgenommen, wonach Maßnahmen getroffen werden sollen, um die globale Erwärmung auf unter 2 Grad Celsius zu begrenzen.[195]

Auf der COP18 in Doha 2012 wurde schließlich die Verlängerung des Kyoto-Protokolls für den Zeitraum von 2013 bis 2020 beschlossen. Jedoch haben dieses „Kyoto II" Protokoll lediglich die EU (und einige weitere Staaten) unterzeichnet, die für insgesamt 14 % der weltweilten Treibhausgase verantwortlich waren.[196] Darüber hinaus wurde vereinbart, dass im Rahmen der sogenannten Durban-Plattform ein Arbeitsplan für ein neues Klimaabkommen entwickelt werden soll,

---

191 Vgl. *Dehnen/Morgenstern*, Eine neue Ära für den internationalen Klimaschutz: Das Übereinkommen von Paris, ZUR 2016, 131 (131).

192 In diese Richtung auch *Hutsch*, [Fn. 185], S. 59.

193 *Vitzthum/Proelß*, [Fn. 152], 5. Abschnitt, Rn. 156.

194 Ebd.

195 Vgl. FCCC/CP/2009/L./ v. 18.12.2009, § 1.

196 *Falke*, Neue Entwicklungen im Europäischen Umweltrecht, ZUR 2013, 182 (187).

welches ab 2015 angenommen und Regelungen für den Zeitraum ab 2020 enthalten sollte.[197]

6. Paris Abkommen

Zur Überraschung vieler wurde auf der Vertragsstaatenkonferenz 2015 in Paris (COP21) tatsächlich eine Übereinkunft getroffen, die von einer Vielzahl von Staaten Unterstützung fand. Dies mündete in der Einigung auf das Pariser Klimaabkommen[198]. Das PA stellt einen wichtigen Schritt in der Fortentwicklung der internationalen Klimapolitik dar. Im Vorfeld bestanden immense Zweifel, ob es der Weltgemeinschaft gelingen würde, ein weiteres Übereinkommen mit rechtlich verbindlichen Zielen zu verabschieden.[199]

a. Klimaziele

Als Kernpunkt des Abkommen einigten sich die Vertragsstaaten darauf, dass der Anstieg der durchschnittlichen Erdtemperatur deutlich unter 2 °C gegenüber dem vorindustriellen Niveau gehalten werden soll und Anstrengungen unternommen werden, um den Temperaturanstieg auf 1,5 °C zu begrenzen, da erkannt wurde, dass dies die Risiken und Auswirkungen der Klimaänderungen erheblich verringern würde.[200] Damit wurde erstmal das 2-Grad-Ziel in einem völkerrechtlichen Vertrag erfasst und erlangt somit Verbindlichkeit. Hervorzuheben ist überdies die Formulierung dieses Ziels. Demnach sollen Anstrengungen unternommen werden, um die Temperaturerhöhung auf „deutlich" unter 2 Grad zu begrenzen. Die Aufnahme des 1,5 Grad Ziels stellt daher eine echte Überraschung dar. Diese Temperaturobergrenze konkretisiert das in der Rahmenkonvention noch abstrakt formulierte Ziel, eine gefährliche anthropogene Störung des Klimasystems zu verhindern.[201] Zur Erreichung dieses Temperaturziels streben die Vertragsparteien in der zweiten Hälfte des 21. Jahrhunderts eine Emissionsneutralität an. Demnach soll ein Gleichgewicht von Emissionen aus menschlichen Quellen und dem Abbau solcher Gase durch Senken geschaffen werden.[202]

---

197 Ebd.
198 FCCC/CP/2015/L.9/Rev.1, im Folgenden „Paris Abkommen", PA.
199 Vgl. zum Entwicklungsprozess *Dehnen/Morgenstern*, [Fn. 191], 131 (131f.).
200 Art. 2 Abs. 1 lit. a PA.
201 Vgl. *Dehnen/Morgenstern*, [Fn. 191], 131 (134).
202 Art. 4 Abs. 1 PA.

b. Verantwortlichkeit

Das PA löst sich von der strikten Trennung der Verantwortlichkeiten, welche noch prägend für das Kyoto Protokoll waren. Zwar besteht gemäß Art. 2 Abs. 2 PA weiterhin das Prinzip der gemeinsamen, aber unterschiedlichen Verantwortlichkeit. Demnach unterscheiden einige Regelungen zwischen „entwickelten Ländern" und „Entwicklungsländern"[203] um den bisherigen CO_2 Bilanzen und den unterschiedlichen wirtschaftlichen Leistungsfähigkeiten Rechnung zu tragen. Vom Prinzip sind aber alle Vertragsparteien zum Klimaschutz verpflichtet.[204]

c. Unterschiedliche Verbindlichkeiten

Die Regelungen des PA weisen keinen einheitlichen Verbindlichkeitsgrad auf. Es ist vielmehr gekennzeichnet durch verschiedene Grade an Verbindlichkeit für unterschiedliche Regelungskomplexe. Insofern weist es eine „hybride Verbindlichkeitsstruktur"[205] auf.[206] Dies ist vor allem dem Umstand geschuldet, dass im Aushandlungsprozess eines völkerrechtlichen Vertrages sehr unterschiedliche nationale Vorstellungen aufeinandertreffen und sich Staaten mit den verschiedenen Regelungen unterschiedlich stark identifizieren können.

Es lassen sich grob drei Verbindlichkeitsgrade herauskristallisieren. Zunächst sind solche Bestimmungen enthalten, die für die Vertragsparteien ohne eigenes Ermessen verbindlich sind. Der Vertrag selbst bestimmt Subjekt und Objekt der Verpflichtung.[207] Das PA enthält jedoch auch unverbindliche Bestimmungen. In ihnen sind lediglich gemeinsame politische Einschätzungen bzw. Empfehlungen aufgenommen. Zu nennen wären hier beispielsweise die Bestimmungen zu Anpassungsmaßnahmen. Demnach erkennen die Vertragsstaaten an, „dass der derzeitige Anpassungsbedarf erheblich ist, dass sich durch ein höheres Minderungsniveau die Notwendigkeit zusätzlicher Anpassungsbemühungen verringern kann und dass ein höherer Anpassungsbedarf höhere Anpassungskosten

---

203 Vgl. etwa Art. 4 Abs. 4 PA, Art. 9 PA, Art. 11 Abs. 1, 3 PA, Art. 13 Abs. 9 PA.

204 *Saurer*, Klimaschutz global, europäisch, national – Was ist rechtlich verbindlich?, NVwZ 2017, 1574 (1574).

205 *Saurer*, ebd., 1574 (1575).

206 Vgl. dazu auch ausführlich *Nückel*, Rechtlicher Charakter des Pariser Übereinkommens – hard law oder soft law?, ZUR 2017, 525 sowie *Voland/Engel*, Regeln für das Weltklima, NVwZ 2019, 1785 (1787).

207 Die wichtigsten Verbindlichkeiten in diesem Rahmen sind Art. 4 Abs. 2, Abs. 12, Abs. 13; Art. 13 Abs. 7, Abs. 9.

mit sich bringen kann."[208] Zwischen diesen beiden Positionen befinden sich einige Bestimmungen, die bezüglich ihrer Verbindlichkeit nicht eindeutig einzuordnen sind. Sie sind zum Teil gekennzeichnet durch die Eröffnung von Ermessen für die Parteien bzw. ausfüllungsbedürftigen inhaltlichen Vorgaben, sodass sich aus diesen Regelungen keine konkreten Verpflichtungen ergeben.[209]

d. *Nationally Determined Contributions (NDCs)*

In Abkehr eines Systems, in dem feste Reduktionsziele für einzelne Staaten vertraglich festgelegt sind, wie dies im Kyoto Protokoll der Fall war („top down"), wird nunmehr ein umgekehrter Ansatz eingeschlagen. Demnach bestimmen die Vertragsstaaten nach Art. 4 Abs. 2 PA „national festgelegte Beiträge [...], die sie zu erreichen beabsichtig[en]. Die Vertragsparteien ergreifen innerstaatliche Minderungsmaßnahmen, um die Ziele dieser Beiträge zu verwirklichen." Alle fünf Jahre sollen die Vertragsparteien diese nationalen Beiträge überarbeiten, um so den gesetzten Zielen nachzukommen.[210] Dabei sollen die nachfolgenden Beiträge jeweils ein höheres Schutzniveau erreichen als die vorangegangenen. Die jeweiligen Beiträge werden in einem vom Sekretariat geführten Register notiert.[211] Rechtlich verpflichtend ist indes lediglich die Vorlage der nationalen Beiträge im Rhythmus von fünf Jahren, sowie die Umsetzung dieser Beiträge durch zu bestimmende Maßnahmen. Welche inhaltlichen Anforderungen die Beiträge als auch die Umsetzungsmaßnahmen erfüllen müssen, bestimmt das PA nur sehr vage. Art. 4 Abs. 3 PA statuiert lediglich, dass die Beiträge die „größtmögliche Ambition unter Berücksichtigung ihrer [der Staaten] gemeinsamen, aber unterschiedlichen Verantwortlichkeiten und ihrer jeweiligen Fähigkeiten angesichts der unterschiedlichen nationalen Gegebenheiten ausdrücken" sollen.[212]

---

208 Art. 7 Abs. 4 PA.

209 Zu nennen wären hier etwa Art. 4 Abs. 4, Art. 8, Art. 9. Zu diesem Komplex vgl. *Saurer*, [Fn. 204], 1574 (1575f.).

210 Art. 4 Abs. 9 PA.

211 Art. 4 Abs. 12 PA.

212 Vgl. dazu *Frank*, Anmerkungen zum Pariser Klimavertrag aus rechtlicher Sicht – insbesondere zu den „(I)NDCs", der 2°/1,5° Celsius-Schwelle und „loss and damage" im Kontext völkerrechtlicher Klimaverantwortung, ZUR 2016, 352 (355). Der Autor geht davon aus, dass aus Gründen des allgemeinen Völkerrechts, welches neben dem PA weiterhin Anwendung finden soll, die NDCs dem Maßstab der „highest possible ambitions" genügen müssen. Daraus könne auch eine völkerrechtliche Verantwortlichkeit erwachsen.

e. *Loss and Damage*

Auch im Vorfeld der Konferenz in Paris rückte das Schicksal der von den Auswirkungen des Klimawandels besonders bedrohten Staaten, insbesondere kleinerer Inselstaaten, in den Fokus der medialen Aufmerksamkeit. In diesem Zusammenhang ist das rechtliche Problem von „loss and damage" seit einiger Zeit höchst umstritten. Unter „loss and damage" versteht man grundsätzlich die Auswirkungen der Klimastörungen, die nicht durch mitigative und adaptive Maßnahmen verhindert werden können. „Damage" bezieht sich dabei auf die Schäden, denen ein monetärer Wert zugerechnet werden kann. „Loss" umfasst darüber hinaus auch nicht-monetäre Schäden.[213] Seit dem Jahr 2010 wird dieser Themenkomplex im Rahmen der internationalen Verhandlungen offiziell bearbeitet.[214] Dabei treffen die Interessen der Industrienationen, die die loss and damage Mechanismen grundsätzlich als Bedrohung ansehen, auf die Forderungen einer Vielzahl betroffener Staaten, in irgendeiner Weise Entschädigungen oder Hilfen für die bei ihnen eintretenden Schäden zu erlangen.[215]

In Art. 8 PA befinden sich daher Regelungen zu diesem Themenkomplex. Betont wird zunächst die Wichtigkeit der Vermeidung, Verringerung und Bewältigung von Klimaschäden. Dabei werden die Warschau-Mechanismen[216] weiterhin anerkannt und sollen unter dem Rahmen der Pariser Übereinkunft weiterentwickelt werden.[217] Ein in diesem Zusammenhang ebenfalls sehr umstrittenes Thema ist die Möglichkeit von Schadenersatzforderungen klimageschädigter Staaten insbesondere gegen Industrienationen. Das PA enthält dazu jedoch keine Aussagen. Vielmehr wird in der Begleitentscheidung klargestellt, dass Art. 8 PA keine Grundlage für irgendeine Haftung oder Entschädigung darstellen soll.[218]

---

213 Vgl. *Doelle*, [Fn. 114], S. 618.

214 Zum Prozess der Verhandlungen siehe *Doelle*, ebd., S. 619ff.

215 Vgl. *Doelle*, ebd., S. 622.

216 Vgl. dazu https://unfccc.int/topics/adaptation-and-resilience/workstreams/loss-and-damage-ld/warsaw-international-mechanism-for-loss-and-damage; FCCC/CP/2013/10/Add.1.

217 Art. 8 Abs. 2, 3 PA

218 Vgl. Ziff. 52 der Begleitentscheidung, FCCC/CP/2015/L.9/Rev.1, Im Originial: „Agrees that Article 8 of the Agreement does not involve or provide a basis for any liability or compensation".

f. Erfüllungskontrolle und Transparenzsystem

In Art. 13 PA wird schließlich ein Transparenzsystem mit ausgeprägten Berichterstattungspflichten etabliert. Es soll der Stärkung des gegenseitigen Vertrauens und der Förderung einer wirksamen Umsetzung dienen.[219] Dabei findet weiterhin eine Unterscheidung zwischen entwickelten und Entwicklungsländern statt. Letztere werden bei der Durchführung des Transparenzsystems und dessen Ausbau unterstützt.[220]

Zudem wird in Art. 14 und 15 PA ein Kontrollsystem eingerichtet. In diesem Rahmen wird ein 12-köpfiger Ausschuss berufen, welcher nach geographischer Verteilung zusammengesetzt ist.[221] Im Rahmen des Kontrollsystems sollen jedoch keine Strafen oder Sanktionen verhängt werden können.[222] Vielmehr dient dieses System der „Aktualisierung und Verstärkung [der nationalen] Maßnahmen“ sowie der „Verstärkung der internationalen Zusammenarbeit bei Klimaschutzmaßnahmen.“[223]

g. Bewertung

Im Vorfeld der Pariser Konferenz war die Stimmungslage ob der Schaffung einer neuen rechtlichen Übereinkunft sehr düster. Viele Teilnehmer rechneten lediglich mit einer unverbindlichen Abschlusserklärung. Insofern ist bereits das Zustandekommen des Pariser Abkommens als großer Erfolg zu werten. Dies darf jedoch nicht über einige strukturelle Schwächen hinwegtäuschen.

Zunächst ist positiv zu vermerken, dass mit der verbindlichen Einführung des 2 (1,5) Grad Ziels und der angestrebten globalen Dekarbonisierung in der zweiten Hälfte des 21. Jahrhunderts wesentliche Zielbestimmungen nun endlich rechtlich verbindlichen Charakter erfahren haben. Auch die Bestimmungen zu Transparenz und Erfüllungskontrolle können die Wirksamkeit der Vereinbarung stärken.[224] Einen großen Kritikpunkt muss indes die Unverbindlichkeit und Offenheit einiger der wichtigsten Regelungen darstellen. So gibt es keine inhaltlichen Anforderungen an das Kernstück des Übereinkommens, die nationalen Beiträge (NDCs). Hierbei sind die Staaten weitestgehend frei. Einige

---

219 Vgl. Art. 13 Abs. 1 PA.
220 Vgl. Art. 13 Abs. 14, 15 PA.
221 Vgl. Ziff. 103 der Begleitentscheidung, FCCC/CP/2015/L.9/Rev.1.
222 Art. 15 Abs. 2 PA.
223 Art. 14 Abs. 3 PA.
224 In diese Richtung auch *Voland/Engel*, [Fn. 206], 1785 (1786).

Staaten werden zudem ihre nationalen Beiträge an eine ausreichende finanzielle Unterstützung durch andere Länder knüpfen, sodass das System letztlich unterlaufen werden könnte.[225] Hält ein Staat seine angestrebten Reduktionsziele nicht ein, sieht das PA überdies keine effektiven Sanktionsmechanismen vor. Die vorgesehenen Kontrollmechanismen würden einen solchen Fall zwar aufdecken, damit gingen jedoch keine rechtlich sensiblen Konsequenzen einher. Nichtsdestotrotz kann die Praxis des „naming and shaming" politischen Druck erzeugen und in diesem Sinne auf die Einhaltung der NDC's hinwirken.[226]

Die letztliche Effektivität der Pariser Übereinkunft liegt dennoch in der Hand eines jeden Vertragsstaates. Nur wenn jeder Staat, insbesondere die großen Treibhausgasemittenten, eine ambitionierte Klimaschutzpolitik mit effektiven Maßnahmen betreiben, kann das PA ein Erfolg werden. Insofern bedarf es weiterhin nationaler (rechtswissenschaftlicher) Diskurse, wie und mit welchen Mitteln die Vorgaben des PA umgesetzt werden können und müssen.

7. Klimakonferenzen COP24 und COP25

Vom 2. bis zum 15. Dezember 2018 fand im polnischen Kattowitz die 24. Vertragsstaatenkonferenz (COP24) statt. Wichtigste Erkenntnis dieser Konferenz war zum einen die Anerkennung der Wichtigkeit der IPCC-Berichte, sowie das Bekenntnis zum stetigen Fortschreiten bei den Klimaschutzbemühungen.[227] Zum anderen wurde ein für die Mitgliedstaaten rechtlich verbindliches Regelbuch (rulebook) verabschiedet. Hierin werden die Verfahren und Regeln zur Umsetzung des PA festgelegt. Darüber hinaus wurden klärende Maßgaben zur Berichterstattung der Parteien über ihre nationalen Minderungsbeiträge getroffen.[228] Das Regelbuch führt indes keine weiteren Verbindlichkeiten ein. Vielmehr

225 So auch *Ekardt*, Das Paris-Abkommen zum globalen Klimaschutz, NVwZ 2016, 355 (356).

226 Vgl. *Voland/Engel*, [Fn. 206], 1785 (1786); *Saurer*, Verfahrensregeln im internationalen Klimaschutzrecht, NuR 2019, 145 (149). Auch das BVerfG weist in seinem Klimaschutz-Beschluss vom 24.03.2021 auf die Wichtigkeit der Transparenz für das Gelingen der internationalen Klimaschutzbemühungen hin. Das Gericht legt das Augenmerk jedoch mehr auf eine positive Seite, sprich gegenseitiges Vertrauen und Zuversicht, als auf „naming and shaming". Siehe dazu BVerfG, Beschl. v. 24.03.2021 – 1 BvR 2656/18 u. a., Rn. 204.

227 Vgl. *Stäsche*, Entwicklungen des Klimaschutzrechts und der Klimaschutzpolitik 2018/19, EnWZ 2019, 248 (250).

228 Vgl. *Stäsche*, ebd., 248 (252).

werden die bestehenden Regeln des PA weiter konkretisiert, ohne jedoch weitergehende rechtserhebliche Vorgaben zu treffen.[229]

Vom 2. bis zum 15. Dezember 2019 fand in Madrid, Spanien die 25. Konferenz der Vertragsstaaten statt.[230] Die Ergebnisse waren jedoch für die Wirksamkeit der PA nicht weiterführend. So wurden „die Ergebnisse den dringend nötigen Fortschritten beim Klimaschutz nicht gerecht."[231] Im Vordergrund stand hier weniger ein Austausch über Regeln des PA, sondern vielmehr allgemeine politische Überlegungen zum Klimaschutz in bi- und multilateralen Gesprächen.[232] Die für 2020 in Glasgow geplante COP26 wurde aufgrund der weltweiten Corona-Pandemie um ein Jahr verschoben und findet nunmehr vom 31. Oktober bis zum 12. November 2021 statt.

8. Stellung und Bedeutung des IPCC

Eine herausragende Bedeutung im gesamten Diskurs rund um den Klimawandel nimmt der Intergovernmental Panel on Climate Change (Zwischenstaatlicher Ausschuss für Klimaänderungen, abgekürzt IPCC) ein. Hierbei handelt es sich um eine Institution der Vereinten Nationen, welche 1988 ins Leben gerufen wurde. Sein Ziel ist es, eine breite wissenschaftliche Grundlage für die Erforschung und Bewertung des Klimawandels und insbesondere der Klimastörungen zu schaffen. Zurzeit gehören diesem zwischenstaatlichen Zusammenschluss 195 Staaten an. Der IPCC selbst betreibt keine Forschung. Unter seiner Schirmherrschaft wird vielmehr der Stand der Wissenschaft zusammengetragen und für politische Entscheidungsträger aufbereitet. Bisher wurden in diesem Rahmen sechs Sachstandsberichte[233] sowie zahlreiche Sondergutachten verfasst. Der Entstehungsprozess eines solchen Berichts ist durch mehrfache Revisionen

---

229 So wohl auch *Voland/Engel*, [Fn. 206], 1785 (1789).

230 Ausführlich zu den Ergebnissen: *Stäsche*, Entwicklungen des Klimaschutzrechts und der Klimaschutzpolitik 2019–2021, EnWZ 2021, 151 (152ff.).

231 Zitat der ehemaligen Bundesumweltministerin Svenja Schulze, Pressemitteilung Nr. 244/19 vom 15.12.2019, einsehbar unter: https://www.bmu.de/pressemitteilung/25-weltklimakonferenz-jetzt-nach-vorne-schauen/.

232 Vgl. Pressemitteilung Nr. 244/19 vom 15.12.2019, einsehbar unter: https://www.bmu.de/pressemitteilung/25-weltklimakonferenz-jetzt-nach-vorne-schauen/. So ebenfalls *Stäsche*, [Fn. 230], 151 (152).

233 Auch für den sechsten Sachstandsbericht wurden im Jahr 2021 und 2022 alle drei Teile, sprich die Naturwissenschaftlichen Grundlagen, die Folgen des Klimawandels, Anpassung und Verwundbarkeit sowie der Bericht über Minderungen des Klimawandels veröffentlicht.

und den stetigen Wechsel der Autoren geprägt, sodass sie in Fachkreisen als die zuverlässigste und fundierteste Wissensgrundlage gelten.[234] Sie sind zudem die wissenschaftliche Grundlage der soeben dargestellten völkerrechtlichen Vereinbarungen.

9. Erkenntnisse des Völkerrechts

Die Klimastörungen als globales Phänomen können nur auf breiter Basis angegangen werden. Erforderlich ist daher ein möglichst weltumspannendes Regelwerk mit effektiven Mechanismen. Unter dem Deckmantel der Klimarahmenkonvention wurden zwei besonders relevante Regelwerke mit dem Kyoto-Protokoll und dem Paris-Abkommen geschaffen. Das Kyoto-Protokoll enthielt noch verbindliche Reduktionspflichten für Industriestaaten, wohingegen das Paris-Abkommen von diesem top-down Ansatz abweicht und nunmehr an die Eigenverantwortlichkeit der einzelnen Staaten appelliert. Dieser Umstand könnte letztlich die Wirksamkeit des PA einschränken. Die Staaten sind nicht mehr an absolute internationale Reduktionspflichten gebunden. Vielmehr obliegt es jetzt den nationalen Ambitionen, ob das (rechtlich verbindliche) 2-Grad-Ziel tatsächlich erreicht wird.

Die Schaffung eines globalen Klimaschutzregimes war und ist, wie die vorherigen Abschnitte zeigen, ein extrem schwieriges Unterfangen. Dies liegt an vielerlei Faktoren. Zum einen besteht tatsächlich eine unterschiedliche Verantwortlichkeit für den anthropogenen Beitrag zum Klimawandel. Die Industrienationen haben absolut ein Vielfaches an Treibhausgasen seit Beginn der industriellen Revolution ausgestoßen. Daher ist es nicht verwunderlich, dass viele Schwellenländer auf die primäre Verantwortlichkeit dieser Länder beharren und keine eigenen Reduktionspflichten akzeptieren. Zum anderen beruht unsere Gesellschaft in großem Maße auf der Nutzung fossiler Brennstoffe. Eine Reduzierung der Treibhausgase muss daher zwangsläufig auch mit einer Reduzierung dieser Nutzung einhergehen. Dies hat weitreichende ökonomische Folgen, die nicht alle Länder bereit bzw. in der Lage sind zu tragen.

II. Europarechtliche Vorgaben

Die europäischen Regelungen bilden einen weiteren Bereich der Klimaschutzvorgaben. Aufgrund der zwischenstaatlichen Verbindlichkeit der völkerrechtlichen Regelungen, bewegen sie sich in dem vom ihnen gesetzten Rahmen.

234 *Rahmstorf/Schellnhuber*, [Fn. 36], S. 85.

Das Völkerrecht dient insofern als „Koordinationsrecht“[235]. Jedoch ist es dem Europarecht nicht vorweggenommen eigene, strengere Regelungen und Ziele in Bezug auf den Klimaschutz zu treffen. Angesichts dessen hat die Europäische Union sowohl im globalen Vergleich als auch gegenüber ihren Mitgliedsstaaten eine zentrale Führungsrolle eingenommen.[236] Das europäische Klimaschutzrecht ist durch eine Vielzahl von (sekundärrechtlichen) Maßnahmen geprägt.[237] Das Primärrecht bildet dafür die kompetenzrechtliche Grundbedingung.

1. Primärrecht

Klimaschutz ist Bestandteil einer Vielzahl primärrechtlicher Regelungen. Zunächst ist Klimaschutz als ein Teil des in Art. 3 des Vertrags über die Europäische Union (EUV) genannten Unionsziels Umweltschutz zu qualifizieren.[238] Diese Vorschrift steckt den allgemeinen Aufgabenrahmen der Union ab[239], welcher im Arbeitsvertrag der EU (AEUV) durch spezielle Kompetenztitel weiter ausdifferenziert wird. Auch die umweltrechtliche Querschnittsklausel in Art. 11 AEUV erfasst den Klimaschutz und verpflichtet die Unionsorgane, bei ihren Maßnahmen die Belange des Umwelt- bzw. Klimaschutzes zu berücksichtigen.[240]

Klimaschützende Rechtsakte konnten schon unter dem EG-Vertrag nach Art. 175 EGV als Teilmenge unter den Titel des Umweltschutzes subsumiert werden.[241] Auch der Vertrag von Lissabon hat an dieser Kompetenz vom Grunde her nichts geändert. Nunmehr ist in Art. 191 Abs. 1 Spiegelstrich 4 AEUV ausdrücklich die Bekämpfung des Klimawandels erwähnt. Die namentliche Einfügung diente indes wohl vormalig der Klarstellung der herausragenden programmatischen Bedeutung.[242] Die Kompetenz der Union auf diesem Feld ist schon dann eröffnet, wenn eine Maßnahme der Erreichung dieses Ziels dient. Möglich sind,

---

235 *Schlacke*, in: *Erbguth (Hrsg.)*, Umwelt- und Planungsrecht im Wandel: System, Funktionen, Perspektiven 2010, S. 130; *Epiney*, in: *Kerschner (Hrsg.)*, Europäisches Klimaschutzrecht und erneuerbare Energien 2014, S. 2.

236 *Wegener*, Zukunftsfähigkeit des europäischen Umweltrechts, ZUR 2009, 459 (461).

237 Eine vollständige Aufzählung kann in diesem Rahmen aufgrund der Komplexität und Reichweite der Materie nicht stattfinden, wäre aber auch nicht weiter zielführend.

238 *Terhechte*, in: *Grabitz u. a.*, Das Recht der Europäischen Union 2018, Art. 3 EUV, Rn. 55. Vgl. auch *Winkler*, [Fn. 127], S. 69f.

239 *Terhechte*, in: *Grabitz u. a.*, [Fn. 238], Art. 3 EUV, Rn. 8.

240 *Nettesheim*, in: *Grabitz u. a.*, ebd., Art. 11 AEUV, Rn. 13.

241 *Schlacke*, [235], S. 133; *Kahl*, in: *Müller/ Schulze-Fielitz*, Europäisches Klimaschutzrecht, 2009, 21 (54ff.).

242 So wohl auch *Nettesheim*, in: *Grabitz u. a.*, [Fn. 238], Art. 191 AEUV, Rn. 79.

soweit andere Kompetenztitel nicht vorrangig einschlägig sind, Maßnahmen in allen politischen Bereichen. In diesem Fall ist das ordentliche Gesetzgebungsverfahren nach Art. 192 Abs. 1 AEUV einschlägig.[243] Ebenfalls klimaschützende Relevanz kommt dem Kompetenztitel des Art. 194 AUEV zu.[244] Dieser regelt die Energiepolitik der Union und ermächtigt zu Maßnahmen zum Funktionieren des Energiemarkts, der Gewährleistung der Energieversorgungssicherheit der Union, der Förderung der Energieeffizienz, Entwicklung neuer und erneuerbarer Energiequellen und zur Förderung der Interkonnektion der Energienetze.[245] Zwar ist hier der Klimaschutz nicht namentlich erwähnt, jedoch liegt die thematische Nähe zwischen Energieversorgung und Klimaschutz, wie bereits unter Kapitel 2, Ziff. IV, 1 ausgeführt, auf der Hand.

2. Europäische Zielsetzungen

Die Leitlinien der europäischen Klimaschutzpolitik werden maßgeblich von dem für das Jahr 2050 gesetzten Langzeitziel geprägt.[246] Erstmals tauchte dieses Ziel in den Schlussfolgerungen zur Schaffung einer integrierten Klima- und Energiepolitik 2007 auf. Demnach sollte der Blick der Mitgliedsstaaten auf „das Ziel gerichtet sein, ihre Emissionen bis 2050 gemeinsam um 60 bis 80 % gegenüber 1990 zu verringern."[247] Dieses Reduktionsziel hat die EU in ihrer Erklärung zur Kopenhagener Klimakonferenz 2009 verschärft. Darin „unterstreicht" die EU, dass zur Erreichung des 2-Grad-Ziels die entwickelten Länder in ihrer Gesamtheit die Emissionen bis 2050 um 80 bis 95 % gegenüber 1990 reduzieren sollen.[248] Sowohl der Energiefahrplan 2050 der

---

243 *Epiney*, [Fn. 235], S. 3.

244 So auch *Schlacke*, Klimaschutzrecht im Mehrebenensystem, EnWZ 2020, 355 (356).

245 Art. 194 Abs. 1 AUEV.

246 Zu den verschiedenen Funktionen und Verknüpfungen von Klimaschutzzielen siehe *Franzius*, Ziele des Klimaschutzrechts, ZUR 2021, 131 (131ff.).

247 Schlussfolgerungen des Vorsitzes der Rat der europäischen Union – Brüssel, 8./9. März 2007, III, Ziff. 30; Abrufbar unter http://register.consilium.europa.eu/doc/srv?l=DE&f=ST%207224%202007%20REV%201.

248 Vgl. Council Conclusions on EU position for the Copenhagen Climate Conference (7–18 December 2009) 2968th ENVIRONMENT Council meeting Luxembourg, 21 October 2009, II, Ziff. 8; Abrufbar unter https://www.consilium.europa.eu/uedocs/cms_data/docs/pressdata/en/envir/110634.pdf;
Im Originaltext: „UNDERLINES that, in accordance with the findings by the IPCC in its AR4 and more recent studies, developed countries as a group should reduce their GHG emissions below 1990 levels through domestic and complementary international efforts by 25 to 40 % by 2020 and by 80 to 95 % by 2050 while developing countries as

Kommission[249], als auch der Fahrplan für den Übergang zu einer wettbewerbsfähigen CO_2-armen Wirtschaft bis 2050[250] bekennen sich ausdrücklich zu diesem Langzeitziel.

Die Erreichung des Ziels für das Jahr 2050 wird indes durch weitere Zwischenschritte konkretisiert. Eine erste Zielvorgabe enthält die Mitteilung der Kommission „20 und 20 bis 2020“[251]. Demnach sollte der EU-weite Treibhausgasausstoß bis 2020 um 20 % gegenüber 1990 reduziert werden. Als weiterer Aspekt sollte der Anteil der erneuerbaren Energien bis 2020 um 20 % gesteigert werden. Schließlich sollte der Energieverbrauch durch eine Verbesserung der Energieeffizienz um 20 % sinken. Infolgedessen wurde im Dezember 2008 das Klima und Energiepaket verabschiedet. Inhalt waren eine Vielzahl von Richtlinien, unter anderem die Richtlinie über erneuerbare Energien in der Stromerzeugung, bei Verkehr sowie beim Heizen und Kühlen[252], eine überarbeitete Richtlinie über das EU-Emissionshandelssystem[253], eine Richtlinie zur CO_2-Speicherung[254] sowie weitere Maßnahmen. Die nationalen Reduktionsziele der einzelnen Mitgliedsstaaten waren in der sogenannten „Effort Sharing Decision“ niedergelegt.[255] Demnach sollte beispielsweise Deutschland seine Emissionen um 14 % gegenüber dem Referenzjahr 2005 senken.

Die europaweite Reduktion der Treibhausgase um 20 % bis 2020 wurde von der Kommission zwischenzeitlich nicht mehr als ausreichend angesehen. Vielmehr müsse diese Schwelle bereits vor 2020 erreicht werden. Andernfalls würden

---

a group should achieve a substantial deviation below the currently predicted emissions growth rate, in the order of 15–30 % by 2020.“

249 KOM(2011) 885; Einsehbar unter: https://eur-lex.europa.eu/legalcontent/DE/TXT/PDF/?uri=CELEX:52011DC0885&from=EN.

250 KOM(2011) 112, Einsehbar unter: https://eur-lex.europa.eu/legalcontent/DE/TXT/PDF/?uri=CELEX:52011DC0112&from=EN.

251 Europäische Kommission, Vorschlag für eine Entscheidung des Europäischen Parlaments und des Rates über die Anstrengungen der Mitgliedstaaten zur Reduktion ihrer Treibhausgasemissionen mit Blick auf die Erfüllung der Verpflichtungen der Gemeinschaft zur Reduktion der Treibhausgasemissionen bis 2020, 23.01.2008, KOM (2008) 30; Auch bekannt als 20-20-20-Ziele.

252 RL 2009/30/EG.

253 RL 2009/29/EG.

254 RL 2009/31/EG.

255 Entscheidung Nr. 406/2009/EG des europäischen Parlaments und des Rates vom 23. April 2009 über die Anstrengungen der Mitgliedstaaten zur Reduktion ihrer Treibhausgasemissionen mit Blick auf die Erfüllung der Verpflichtungen der Gemeinschaft zur Reduktion der Treibhausgasemissionen bis 2020.

weitaus größere Anstrengungen zur Erreichung der nachfolgenden Ziele vonnöten sein.[256] Daher wurden im 7. Umweltaktionsprogramm von 2013 medienumgreifende Ziele und Maßnahmenvorschläge für eine umfassende Umweltpolitik bis 2020 aufgestellt.[257]

Aufbauend auf dem Klima- und Energiepaket 2020 einigten sich die Regierungschefs der Mitgliedsstaaten im Oktober 2014 auf weitere Zielvorgaben für den Zeitraum bis 2030.[258] Bis 2030 sollen demnach die Treibhausgase um 40 % gegenüber dem Referenzjahr 1990 reduziert werden. Für den Bereich der erneuerbaren Energien wird eine Ausweitung des Anteils auf 27 % am gesamten Energieverbrauch angestrebt. Die Energieeffizienz soll ebenfalls um 27 % gegenüber einer Entwicklung ohne Effizienzmaßnahmen steigen. Zwischenzeitlich hat durch mehrere Rechtsakte eine Erhöhung dieser Quoten stattgefunden. So soll der Anteil der erneuerbaren Energien bis 2030 um mindestens 32 % steigen[259] und die Energieeffizienz um 32,5 % angehoben[260] werden.[261]

Die vorstehenden Sektoren sind allesamt vom europäischen Emissionshandel umfasst. Es bestehen jedoch auch Minderungsziele für die Sektoren, die nicht unter diesen europäischen Emissionshandel (nicht-EHS-Sektoren) fallen. Für

256 Vgl. COM (2010) 265 final.

257 Vgl. Beschluss Nr. 1386/2013/EU des europäischen Parlaments und des Rates vom 20. November 2013 über ein allgemeines Umweltaktionsprogramm der Union für die Zeit bis 2020 „Gut leben innerhalb der Belastbarkeitsgrenzen unseres Planeten".

258 Vgl. EUCO 169/14.

259 Art. 1 S. 2 i.V.m. Art. 3 Abs. 1 S. 1 der Richtlinie (EU) 2018/2001 des Europäischen Parlaments und des Rates vom 11. Dezember 2018 zur Förderung der Nutzung von Energie aus erneuerbaren Quellen.

260 Art. 1 Abs. 1 der Richtlinie (EU) 2018/2002 des Europäischen Parlaments und des Rates vom 11. Dezember 2018 zur Änderung der Richtlinie 2012/27/EU zur Energieeffizienz.

261 *Stäsche*, [Fn. 230], 151 (159). Die Einhaltung dieser Ziele soll durch die sogenannte Governance Verordnung sichergestellt werden. Vgl. Verordnung (EU) 2018/1999 des Europäischen Parlaments und des Rates vom 11. Dezember 2018 über das Governance-System für die Energieunion und für den Klimaschutz, zur Änderung der Verordnungen (EG) Nr. 663/2009 und (EG) Nr. 715/2009 des Europäischen Parlaments und des Rates, der Richtlinien 94/22/EG, 98/70/EG, 2009/31/EG, 2009/73,/EG, 2010/31/EU, 2012/27/EU und 2013/30/EU des Europäischen Parlaments und des Rates, der Richtlinien 2009/119/EG und (EU) 2015/652 des Rates und zur Aufhebung der Verordnung (EU) Nr. 525/2013 des Europäischen Parlaments und des Rates. Siehe dazu weiterführend *Schlacke*, [Fn. 244], 355 (357); *Schlacke/Knodt*, Das Governance-System für die Europäische Energieunion und für den Klimaschutz, ZUR 2019, 404.

den Zeitraum bis 2020 hat die EU in ihrer „Effort-Sharing-Decision“[262] differenzierte Minderungsziele für die unterschiedlichen Mitgliedsstaaten aufgestellt.[263] Bis 2030 werden diese Ziele für die nicht-EHS-Sektoren in der Verordnung (EU) 2018/842 des Europäischen Parlaments und des Rates vom 30. Mai 2018 weitergeführt.[264] Erfasst hiervon sind die Sektoren Energie, Industrieprozesse und Produktverwendung, Landwirtschaft und Abfall. Referenzjahr ist bei beiden Maßnahmen jeweils das Jahr 2005. Für die Sektoren Landnutzung, Landnutzungsänderungen und Forstwirtschaft schreibt die Verordnung (EU) 2018/841 einen europaweiten Transformationspfad vor.[265]

Am 28.11.2019 hat das Europäische Parlament sodann den Klimanotstand ausgerufen.[266] Zwar gehen damit keinerlei rechtliche Wirkungen einher, es wird jedoch als starkes politisches Signal verstanden, alle beteiligten Akteure auf eine verstärkte Klimapolitik einzuschwören.[267]

Mit dem europäischen grünen Deal hat die EU-Kommission am 11.12.2019[268] sodann einen Transformationsprozess hin zu einer nachhaltigen und zukunftsfähigen Wirtschaft angestoßen.[269] Vorrangiges Ziel soll ausweislich der Mitteilung der Kommission die „Bewältigung klima- und

---

262 Entscheidung Nr. 406/2009/EG des Europäischen Parlaments und des Rates vom 23. April 2009 über die Anstrengungen der Mitgliedstaaten zur Reduktion ihrer Treibhausgasemissionen mit Blick auf die Erfüllung der Verpflichtungen der Gemeinschaft zur Reduktion der Treibhausgasemissionen bis 2020.

263 Vgl. Anhang 2 der Entscheidung Nr. 406/2009/EG.

264 Verordnung (EU) 2018/842 des Europäischen Parlaments und des Rates vom 30. Mai 2018 zur Festlegung verbindlicher nationaler Jahresziele für die Reduzierung der Treibhausgasemissionen im Zeitraum 2021 bis 2030 als Beitrag zu Klimaschutzmaßnahmen zwecks Erfüllung der Verpflichtungen aus dem Übereinkommen von Paris sowie zur Änderung der Verordnung (EU) Nr. 525/2013.

265 Verordnung (EU) 2018/841 des Europäischen Parlaments und des Rates vom 30. Mai 2018 über die Einbeziehung der Emissionen und des Abbaus von Treibhausgasen aus Landnutzung, Landnutzungsänderungen und Forstwirtschaft in den Rahmen für die Klima- und Energiepolitik bis 2030 und zur Änderung der Verordnung (EU) Nr. 525/2013 und des Beschlusses Nr. 529/2013/EU.

266 Entschließung des Europäischen Parlaments vom 28. November 2019 zum Klima- und Umweltnotstand (2019/2930(RSP)), P9_TA-PROV(2019)0078.

267 Vgl. *Falke*, Neue Entwicklungen im Europäischen Umweltrecht (Berichtszeitraum: 03.10.2019–02.12.2019), ZUR 2020, 115 (115).

268 COM(2019) 640 final.

269 *Markus/Köck*, Der europäische „Green Deal“ – Auf dem Weg zu einem EU-„Klimagesetz“, ZUR 2020, 257 (257).

umweltbedingter Herausforderungen"[270] sein. Hierzu soll „die EU zu einer fairen und wohlhabenden Gesellschaft mit einer modernen, ressourceneffizienten und wettbewerbsfähigen Wirtschaft werden [...], in der im Jahr 2050 keine Netto-Treibhausgasemissionen mehr freigesetzt werden und das Wirtschaftswachstum von der Ressourcennutzung abgekoppelt ist."[271] Ausdrücklich enthalten ist mithin das Ziel der Treibhausgasneutralität bis 2050. Als Zwischenschritt ist zudem eine Erhöhung des Minderungsziels bis 2030 auf 50 bis 55 % gegenüber 1990 vorgesehen.[272] Diesem Ziel hat der Europäische Rat am 17.12.2020 zugestimmt.[273] Eine gesetzliche Festschreibung dieser Klimaschutzziele ist sodann im Rahmen des europäischen Klimagesetzes erfolgt.[274] Nachdem sowohl der Europäische Rat als auch das Europäische Parlament dem Gesetzespaket zugestimmt hatten, konnte es als Verordnung (EU) 2021/1119 am 29.07.2021 in Kraft treten.

3. Sekundärrechtliche Maßnahmen

Die Vielfalt und Komplexität an Maßnahmen, welche zumindest mittelbar klimaschützende Qualität haben, ist mittlerweile schwer zu überschauen. Die EU hat dabei einen intensiven und zentralisierten Rechtssetzungsvorgang beschritten, welcher alles bisher im Umweltrecht Bekannte in den Schatten stellt.[275] Erste Orientierung kann das schon angesprochene Klima- und Energiepaket 2020 geben. Hierin befinden sich maßgebliche Richtungsentscheidungen, die auch heute noch grundlegend sind. Dabei kann eine grobe Unterteilung in zum einen sektorspezifische und zum anderen zielspezifische Maßnahmen vorgenommen werden.[276] Unter die sektorspezifischen Maßnahmen können solche Regelungen gefasst werden, die einen bestimmten Sektor regulatorisch adressieren, wie z. B. Verkehr, Industrie oder Gebäude. Zielspezifische Maßnahmen hingegen

---

270 COM(2019) 640 final, S. 2.

271 COM(2019) 640 final, S. 2.

272 COM(2019) 640 final, S. 5.

273 Vgl. Entwurf einer Vorlage an das UNFCCC im Namen der Europäischen Union und ihrer Mitgliedstaaten im Hinblick auf die Aktualisierung des national festgelegten Beitrags der Europäischen Union und ihrer Mitgliedstaaten, 14222/1/20 REV 1, S. 9.

274 COM(2019) 640 final, S. 5. Ausführlich zum Green Deal siehe etwa *Markus/Köck*, [Fn. 269], 257; *Stäsche*, [Fn. 230], 151 (159f.); *Frenz*, Klimaeuroparecht zwischen Green Deal und Corona, EuR 2020, 605 (605f.); *Schlacke*, [Fn. 244], 355 (357f.).

275 So auch *Wegener*, [Fn. 236], 459 (461). Einen Überblick über die aktuellen sekundärrechtlichen Maßnahmen zum Klimaschutz findet sich etwa in *Schlacke*, [Fn. 244], 355; *Schlacke/Knodt*, [Fn. 261], 404; *Frenz*, [Fn. 274], 605.

276 *Hutsch*, [Fn. 185], S. 82f.

verfolgen ein bestimmtes Ziel, wie die Steigerung der Energieeffizienz[277] oder die Förderung erneuerbarer Energien. Eine klare Trennlinie ist indes schwerlich zu ziehen, da zielspezifische Maßnahmen notwendigerweise auch Überschneidungen zu den verschiedenen Sektoren aufweisen.[278]

Das wohl zentrale Element der europäischen Klimaschutzpolitik stellt der mit der Richtlinie 2003/87/EG[279] eingeführte Emissionshandel dar.[280] Ausdrückliches Ziel dieses Instruments ist es, in einer „kosteneffiziente[n] und wirtschaftlich effiziente[n] Weise auf eine Verringerung von Treibhausgasemissionen hinzuwirken“[281]. In Abkehr eines ausschließlich ordnungsrechtlichen Instrumentenmixes wurde hiermit ein marktwirtschaftliches Steuerungsinstrument installiert.[282] Dies geschah nicht etwa, weil die EU als Unterzeichnerin des Kyoto-Protokolls, in welchem dieses Instrument bereits Erwähnung fand, zu

---

277 Vgl. dazu etwa *Britz*, Klimaschutz und Versorgungssicherheit durch Energieeffizienz – Neuerungen durch das dritte Energiebinnenmarktpaket, ZUR 2010, 124.

278 Vgl. zu diesem Komplex *Hutsch*, [Fn. 185], S. 82f. Interessant zur Überschneidung von Sektor- und Zielspezifität *Koch*, Klimaschutzrecht, NVwZ 2011, 641 (643ff.).

279 Richtlinie 2003/87/EG des Europäischen Parlaments und des Rates vom 13. Oktober 2003 über ein System für den Handel mit Treibhausgasemissionszertifikaten in der Gemeinschaft und zur Änderung der Richtlinie 96/61/EG des Rates; im Folgenden EH-RL.

280 Die Rechtssetzungsorgane der EU selbst sehen den Emissionshandel als das zentrale Element der unionsweiten Klimaschutzpolitik an. Siehe etwa *Europäischer Rat*, Schlussfolgerungen v. 24.10.2014, EUCO 169/14, Rn. 2.3. Siehe zudem *Schwarzer/Niederhuber*, in: *Kirchengast (Hrsg.)*, Klimaschutzrecht zwischen Wunsch und Wirklichkeit 2018, S. 77. Auch etliche Stimmen der Literatur teilen diese Auffassung. Siehe etwa *Epiney*, [Fn. 235], S. 12; *Bickenbach*, Subjektiv-öffentliches Recht auf Klimaschutz? Die Erderwärmung vor den Gerichten, JZ 2020, 168 (172); *Ekardt*, Zur Vereinbarkeit eines Landesklimaschutzrechts mit dem Bundes-, Verfassungs- und Europarecht, UPR 2011, 371 (374); *Kreuter-Kirchhof*, Emissionshandel und Erneuerbare Energien Richtlinie: Instrumente zur Umsetzung der Klimaschutzstrategie der EU, ZUR 2019, 396 (398). Die Autoren legen jedoch keine Kriterien dar, nach denen der Emissionshandel als das zentrale Element der europäischen Klimaschutzpolitik beschrieben werden könnte. Vielmehr handelt es sich hierbei um eigene Einschätzungen in der Gesamtschau aller Maßnahmen.
Ausführlich zur europäischen Genese der Richtlinie siehe *Winkler*, [Fn. 127], S. 261ff. Zur Entstehung des europäischen Emissionshandels und dem Zusammenspiel mit dem Kyoto Protokoll siehe *Jacobs*, Europäischer Emissionshandel, Erneuerbare-Energien-Gesetz und das Recht der Umweltbeihilfen 2016, S. 25ff.

281 Art. 1 EH-RL.

282 Vgl. dazu ausführlich *Winkler*, [Fn. 127], S. 246ff.

einer Einführung verpflichtet war. Das Kyoto-Protokoll sieht ein solches Handelssystem vielmehr lediglich als eine von mehreren Möglichkeiten an. Entgegen der Vorgaben des KP entschied sich der europäische Gesetzgeber dazu, den Handel vor allem zwischen juristischen Personen (des Privatrechts) zu gestatten. Im KP war noch vorgesehen, dass der Handel grundsätzlich zwischen den Mitgliedsstaaten als Akteuren stattfinden soll.[283] Die EU entschied sich daher nach eigenem programmatischem Gedenken zur Einführung.[284] Damit war auch die Hoffnung verbunden, dass durch die Schaffung eines solchen Systems die nach dem KP vorgegebenen Reduktionsmaßgaben nach marktwirtschaftlich vertretbaren Grundsätzen effektiv umgesetzt werden können.[285]

Die Grundkonzeption besteht darin, dass bestimme Anlagen einer Genehmigungspflicht unterliegen um Treibhausgase emittieren zu dürfen. Diese Genehmigung kann indes nur erteilt werden, wenn die Unternehmen sich verpflichten, handelbare Zertifikate in der Höhe vorzulegen, in welcher sie Treibhausgase ausgestoßen haben. Diese Zertifikate werden von den jeweiligen Mitgliedsstaaten verwaltet. In der ersten Handelsperiode wurden sie kostenlos ausgegeben. In den anschließenden Handelsperioden sollen die Zertifikate grundsätzlich versteigert werden, wobei systematische Ausnahmen vorgesehen sind. Der Anwendungsbereich der EH-RL erstreckte sich zunächst nur auf große Energiegewinnungsanlagen, Mineralölraffinerien, Kokereien sowie die metall- und mineralverarbeitende Industrie.[286] Durch nachfolgende Revisionen[287] wurde der Anwendungsbereich jedoch stetig erweitert. Nunmehr sind eine Vielzahl von treibhausgasemittierenden Anlagen einschließlich des Luftverkehrs erfasst.[288]

---

283 *Winkler*, ebd., S. 260f.

284 *Hutsch*, [Fn. 185], S. 229.

285 Vgl. *Burgi*, Die Rechtsstellung der Unternehmen im Emissionshandelssystem, NJW 2003, 2486 (2487).

286 Anhang 1 der EH-RL.

287 Zu den unterschiedlichen Revisionen vgl. überblicksartig *Epiney*, Zur Entwicklung des Emissionshandels in der EU, ZUR 2010, 236 (237f.). Zuletzt siehe die Richtlinie (EU) 2018/410 des Europäischen Parlaments und des Rates vom 14. März 2018 zur Änderung der Richtlinie 2003/87/EG zwecks Unterstützung kosteneffizienter Emissionsreduktionen und zur Förderung von Investitionen mit geringem CO_2-Ausstoß und des Beschlusses (EU) 2015/1814.

288 Vgl. Anhang 1 der Richtlinie 2009/29/EG des Europäischen Parlaments und des Rates vom 23. April 2009 zur Änderung der Richtlinie 2003/87/EG zwecks Verbesserung und Ausweitung des Gemeinschaftssystems für den Handel mit Treibhausgasemissionszertifikaten.

4. Erkenntnisse des Europarechts

Das europäische Klimaschutzrecht ist mittlerweile eine der treibenden Kräfte im gesamten europäischen Rechtssystem und durch eine Vielzahl von Zielsetzungen, Beschlüssen und Maßnahmen geprägt. Dies erwächst zum einen aus den internationalen Vorgaben des PA, aber auch aus eigenem programmatischem Gedenken. Durch diese ausgeprägte Rechtssetzungspraxis werden die Mitgliedsstaaten unter erheblichen Druck gesetzt. Sie müssen sicherstellen, dass Richtlinien zeitgemäß umgesetzt werden und europäische Verordnungen mit nationalem Recht vereinbar sind. Die EU kann indes abermals nur einen Rahmen sowie Grundvoraussetzung zur Etablierung eines effektiven Klimaschutzregimes schaffen. Letztlich liegt es im Aufgaben- und Verantwortungsbereich eines jeden Mitgliedsstaates, die europäischen Vorgaben effektiv umzusetzen sowie eigene Maßnahmen zu treffen.[289]

Als zentrales klimaschützendes Instrument gilt der Emissionshandel. Seine Existenz ist dabei keine klassische Erfolgsgeschichte. Seit seiner Einführung gab es Kritik an der grundlegenden Konzeption, aber auch an einzelnen Regelungen und Mechanismen sowie seiner tatsächlichen Effektivität.[290] Darüber hinaus darf an dieser Stelle Kritik an der generellen Konzeption des europäischen Klimaschutzregimes angebracht werden. Die extreme Fokussierung auf den Emissionshandel und somit ein fast ausschließliches Vertrauen in die Mechanismen der Marktwirtschaft, um dem Menschheitsproblem der Klimastörungen beizukommen, bedarf einer skeptischen Reflektion, welche im Rahmen dieser Arbeit jedoch nicht vorgenommen werden kann.[291]

III. Nationale Vorgaben

Die letztlich wichtigsten Akteure im Klimaschutz sind die jeweiligen Nationalstaaten. Auch wenn diese durch internationale Abkommen gebunden sind,

---

289 So auch *Schlacke*, [Fn. 244], 355 (358).

290 Vgl. einleitend schon das Vorwort von *Dr. Hans-Jürgen Nantke*, dem Leiter der Deutschen Emissionshandelsstelle im Umweltbundesamt, in: *Umweltbundesamt*, Emissionshandel in Zahlen 2015, S. 5. Ausführlich dazu *Wegener*, Die Novelle des EU-Emissionshandelssystems, ZUR 2009, 283; *Winter*, Das Klima ist keine Ware; Eine Zwischenbilanz des Emissionshandelssystems, ZUR 2009, 289; *Fisahn/Beckmann*, Probleme des Handels mit Verschmutzungsrechten – eine Bewertung ordnungsrechtlicher und marktgesteuerter Instrumente in der Umweltpolitik, ZUR 2009, 299.

291 Dieses Thema ebenfalls anschneidend *Groß*, Verfassungsrechtliche Klimaschutzverpflichtungen, EurUP 2019, 353 (353f.).

treffen die nach außen verbindlichen Entscheidungen grundsätzlich die nationalen Behörden. Weder die EU noch ein internationaler Vertrag führen beispielsweise eine Verkehrsplanung aus oder genehmigen ein umweltintensives Großvorhaben. Hier sind grundsätzlich die nationalen Verwaltungseinrichtungen und auch die Justiz gefragt. Eine Verletzung internationaler Verträge oder EU-Rechts kann zwar zu Vertragsverletzungsverfahren führen, die Sanktionsmöglichkeiten der UN und auch der EU sind jedoch beschränkt.

Das nationale Klimaschutzrecht unterliegt einer dynamischen Entwicklung. Seit mehreren Jahren wird sich in der Rechtswissenschaft zunehmend intensiv mit Fragen zu den verfassungsrechtlichen Vorgaben zum Klimaschutz befasst. Eine bedeutende Zäsur des nationalen Diskurses erfolgte durch den Klimaschutz-Beschluss des Bundesverfassungsgerichts vom 24.03.2021.[292] Aus diesem Grund wird eine chronologische Darstellung der nationalen Vorgaben gewählt. Zunächst wird der Meinungsstand bezüglich der Vorgaben aus Grundrechten und Art. 20a GG bis zum Klimaschutz-Beschluss dargestellt (unter Ziff. 1). Ebenfalls werden die unter- und einfachgesetzlichen Ausgestaltungen dieser Vorgaben durch die Zielbestimmungen der Bundesregierung und das Bundes-Klimaschutzgesetz bis zum Klimaschutz-Beschluss beleuchtet (unter Ziff. 2). Im Anschluss daran findet eine Auseinandersetzung mit dem Klimaschutz-Beschluss des BVerfG (unter Ziff. 3) sowie den daran anschließenden politischen Entwicklungen (unter Ziff. 4) statt.

1. Verfassungsrecht

Umwelt- und insbesondere auch Klimaschutz kann im Rahmen der deutschen Verfassung grundsätzlich in zwei Bahnen erfolgen. Zum einen ist dies in einem subjektiv-rechtlichen Ansatz möglich. Danach können einzelne Rechtssubjekte den Schutz ihrer materiellrechtlichen Positionen durch den Staat fordern. Regelmäßig handelt es sich hierbei um Rechtspositionen aus Grundrechten, insbesondere das Recht auf Leben und körperliche Unversehrtheit aus Art. 2 Abs. 2 S. 1 GG und die Eigentumsgarantie nach Art. 14 Abs. 1 GG.[293] Zum anderen erfolgt verfassungsrechtlicher Umwelt- und Klimaschutz nach einem objektivrechtlichen Ansatz. Wichtigste Norm stellt hierbei Art. 20a GG dar, der einen objektivrechtlichen Handlungsauftrag an die öffentliche Gewalt postuliert.[294]

---

292 BVerfG, Beschl. v. 24.03.2021 – 1 BvR 2656/18 u. a., NJW 2021, 1723, NVwZ 2021, 951, im Folgenden zitiert nach Randnummern.

293 Siehe hierzu *Caspar*, in: *Koch (Hrsg.)*, Klimaschutz im Recht 1997, S. 368f.

294 *Caspar*, ebd., S. 371.

Darüber hinaus könnte die Frage aufgeworfen werden, ob der Umwelt bzw. dem Klima als solchem ein eigener verfassungsrechtlicher Wert zugestanden werden kann, sodass der Schutz ebendieser nicht nur als Lebensgrundlage der Menschen, sondern auch um ihrer selbst willen erfolgen muss. Zunächst ist diesbezüglich festzuhalten, dass es kein Grundrecht auf Umwelt- oder Klimaschutz gibt. Zwar gab es in der Gesellschaft und Rechtswissenschaft immer wieder Stimmen, die der Natur eigene Rechte mit Verfassungsrang zusprechen wollten, durchsetzen konnten sie sich jedoch nicht.[295] Im subjektivrechtlichen Modell kann daher der Schutz der Umwelt und des Klimas nur über den „Umweg" Mensch erfolgen. Geschützt wird die Umwelt/das Klima in diesem Rahmen nur als Lebensgrundlage und Voraussetzung der menschlichen Existenz.

Im Zusammenhang des objektivrechtlichen Ansatzes war lange Zeit die Ausrichtung und Reichweite der Staatszielbestimmung des Art. 20a GG umstritten. Insbesondere die Formulierung, dass der Staat „auch in Verantwortung für die künftigen Generationen die natürlichen Lebensgrundlagen" schützt, entfachte in der Literatur Auseinandersetzungen, ob die Norm einen anthropozentrischen oder ökozentrischen Ansatz verfolge. Die Verwendung des Wortes „auch" führte daher teilweise zur Annahme, dass die Lebensgrundlage eben nicht ausschließlich in Bezug auf den Menschen zu schützen sei. Vielmehr könne der Umwelt aufgrund der Offenheit der Norm – unabhängig vom Menschen – ein eigener Wert zugesprochen werden.[296] Dieser Annahme wird jedoch zurecht entgegengehalten, dass aufgrund einer Gesamtschau der Verfassung und insbesondere der Verankerung der Menschenwürde an herausragender Stelle in Art. 1 Abs. 1 GG das Grundgesetz in seiner Gesamtheit einen anthropozentrischen Ansatz verfolgt.[297] Vom Grundsatz steht daher der Schutz der natürlichen

---

295 Vgl. dazu nur *Bosselmann*, Eigene Rechte für die Natur? – Ansätze einer ökologischen Rechtsauffassung, KJ 1986, 1; *Heinz*, Eigenrechte der Natur: Lichtblick oder Irrlicht für einen verstärkten rechtlichen Schutz der Natur?, Der Staat 1990, 415; *Keller*, Eigene Rechte für die Natur? – Eine Kontroverse: Vom Regen in die Traufe: Natur als Rechtssubjekt, KJ 1986, 339. Zur abermals aufkeimenden Idee eines Grundrechts auf Umweltschutz siehe etwa *Calliess*, Klimapolitik und Grundrechtsschutz – Brauchen wir ein Grundrecht auf Umweltschutz?, ZUR 2021, 323; *Schirach*, Jeder Mensch 2021.

296 Vgl. etwa *Murswiek*, Staatsziel Umweltschutz (Art. 20a GG) Bedeutung für Rechtsetzung und Rechtsanwendung, NVwZ 1996, 222 (224); *Waechter*, Umweltschutz als Staatsziel, NuR 1996, 321 (323f.); M.w.N. *Caspar*, [Fn. 293], S. 373; M.w.N. *Caspar*, Ökologische Verteilungsgerechtigkeit und moderner Rechtsstaat am Beispiel des Klimaschutzes, ARSP 1997, 338 (344f.).

297 *Scholz*, in: *Maunz/Dürig*, Grundgesetz Kommentar 2019, Art. 20 GG, Rn. 39f.; *Schulze-Fielitz*, in: *Dreier*, Grundgesetz-Kommentar, 3. Aufl. 2015, Art. 20 GG, Rn. 29.

Lebensgrundlage der Menschen im Vordergrund.[298] Anderen Bestimmungen der Verfassung kann darüber hinaus kein über die Grundrechte und Art. 20a GG hinausgehender Schutz entnommen werden.

Auf einfachgesetzlicher Ebene erfolgt indes ein deutlich weiterreichender Schutz der Umwelt auch um ihrer selbst willen, etwa durch das Bundesnaturschutzgesetz.[299] So erwähnt § 1 Abs. 1 BNatSchG ausdrücklich, dass „Natur und Landschaft [...] auf Grund ihres eigenen Wertes und als Grundlage für Leben und Gesundheit des Menschen auch in Verantwortung für die künftigen Generationen im besiedelten und unbesiedelten Bereich" zu schützen sind.

a. Grundrechte auf Klimaschutz

Bei den Ausführungen zum grundrechtlichen Schutz des Klimas geht es folgend der obigen Ausführungen nicht um die Wahrnehmung eigener Rechte des Klimas als solchem.[300] Vielmehr kann das Klima nur als essentielle Voraussetzung bzw. Grundlage für die Ausübung menschlicher Grundrechte geschützt werden.

aa. Abwehrrechtliche Dimension

Grundrechte dienen in erster Linie der Abwehr von ungerechtfertigtem hoheitlichem Handeln in bestimmten geschützten Lebensbereichen eines Menschen. Die klassische Funktion der Grundrechte besteht daher in der Zurückdrängung staatlicher Einflussnahme und der Gewährleistung gewisser Freiheiten.

Im Bereich der Klimastörungen können vormalig das Grundrecht auf Leben und körperliche Unversehrtheit aus Art. 2 Abs. 2 S. 1 GG, die Eigentumsgarantie aus Art. 14 GG und die Berufsfreiheit aus Art. 12 GG beeinträchtigt sein. Die Auswirkungen der Klimastörungen können erhebliche gesundheitliche Folgen

---

298 So auch *Murswiek*, in: *Sachs*, Grundgesetz Kommentar 2017, Art. 20a GG, Rn. 23. *Murswiek* führt jedoch weiterhin aus, dass die natürliche Umwelt eigenständiges Schutzobjekt sei und ihr Eigenwert daher vom Grundgesetz anerkannt werde.

299 Das Bundes-Klimaschutzgesetz hingegen verfolgt keinen Schutz des Klimas um des Klimas selbst willen. Vielmehr soll ausweislich des § 1 Abs. 1 KSG „zum Schutz vor den Auswirkungen des weltweiten Klimawandels die Erfüllung der nationalen Klimaschutzziele sowie die Einhaltung der europäischen Zielvorgaben" gewährleistet werden. Im Zentrum stehen daher die Auswirkungen der Klimastörungen und mittelbar daher auch der Mensch.

300 Auch das Bundesverfassungsgericht verneint das Vorhandensein eines Umweltgrundrechtes. Vgl. dazu BVerwG, Urteil vom 29.07.1977 – IV C 51/75, BVerwGE 54, 211 (219).

haben, wie beispielsweise Krankheiten, oder gar zum Tod führen.[301] Der Schutzbereich des Art. 2 Abs. 2 S. 1 GG ist damit potentiell beeinträchtigt. Darüber hinaus kommen auch Auswirkungen auf das von Art. 14 GG gewährte Eigentumsrecht in Betracht. Insbesondere Extremwetterereignisse wie Starkregen, Überflutungen oder Stürme können privates (Grund)Eigentum gefährden oder gar zerstören.[302]

Hoheitliche Eingriffe in die genannten Schutzbereiche sind grundsätzlich zu unterlassen oder bedürfen der Rechtfertigung. Welche Handlungen gelten jedoch als „hoheitlich" und sind somit als solche des Staates zu qualifizieren? Insbesondere im modernen „Vorsorgestaat"[303], der etliche umweltrelevante Handlungen durch Genehmigungen, Erlaubnisse und Ähnliches reglementiert, ist eine Unterscheidung zwischen rein staatlichem und rein privatem Handeln nur schwerlich zu ziehen. Um das für einen Abwehranspruch erforderliche Qualifikationsmerkmal des Eingriffs zu erfüllen, müsste auch privates Handeln, wie der Ausstoß von Treibhausgasen durch ein privates Kohlekraftwerk, dem Staat zunächst zugerechnet werden können. Dabei gilt, je stärker der Einfluss des Staates auf die private Handlung ist, desto eher wird eine solche Handlung als Eingriffshandlung des Staates anzusehen sein. In diesem Rahmen werden klassischerweise mehrere Fallgruppen gebildet.

Eine privatrechtlich organisierte Aktivität von beispielsweise Verkehrs- oder Energieunternehmen muss dem Staat zugerechnet werden, wenn das Unternehmen – regelmäßig in Form der Anteilsbeteiligung – alleine oder überwiegend in der Hand des Staates liegt. Auch muss ein privatrechtliches Handeln durch Beliehene oder Beauftragte, vor allem im Bereich der Daseinsfürsorge, zugerechnet werden können.[304]

Problematischer erscheinen derweil die Fälle, in denen der Staat durch eine hoheitliche Zulassungsentscheidung die Nutzung eines bestimmten Umweltgutes reglementiert. So hat das BVerfG in seinem Beschluss zur Entschädigung von Waldschäden festgestellt, dass ein Anknüpfen für ein eingriffsrechtliches Mitverschulden des Staates für die allgemeine Luftverschmutzung nicht in einer Präventivkontrolle der mit dem Ausstoß von Luftschadstoffen verbundenen Techniknutzung gesehen werden kann.[305] Die Geltendmachung

301 Vgl. hierzu bereits die Ausführungen unter Kapitel 2, Ziff. III, 6.

302 Auf Ausführungen zu Art. 12 und 14 GG wird in diesem Rahmen verzichtet. Vgl. hierfür etwa *Groß*, [Fn. 291], 353 (361); *Bickenbach*, [Fn. 280], 168 (170).

303 Begriff nach *Calliess*, Rechtsstaat und Umweltstaat 2001, S. 309.

304 Vgl. zu diesem Komplex *Calliess*, ebd., S. 310.

305 BVerfG, Beschl. v. 26.05.1998 – 1 BvR 18088, NJW 1998, 3264 (3265).

von Abwehransprüchen setze „eine individualisierbare Kausalbeziehung zu bestimmten Verursachern voraus."[306] Demnach sei es nicht möglich, „die auf der allgemeinen Luftverunreinigung beruhenden Einbußen bestimmten Emittenten zuzuordnen."[307] Das Gericht verneint in diesem Fall die Zurechnung der Immissionen privater Unternehmen unter dem Gesichtspunkt einer eingriffsrechtlichen Konstruktion. Auch das Mitwirken des Staates durch die Genehmigung solch potentiell umweltschädigenden Verhaltens könne eine Zurechnung nicht bewerkstelligen.

Ähnlich gelagert wie das Auftreten von Waldschäden infolge von Luftverschmutzung sind die Risiken der Klimastörungen. Auch hier kommt es durch den Ausstoß (klima)schädlicher Gase zu negativen Auswirkungen auf grundrechtlich geschützte Güter. Ein grundrechtlicher Abwehranspruch wird aber auch hier wenig Aussicht auf Erfolg haben.[308] Zum einen wird man eine Zurechnung der Handlung von emittierenden Betrieben nicht vornehmen können. Darüber hinaus wird es regelmäßig an der individuellen Betroffenheit eines Schutzgutes mangeln.[309] Auch das Bundesverfassungsgericht bezweifelte das Vorliegen eines individualisierbaren staatlichen Eingriffs aufgrund einer „unauflöslichen Verkettung zahlreicher, langfristig wirkender Faktoren mit erheblichen gesellschaftlichen und internationalen Bezügen"[310].

Die abwehrrechtliche Dimension der Grundrechte wird im Bereich der Klimastörungen aller Voraussicht nach keine Bedeutung gewinnen.[311] Jedoch wohnt den Grundrechten neben ihrer klassischen abwehrrechtlichen Dimension noch eine weitere inne, welche im Bereich des Schutzes vor den negativen Auswirkungen des Klimawandels von größerer Bedeutung sein könnte.

bb. Schutzrechtliche Dimension

Hierbei handelt es sich um die schutzrechtliche Dimension von Grundrechten. Der Übergang der abwehrrechtlichen zur schutzrechtlichen Seite ist dabei keineswegs nach klaren Trennlinien zu vollziehen, wie bereits die Ausführungen

---

306 BVerfG, Beschl. v. 26.05.1998 – 1 BvR 18088, NJW 1998, 3264 (3265).

307 BVerfG, Beschl. v. 26.05.1998 – 1 BvR 18088, NJW 1998, 3264 (3265).

308 Bestätigt wird dieser Befund durch das Urteil des VG Berlin vom 31.10.2019. Hierbei nimmt es ausdrücklich auf den Fall bezüglich der Waldschäden Bezug und verneint einen zurechenbaren Eingriff. Vgl. VG Berlin, Urt. v. 31.10.2019, 10 K 412.18, juris Rn. 66, 67.

309 So auch *Caspar*, [Fn. 293], S. 369; *Winkler*, [Fn. 127], S. 77.

310 BVerfG, Beschl. v. 26.05.1998 – 1 BvR 18088, NJW 1998, 3264, 3265.

311 So auch *Kahl*, Klimaschutz und Grundrechte, JURA 2021, 117 (119).

zur Zurechnung privaten Handels verdeutlichen konnten. Vielmehr ergibt erst das Zusammenspiel von Abwehr- und Schutzrechten einen wirksamen Schutz für die grundrechtlichen Gewährleistungen.[312] Die Inanspruchnahme bestimmter Grundfreiheiten durch einen Bürger kann auf der anderen Seite zu Einschränkungen solcher Freiheiten bei einem Dritten führen. Gerade die Nutzung der Umwelt – sei es durch Ausstoß von Luftschadstoffen oder die Inanspruchnahme natürlicher Ressourcen – führt meist zwangsläufig, wenn auch nicht unmittelbar, zu einer Beeinträchtigung anderer Menschen. Grundsätzlich obliegt es dem Staat – vormalig der Gesetzgebung – diese Konfliktsituationen aufzulösen. Dabei ist es ihm jedoch, wie sich zeigen wird, nicht völlig freigestellt, Rechte einer bestimmten Gruppe übermäßig zu beschneiden. Er hat hierbei gewisse Maßgaben zu beachten, die sich aus der schutzrechtlichen Dimension der Grundrechte ergeben.

aaa. Dogmatische Herleitung

Die Existenz der Schutzseite von Grundrechten ist in Rechtsprechung[313] und Lehre[314] allgemein anerkannt. Ihre dogmatische Herleitung hingegen ist umstritten. Das Bundeverfassungsgericht hatte schon in seinem Lüth-Urteil aus dem Jahre 1958 gefolgert, dass den Grundrechten eine objektive Werteordnung innewohne.[315] Daraus folgte das Gericht in seiner ersten Entscheidung zum Schwangerschaftsabbruch[316], dass aus dieser Werteentscheidung eine Pflicht des Staates erwachse, das (ungeborene) Leben zu schützen. Dies fasste das Gericht sodann in seinem zweiten Urteil zum Schwangerschaftsabbruch mit folgenden Worten zusammen: „Die Verfassung untersagt nicht nur unmittelbare staatliche Eingriffe in das ungeborene Leben, sie gebietet dem Staat auch, sich schützend und fördernd vor dieses Leben zu stellen, d. h. vor allem, es auch vor rechtswidrigen

---

312 So auch *Calliess*, [Fn. 303], S. 312.

313 Vgl. etwa BVerfG, Urt. v. 25.02.1975 – 1 BvF 1 – 6/74, BVerfGE 39 (1), NJW 1975 (573), Schwangerschaftsabbruch I; BVerfG, Beschl. v. 08.08.1978 – 2 BvL 8/77, BVerfGE 49 (89), NJW 1979 (359), Kalkar I; BVerfG, Beschl. v. 14.01.1981 – 1 BvR 612/72, BVerfGE 56 (54), NJW 1981 (1655), Fluglärm; BVerfG, Beschl. v. 26.05.1998 – 1 BvR 18088, NJW 1998, 3264, Waldschäden.

314 Vgl. etwa *Unruh*, Zur Dogmatik der grundrechtlichen Schutzpflichten 1996, S. 18; *Hermes*, Das Grundrecht auf Schutz von Leben und Gesundheit 1987, S. 58ff.; *Dietlein*, Die Lehre von den grundrechtlichen Schutzpflichten 1992, S. 34ff.

315 Vgl. BVerfG, Urt. v. 15.01.1958 – 1 BvR 400/51, BVerfGE 7, 198, Lüth.

316 BVerfG, Urt. v. 25.02.1975 – 1 BvF 1 – 6/74, BVerfGE 39, 1, NJW 1975, 573, Schwangerschaftsabbruch I.

Eingriffen von Seiten anderer zu bewahren […]. Ihren Grund hat diese Schutzpflicht in Art. 1 I GG, der den Staat ausdrücklich zur Achtung und zum Schutz der Menschenwürde verpflichtet; ihr Gegenstand und – von ihm her – ihr Maß werden durch Art. 2 II GG näher bestimmt."[317] Der Grund ist demnach in der Menschenwürde nach Art. 1 Abs. 1 GG zu sehen, dessen Schutz die Aufgabe aller staatlichen Gewalt ist. Gegenstand und Maß bestimmen sich sodann nach dem jeweils betroffenen Grundrecht. Beim Leben und der körperlichen Unversehrtheit mithin nach Art. 2 Abs. 2 S. 1 GG.

Dieser Begründungsansatz hat in der Literatur nur teilweise Zustimmung gefunden.[318] Es wurde auch verbreitet Kritik geübt. So erörtere das Gericht nicht, woher und warum den Grundrechten eine Werteordnung innewohne.[319] Auch wird befürchtet, dass die Rolle des Verfassungsgerichts im Gefüge der Gewaltenteilung ein zu großes Gewicht erlange und es daher zu einem Jurisdiktionsstaat auf Kosten des Parlaments kommen könnte.[320] Daher wird als Begründungsversuch teilweise auf den Staatszweck Sicherheit rekurriert.[321] Weil der Staat das Gewaltmonopol für sich beansprucht, müsse der Bürger aufgrund einer Friedenspflicht als Kompensation auch den Schutz voreinander und untereinander durch den Staat erhalten. Eine verbreitete Ansicht setzt schließlich die Schutzpflichten grundsätzlich mit den klassischen subjektiven Abwehrrechten gleich (abwehrrechtliche Lösung/ Duldungslösung). Indem der Staat bestimmtes Verhalten eines Bürgers erlaubt, legt er gleichzeitig einem möglichweise betroffenen Dritten die Last auf, dieses Verhalten zu dulden. Die aus der Duldung erwachsenden negativen Auswirkungen hat sich der Staat zurechnen zu lassen. Insofern besteht hier eine Parallele zur Diskussion um die Qualifikation als Eingriff bei den Abwehrrechten.[322]

---

317 BVerfG, Urt. v. 28.05.1993 – 2 BvF 2/90, BVerfGE 88, 203, NJW 1993, 1751 (1753), Schwangerschaftsabbruch II.

318 Vgl. etwa *Dietlein*, [Fn. 314], S. 51ff.; *Unruh*, [Fn. 314], S. 56f.

319 M.w.N. *Winkler*, [Fn. 127], S. 79.

320 Vgl. *Böckenförde*, Staat, Verfassung, Demokratie 1991, S. 159ff.

321 Grundlegend *Isensee*, Das Grundrecht auf Sicherheit, Zu den Schutzpflichten des freiheitlichen Verfassungsstaates 1983, S. 33ff. Nach *Isensee* bilden die Schutzaspekte in ihrer Gesamtheit das Grundrecht auf Sicherheit.

322 Vgl. *Calliess*, [Fn. 303], S. 315. m.w.N sowie *Murswiek*, Die staatliche Verantwortung für die Risiken der Technik 1985, S. 91ff.

bbb. Tatbestand

Die grundsätzlich anerkannte Prüfungsdogmatik der klassischen abwehrrechtlichen Funktion von Grundrechten (Schutzbereich, Eingriff, Rechtfertigung) ist nicht im Sinne einer eins-zu-eins Übertragung auf die schutzrechtliche Dimension anwendbar. Eine einheitliche Prüfungsfolge hat sich bisher weder in Rechtsprechung, noch Literatur herausgebildet. Das Bundesverfassungsgericht führt hierzu in seiner Kalkar-Entscheidung aus: „Daraus [der objektiven Werteentscheidung] können sich verfassungsrechtliche Schutzpflichten ergeben, die es gebieten, rechtliche Regelungen so auszugestalten, daß auch die Gefahr von Grundrechtsverletzungen eingedämmt bleibt. Ob, wann und mit welchem Inhalt sich eine solche Ausgestaltung von Verfassung wegen gebietet, hängt von der Art, der Nähe und dem Ausmaß möglicher Gefahren, der Art und dem Rang des verfassungsrechtlich geschützten Rechtsguts sowie von den schon vorhandenen Regelungen ab."[323] Das Gericht statuiert dadurch keinen allgemein gültigen Prüfungskanon, sondern gibt vielmehr Anhaltspunkte für eine Prüfung im Einzelfall vor.

Für den Bereich des Lebens- und Integritätsschutzes nach Art. 2 Abs. 2 S. 1 GG ist als tatbestandliche Handlung – ähnlich der abwehrrechtlichen Seite – ein Eingriff in bzw. eine Gefahr für eine grundrechtliche Gewährleistung (durch einen Privaten) zu sehen.[324] Der Schutz des Lebens verbietet grundsätzlich alle Maßnahmen, die den Tod eines Menschen herbeiführen, sei es gezielt oder unbeabsichtigt.[325] Der Schutz der körperlichen Unversehrtheit hingegen schützt die biologisch-physische Integrität.[326] Diese Schutzgüter sind, wie bereits die Darstellung der Auswirkungen der Klimastörungen gezeigt haben, zumindest potentiell betroffen. Der Schutzbereich ist mithin berührt.[327] Jedoch ergibt sich eine Vielzahl weiterer (Zurechnungs-)Probleme, die eine schutzrechtliche Erfassung des Klimawandels erschweren.

Zunächst ist fraglich, welche Qualität ein Eingriff aufweisen muss, um eine Schutzpflicht des Staates auszulösen. Insbesondere in modernen Gesellschaften ist der Mensch ständig einem gewissen Risiko ausgesetzt. Sei es durch die Teilnahme am Straßenverkehr oder die räumliche Nähe zu einem Atomkraftwerk. Der Staat kann indes nicht verpflichtet sein, jede auch nur bagatellartige

---

323 BVerfG, Beschl. v. 08.08.1978 – 2 BvL 8/77, BVerfGE 49, 89, 142, NJW 1979, 359 (363).

324 So auch *Calliess*, [Fn. 303], S. 317.

325 *Murswiek*, in: *Sachs*, [Fn. 298], Art. 2, Rn. 141.

326 *Murswiek*, in: *Sachs*, ebd., Art. 2, Rn. 147.

327 So auch *Groß*, [Fn. 291], 353 (361).

Wahrscheinlichkeit eines Schadens abzuwenden.[328] Daher ist eine gewisse Erheblichkeit erforderlich.[329] Auch wird man nicht annehmen können, dass lediglich Maßnahmen der reinen Gefahrenabwehr erfasst sind.[330] Dies würde nämlich dem präventiven Charakter der Schutzpflichten widersprechen. Daher kann auch „eine auf Grundrechtsgefährdungen bezogene Risikovorsorge von der Schutzpflicht der staatlichen Organe umfasst“[331] sein.[332] Ausreichend ist sodann eine mehr oder weniger große Wahrscheinlichkeit des Schadenseintritts, so wie sie für das abstrakte Besorgnispotential im Rahmen der Risikovorsorge angenommen wird.[333] Das Bundesverfassungsgericht bedient sich im Rahmen der Erkenntnismöglichkeiten der (ausgestaltungsbedürftigen) Wortwendung der „praktischen Vernunft“.[334]

Der anthropogene Beitrag zum Klimawandel ist in der Wissenschaft im Prinzip nicht mehr bestritten.[335] Auch der IPCC schrieb in seinem Bericht 2014, dass „es äußerst wahrscheinlich [ist], dass mehr als die Hälfte des beobachteten Anstiegs der mittleren globalen Oberflächentemperatur von 1951–2010 durch den anthropogenen Anstieg der THG-Konzentrationen zusammen mit anderen anthropogenen Antrieben verursacht wurde.“[336] Im neusten IPCC-Bericht aus dem Jahr 2021 gehen die Autoren einen deutlichen Schritt weiter und stellen eindeutig fest, dass der Einfluss des Menschen die Atmosphäre, den Ozean und die Landfläche erwärmt hat.[337]

---

328 *Schlette*, Die Verfassungswidrigkeit des Ozon-Gesetzes, JZ 1996, 327 (333). So auch *Kahl*, [Fn. 311], 117 (120).

329 Vgl. BVerfG, Beschl. v. 14.01.1981 – 1 BvR 612/72, BVerfGE 56, 54 (80) – Fluglärm; BVerfG, Beschl. v. 17.02.1997 – 1 BvR 1658/96, NJW 1997, 2509 – Elektrosmog. Siehe dazu ebenfalls *Meyer*, Grundrechtsschutz in Sachen Klimawandel?, NJW 2020, 894 (395).

330 *Calliess*, [Fn. 303], S. 318; *Winkler*, [Fn. 127], S. 85. Kritisch hingegen *Murswiek*, [Fn. 322], S. 128ff.; *Hermes*, [Fn. 314], S. 192ff.

331 BVerfG, Beschl. v. 04.05.2011 – 1 BvR 1502/08, NvWZ 2011, 991 (993) Rn. 37.

332 So auch *Buser*, Ein Grundrecht auf Klimaschutz? Möglichkeiten und Grenzen grundrechtlicher Klimaklagen in Deutschland, DVBl 2020, 1389 (1390).

333 *Dietlein*, [Fn. 314], S. 105ff.; *Unruh*, [Fn. 314], S. 76ff.; *Calliess*, [Fn. 303], S. 318f.

334 BVerfG, Beschl. v. 08.08.1978 – 2 BvL 8/77, BVerfGE 49, 89, NJW 1979, 359, Leitsatz 6, Kalkar I.

335 Vgl. *Rahmstorf/Schellnhuber*, [Fn. 36], S. 80; *Oreskes*, The Scientific Consensus on Climate Change, Science 2004, 1686.

336 *IPCC*, Synthesebericht Klimaänderung 2014, 2015, S. 48.

337 *IPCC*, Climate Change 2021, S. 5.

Jedoch geht es bei den Schutzpflichten nicht um die Gefahr der Klimastörungen als solche, sondern um die dadurch hervorgerufenen Gefahren für das Leben und die körperliche Unversehrtheit der im Mittelpunkt der Grundrechte stehenden Menschen. Die Klimastörungen werden, wie bereits gezeigt, die Häufigkeit und Intensität von Extremwetterereignissen verstärken. Auch die weiteren Auswirkungen auf den Menschen, wie die Ausbreitung von Krankheiten und die Gefahren einer Nahrungsknappheit werden zwangsläufig negative Auswirkungen auf menschliches Leben und Gesundheit haben.[338] Nach dem Maßstab des Bundesverwaltungsgerichts wird man konstatieren müssen, dass ein Tätigwerden des Staates zum Schutze seiner Bürger im Sinne der praktischen Vernunft geboten ist. Die Klimaforschung legt immer wieder dar, wie tiefgreifend die Auswirkungen sein werden. Ein Untätigsein des Staates obschon dieser Risiken würde nicht nur den Forderungen der Klimaforschung widersprechen, sondern – auch gerade gestützt durch diese Forschung – gegen die praktische Vernunft verstoßen.

Ähnlich wie im Falle der Waldschäden könnte man jedoch argumentieren, dass eine kausale Zurechnung konkret eingetretener Schäden zum Klimawandel nicht vorgenommen werden kann. Auch könne kein bestimmter Emittent eindeutig als verantwortlich aufgezeigt werden.[339] Jedoch bedarf es zur Aktivierung der Schutzpflichten nicht eines bereits eingetretenen konkreten Schadens. Wie gezeigt lösen auch Grundrechtsgefährdungen die Schutzpflichten aus. Denn es geht hier um die Verhinderung von Erfolgsunrecht. Mithin muss eine kausale Zurechnung zu einem konkreten Schädiger nicht stattfinden.[340] Außerdem sollen die Schutzpflichten gerade auf der Seite ansetzen, wo die Gefahr droht. Wie der Name schon suggeriert, geht es um den Schutz bestimmter Menschen bzw. Menschengruppen. Eine Zurechnung dieser Gefahr zu einem bestimmten Schädiger ist daher nicht erforderlich. Auch muss es unschädlich sein, dass noch kein individuell gefährdeter und konkretisierbarer Grundrechtsträger identifizierbar ist. Vergleichbar mit der Verbrechensprävention kann man auch heute noch nicht sagen, an welchen Menschen ein Mord begangen wird. Auch in diesen Fällen ist die Schutzpflicht aus Art. 2 Abs. 2 S. 1 GG unzweifelhaft gegeben. Das gleiche muss für die drohenden Schäden, welche mit dem Klimawandel einhergehen, gelten.[341] Verstärkend kommt hier hinzu, dass eine extrem große Zahl

---

338 So wohl auch *Meyer*, [Fn. 329], 894 (896).

339 Dies darstellend: *Winkler*, [Fn. 127], S. 84.

340 *Winkler*, ebd., S. 84.

341 Vgl. *Groß*, [Fn. 291], 353 (361); *Meyer*, [Fn. 329], 894 (896).

an Menschen gefährdet ist. Aufgrund der potentiell lebensgefährdenden Sachlage einiger Auswirkungen und der herausragenden Bedeutung der Schutzgüter Leben und Gesundheit wird man überdies auch die Erheblichkeit eines Schadens bejahen können.[342]

Die Auswirkungen des Klimawandels erfüllen daher grundsätzlich den Tatbestand der grundrechtlichen Schutzpflichten des Art. 2 Abs. 2 S. 1 GG.[343] Als Rechtsfolge ist der Staat daher zum Schutze des Lebens und der körperlichen Gesundheit seiner Bürger aufgerufen. Adressat ist indes nicht alleine der Gesetzgeber. Vielmehr sind – wie Art. 1 Abs. 3 GG verdeutlicht – alle drei Staatsgewalten an den Schutzauftrag gebunden.[344] Bedeutsam ist dies in hervorzuhebenden Maße auch für die Verwaltung. Sie hat bei der Auslegung und Anwendung des einfachen Rechts, insbesondere im Rahmen des Ermessens, den grundrechtlichen Schutzauftrag zu berücksichtigen.[345]

ccc. Intergenerationelle Dimension

Sodann stellt sich die Frage, ob durch die Einbeziehung auch künftiger, noch nicht lebender Generationen von Menschen in die grundrechtlichen Gewährleistungen, der Schutzanspruch modifiziert, ja sogar verstärkt werden kann. Die Frage nach einer generationenübergreifenden Beachtung der Klimastörungen beschäftigt dabei nicht nur die Wissenschaft, sondern hat mittlerweile auch eine enorme gesellschaftliche Sprengkraft.[346] Unbestritten wirken die Grundrechte

---

342 So ebenfalls *Meyer*, [Fn. 329], 894 (897).

343 So im Ergebnis auch *Groß*, [Fn. 291], 353 (361); *Ekardt*, Menschenrechte und Umweltschutz – deutsche und internationale Debatte im Vergleich; Insbesondere am Beispiel des Klimaschutzes, ZUR 2015, 579 (580); *Bickenbach*, [Fn. 280], 168 (177); *Kahl*, [Fn. 311], 117 (126); *Buser*, [Fn. 332], 1389 (1390f.); *Meyer*, [Fn. 329], 894 (897).

344 So auch *Calliess*, Abstand halten: Rechtspflichten der Klimaschutzpolitik aus planetaren Grenzen, ZUR 2019, 385 (386). Sehr kritisch hingegen zur Stellung von Gerichten im Klimadiskurs und den Möglichkeiten der Geltendmachung von Klimabeschwerden vor Gericht: *Wegener*, Urgenda – Weltrettung per Gerichtsbeschluss? Klimaklagen testen die Grenzen des Rechtsschutzes, ZUR 2019, 3.

345 *Calliess*, [Fn. 303], S. 320.

346 So setzt sich eine Schülerprotestbewegung namens „Fridays For Future“ für eine nachhaltigere und effektivere Klimapolitik ein. In diesem Rahmen spielt auch die schwedische Schülerin Greta Thunberg eine bedeutsame Rolle. Sie hat durch emotionale Reden und Proteste zum Klimawandel weltweite Aufmerksamkeit erlangt; siehe etwa https://www.zeit.de/news/2019-03/19/greta-thunberg-bekommt-eine-goldene-kamera-190319-99-449359.

für alle lebenden Generationen. Diese können notfalls im Wege des subjektiven Rechtsschutzes auch gerichtlich geltend gemacht werden. Ob dies auch für kommende Generationen gilt, war hingegen lange Zeit nicht geklärt.[347]

Künftige, noch nicht lebende Menschen sind körperlich noch nicht existent. Daher wird oftmals eingewandt, die körperliche Existenz sei Grundvoraussetzung für die Zuerkennung eines subjectiven Rechts.[348] Dieser Prämisse ist jedenfalls für das Recht auf Leben und körperliche Unversehrtheit zuzustimmen.[349]

---

347 Ablehnend beispielsweise *Kahl*, Nachhaltigkeit als Verbundbegriff 2008, S. 28f.; *Kahl*, Staatsziel Nachhaltigkeit und Generationengerechtigkeit, DÖV 2009, 2 (5). Eine ausführliche Auseinandersetzung mit den Argumenten gegen eine Einbeziehung künftiger Generationen findet sich in *Kleiber*, Der grundrechtliche Schutz künftiger Generationen 2014, S. 300ff.
Zur Grundrechtsberechtigung noch nicht lebender Menschen siehe BVerfG, Beschl. v. 24.03.2021 – 1 BvR 2656/18 u. a., Rn. 146, sowie die Ausführungen unter Kapitel 3, Ziff. III, 3.

348 *Hofmann*, Nachweltschutz als Verfassungsfrage, ZRP 1986, 87 (88). Differenzierend *Kleiber*, [Fn. 347], S. 155ff.

349 Ob diese Aussage in ihrer Absolutheit auch für andere Grundrechte gilt, wird im Rahmen dieser Arbeit nicht erörtert. Vgl. dazu *Kleiber*, [Fn. 347], S. 155ff. *Kleiber* meint insbesondere das postmortale Persönlichkeitsrecht begründe ein individuelles Recht, das grundsätzlich ein Individuum voraussetzt, welches jedoch nicht lebendig sein muss. Er führt jedoch weiter aus, dass künftige Menschen in ihrer Identität noch nicht bestimmbar und abgrenzbar sind. Daher scheide der künftige Mensch als Träger individueller Rechte zwangsläufig aus. Es fehle daher an einem tauglichen Rechtsträger. Im Ergebnis bezweifelt *Kleiber* die Möglichkeit des subjektiv-rechtlichen Rechtsschutzes künftige Generationen und verweist hierfür auf eine objektivrechtliche Schutzverpflichtung.
Auch das Erbrecht aus Art. 14 Abs. 1 GG spricht nicht gegen die Annahme der körperlichen Existenz als Voraussetzung für Ausweitung der intergenerationellen Dimension der Grundrechte. Es gewährleistet keinen über den Tod hinausgehenden subjektivrechtlichen Grundrechtsanspruch des Verstorbenen. Vielmehr garantiert Art. 14 Abs. 1 GG auf Seiten des Erblassers die Testierfreiheit, sprich das Recht des Eigentümers Abweichungen von der gesetzlichen Erbfolge und Verfügungen von Todes wegen zu treffen. Passend formuliert von *Wieland*, in: *Dreier*, [Fn. 297], Art. 14, Rn. 82: „Die Verfügungsbefugnis kann vom noch lebenden Erblasser wahrgenommen werden, ihre Ergebnisse sind nach seinem Tod von der Rechtsordnung zu respektieren." Auf der anderen Seite wird das Recht des Erben geschützt, Eigentum kraft des Erbrechts zu erwerben. Siehe zu diesem Komplex *Wieland*, in: *Dreier*, ebd., Art. 14, Rn. 78ff.
Eine gewisse Durchbrechung des Grundsatzes, dass die körperliche Existenz eine Grundvoraussetzung der Ausübung von Grundrechten ist, kann indes in Art. 19

Denn „ein Recht auf Leben und körperliche Unversehrtheit kann es erst dann geben, wenn es ein Leben oder einen Körper gibt, der versehrt werden kann."[350] Diese Erkenntnis bedeutet jedoch keineswegs, dass künftige Generationen rechtlos gestellt sind. Die Tatsache, dass zukünftige Menschen Rechte haben werden, führt zu der Annahme, dass diesen Rechten eine Art „Vorwirkung"[351] auf die heute lebenden Generationen zukommt. Die heutigen Generationen dürfen diese Rechte nicht irreversibel verletzen.[352]

Auch in der rechtswissenschaftlichen Literatur werden diesbezüglich verschiedene Begründungsansätze vertreten. Zum einen soll aus der Menschenwürde in Art. 1 Abs. 1 iVm Art. 2 Abs. 2 S. 1 GG die objektive Verpflichtung erwachsen, das Leben und die Gesundheit sowohl heutiger als auch zukünftiger Generationen um der Menschenwürde willen zu schützen.[353] Gestützt werden diese Überlegungen auf die Präambel des Grundgesetzes sowie die Ewigkeitsklausel des Art. 79 Abs. 3 GG. Die Voranstellung des Passus „im Bewusstsein seiner Verantwortung vor Gott und den Menschen" vor den Bestimmungen des Grundgesetzes meine nicht nur die Verantwortung (des Deutschen Volkes)

Abs. 3 GG gesehen werden. Demnach gelten die Grundrechte auch für inländische juristische Personen, soweit sie ihrem Wesen nach auf diese anwendbar sind. Insbesondere für die Eigentumsfreiheit nach Art. 14 Abs. 1 GG ist die physische Existenz eines Menschen daher nicht zwingende Voraussetzung für dessen Anwendung. Dennoch stehen auch hinter Art. 19 Abs. 3 GG weiterhin die natürlichen Personen. Siehe dazu etwa: *Remmert*, in: *Maunz/Dürig*, [Fn. 297], Art. 19 Abs. 3, Rn. 26ff. Das BVerfG führt hierzu aus: „Die Grundrechte sind in erster Linie Individualrechte des einzelnen Menschen, die vorrangig dem Schutz seiner Freiheitssphäre dienen und darüber hinaus eine freie Mitwirkung und Mitgestaltung des Einzelnen im Gemeinwesen sichern sollen. Juristische Personen in den Schutzbereich materieller Grundrechte einzubeziehen, ist danach nur dann gerechtfertigt, wenn deren Bildung und Betätigung Ausdruck der freien Entfaltung der privaten natürlichen Personen ist, insbesondere wenn der „Durchgriff" auf die hinter ihnen stehenden Menschen es als sinnvoll und erforderlich erscheinen läßt." Siehe BVerfG, Beschl. v. 14.04.1987 – 1 BvR 775/84, BVerfGE 75, 192 (195f.).

350 *Unnerstall*, Rechte zukünftiger Generationen 1999, S. 130.

351 Ausführlich zur grundrechtlichen Vorwirkung siehe *Kleiber*, [Fn. 347], S. 296ff.

352 Vgl. *Unnerstall*, [Fn. 350], S. 115f., 129.

353 So etwa *Hofmann*, [Fn. 348], 87 (87ff.); *Hofmann*, Rechtsfragen der atomaren Entsorgung 1988, S. 258ff. In diese Richtung wohl auch *Henseler*, Verfassungsrechtliche Aspekte zukunftsbelastender Parlamentsentscheidungen, AöR 1983, 489 (547ff.). Zusammenfassend *Appel*, Staatliche Zukunfts- und Entwicklungsvorsorge 2005, S. 117.

gegenüber den lebenden Menschen, sondern auch den nachkommenden. Das Grundgesetz verstehe die Grundrechtsgarantien als Ausfluss einer menschwürdigen Grundordnung, die für den Staat unverfügbar und unveränderlich ist. Daher könne ihr auch in zeitlicher Hinsicht keine Begrenzung auferlegt werden, womit künftige Generationen notwendigerweise ebenfalls geschützt werden.[354]

Eine andere Argumentationslinie rekurriert zur Begründung ebenjener Schutzpflichten auf die objektive Dimension der Grundrechte. Die Verpflichtung des Staates zur Achtung und Schutz der Grundrechte sei eine objektive. Es sei auch unerheblich, ob ein bestimmter Mensch oder jemand Unbestimmtes gefährdet ist. Aus diesem Grund beziehe sich die Schutzpflicht sowohl auf die lebenden, als auch auf irgendjemand Unbestimmten in der Zukunft, mithin auch künftige Generationen.[355]

Gemeinsam ist beiden Argumentationsmustern, dass sie eine objektive Verpflichtung des Staates zur Achtung und zum Schutz der heutigen, als auch der künftigen Generationen annehmen.[356] Für die Zwecke dieser Arbeit ist es nicht maßgeblich, ob künftige Generationen darüber hinaus auch Grundrechtssubjekte darstellen. Entscheidend ist, dass die Schutzpflicht sowohl räumlich als auch zeitlich dorthin reicht, wo grundrechtlich gewährleistete Güter bedroht sind.[357] Die Reichweite der in die Zukunft reichenden Schutzpflichten bestimmt sich nach der Prognostizierbarkeit der faktischen Auswirkungen. Soweit sie heute bereits bestimmt werden können, muss ihnen durch Maßnahmen der lebenden Generationen Rechnung getragen werden.[358] Aus dieser Folgerung ergibt sich ebenfalls, dass auch für die Zukunft nicht bloß ein Umweltschutz bezogen auf bestimmte Umweltgüter geboten ist, sondern ein umfassender „Nachweltschutz“[359] gewährleistet werden muss. Dieser muss langfristig die natürlichen Lebensgrundlagen der Menschen um der Grundrechte willen sichern.

Als Zwischenfazit lässt sich konstatieren, dass die Schutzseite der Grundrechte neben den lebenden ebenfalls die künftigen Generationen mit einbezieht.[360] Dies darf man durchaus im Sinne einer Verstärkung des Schutzauftrages verstehen. Klimastörungen sind bereits heute messbar und wissenschaftlich nachgewiesen.

---

354 *Hofmann*, [Fn. 348], 87 (88).

355 So *Murswiek*, [Fn. 322], S. 207ff. Siehe ebenfalls *Appel*, [Fn. 353], S. 118.

356 *Appel*, [Fn. 353], S. 118.

357 Vgl. *Appel*, ebd., S. 118.

358 Vgl. *Hofmann*, [Fn. 348], 87 (88); *Murswiek*, [Fn. 322], S. 207.

359 Dazu *Hofmann*, [Fn. 353], S. 280ff.; *Hofmann*, [Fn. 348], 87 (87ff.); *Saladin/Zenger*, Rechte künftiger Generationen 1988, S. 19ff., 87ff.; *Appel*, [Fn. 353], S. 119.

360 Im Ergebnis so auch *Murswiek*, in: *Sachs*, [Fn. 298], Art. 2, Rn. 202.

Zwar sind einzelne Auswirkungen in der Zukunft punktuell nur schwer vorherzugsagen, dies ändert jedoch nichts an der Tatsache, dass diese Auswirkungen stattfinden werden. Daher werden in besonderem Maße die künftigen Generationen negativ beeinträchtigt. Durch die Erhöhung der globalen Temperaturen werden zahlreiche Ökosysteme unter extremen Anpassungsdruck gesetzt. Oftmals werden sie diesem Druck nicht standhalten können und zusammenbrechen. Dadurch wird die Lebensgrundlage einer Vielzahl zukünftiger Menschen in erheblichem Maße bedroht sein. Das Klimaschutzrecht ist mithin auch aus grundrechtlicher Sicht verpflichtet, diesen generationsübergreifenden Aspekt zu berücksichtigen.[361]

ddd. Schutzumfang und gerichtliche Kontrolldichte

Das Bundesverfassungsgericht geht in ständiger Rechtsprechung davon aus, dass die sich aus den Grundrechten ergebenden Schutzpflichten auch subjektiv einklagbar sind.[362] Jedoch steht dem Gesetzgeber bei der Ausgestaltung etwaiger Schutzpflichten grundsätzlich ein weiter Gestaltungspielraum zu.[363] Denn es obliege ihm, die sich widerstreitenden Rechtsgüter gegeneinander abzuwägen und einem gesetzlichen Ausgleich zuzuführen. Anders als bei der abwehrrechtlichen Dimension ist kein konkretes Unterlassen gefordert. Vielmehr stellt sich bei den Schutzpflichten die Frage, wie und in welchem Maße die staatliche Gewalt tätig werden muss.[364]

Das Bundesverfassungsgericht wendet zur Überprüfung dieser Frage keinen einheitlichen Kontrollmaßstab an. Zum einen wird eine sogenannte „Evidenzkontrolle" auf evidente Mängel vorgenommen. Demnach kann „die Entscheidung, welche Maßnahmen geboten sind, [...] nur begrenzt nachgeprüft werden. Das BVerfG kann eine Verletzung der Schutzpflicht nur feststellen, wenn die öffentliche Gewalt Schutzvorkehrungen entweder überhaupt nicht getroffen hat oder offensichtlich die getroffenen Regelungen und Maßnahmen gänzlich ungeeignet oder völlig unzulänglich sind, das Schutzziel zu erreichen."[365] Eine

---

361 In welchem Wege eine solche Berücksichtigung stattfinden kann bzw. muss, ist damit jedoch noch nicht geklärt. Siehe zu verschiedenen Möglichkeiten *Winkler*, [Fn. 127], S. 93ff.

362 Dazu eingehend *Winkler*, ebd., S. 95f.

363 Siehe etwa BVerfG, Beschl. v. 14.01.1981 – 1 BvR 612/72, BVerfGE 56, 54 (81).

364 So auch *Winkler*, [Fn. 127], S. 98.

365 BVerfG, Beschl. v. 30.11.1988 – 1 BvR 1301/84, BVerfGE 79, 174 (202); Kritisch dazu *Steinberg*, Verfassungsrechtlicher Umweltschutz durch Grundrechte und Staatszielbestimmung, NJW 1996, 1985 (1988). *Steinberg* geht davon aus, dass aufgrund der

Evidenzkontrolle führte allerdings bis zum jetzigen Zeitpunkt noch nicht zur Feststellung einer Schutzpflichtverletzung. Das Verfassungsgericht ist jedoch in besonderem Maße dazu aufgerufen zu überprüfen, dass die grundrechtlichen Schutzgüter effektiv geschützt werden. Insofern kann eine Kontrolle auf gänzliche Ungeeignetheit oder völlige Unzulänglichkeit nicht für einen effektiven gerichtlichen und daher auch grundrechtlichen Schutz sorgen.[366]

In seinem zweiten Urteil zum Schwangerschaftsabbruch[367] aus dem Jahr 1993 hat das Gericht sodann einen strengeren Prüfungsmaßstab angewandt. Demnach gibt „die Verfassung [...] den Schutz als Ziel vor, nicht aber seine Ausgestaltung im Einzelnen. Allerdings hat der Gesetzgeber das Untermaßverbot zu beachten; insofern unterliegt er der verfassungsgerichtlichen Kontrolle. Notwendig ist ein – unter Berücksichtigung entgegenstehender Rechtsgüter – angemessener Schutz; entscheidend ist, daß er als solcher wirksam ist. Die Vorkehrungen, die der Gesetzgeber trifft, müssen für einen angemessenen und wirksamen Schutz ausreichend sein und zudem auf sorgfältigen Tatsachenermittlungen und vertretbaren Einschätzungen beruhen."[368] In diesem Urteil hat das Gericht das sogenannte „Untermaßverbot" entwickelt. Im Vergleich zur Evidenzkontrolle wird hier ein strengerer Kontrollmaßstab angesetzt, denn das Gericht nimmt eine Vertretbarkeitskontrolle auf der Grundlage einer sorgfältigen Tatsachenermittlung vor.

In der Folge dieses Urteils schwang das Gericht für einige umweltrechtliche Fälle jedoch wieder auf eine schlichte Evidenzkontrolle zurück.[369] Dies führte zu der Kritik, das Bundesverfassungsgericht nehme seine eigene Rechtsprechung in Bezug auf die Kontrollintensität der Schutzpflichten nicht ernst.[370]

In einigen neueren Entscheidungen im Umweltrecht kombiniert das Bundesverfassungsgericht nunmehr beide Kontrollmaßstäbe.[371] So führt es in

---

bestehender Regelungsdichte im Umweltrecht das Konzept der Schutzpflichten nach diesem Maßstab leerläuft.

366 So auch *Murswiek*, Umweltrecht und Grundgesetz – Rechtsprechungsanalyse, S. 249, 262.

367 BVerfG, Urt. v. 28.05.1993 – 2 BvF 2/90, BVerfGE 88, 203, NJW 1993, 1751.

368 BVerfG, Urt. v. 28.05.1993 – 2 BvF 2/90, BVerfGE 88, 203, NJW 1993, 1751.

369 Siehe BVerfG (1. Kammer des Ersten Senats), Beschl. v. 29.11.1995 – 1 BvR 2203/95, NVwZ 1996, 371, Boden-Ozon; BVerfG (1. Kammer des Ersten Senats), Beschl. v. 17.02.1997 – 1 BvR 1658/96, NvWZ 1997, 990, Elektrosmog; BVerfG, Beschl. v. 26.05.1998 – 1 BvR 18088, NJW 1998, 3264, Waldschäden.

370 Vgl. *Steinberg*, [Fn. 365], 1985 (1988f); *Calliess*, [Fn. 303], S. 323f.

371 Vgl. ebenfalls *Kahl*, [Fn. 311], 117 (121).

seinem Kammerbeschluss zum Planfeststellungsbeschluss des Flughafens Berlin-Schöneberg aus: „Die Entscheidung, welche Maßnahmen geboten sind, kann deshalb nur begrenzt nachgeprüft werden. Das BVerfG kann hier erst dann eingreifen, wenn der Gesetzgeber die Schutzpflicht evident verletzt hat. Nur unter besonderen Umständen kann sich diese Gestaltungsfreiheit in der Weise verengen, dass allein durch eine bestimmte Maßnahme der Schutzpflicht Genüge getan werden kann. Darüber hinaus hat der Gesetzgeber das Untermaßverbot zu beachten. Die Vorkehrungen des Gesetzgebers müssen für einen – unter Berücksichtigung entgegenstehender Rechtsgüter – angemessenen und wirksamen Schutz ausreichend sein und zudem auf sorgfältigen Tatsachenermittlungen und vertretbaren Einschätzungen beruhen. Die Verfassung gibt den Schutz als Ziel vor, nicht jedoch seine Ausgestaltung im Einzelnen. Das BVerfG prüft, ob der Gesetzgeber seinen Einschätzungsspielraum vertretbar gehandhabt hat.“[372]

Offensichtlich hat das Gericht die Kritik der Literatur erhört und seine Rechtsprechung angepasst.[373] Auch in einigen darauffolgenden Entscheidungen wendet das Gericht diesen kombinierten Prüfungsmaßstab an.[374] In Bezug auf die Klimastörungen hat das VG Berlin ebenfalls diesen kombinierten Prüfungsmaßstab angelegt, konnte jedoch keine Schutzpflichtverletzung feststellen.[375]

eee. *Schutzverwirklichung durch Verwaltungsverfahren*

Wie gezeigt, ist der Staat zum Lebens- und Gesundheitsschutz seiner Bürger grundrechtlich verpflichtet. In welcher Form diesem Schutzauftrag nachgekommen werden kann bzw. muss, ist damit allerdings noch nicht geklärt.

Eine Möglichkeit – insbesondere interessant für das Umweltrecht – besteht in der Schaffung und Bereitstellung geeigneter Verwaltungsverfahren. Hier ist es in erster Linie Aufgabe des Gesetzgebers, durch Schaffung effektiver und detaillierter Verfahren die Grundlage einer jeden Verwaltungsentscheidung zu schaffen. Dies entbindet jedoch nicht die anderen staatlichen Stellen, insbesondere die

---

372 BVerfG, Beschl. v. 29.07.2009 – 1 BvR 1606/08, NVwZ 2009, 1494, 1495.

373 Auch *Buser*, [Fn. 332], 1389 (1394f.) fordert einen solchen strengeren Überprüfungsmaßstab. Er bezieht sich hierbei außerdem auf das Grundrecht eines ökologischen Existenzminimums.

374 Vgl. etwa BVerfG (3. Kammer des Ersten Senats), Beschl. v. 15.10.2009 – 1 BvR 3474/08, NvWZ 2009, 1489 (1490), Ergänzungsplanfeststellungsbeschluss Flughafen Leipzig/Halle; BVerfG (1. Kammer des Ersten Senats), Beschl. v. 04.05.2011 – 1 BvR 1502/08, NvWZ 2011, 991 (994), Fluglärmschutzgesetz.

375 Vgl. VG Berlin, Urt. v. 31.10.2019, VG 10 K 412.18, juris, Rn. 77ff.

Verwaltung, von ihrer eigenen Pflicht zur Wahrung der Grundrechte. Denn nach Art. 1 Abs. 3 GG ist auch die vollziehende Gewalt durch die Grundrechte gebunden. Im Rahmen eines Zulassungsverfahrens muss daher auch die Verwaltung die maßgeblichen Grundrechte beachten. Werden Verwaltungsvorschriften, die gerade zum Schutz dieser Grundrechte erlassen wurden, außer Acht gelassen, kann damit eine Grundrechtsgefährdung einhergehen.[376]

Vornehmlich bei im Bereich des Umweltrechts gelegenen Verwaltungsentscheidungen kommt der Stellung des Verfahrens eine besondere Bedeutung zu. Solche Entscheidungen sind zumeist geprägt durch eine Vielzahl sich widerstreitender Interessen. Regelmäßig sind die Interessen des Vorhabenträgers, der Nachbarn, der benachbarten bzw. berührten Kommunen und in besonderem Maße die Aspekte des Umweltschutzes in einen gerechten Ausgleich zu bringen. Hinter alledem stehen die grundsätzlichen Schutzpflichten des Staates.

Für große, umweltintensive Vorhaben wurde das Instrumentarium der Umweltverträglichkeitsprüfung (UVP) als eine spezielle umweltrechtliche Verfahrensart geschaffen. Den genauen Zweck der UVP und die Frage, ob diese auch gerade *zum* Schutz der Grundrechte erlassen wurde, wird zu einem späteren Zeitpunkt erörtert.[377] In diesem Zusammenhang wird auch beantwortet werden können, ob eine nicht ausreichende bzw. fehlerhafte Durchführung der UVP gleichsam einen Grundrechtsverstoß darstellen kann.

Unabhängig von der Beantwortung dieser Frage ist die präventive Kontrolle der Auswirkungen eines umweltrelevanten Vorhabens auf das Klima im Rahmen eines Verwaltungsverfahrens aus grundrechtlicher Sicht geboten. Denn nicht nur die UVP ist Teil des Zulassungsverfahrens. Vielmehr ist sie in Verbindungen mit dem der behördlichen Entscheidung zugrundeliegenden Fachrecht zu sehen. Ob das jeweilige Verwaltungsverfahren gerade *zum* Schutz der Grundrechte erlassen wurde, ist dabei zweitrangig. Entscheidend ist vielmehr, dass die in Frage stehende Zulassung bzw. Genehmigung und die Auswirkungen des genehmigten Vorhabens potentiell grundrechtsgefährdende Wirkungen haben. Schon alleine aus diesem Grund ist es angezeigt, dass diese Verwaltungsverfahren im Lichte der grundrechtlichen Schutzpflichten ausgelegt werden.[378] Mithin

---

376 *Di Fabio*, in: *Maunz/Dürig*, [Fn. 297], Art. 2 Abs. 2, Rn. 2; BVerfG, Beschl. v. 20.12.1979 – 1 BvR 385/77, BVerfGE 53, 30 (65f.).

377 Siehe unter Kapitel 5, Ziff. I, 2.

378 In diese Richtung auch *Schmidt-Aßmann*, in: *Merten/Papier (Hrsg.),* Handbuch der Grundrechte in Deutschland und Europa: Band II: Grundrechte in Deutschland – Allgemeine Lehren I 2006, § 45, Rn. 16 sowie *Murswiek*, in: *Sachs*, [Fn. 298], Art. 2,

muss bei klimarelevanten Großvorhaben – fließend aus den grundrechtlichen Schutzpflichten – eine Berücksichtigung des Aspektes „Klima“ im Rahmen des Planungs- bzw. Zulassungsvorhabens stattfinden.

b. Vorgaben aus Art. 20a Grundgesetz

Neben den sich aus den Grundrechten ergebenden Schutzpflichten gibt es noch eine weitere Bestimmung der Verfassung, aus der sich Vorgaben zum Klimaschutz ergeben. Hierbei handelt es sich um die Staatszielbestimmung in Art. 20a GG. Sie steht an prominenter Stelle direkt hinter den Staatsstrukturbestimmungen des Art. 20 GG. Gemäß dieser Bestimmung schützt der Staat „auch in Verantwortung für die künftigen Generationen die natürlichen Lebensgrundlagen und die Tiere im Rahmen der verfassungsmäßigen Ordnung durch die Gesetzgebung und nach Maßgabe von Gesetz und Recht durch die vollziehende Gewalt und die Rechtsprechung.“

aa. Schutzbereich

Die Bestimmung verpflichtet den Staat zum Schutz der natürlichen Lebensgrundlagen. Der Begriff der natürlichen Lebensgrundlagen ist gleichbedeutend mit dem der Umwelt.[379] Aufgrund einer fehlenden abschließenden Definition handelt es sich beim Ausdruck der natürlichen Lebensgrundlage um einen in die Zukunft hineinwirkenden, gestaltungsoffenen Begriff.[380] Eine Orientierungshilfe zur näheren Bestimmung kann die (nicht abschließende) Aufzählung der Umweltmedien in § 2 Abs. 1 UVPG geben.[381] Danach umfasst der Schutz des Staates die Tiere, Pflanzen, die biologische Vielfalt, Fläche, Boden, Wasser, Luft, Klima, Landschaft sowie die Wechselwirkung zwischen den vorgenannten Schutzgütern. Das globale Klima gehört nach herrschender Auffassung ebenfalls zum Schutzbereich.[382]

Rn. 192. Vgl. auch BVerfG, 14.05.1985 – 1 BvR 233/81, 1 BvR 341/81, BVerfGE 69, 315, Brokdorf.

379 Vgl. *Scholz*, in: *Maunz/Dürig*, [Fn. 297], Art. 20a, Rn. 36.

380 Ebd. Vgl. auch den Bericht der Gemeinsamen Verfassungskommission, Drs. 12/6000, S. 67.

381 *Peters*, Art. GG Artikel 20a GG – Die neue Staatszielbestimmung des Grundgesetzes, NVwZ 1995, 555 (555); *Scholz*, in: *Maunz/Dürig*, [Fn. 297], Art. 20a, Rn. 36.

382 Siehe nur *Gärditz*, in: *Landmann/Rohmer*, Umweltrecht, Art. 20a GG, Rn. 9; *Groß*, Welche Klimaschutzpflichten ergeben sich aus Art. GG Artikel 20a GG?, ZUR 2009, 364 (366f.); *Murswiek*, in: *Sachs*, [Fn. 298], Art. 20a, Rn. 30; *Caspar*, [Fn. 293], S. 376; BVerwG, Beschl. v. 13.03.2007 – 1 BvF 1/05, BVerfGE 118, 79 (110).

Der Schutzverpflichtung des Staates ist (auch) in Verantwortung für die künftigen Generationen zu sehen. Dies ist die erste und (soweit) einzige Bestimmung der Verfassung, in der die künftigen Generationen eine explizite Nennung erfahren haben. Zwar kann eine gewisse intergenerationelle Dimension auch den Grundrechten zugesprochen werden, die ausdrückliche Nennung einer derartigen Verantwortung an solch prominenter Stelle in der Verfassung dürfte die Schutzintensität und -richtung jedoch abermals erhöhen. Faktisch geht damit eine Stärkung des verfassungsrechtlichen Nachweltschutzes einher.[383]

Wie bereits dargestellt entbrannte im Rahmen des Art. 20a GG in der Vergangenheit ein Streit um die Frage, ob der Artikel hinausgehend über den klassischerweise anthropozentrischen Ansatz der Verfassung, der Umwelt einen Eigenwert zuerkennt (Ökozentrik).[384] Für die Problematik der Klimastörungen kann eine Beantwortung der Frage jedoch dahinstehen. Denn der Klimawandel berührt neben den Umweltmedien auch den Menschen ganz unmittelbar. Selbst wenn man für die Eröffnung des Schutzbereiches des Art. 20a GG also einen menschlichen Bezug fordert, ist dieser bei den Gefahren des Klimawandels zweifelsohne gegeben.[385]

bb. Einordnung als Staatsziel

Art. 20a GG stellt nach ganz überwiegender Auffassung eine objektiv-rechtliche Staatszielbestimmung dar.[386] Dabei handelt es sich nicht lediglich um einen Programmsatz, sondern um eine alle Staatsgewalten bindende Verfassungsbestimmung.[387] Der Verfassungsgeber wollte mit Einführung der Staatszielbestimmung

---

383 Vgl. *Caspar*, [Fn. 293], S. 372. So auch der Bericht der gemeinsamen Verfassungskommission, Drs. 12/6000, S. 67. Zur Wechselwirkung zwischen Art. 20a GG und Art. 1 Abs. 1 GG siehe *Gassner*, Die verfassungsrechtliche Profilierung des Schutzes der natürlichen Lebensgrundlagen, NVwZ 2020, 29.

384 Siehe nochmals unter Kapitel 3, Ziff. III, 1.

385 So auch *Caspar*, [Fn. 293], S. 376; *Winkler*, [Fn. 127], S. 109f.

386 Vgl. etwa Bericht der gemeinsamen Verfassungskommission, Drs. 12/6000, S. 67; *Murswiek*, [Fn. 296], 222 (223); *Peters*, [Fn. 381], 555 (555); Bericht der Sachverständigenkommission „Staatszielbestimmung/Gesetzgebungsaufträge“, hrsg. von BMI und BMJ 1983, Rn .7 und 130ff. *Kloepfer* behauptet, Art. 20a GG gehe sogar über eine Staatszielbestimmung hinaus und stelle einen Schritt in Richtung Staatsstrukturbestimmung Umweltstaat dar. Umweltstaat sei ein Staat, der den Umweltschutz zu einem wesentlichen Ziel und Maßstab seiner Aktivität gemacht hat. Siehe *Kloepfer*, Umweltrecht 2016, § 3, Rn. 23.

387 *Steinberg*, [Fn. 365], 1985 (1990f.).

keine subjektiven Rechte Einzelner begründen.[388] Klagen einzelner Personen mit der Begründung der Verletzung der Pflicht des Staates, das Klima zu schützen, sind daher einzig auf Grundlage des Art. 20a GG ausgeschlossen.[389] Dies schließt jedoch eine verfassungsgerichtliche Kontrolle nicht gänzlich aus. In einem objektivrechtlichen Kontrollverfahren, wie beispielsweise der abstrakten Normenkontrolle, kann sehr wohl ein Verstoß gegen Art. 20a GG festgestellt und gerügt werden.[390] Durch Einführung der Bestimmung wollte der Gesetzgeber darüber hinaus den Umweltschutz im Allgemeinen verbessern.[391] Daher tritt die objektivrechtliche Bestimmung neben den subjektivrechtlichen Schutz durch die Grundrechte.[392]

Wie der Wortlaut verdeutlichen soll, bindet Art. 20a GG alle staatliche Gewalt. Dabei bedürfte es der Klarstellung der Bindung an die Verfassung und Recht und Gesetz gar nicht, denn dies ergibt sich ohnehin unmittelbar aus Art. 20 Abs. 3 GG. In erster Linie richtet sich der Verfassungsauftrag an den Gesetzgeber. Ihm ist es überlassen, über das „Wie" des Umweltschutzes zu entscheiden. Hierbei hat er grundsätzlich einen weiten Einschätzungs- und Wertungsspielraum.[393] Durch die Einfügung der Bestimmung in die verfassungsmäßige Ordnung soll darüber hinaus sichergestellt sein, dass dem Umweltschutz im Rahmen des gesetzgeberischen Spielraums kein abstrakter Vorrang zukommt.[394] Dies bedeutet freilich nicht, dass der Gesetzgeber aufgrund einer bewussten Entscheidung im Einzelfall davon abgehalten ist, Umwelt- bzw. Klimaschutzerwägungen den Vorzug zu geben.

Art. 20a GG verpflichtet ebenfalls die Justiz und die Exekutive. Insbesondere die Verwaltung ist gehalten, die vom Gesetzgeber geschaffenen Gesetze im Lichte des Art. 20a GG auszulegen.[395] Einfallstor sind hier in erster Linie die

---

388 Bericht der gemeinsamen Verfassungskommission, Drs. 12/6000, S. 67.

389 *Steinberg*, [Fn. 365], 1985 (1992).

390 *Steinberg*, ebd., 1985 (1992).

391 Bericht der gemeinsamen Verfassungskommission, Drs. 12/6000, S. 65.

392 *Murswiek*, [Fn. 296], 222 (224).

393 Siehe nur *Steinberg*, [Fn. 366], 1985 (1991f.); BVerfG, Beschl. v. 13.03.2007 – 1 BvF 1/05, NVwZ 2007, 937, 941.

394 Bericht der gemeinsamen Verfassungskommission, Drs. 12/6000, S. 65; *Steinberg*, ebd., 1985 (1991f.); *Murswiek*, [Fn. 296], 222 (226).

395 Art. 20a GG ist selbstverständlich nicht die einzige auslegungsleitende Bestimmung der Verfassung. Auch die Grundrechte, die Grundprinzipien der Verfassung und andere Staatszielbestimmungen müssen hier berücksichtigt werden. Zur Umsetzung des Art. 20a GG wird das umweltrechtliche Planungsrecht als besonders geeignet angesehen, vgl. dazu *Gassner*, [Fn. 383], 29 (31).

Interpretation unbestimmter Rechtsbegriffe, die Anwendung von Ermessenvorschriften und die Ausübung planerischer Abwägungsentscheidungen.[396]

cc. Maß der Schutzverpflichtung

Zwar sind die Schutzverpflichtungen des Staates aus Art. 20a GG nicht subjektiv einklagbar, nichtsdestotrotz kann eine Verletzung in einem objektivrechtlichen Überprüfungsverfahren festgestellt werden. Wie bereits dargestellt verpflichtet Art. 20a GG den Staat zum Tätigwerden im Umweltschutz. Darüber hinaus ist damit jedoch keine Aussage über die Art und Weise sowie die Intensität der Schutzverpflichtung getroffen.

Zum Teil wird vertreten, der Schutzauftrag erfordere ein absolutes ökologisches Verschlechterungsverbot.[397] Neue Eingriffe und damit einhergehende Verschlechterungen des Umweltzustandes seien (wenn überhaupt) nur dann zulässig, wenn sie anderweitig kompensiert würden. In Bezug auf den Klimaschutz würde dies bedeuten, dass zusätzliche Treibhausgasemissionen aufgrund der negativen Folgen des Treibhauseffekts gänzlich verboten sind. In unserer modernen, globalen Industriegesellschaft ist eine solche Forderung jedoch praktisch unmöglich durchzusetzen. Die Anwendung einer solch strengen Regel würde die Bestimmung letztlich unausführbar und damit obsolet machen.[398]

Ebenfalls wird vertreten, Art. 20a GG sei im Sinne eines Optimierungsgebotes auszulegen. Die natürlichen Lebensgrundlagen sollen demnach so gut geschützt werden, wie dies im Rahmen der Wechselbeziehungen mit widerstreitenden Verfassungsgütern möglich ist.[399] Nicht gemeint ist damit eine irgendwie geartete Vorrangstellung der Umwelt im Abwägungsprozess, wie dies bei Optimierungsgeboten im Fachplanungsrecht der Fall ist.[400] Die letztliche Geltungskraft

---

396 Vgl. etwa *Steinberg*, [Fn. 366], 1985 (1993); *Kloepfer*, [Fn. 6], § 3, Rn. 53; *Groß*, [Fn. 382], 364 (367); *Murswiek*, [Fn. 296], 222 (229); *Peters*, [Fn. 381], 555 (556f.). Zu den Auswirkungen des Staatsziels Klimaschutz auf den Ermessenspielraum am Beispiel des Denkmalrechts siehe *Grothmann*, Auswirkungen des Staatszieles Klimaschutz auf den Ermessensspielraum am Beispiel des Denkmalschutzrechtes, ZfBR-Beil. 2012, 100.

397 Siehe etwa *Murswiek*, in: *Sachs*, [Fn. 298], Art. 20a, Rn. 44.

398 So wohl auch *Groß*, [Fn. 382], 364 (367); *Calliess*, [Fn. 141], 385 (386).

399 *Murswiek*, [Fn. 296], 222 (226) sieht in Art. 20a GG sowohl ein Verschlechterungs- als auch ein Optimierungsgebot enthalten. Demnach soll das Verschlechterungsgebot wohl das Mindestmaß an Umweltschutz garantieren. Das Optimierungsgebot wird hingegen als der positive Teil der Bestimmung gesehen. Siehe ebenfalls und m.w.N *Winkler*, [Fn. 127], S. 112ff.

400 *Winkler*, [Fn. 127], S. 113.

der Bestimmung würde sich erst nach einer Abwägung mit gegenläufigen (Verfassungs-)Positionen ergeben. Soweit sich hierbei Spielräume ergeben, sei Art. 20a GG zu größtmöglicher Geltung zu verhelfen.[401] Inwiefern die Erfüllung des Optimierungsgebotes auch justiziabel ist, bleibt jedoch sehr fraglich. Im Zweifel wird ein Gericht annehmen müssen, dass – soweit eine hoheitliche Begründung vorliegt – der Belang der Umwelt im Rahmen der Abwägung eingeschränkt wurde und insofern bereits dem Optimierungsgebot genüge getan ist.

Schließlich wird aus Art. 20a GG lediglich ein Berücksichtigungsgebot geschlossen. Die staatlichen Gewalten müssen bei Entscheidungsfindungen die Umweltaspekte lediglich berücksichtigen. Oftmals wird dies mit Pragmatismusüberlegungen gerechtfertigt.[402] Es ist jedoch nicht ersichtlich, warum der Umweltschutz dort, wo sich rechtlich auszufüllende „Leerräume" ergeben, nicht im Wege einer bestmöglichen Effektuierung anzusehen ist.

Letztlich muss eine Entscheidung zwischen diesen Sichtweisen nicht stattfinden. Vielmehr kann das Verschlechterungsgebot als Mindestmaß an Umweltschutz angesehen werden. Es ist dabei nicht als absolutes Verschlechterungsgebot anzusehen. Dem folgend muss ein lebenswerter Zustand der Natur geschützt und bewahrt werden. Ansonsten würde fast jedes neue Vorhaben gegen das Verschlechterungsgebot verstoßen. Wird ein solches Vorhaben trotzdem zugelassen, müssen die negativen Auswirkungen (an anderer Stelle) ausgeglichen werden.[403] Als positive Seite der Bestimmung kann sodann ein Optimierungsgebot angebracht sein. Aufgrund der ausdrücklichen Intention des Gesetzgebers ist die Umwelt im Geflecht der konfligierenden Interessen zur bestmöglichen Geltung zu bringen.[404] Ein schlichtes Berücksichtigungsgebot würde zudem dem verfassungsrechtlichen Charakter der Bestimmung nicht gerecht.

Eine Überwindung umweltrechtlicher Belange ist unter jedem dieser Prüfungsmaßstäbe möglich. Jedoch bedarf es hierfür einer Rechtfertigung.[405] Insbesondere in Konstellationen, in denen neben die objektivrechtliche Verpflichtung

---

401 Vgl. *Caspar*, Ökologische Verteilungsgerechtigkeit und moderner Rechtsstaat am Beispiel des Klimaschutzes, ARSP 1997, 338 (357).

402 Siehe etwa *Groß*, [Fn. 382], 364 (367); *Hutsch*, [Fn. 185], S. 96.

403 So auch *Murswiek*, [Fn. 296], 222 (226f.).

404 *Murswiek*, ebd., 222 (226f.).

405 Siehe hierzu *Hutsch*, [Fn. 185], S. 96; *Groß*, [Fn. 382], 364 (367); *Winkler*, [Fn. 127], S. 112f. Für eine Rechtfertigungspflicht für Eingriffe in Art. 20a GG sprechen sich *Murswiek*, [Fn. 296], 222 (227); *Wolf*, Gehalt und Perspektiven des Art. 20a GG, KritV 1997, 280 (295); *Waechter*, Umweltschutz als Staatsziel, NuR 1996, 321 (325); *Winkler*, [Fn. 127], S. 114f. aus. Kritisch hingegen *Calliess*, [Fn. 303], S. 116.

aus Art. 20a GG auch noch Schutzpflichten aus Grundrechten treten, wird man einen sehr hohen Begründungsaufwand zur Überwindung der umweltrechtlichen Belange fordern können. Teilweise wird daher in diesem Rahmen eine dezidierte Alternativprüfung verlangt.[406] Andere verlangen hingegen lediglich, dass sich aus den Materialien der Verwaltung oder Gesetzgebung schließen lässt, welche Gesichtspunkte der Umwelt in welchem Maße berücksichtigt wurden.[407] Auch eine solche Sicht wird dem verfassungsrechtlichen Gehalt und der Stellung des Art. 20a GG wohl nicht gerecht. Vielmehr bedarf es, wie es die erstere Ansicht verlangt, einer bewussten Auseinandersetzung der hoheitlichen Stelle mit den Umweltauswirkungen einer relevanten Entscheidung.

dd. Erkenntnisse aus Art. 20a GG für den Klimaschutz

Art. 20a GG verpflichtet zunächst den Gesetzgeber zum Tätigwerden im Bereich des Klimaschutzes. In diesem Rahmen kommt ihm ein weiter Gestaltungsspielraum zu. Durch die Schaffung von Verwaltungsverfahren, in welchen die Belange des Klimas ausreichend Berücksichtigung finden, kann er seiner objektivrechtlichen Verpflichtung nachkommen. Besondere Bedeutung kommt hier dem Schutzgut „Klima“ im Rahmen der UVP und der Berücksichtigungsfähigkeit dieses Belangs in den jeweiligen Verwaltungsverfahren zu. Gibt es klimarelevante Zulassungsverfahren, in deren Rahmen Klimagesichtspunkte keine oder eine sehr untergeordnete gesetzliche Rolle einnehmen, kann hierin ein Verstoß gegen diesen Schutzauftrag liegen.

Auch der Verwaltung kommt eine Verpflichtung zur Berücksichtigung der Gehalte des Art. 20a GG zu. Insbesondere in Abwägungs- und Planungsentscheidungen sind seine Maßgaben zu beachten. Als Mindestmaß gilt das Verschlechterungsgebot. Soweit möglich, sind die negativen Auswirkungen auf das Klima zu unterbinden. Ist dies aufgrund der gesellschaftlichen Gegebenheiten nicht möglich, sind diese wenigstens auszugleichen. Im positiven Sinne sind Klimaüberlegungen dort, wo sich Räume ergeben, hervorzuhebende Bedeutung beizumessen.

c. Erkenntnisse des Verfassungsrechts zum Klimaschutz

Die Vorgaben, die dem deutschen Verfassungsrecht bezüglich des Klimaschutzes bis zum Klimaschutz-Beschluss des BVerfG entnommen werden können,

---

406 *Winkler*, [Fn. 127], S. 115.
407 Vgl. *Groß*, [Fn. 382], 364 (367).

sind in ihren Grundaussagen deutlich, in ihrer konkreten Ausgestaltung jedoch eher vager Natur. Sowohl die Grundrechte als auch die Staatszielbestimmung des Art. 20a GG verpflichten den deutschen Staat demnach zum Tätigwerden im Bereich des Klimaschutzes.

In erster Linie ist hier der Gesetzgeber gefragt, durch die Schaffung geeigneter Verwaltungsverfahren für eine ausreichende Berücksichtigung des Klimaschutzaspektes zu sorgen. Aber auch die Verwaltung ist durch ihre Bindung an Recht und Gesetz gehalten, die vorhandenen Gesetze und Bestimmungen im Lichte sowohl der Grundrechte als auch der Staatszielbestimmung auszulegen. Darüber hinaus können Verwaltungsentscheidungen gerichtlich angreifbar sein, sollten sie im Rahmen der vorhandenen Bestimmungen den Aspekt des Klimaschutzes nicht ausreichend berücksichtigen.

2. Nationale Klimaschutzziele

Die völker- und europarechtlichen Vorgaben setzen den Rahmen für die nationalen Ziele und Anstrengungen. Um keinen Rechtsbruch zu begehen, müssen sich die nationalen Absichten innerhalb der internationalen Vorgaben bewegen. Den äußersten Rahmen setzt das PA mit seiner Zielbestimmung von der Begrenzung der globalen Erwärmung auf maximal 2 Grad. Zur Erreichung dieses Ziels hat sich die EU konkrete Minderungsziele für bestimmte Zeitspannen gesetzt. Die Bundesrepublik Deutschland führt diese Minderungsziele auf nationaler Ebene weiter.

Verknüpft werden die nationalen Minderungsanstrengungen mit den internationalen Vorgaben durch die Verpflichtung nach Art. 4 Abs. 2 iVm. Art. 4 Abs. 9 PA, in einem Intervall von fünf Jahren nationale Beiträge (NDC's) zu erarbeiten und zu übermitteln, welche durch innerstaatliche Maßnahmen verwirklicht werden sollen.[408] Neben den Mitgliedsstaaten ist außerdem die EU Vertragspartei des Pariser Abkommens.[409] Die jeweiligen nationalen Klimaschutzbemühungen stehen daher nicht isoliert nebeneinander. Vielmehr sind sie in die Strategie des PA und auch der EU eingebettet. Die Mitgliedschaft der EU im PA wird darüber hinaus als Katalysator für die Rechtsverbindlichkeit

408 Siehe dazu bereits unter Kapitel 3, Ziff. I, 6, lit. d.

409 Aus diesem Grund werden die NDC's der Mitgliedsstaaten und der EU gemeinsam beim Sekretariat des UNFCCC eingereicht. Die aktualisierte Fassung der NDC's findet sich in 14222/1/20, REV 1, einsehbar unter: https://data.consilium.europa.eu/doc/document/ST-14222-2020-REV-1/de/pdf.

der PA-Ziele in den EU-Mitgliedsstaaten gesehen.[410] Indem die EU Vertragspartei des PA geworden ist, erlangen die Ziele des PA auch unionsrechtliche Verbindlichkeit. Neben den beschränkten Durchsetzungsinstrumenten des PA stehen daher die durchaus wirksameren Rechtsdurchsetzungsinstrumente der EU.[411] Die EU ist außerdem (auch zur Erfüllung der Verpflichtungen aus dem PA) in erheblichem Maße eigenständig tätig geworden. Insbesondere der Green Deal wird eine ganze Bandbreite von Maßnahmen auf europäischer Ebene etablieren, die von den Mitgliedsstaaten nationalrechtlich umgesetzt werden müssen. Das nationale Recht muss daher sowohl mit Völker- als auch Europarecht kompatibel sein. Vor diesem Hintergrund spricht auch § 1 Abs. 1 des Bundes-Klimaschutzgesetzes davon, dass der Zweck des Gesetzes darin besteht, „zum Schutz vor den Auswirkungen des weltweiten Klimawandels die Erfüllung der nationalen Klimaschutzziele sowie die Einhaltung der europäischen Zielvorgaben zu gewährleisten."

a. Meseberger Beschlüsse

Die Grundlage der nationalen Klimaschutzanstrengungen bilden die sog. Meseberger Beschlüsse aus dem Jahr 2007. Im Rahmen einer Klausurtagung hat die damalige Bundesregierung die Eckpunkte eines „Integrierten Energie- und Klimaprogramms" beschlossen. In diesem Programm wurde neben einer Vielzahl von Maßnahmen (Gesetze und Verordnungen) erstmals das Minderungsziel für 2020 in Höhe von 40 % gegenüber des Referenzjahres 1990 genannt. In Bezug auf dieses Referenzjahr sollte außerdem der Anteil der erneuerbaren Energien an der Stromproduktion auf 25–30 % erhöht, der Anteil des Stroms aus Kraft-Wärme-Kopplung auf etwa 25 % verdoppelt sowie der Anteil erneuerbarer Energien am Wärmeverbrauch auf 14 % erhöht werden.[412]

---

410 Vgl. *Saurer*, Klimaschutz global, europäisch, national – Was ist rechtlich verbindlich?, NVwZ 2017, 1574 (1577).

411 *Saurer*, ebd., 1574 (1577).

412 Siehe die Pressemitteilung des Bundesministeriums für Umwelt, Naturschutz und nukleare Sicherheit Nr. 224/0724 vom 24.08.2007, einsehbar unter https://www.bmu.de/pressemitteilung/sigmar-gabriel-klimaschutz-nutzt-auch-verbrauchern-und-wirtschaft/.

b. *Energiekonzept*

Auch die folgende Bundesregierung[413] bestätigte das ambitionierte 40 %-Ziel für 2020 in ihrem „Energiekonzept 2010“. In diesem Konzept nennt die Regierung überdies erstmals langfristige Klimaziele. Demnach soll eine Reduktion von 80–95 % bis 2050 stattfinden, mit Zwischenzielen von 55 % bis 2030 und 70 % bis 2040. Darüber hinaus soll der Anteil der erneuerbaren Energien am Bruttoendenergieverbrauch bis 2020 auf 18 % steigen. Bis 2030 soll dieser Anteil 30 %, bis 2040 45 % und bis 2050 60 % betragen. Der Anteil der Stromversorgung aus erneuerbaren Energien am Bruttostromverbrauch soll bis 2020 auf 35 % steigen. Bis 2030 ist eine Steigerung von 50 %, bis 2040 von 65 % und bis 2050 von 80 % vorgesehen. Schließlich soll der Primärenergieverbrauch bis 2020 um 20 % gegenüber 2008 und um 50 % bis 2050 gesenkt werden.[414]

c. *Aktionsprogramm Klimaschutz 2020*

Aufgrund der Erkenntnis, dass die ergriffenen Maßnahmen zur Erreichung des 40 %-Ziels bis 2020 nicht ausreichen werden, beschloss das Bundeskabinett am 03.12.2014 das Aktionsprogramm Klimaschutz 2020. Das Aktionsprogramm setzt sich aus 9 Bausteinen zusammen, die jeweils unterschiedliche Maßnahmen beinhalten. Enthalten sind etwa ein nationaler Aktionsplan Energieeffizienz (NAPE) oder die Strategie „Klimafreundliches Bauen und Wohnen“. Dadurch soll die prognostizierte Minderungslücke geschlossen und mithin sichergestellt werden, dass Deutschland seine eigenen Ziele erreicht. Abgerundet wurde dieses Programm durch eine jährliche Berichtpflicht, in welchem die jeweiligen Trends der Emissionsentwicklung aufgezeigt und somit kontrolliert werden sollten.

d. *Klimaschutzplan 2050*

Die Klimaschutzstrategie wurde durch den im November 2016 von der Bundesregierung beschlossenen Klimaschutzplan 2050 weitergeführt. Hiermit hat die BRD die vom Paris Abkommen geforderte Langzeitstrategie aufgestellt und ist damit ihren internationalen Verpflichtungen nachgekommen. Zur Erreichung des Ziels der Beschränkung der globalen Erwärmung auf maximal 2 Grad (wenn möglich 1,5 Grad) soll Deutschland bis zum Jahr 2050 weitestgehend

---

413 Kabinett CDU/FDP unter Bundeskanzlerin Angela Merkel vom 28.10.2009 bis 17.12.2013.

414 Energiekonzept des Bundesministeriums für Wirtschaft und Technologie und Bundesministerium für Umwelt, Naturschutz und Reaktorsicherheit, vom 28.09.2010, S. 5.

treibhausgasneutral werden.[415] Erstmals enthält ein solcher Plan sektorspezifische Transformationspfade und Meilensteine bis 2030. Für die einzelnen Sektoren (Energiewirtschaft, Gebäude, Verkehr, Industrie, Landwirtschaft, Sonstige) werden konkrete Minderungsziele bis 2030 in Tonnen CO_2-Äquivalent und in Prozent angegeben. Insgesamt soll weiterhin eine Minderung von mindestens 55 % bis 2030 erreicht werden.

Der Plan sollte in erster Linie eine Orientierungshilfe zum Transformationsprozess in eine dekarbonisierte Wirtschaftsordnung darstellen. Dazu formuliert er in Hinblick auf das Langzeitziel 2050 Leitbilder, Meilensteine und Maßnahmen für alle Handlungsfelder.[416]

Der bedeutsamste Sektor ist die Energiewirtschaft. Dem Ausbau der erneuerbaren Energien kommt weiterhin zentrale Bedeutung zu. Auch soll durch den schrittweisen Rückgang der Nutzung fossiler Energieträger das Zwischenziel 2030 erreicht werden. Angestrebt in diesem Sektor ist ein Rückgang der Emissionen um 61 bis 62 % (gegenüber 1990). Wichtigste Maßnahme in diesem Bereich ist die Einrichtung der Kommission „Wachstum, Strukturwandel und Regionalentwicklung". Aufgabe der Kommission ist die Entwicklung eines Instrumentenmixes, der sowohl wirtschaftliche Entwicklung, Strukturwandel, Sozialverträglichkeit und Klimaschutz in einen Ausgleich bringen soll. Ebenfalls entscheidend werden die Einsparungen im Industriesektor sein. Hier wird eine Minderung von 49 bis 51 % bis 2030 angestrebt. Prägende Maßnahme soll die Schaffung eines Forschungs- und Entwicklungsprogramms der Bundesregierung zusammen mit Vertretern der Industrie sein, in welchem die Potentiale der Minderung industrieller Prozessemissionen ermittelt werden sollen. Mit dem „Fahrplan für einen nahezu klimaneutralen Gebäudestand" soll im Gebäudesektor eine Minderung von 66 bis 67 % erreicht werden. Der Verkehrssektor soll mit einer Minderung von 40 bis 42 % zu den Klimazielen beitragen. Auch die Landwirtschaft wird mit einer Minderungsrate von 31 bis 34 % belegt.[417]

Im Hinblick auf die stetige Weiterentwicklung der nationalen Ambitionen nach dem PA ist der Klimaschutzplan einer fortwährenden Überprüfung und

415 Gemeint ist damit in Bestätigung der bisherigen Ziele einer Reduktion um 80 bis 95 % gegenüber des Referenzjahres 1990.

416 Vgl. dazu *Bundesministerium für Umwelt, Naturschutz, Bau und Reaktorsicherheit*, Klimaschutzplan 2050, 2016, S. 6ff.

417 Siehe dazu die Internetseite des Bundesministeriums für Umwelt, Naturschutz und nukleare Sicherheit, https://www.bmu.de/themen/klima-energie/klimaschutz/nationale-klimapolitik/klimaschutzplan-2050/ sowie *Bundesministerium für Umwelt, Naturschutz, Bau und Reaktorsicherheit*, ebd., S. 6ff.

Weiterentwicklung unterworfen. Damit soll allen Entwicklungen im technischen, gesellschaftlichen, politischen, sozialen und ökonomischen Bereich Rechnung getragen werden können. Der Plan versteht sich insofern im Sinne eines lernenden Prozesses.[418]

e. *Kritik an Klimaschutzzielsetzung*

Die Klimaschutzstrategie der Regierungen ist bei weitem nicht nur auf Zustimmung gestoßen. Aufgrund der zu befürchtenden Verfehlung der Klimaziele wurde insbesondere die Ineffektivität der beschlossenen Maßnahmen angeprangert.[419] Auch die gewählte Form der Zielsetzung wurde kritisch gesehen. Alle beschlossenen Maßnahmenpakete und Programme der Regierung waren bis zu diesem Punkt im Wege exekutiver Planung erfolgt.[420] Sie bildeten lediglich einen Schirm über alle fachgesetzlichen Maßnahmen. Rechtliche Bindungskraft kam ihnen nicht zu. Es handelt sich hierbei nämlich lediglich um organschaftliches Innenrecht, welches von seiner Außenwirkung einer Absichtserklärung gleichkommt. Innerhalb der Bundesregierung bindet es ausschließlich die einzelnen Fachressorts. Die mangelnde rechtliche Bindungskraft wurde daher auch als maßgeblicher Nachteil gegenüber einer Klimaschutzzielsetzung im Wege eines parlamentarischen Gesetzgebungsaktes gerügt.[421]

f. *Klimaschutzgesetz*

Aufgrund dieser weitreichenden Kritik wurde am 15.11.2019 das Klimaschutzgesetz vom Bundestag beschlossen.[422] Das beschlossene Gesetz stellt eine

418 Vgl. *Bundesministerium für Umwelt, Naturschutz, Bau und Reaktorsicherheit*, ebd., S. 78f.

419 Siehe nur https://www.deutschlandfunk.de/klimaziele-2030-umweltverbaende-fordern-schnelle-massnahmen.697.de.html?dram:article_id=433300; https://www.zeit.de/politik/ausland/2019-06/energiewende-klimaschutz-klimawandel-klimaziele-eu-kommission-deutschland; https://www.dw.com/de/deutschland-k%C3%B6nnte-klimaziele-problemlos-erreichen/a-45118746-0; Auch die Klage vor dem VG Berlin, welche mit Urteil vom 31.10.2019 entscheiden wurde, prangerte die unzureichenden Maßnahmen zur Erreichung der 2020 Ziele an.

420 *Rodi*, in: *Lorenzmeier/Folz (Hrsg.),* Recht und Realität: Festschrift für Christoph Vedder 2017, S. 750.

421 Vgl. *Rodi*, ebd., S. 753; *Saurer*, [Fn. 204], 1574 (1578).

422 Gesetz zur Einführung eines Bundes-Klimaschutzgesetzes und zur Änderung weiterer Vorschriften vom 09.12.2019, BGBl I 2019, 2531.

maßgebliche Trendwende in der deutschen Klimaschutzpolitik und im deutschen Klimaschutzrecht dar. Aufgrund der Verabschiedung als formelles Gesetz kommt ihm für die Zukunft rechtliche Bindungskraft zu, wodurch Politik, Verwaltung und Rechtsprechung nun endlich verbindliche Leitlinien an die Hand gegeben werden.

Ziel und Zweck des Gesetzes ist es, die Erfüllung und Einhaltung der nationalen und europäischen Zielvorgaben sicherzustellen.[423] Nach § 3 Abs. 1 Klimaschutzgesetz (KSG) ist das nationale – nunmehr gesetzlich festgelegte – Minderungsziel eine Reduzierung der THG bis 2030 um mindestens 55 % im Vergleich zu 1990. Bis 2050 ist als Langzeitziel eine Treibhausgasneutralität vorgesehen.[424] Dieses Ziel erlangt indes nicht die rechtliche Bindungskraft wie das 2030-Ziel. Vielmehr obliegt es hier dem Gesetzgeber, die weiteren Schritte zur Verwirklichung dieses Ziels festzulegen. Zur Erreichung des 2030-Ziels werden jährliche Emissionsmengen für einzelne Sektoren festgelegt. Die Sektoren sind, vergleichbar mit dem Klimaschutzplan 2050, 1. Energiewirtschaft, 2. Industrie, 3. Verkehr, 4. Gebäude, 5. Landwirtschaft, 6. Abfallwirtschaft und Sonstiges. Die Menge der jährlichen Emissionen ergibt sich aus Anlage 2 des Gesetzes.[425] Wie schon lange gefordert, wurde nun ein Budgetansatz gewählt. Dieser Ansatz soll verhindern, dass durch die Festlegung von bloßen Zielvorgaben eine tatsächliche Minderung stetig hinausgezögert wird. Hiermit betritt die Bundesregierung auch internationales Neuland.[426] Durch den Budgetansatz wird nämlich eine nicht erreichte Minderung auf das nächste Jahr angerechnet, sodass sich die Vorgaben bei Verfehlungen von Jahr zu Jahr weiter verschärfen.[427]

Zur Erreichung der Ziele sieht das Gesetz mehrere Maßnahmen vor. Nach § 8 KSG sollen, sobald eine Überschreitung der festgeschriebenen Ziele prognostiziert ist, Sofortmaßnahmen getroffen werden, um die Einhaltung der Ziele sicherzustellen. Als Klimaschutzplanung sieht § 9 KSG die Aufstellung von Klimaschutzprogrammen vor.[428] Auch werden umfangreiche Berichtpflichten[429] sowie das Gremium des Expertenrats für Klimafragen[430] eingeführt.

---

423 § 1 Abs. 1 Klimaschutzgesetz, im Folgenden KSG.

424 § 1 S. 3 KSG.

425 Siehe § 4 Abs. 1 KSG.

426 Vgl. *Sina u. a.*, Das Bundes-Klimaschutzgesetz, NVwZ 2020, 1 (3).

427 § 4 Abs. 3 KSG; siehe auch *Sina u. a.*, ebd., 1 (3).

428 Dies ist zu unterscheiden vom Klimaschutzplan 2050 der Bundesregierung. Vgl. hierzu *Sina u. a.*, ebd., 1 (3).

429 § 10 KSG.

430 §§ 11, 12 KSG.

Herausragende Bedeutung kommt schließlich § 13 KSG zu. Nach Absatz 1 Satz 1 haben „die Träger öffentlicher Aufgaben [...] bei ihren Planungen und Entscheidungen den Zweck dieses Gesetzes und die zu seiner Erfüllung festgelegten Ziele zu berücksichtigen." Das Gesetz richtet sich an alle Träger öffentlicher Aufgaben. Jedoch ist hierbei einschränkend anzumerken, dass es sich aufgrund der kompetenzrechtlichen Situation nur um die Anwendung von Bundesrecht handeln kann. Erfasst sind nichtsdestotrotz auch Behörden der Länder, Kommunen und Gemeinden, soweit diese Bundesrecht ausführen.[431]

Zum Tatbestandsmerkmal des Berücksichtigens äußert sich die Gesetzesbegründung wie folgt: „Das Berücksichtigungsgebot konkretisiert die allgemeine Vorbildfunktion der öffentlichen Hand und kommt bei allen ihren Planungen und Entscheidungen zum Tragen, soweit im Rahmen der gesetzlichen Vorgaben Entscheidungsspielräume bestehen. [...] Dies gilt insbesondere, soweit die zugrundeliegenden Vorschriften bestimmte Entscheidungen vom Vorliegen von ‚öffentlichen Interessen' oder ‚vom Wohl der Allgemeinheit' abhängig machen, wenn sie den zuständigen Stellen Planungsaufgaben geben oder Abwägungs-, Beurteilungs- und Ermessensspielräume zuweisen. In einigen Bundesgesetzen, wie dem Baugesetzbuch, wird der Klimaschutz bereits ausdrücklich als zu berücksichtigendes öffentliches Interesse aufgeführt, in anderen Gesetzen ist dies jedoch bisher nicht der Fall. Diese Regelungslücke wird durch Absatz 1 querschnittsartig geschlossen."[432]

Diese Bestimmung bestätigt die auch schon durch das Verfassungsrecht aufgedeckten Berücksichtigungspflichten. Sie wirkt aufgrund ihrer ausdrücklichen Kodifizierung nochmals schutzverstärkend. Nunmehr sind bei allen materiellrechtlichen Entscheidungen, die auf Bundesrecht beruhen und bei denen auslegungsbedürftige Ermessens-, Planungs-, und Beurteilungsspielräume bestehen, Klimaschutzaspekte zu berücksichtigen. Dies kann sich erheblich auf die Anwendungspraxis von beispielsweise Infrastrukturplanungen, wie etwa die von Bundesautobahnen oder Flughäfen, auswirken.[433]

3. Der Klimaschutz-Beschluss des Bundesverfassungsgerichts

Der Beschluss des Bundesverfassungsgerichts vom 24.03.2021[434] stellt eine maßgebliche Zäsur des deutschen Klimaschutzrechts

431 *Sina u. a.*, [Fn. 426], 1 (5).
432 BT-Drs. 19/14337, S. 36.
433 Vgl. auch *Sina u. a.*, [Fn. 426], 1 (6).
434 BVerfG, Beschl. v. 24.03.2021 – 1 BvR 2656/18 u. a., NJW 2021, 1723, NVwZ 2021, 951.

dar.[435] In der rechtswissenschaftlichen Literatur ist die Rede von einer „revolutionären Wende“[436] und einer „bahnbrechenden Sensation“[437]. Bis zum Zeitpunkt des Beschlusses waren wichtige Fragen des nationalen Diskurses (wie etwa die grundrechtlichen Schutzpflichten oder die Maßgaben des Art. 20a GG) zwar in der Literatur weitgehend geklärt, ihre (höchst)gerichtliche Anerkennung jedoch noch nicht erfolgt. Neben der Bestätigung einiger Punkte führt das Gericht eine neuartige verfassungsrechtliche Konstruktion der intertemporalen Freiheitsrechte ein. Auch die Bedeutung des Art. 20a GG geht im Beschluss über die grundsätzlich anerkannte Funktion als Staatszielbestimmung hinaus. Im Folgenden werden daher die wichtigsten Befunde des Klimaschutz-Beschlusses dargestellt und zu den bisherigen Erkenntnissen in Verhältnis gesetzt (unter lit. a bis g). Im Anschluss wird zudem die weitere Entwicklung des nationalen Klimaschutzrechts nach dem Beschluss beleuchtet (unter Ziff. 4).

a. Gegenstand des Beschlusses und Entscheidung

Gegenstand des Klimaschutz-Beschlusses waren Verfassungsbeschwerden von natürlichen Personen aus Deutschland, Bangladesch und Nepal sowie von Umweltverbänden. Gerügt wurde, dass der deutsche Staat keine ausreichenden Maßnahmen zur Bekämpfung der Klimastörungen ergriffen habe und das Bundes-Klimaschutzgesetz vom 12.12.2019 daher insgesamt und in diversen Einzelpunkten unzureichend sei. Durch das Unterlassen geeigneter Maßnahmen verletzte der Staat unter anderem seine Schutzpflichten aus Art. 2 Abs. 2 S. 1 GG sowie Art. 14 Abs. 1 GG.[438] Die Verfassungsbeschwerden waren teilweise erfolgreich. Zwar konnte eine Verletzung der staatlichen Schutzpflichten nicht erkannt

---

435 Ausführliche Besprechungen finden sich in *Beckmann*, Das Bundesverfassungsgericht, der Klimawandel und der „intertemporale Freiheitsschutz“, UPR 2021, 241; *Calliess*, Das „Klimaurteil“ des Bundesverfassungsgerichts: „Versubjektivierung“ des Art. GG Artikel 20 a GG?, ZUR 2021, 355; *Frenz*, Freiheitsbedingter Klimaschutz für die junge Generation, DVBl 2021, 808; *Schlacke*, Klimaschutzrecht – Ein Grundrecht auf intertemporale Freiheitssicherung, NVwZ 2021, 912; *Sachs*, Grundrechte: Klimawandel, JuS 2021, 708; *Faßbender*, Der Klima-Beschluss des BVerfG – Inhalte, Folgen und offene Fragen, NJW 2021, 2085; *Muckel*, Pflicht des Gesetzgebers zu effektivem Klimaschutz, JA 2021, 610.

436 *Calliess*, [Fn. 435], 355 (355).

437 *Frenz*, [Fn. 435], 808 (810).

438 Die Beschwerdeführer rügten außerdem die Verletzung eines Grundrechts auf eine menschenwürdige Zukunft und ein Grundrecht auf ein ökologisches Existenzminimung aus Art. 2 Abs. 1 iVm Art. 20a sowie Art. 1 Abs. 1 S. 1 GG.

werden, jedoch sind § 3 Abs. 1 S. 2 und § 4 Abs. 1 S. 3 iVm Anlage 2 KSG nicht mit den Grundrechten vereinbar, soweit eine Regelung über die Fortschreibung der Minderungsziele für den Zeitraum ab dem Jahr 2031 fehlt. Daher hat das Gericht den Gesetzgeber verpflichtet, spätestens bis zum 31.12.2022 die Minderungsziele für den Zeitraum nach dem Jahr 2031 nach Maßgabe der Gründe des Beschlusses fortzuschreiben.[439]

b. Bedeutung der Wissenschaft/Budgetansatz des SRU

Auch vor dem Beschluss war anerkannt, dass im Prinzip das gesamte Handlungsfeld des Klimaschutzes durch Erkenntnisse der Wissenschaft, insbesondere der Klimaforschung gestützt ist. Die Rechtswissenschaft wird ebenfalls regelmäßig durch wissenschaftliche Erkenntnisse untermauert. Zudem müssen zahlreiche Tatbestände in Fachgesetzen durch fachwissenschaftliche Gutachten ausgefüllt werden.

Das BVerfG hat in seiner Geschichte indes noch nie in einem solchen Maße und mit solcher Intensität auf einen in der Wissenschaft entwickelten Ansatz Bezug genommen.[440] Das Gericht hebt in zahlreichen Ausführungen ausdrücklich die Bedeutung und Stellung sowohl des IPCC, als auch des Sachverständigenrates für Umweltfragen (SRU), insbesondere den von ihnen entwickelten Budgetansatz hervor.[441] Diesen Ansatz beschreibt das Gericht wie folgt: „Auf der Grundlage der Zahlen des IPCC hat der Sachverständigenrat für das Ziel, den Anstieg der mittleren Erdtemperatur mit einer Wahrscheinlichkeit von 67 % auf 1,75 °C zu begrenzen, ein ab 2020 verbleibendes konkretes nationales Restbudget von 6,7 Gigatonnen ermittelt (SRU, Für eine entschlossene Umweltpolitik in Deutschland und Europa, Umweltgutachten 2020, S. 52, 88 Rn. 111).“[442] Diesen wissenschaftlichen Ansatz legt das Gericht in der Folge als Bewertungsmaßstab für die Überprüfung der nationalen Klimaschutzanstrengungen an.[443]

Nach Ansicht des BVerfG beruht die Budgetbestimmung des Sachverständigenrats „auf einem nachvollziehbaren Zahlenwerk und schlüssigen Rechenschritten […] und legt wissenschaftlich begründete Annahmen des IPCC zugrunde,

439 BVerfG, Beschl. v. 24.03.2021 – 1 BvR 2656/18 u. a., Tenor. Zusammenfassend zum Gegenstand siehe etwa *Sachs*, [Fn. 435], 708 (708); *Schlacke*, [Fn. 435], 912 (912); *Muckel*, [Fn. 435], 610 (610f.).

440 So *Schlacke*, [Fn. 435], 912 (915).

441 Siehe insbesondere BVerfG, Beschl. v. 24.03.2021 – 1 BvR 2656/18 u. a., Rn. 16ff., 216ff.

442 BVerfG, Beschl. v. 24.03.2021 – 1 BvR 2656/18 u. a., Rn. 218.

443 So auch *Schlacke*, [Fn. 435], 912 (915); *Frenz*, [Fn. 435], 808 (818).

die in einem qualitätssichernden Verfahren gewonnen wurden.“[444] Das Gericht erkennt aber auch eine gewisse Unsicherheit an, die mit diesem Budgetansatz verknüpft ist.[445] Dazu führt das Gericht aus: „Unsicherheiten bestehen bezüglich der Klimareaktion auf Treibhausgasemissionen und werden für das globale Budget vom IPCC mit möglichen Abweichungen in beide Richtungen um 400 Gigatonnen CO_2 beziffert; Unsicherheiten bezüglich des tatsächlichen Grads der historischen Erwärmung könnten in beide Richtungen eine Abweichung um 250 Gigatonnen CO_2 ausmachen; eine potenzielle zusätzliche Freisetzung von CO_2 durch künftiges Tauen von Permafrost und Methanfreisetzung aus Feuchtgebieten würde das Budget um bis zu 100 Gigatonnen CO_2 weiter reduzieren; außerdem könnte das Ausmaß der künftigen Minderung anderer Treibhausgase als CO_2 das verbleibende CO_2-Budget in beide Richtungen um 250 Gigatonnen CO_2 verändern; unklar ist auch, inwiefern künftig CO_2-Extraktionen aus der Atmosphäre (sogenannte negative Emissionen) möglich werden könnten.“[446]

Trotz dieser Unsicherheiten hält das Gericht die Berechnungen des SRU für belastbar. Es sei kein Grund ersichtlich, „an der Schätzung des IPCC jenseits der ausgewiesenen Unsicherheiten zu zweifeln.“[447] Daher müssten die gesetzlichen Reduktionsmaßgaben ihm Rechnung tragen.[448]

c. *Schutzpflichten*

Das BVerfG äußert sich außerdem sehr deutlich zu etwaig bestehenden Schutzpflichten aus Grundrechten bezüglich der Klimastörungen. So sei der Staat grundsätzlich dazu verpflichtet, das Grundrecht auf Leben und Gesundheit nach Art. 2 Abs. 2 S. 1 GG (sowie das Eigentumsgrundrecht nach Art. 14 Abs. 1 GG) vor den Gefahren der Klimastörungen zu schützen.[449] Damit bestätigt das Gericht die in der Literatur herrschende Auffassung, dass der Staat grundsätzlich aus der grundrechtlichen Schutzpflicht zum Klimaschutz verpflichtet ist.[450]

---

444 BVerfG, Beschl. v. 24.03.2021 – 1 BvR 2656/18 u. a., Rn. 220.

445 BVerfG, Beschl. v. 24.03.2021 – 1 BvR 2656/18 u. a., Rn. 220.

446 BVerfG, Beschl. v. 24.03.2021 – 1 BvR 2656/18 u. a., Rn. 222.

447 BVerfG, Beschl. v. 24.03.2021 – 1 BvR 2656/18 u. a., Rn. 223.

448 BVerfG, Beschl. v. 24.03.2021 – 1 BvR 2656/18 u. a., Rn. 229. *Frenz* sieht die grundlegende Bedeutung des Budgetansatzes im Beschluss des Gerichts aufgrund der Wesentlichkeitstheorie nicht ganz unproblematisch. Siehe *Frenz*, [Fn. 435], 808 (817).

449 BVerfG, Beschl. v. 24.03.2021 – 1 BvR 2656/18 u. a., Rn. 143ff.

450 Das Gericht nimmt außerdem ausdrücklich Bezug zu den Stimmen der Literatur und zitiert sie bei mehreren Gelegenheiten.

Auch bezüglich der Herleitung dieser Schutzpflichten bleibt das Gericht seiner bisherigen Linie treu und will die Schutzpflichten aus der objektiven Funktion der Grundrechte abgeleitet sehen.[451] Ebenfalls betont das Gericht die subjektivrechtliche Seite dieser Schutzpflichten und sieht in der Verletzung einer Schutzpflicht zugleich eine Verletzung des Grundrechts, wogegen sich Betroffene mittels Verfassungsbeschwerde zur Wehr setzen könnten.[452]

Auch bezüglich des die Schutzpflichten auslösenden Sachverhalts enthält der Beschluss prägende Aussagen. So griffen die Schutzpflichten nicht erst dann ein, wenn eine Verletzung bereits eingetreten ist. Vielmehr sollen sie auch in die Zukunft gerichtet sein.[453] Damit bekräftigt das Gericht den vorsorgenden Charakter der Schutzpflichten sowie die Erstreckung auf Grundrechtsgefährdungen.[454] Das Gericht betont ebenfalls, dass die Schutzpflicht aus Art. 2 Abs. 2 S. 1 GG den Schutz vor Beeinträchtigungen und Schädigungen durch Umweltbelastungen einschließe, „gleich von wem und durch welche Umstände sie drohen."[455] Dies verdeutlicht die umfassende Reichweite der Schutzpflichten und bestätigt die Prämisse, dass die Schutzpflichten Erfolgsunrecht verhindern und dort ansetzen sollen, wo Gefahren drohen.

Sodann erkennt das Gericht ausdrücklich die intergenerationelle Dimension der Grundrechte an. Dabei macht das Gericht deutlich, dass aufgrund der fehlenden Grundrechtsfähigkeit erst künftig lebender Menschen die intergenerationelle Schutzverpflichtung allein objektivrechtlicher Natur ist.[456] Das Gericht bestätigt, dass ein Mensch geboren sein muss, um seine Grundrechte, insbesondere das Grundrecht auf Leben und körperliche Unversehrtheit aus Art. 2 Abs. 2 S. 1 GG ausüben zu können. Nichtsdestotrotz bestehe eine objektivrechtliche Schutzverpflichtung gegenüber künftigen Generationen. Das Gericht nutzt zwar nicht den Begriff der „Vorwirkung" wie er in der Literatur oftmals verwendet wird, jedoch laufen die Ausführungen auf eine solche hinaus.[457] Auch hierin liegt eine Bestätigung der im vorigen Abschnitt herausgearbeiteten Ergebnisse.

---

451 BVerfG, Beschl. v. 24.03.2021 – 1 BvR 2656/18 u. a., Rn. 145.

452 BVerfG, Beschl. v. 24.03.2021 – 1 BvR 2656/18 u. a., Rn. 145.

453 BVerfG, Beschl. v. 24.03.2021 – 1 BvR 2656/18 u. a., Rn. 146.

454 Zum vorsorgenden Charakter auch *Schlacke*, [Fn. 435], 912 (912).

455 BVerfG, Beschl. v. 24.03.2021 – 1 BvR 2656/18 u. a., Rn. 147.

456 BVerfG, Beschl. v. 24.03.2021 – 1 BvR 2656/18 u. a., Rn. 146, 109.

457 Den Begriff „Vorwirkung" benutzt das Gericht indes im Zusammenhang mit den momentan bestehenden Regelungen zum Klimaschutz. Diese hätten eine „Vorwirkung" auf künftige Freiheiten der Beschwerdeführer und könnten sie daher in ihren

Das Gericht betont zudem den weiten Einschätzungs-, Wertungs- und Gestaltungsspielraum des Gesetzgebers, um den Schutzpflichten nachzukommen. Hierbei nimmt das Gericht lediglich eine Evidenzkontrolle vor.[458] Eine Vertretbarkeitskontrolle am Maßstab des Untermaßverbots wird vom Gericht hingegen gar nicht erwogen, obwohl dieser Maßstab – wie bereits dargestellt – bei einigen umweltrechtlichen Fällen bereits zur Anwendung kam.[459] An dieser Prämisse gemessen kann das Gericht in der Folge keine Verletzung einer Schutzpflicht erkennen.

Das Gericht schließt aus den Schutzpflichten zudem eine Verpflichtung zu internationalen Bemühungen im Klimaschutz: „Dass der deutsche Staat diesen Klimawandel wegen der globalen Wirkung und des globalen Charakters seiner Ursachen nicht allein, sondern nur in internationaler Einbindung anhalten kann, steht der Annahme der grundrechtlichen Schutzpflicht nicht prinzipiell entgegen […]. Die globale Dimension hat allerdings für den Inhalt der auf den Klimawandel bezogenen Schutzpflicht aus Art. 2 Abs. 2 Satz 1 GG Bedeutung. So muss der Staat eine Lösung des Klimaschutzproblems auch auf internationaler Ebene suchen. Soweit die Schutzpflicht aus Art. 2 Abs. 2 Satz 1 GG gegen Gefahren des Klimawandels gerichtet ist, verlangt sie ein international ausgerichtetes Handeln zum globalen Schutz des Klimas und verpflichtet, im Rahmen internationaler Abstimmung (zum Beispiel durch Verhandlungen, in Verträgen oder in Organisationen) auf Klimaschutzaktivitäten hinzuwirken, in die eingebettet dann nationale Maßnahmen ihren Beitrag zum Stopp des Klimawandels leisten.“[460]

d. Intertemporale Freiheitsrechte

Dogmatisches Neuland betritt das Gericht schließlich mit der Anerkennung sogenannter intertemporaler Freiheitsrechte.[461] In diesem Zusammenhang will das Gericht auch eine Verletzung von Grundrechten sehen. Demnach habe der Gesetzgeber „Grundrechte verletzt, weil er keine ausreichenden Vorkehrungen getroffen hat, die - wegen der gesetzlich bis 2030 zugelassenen Emissionen in

---

Grundrechten verletzen, siehe BVerfG, Beschl. v. 24.03.2021 – 1 BvR 2656/18 u. a., Rn. 116.

458 Vgl. BVerfG, Beschl. v. 24.03.2021 – 1 BvR 2656/18 u. a., Rn. 152.

459 Dies bemängelt auch *Calliess*, [Fn. 435], 355 (357).

460 BVerfG, Beschl. v. 24.03.2021 – 1 BvR 2656/18 u. a., Rn. 149.

461 So etwa auch *Frenz*, [Fn. 435], 808 (818); *Sachs*, [Fn. 435], 708 (710); *Schlacke*, [Fn. 435], 912 (914).

späteren Zeiträumen möglicherweise sehr hohen - Emissionsminderungspflichten grundrechtsschonend zu bewältigen. Insoweit verletzen § 3 Abs. 1 Satz 2 und § 4 Abs. 1 Satz 3 KSG in Verbindung mit Anlage 2 die Beschwerdeführenden [...] schon jetzt in ihren Grundrechten."[462]

Demnach schützen die Grundrechte als intertemporale Freiheitsrechte die Beschwerdeführer „vor einer einseitigen Verlagerung der durch Art. 20a GG aufgegebenen Treibhausgasminderungslast in die Zukunft."[463] Die durch den Gesetzgeber bis 2030 im KSG zugelassenen Mengen an CO_2-Emissionen entfalten eine „eingriffsähnliche Vorwirkung" auf die grundrechtlich umfassend geschützten Freiheiten, wobei eine genaue Freiheit vom Gericht nicht benannt wird.[464]

Diese eingriffsähnliche Vorwirkung bedürfe (vergleichbar der abwehrrechtlichen Konstruktion) einer verfassungsrechtlichen Rechtfertigung.[465] Ein solcher Eingriff (eingriffsähnliche Vorwirkung) in Grundrechte sei demnach nur zu rechtfertigen, wenn die Regelung mit elementaren Entscheidungen des Grundgesetzes in Einklang steht. Art. 20a GG stelle eine solche Grundentscheidung dar. Aus diesem Grund überprüft das Gericht die § 3 Abs. 1 S. 2 und § 4 Abs. 1 S. 3 iVm Anlage 2 KSG mit der Vorschrift des Art. 20a GG. Die Gefährdung künftiger Freiheitsrechte wäre daher nicht gerechtfertigt, wenn die Normen des KSG gegen Art. 20a GG verstießen.[466] Die verfassungsrechtliche Rechtfertigung müsste darüber hinaus den Vorgaben des Verhältnismäßigkeitsgebots genügen. Dazu führt das Gericht aus: „Aus dem Gebot der Verhältnismäßigkeit folgt, dass nicht einer Generation zugestanden werden darf, unter vergleichsweise milder Reduktionslast große Teile des CO_2-Budgets zu verbrauchen, wenn damit zugleich den nachfolgenden Generationen eine – von den Beschwerdeführenden als „Vollbremsung" bezeichnete – radikale Reduktionslast überlassen und deren Leben schwerwiegenden Freiheitseinbußen ausgesetzt würde."[467]

Daraus schließt das Gericht, dass die § 3 Abs. 1 S. 2 und § 4 Abs. 1 S. 3 iVm Anlage 2 KSG „mit Blick auf die hierdurch in späteren Reduktionsphasen erheblich gefährdete Freiheit verfassungsrechtlich nicht ohne weitere

---

462 BVerfG, Beschl. v. 24.03.2021 – 1 BvR 2656/18 u. a., Rn. 182.

463 BVerfG, Beschl. v. 24.03.2021 – 1 BvR 2656/18 u. a., Rn. 183.

464 Das Gericht weist darauf hin, dass jedenfalls die allgemeine Handlungsfreiheit nach Art. 2 Abs. 1 GG als das grundlegende allgemeine Freiheitsrecht einschlägig ist. Vgl. BVerfG, Beschl. v. 24.03.2021 – 1 BvR 2656/18 u. a., Rn. 184.

465 BVerfG, Beschl. v. 24.03.2021 – 1 BvR 2656/18 u. a., Rn. 183.

466 BVerfG, Beschl. v. 24.03.2021 – 1 BvR 2656/18 u. a., Rn. 189f.

467 BVerfG, Beschl. v. 24.03.2021 – 1 BvR 2656/18 u. a., Rn. 192.

Vorkehrungen verfassungsgemäß"[468] seien. Zwar verstoße die Regelungen nicht gegen Art. 20a GG, jedoch seien die Regelungen „insoweit verfassungswidrig, als sie die derzeit nicht hinreichend eingedämmte Gefahr schwerwiegender Grundrechtsbeeinträchtigungen in der Zukunft begründen. Weil die in den beiden Vorschriften bis 2030 vorgesehenen Emissionsmengen die anschließend im Einklang mit Art. 20a GG verbleibenden Emissionsmöglichkeiten erheblich reduzieren, müssen zur Gewährleistung eines freiheitsschonenden Übergangs zur Klimaneutralität hinreichende Vorkehrungen getroffen werden, um die ab 2031 auf die Beschwerdeführenden zukommende Reduktionslast zu erleichtern und die damit verbundene Grundrechtsgefährdung einzudämmen. Dazu sind die Maßgaben für die weiteren Reduktionserfordernisse nach 2030 so auszugestalten, dass sie hinreichende Orientierung und Anreiz für die Entwicklung sowie die umfassende Implementierung klimaneutraler Techniken und Praktiken bieten."[469] Hieran fehle es bislang.

Die Neuschöpfung des BVerfG hat in der Literatur durchaus Kritik erfahren. *Sachs* sieht die Einführung mit einer Reihe von Problemen verbunden. So könne die „Zulassung" menschlicher Handlungen nicht mit einem Eingriff gleichgesetzt werden, was das BVerfG im Ergebnis aber tue. Auch könnten für die vorliegende Konstellation des staatlichen Unterlassens, in der der Staat den Menschen nicht verbietet sich in grundrechtsbeeinträchtigender Weise zu verhalten, nur die grundrechtlichen Schutzpflichten einschlägig sein.[470] Auch *Frenz* sieht die Schöpfung des BVerfG kritisch. Durch eine nähere Ausgestaltung der grundrechtlichen Schutzpflichten hätte ein stringenteres und umfassenderes Ergebnis gefunden werden können, ohne dass klimarelevante Freiheiten von vornherein nur im Rahmen des erforderlichen Klimaschutzes zugelassen werden. Dadurch würde nämlich das liberale Grundrechtsverständnis zu einem ökologischen umgedeutet.[471] Zudem ist *Calliess* der Ansicht, die vorliegende Konfliktsituation hätte methodisch transparenter durch eine abgestimmte Prüfung der Schutzpflichten anhand eines Untermaßverbots mit den gegenläufigen grundrechtlichen Abwehrrechten in einem mehrpoligen Grundrechtsverhältnis vorgenommen werden können.[472]

---

468 BVerfG, Beschl. v. 24.03.2021 – 1 BvR 2656/18 u. a., Rn. 195.

469 BVerfG, Beschl. v. 24.03.2021 – 1 BvR 2656/18 u. a., Rn. 195.

470 So *Sachs*, [Fn. 435], 708 (710f.). Zustimmend auch *Faßbender*, [Fn. 435], 2085 (2088).

471 *Frenz*, [Fn. 435], 808 (818f.). Für eine einleuchtendere Konstruktion im Wege der Fruchtbarmachung der Schutzplichten auch *Faßbender*, [Fn. 435], 2085 (2088).

472 *Calliess*, [Fn. 435], 355 (357).

Auf der anderen Seite meint *Schlacke*, das Gericht habe in dogmatisch überzeugender und innovativer Art und Weise das neue Grundrecht auf intertemporale Freiheitssicherung erschaffen. Hierbei sieht sie eine Koordination von grundrechtlichen Abwehrrechten mit der schutzrechtlichen Seite auf der Ebene des Eingriffs.[473] Die grundrechtlichen Schutzpflichten werden in Zukunft staatliches Handeln im Kampf gegen den Klimawandel erforderlich machen. Daher handele es sich um eine Intertemporalisierung von Freiheitsrechten.[474]

Teilweise wird zudem die Möglichkeit bzw. das Risiko der Erstreckung dieser Konstruktion auf andere Bereiche des Umwelt-, aber auch Sozial- und Finanzverfassungsrechts gesehen.[475]

e. Erkenntnisse zu Art. 20a GG

Der Beschluss enthält zudem weitreichende Aussagen zu Art. 20a GG. Einige Stimmen der Literatur erkennen in ihm eine deutliche Aufwertung der Verfassungsbestimmung.[476] In erster Linie dient Art. 20a GG dem Gericht als Maßstab der Rechtfertigung etwaiger Grundrechtseingriffe. Somit stellt die Bestimmung eine Grundrechtsschranke dar.[477] Die „rechtlich vermittelte eingriffsähnliche Vorwirkung aktueller Emissionsmengenregelungen“[478] bedürfe demnach der verfassungsrechtlichen Rechtfertigung. Daher müssten die aktuellen Regelungen des KSG mit Art. 20a GG im Einklang stehen. Ansonsten wäre die Gefährdung künftiger Freiheit nicht zu rechtfertigen.[479] In diesem Zusammenhang macht das Gericht weitreichende und auch sehr allgemeine Aussagen zum künftigen Verständnis des Art. 20a GG.

Zunächst enthalte Art. 20a GG ein Klimaschutzgebot und verpflichte den deutschen Staat daher zum Klimaschutz. Die Norm ziele auch auf die Herstellung von Klimaneutralität. Dabei sei dem Klimaschutzgebot in der Abwägung mit anderen Belangen kein unbedingter Vorrang einzuräumen, sondern grundsätzlich im Konfliktfall mit anderen Belangen von Verfassungsrang in einen

473 *Schlacke*, [Fn. 435], 912 (916).

474 *Schlacke*, ebd., 912 (914).

475 Vgl. *Schlacke*, ebd., 912 (917); *Sachs*, [Fn. 435], 708 (711). Einschränkend hierzu *Faßbender*, [Fn. 435], 2085 (2089); *Muckel*, [Fn. 435], 610 (613).

476 So etwa *Faßbender*, [Fn. 435], 2085 (2087); *Calliess*, [Fn. 435], 355 (357); *Muckel*, [Fn. 435], 610 (613); *Schlacke*, [Fn. 435], 912 (915).

477 *Faßbender*, [Fn. 435], 2085 (2087).

478 BVerfG, Beschl. v. 24.03.2021 – 1 BvR 2656/18 u. a., Rn. 187.

479 BVerfG, Beschl. v. 24.03.2021 – 1 BvR 2656/18 u. a., Rn. 190.

Ausgleich zu bringen. Das relative Gewicht des Klimaschutzgebots nehme in der Abwägung indes bei fortschreitendem Klimawandel weiter zu.[480]

Teilweise wird das Klimaschutzgebot aus Art. 20a GG daher gewissermaßen als Schranke jeglicher CO_2-relevanter Freiheitsausübung angesehen. Diese Schranke wird immer enger, je mehr das vom Gericht zugrunde gelegte CO_2-Budget aufbraucht wird. Freiheit gebe es demnach nur noch nach Maßgabe des Klimaschutzes.[481] *Frenz* beschreibt dies mit den Worten: „Die CO_2-relevante Freiheit gibt es nur noch innerhalb des festzusetzenden Klimabudgets, dessen Größe vom BVerfG mit 6,7 Gigatonnen vorgezeichnet wird […]. Dadurch wird der Rest an CO_2-relevanter Freiheit definiert; diese bildet ein Auslaufmodell: Dieser Freiheitsgebrauch müsste irgendwann im Wesentlichen unterbunden werden."[482]

Sodann weist das Gericht darauf hin, dass Art. 20a GG eine justiziable Rechtsnorm ist.[483] Daraus ergeben sich jedoch keine subjektiven Rechte. Auch könne daher die Beschwerdebefugnis einer Verfassungsbeschwerde nicht unmittelbar auf Art. 20a GG gestützt werden.[484] Trotzdem sei die Norm kein unverbindliches Programm, sondern eine Rechtsnorm, die den Gesetzgeber bindet.[485] Daher erlege sie allen demokratischen Entscheidungen inhaltliche Bindungen auf.[486] Trotz eines grundsätzlich erheblichen Gestaltungsspielraums sei es Aufgabe des Verfassungsgerichts „über die Wahrung der Grenzen des Art. 20a GG zu wachen."[487] Trotz dieser eindeutigen Aussagen des Gerichts zur fehlenden subjektiven Einklagbarkeit wollen manche Stimmen der Literatur eine „Versubjektivierung" des Art. 20a GG sehen.[488]

Art. 20a GG habe zudem, ebenso wie die schutzrechtliche Dimension der Grundrechte, eine internationale Verpflichtungsebene. Daher könne den nationalen Klimaschutzanstrengungen nicht entgegengehalten werden, sie könnten den Klimawandel aufgrund des geringen nationalen Beitrags nicht aufhalten.

---

480 Vgl. BVerfG, Beschl. v. 24.03.2021 – 1 BvR 2656/18 u. a., Rn. 197f.

481 *Frenz*, [Fn. 435], 808 (814). Dieser legt seiner Annahme wiederum Rn. 185 des Beschlusses zugrunde.

482 *Frenz*, ebd., 808 (814).

483 BVerfG, Beschl. v. 24.03.2021 – 1 BvR 2656/18 u. a., Rn. 205.

484 BVerfG, Beschl. v. 24.03.2021 – 1 BvR 2656/18 u. a., Rn. 112.

485 BVerfG, Beschl. v. 24.03.2021 – 1 BvR 2656/18 u. a., Rn. 205.

486 BVerfG, Beschl. v. 24.03.2021 – 1 BvR 2656/18 u. a., Rn. 206.

487 BVerfG, Beschl. v. 24.03.2021 – 1 BvR 2656/18 u. a., Rn. 207

488 So etwa *Calliess*, [Fn. 435], 355 (356); *Beckmann*, [Fn. 435], 241 (248f.). Ablehnend etwa *Schlacke*, [Fn. 35], 912 (914).

Auch ein Verweis auf die Emissionen in anderen Staaten würde den deutschen Staat nicht von seiner Verantwortung entbinden. Vielmehr solle durch die internationale Zusammenarbeit gegenseitiges Vertrauen gestärkt und somit die vereinbarten Ziele erreicht werden.[489]

Schließlich habe der Gesetzgeber das Klimaschutzgebot verfassungsrechtlich mit der Temperaturschwelle des § 1 S. 3 KSG, den Anstieg der globalen Durchschnittstemperatur auf deutlich unter 2 Grad Celsius, möglichst auf 1,5 Grad Celsius zu beschränken, zulässigerweise in Wahrnehmung seines Konkretisierungsauftrags festgelegt. Auch das PA sei als Grundlage und durch die ausdrückliche Nennung in § 1 S. 3 KSG als verfassungsrechtliche Konkretisierung anzusehen.[490] Damit erlangen die Verpflichtungen des KSG und auch des PA praktisch Verfassungsrang.[491] Auch komme § 1 S. 3 KSG als ebenjene Konkretisierung des Klimaschutzgebotes eine verfassungsrechtliche Orientierungsfunktion zu.[492]

Mit den Aussagen zu Art. 20a GG geht das Gericht erheblich über die in der Literatur bisher diskutierten Gesichtspunkte hinaus. Unstrittig war auch in der Literatur, dass Art. 20a GG grundsätzlich den Schutz den Klimas umfasst. Wie dieser Schutz ausgestaltet werden soll bzw. muss war jedoch weitgehend ungeklärt. Diese Diskussion dürfte durch den Beschluss eine Menge neuen Zündstoff erhalten haben. Es finden sich zudem keine Aussagen, ob die Bestimmung etwa als Verschlechterungs- oder Optimierungsgebot anzusehen ist. Vielmehr findet sich nun die eindeutige Einordnung als Klimaschutzgebot, woraus sich – trotz der weiteren Konkretisierung durch § 1 S. 3 KSG – nur schwerlich weitere detailgenaue Aussagen ziehen lassen. Prägend ist jedoch die Erstreckung der Funktion über eine reine Staatszielbestimmung nunmehr auch als Grundrechtsschranke.

489 BVerfG, Beschl. v. 24.03.2021 – 1 BvR 2656/18 u. a., Rn. 202f.

490 BVerfG, Beschl. v. 24.03.2021 – 1 BvR 2656/18 u. a., Rn. 208ff.

491 Vgl. *Schlacke*, [Fn. 435], 912 (915). Dabei wird auch auf damit verbundene dogmatische Schwierigkeiten hingewiesen, da durch dieses Vorgehen Art. 59 Abs. 2 GG umgangen werde. In der Sache sei die Aufwertung aber notwendig, um Art. 20a GG zu einem geeigneten Bewertungsmaßstab zu machen. In diese Richtung auch *Frenz*, [Fn. 435], 808 (816).

492 BVerfG, Beschl. v. 24.03.2021 – 1 BvR 2656/18 u. a., Rn. 213.

f. Das Verhältnis von Maßnahmen zum Klimaschutz und zur Anpassung an den Klimawandel

Neue Erkenntnisse lassen sich dem Beschluss außerdem zum Verhältnis von Maßnahmen zur Bekämpfung der weiteren Erderwärmung (Klimaschutz) auf der einen Seite und Anpassungsmaßnahmen an die nicht mehr zu verhindernden Auswirkungen der Klimastörungen auf der anderen Seite gewinnen. Das Gericht sieht den deutschen Staat aus den Schutzpflichten des Art. 2 Abs. 2 S. 1 GG dazu verpflichtet, „soweit der Klimawandel nicht aufgehalten werden kann oder bereits eingetreten ist, den Gefahren durch positive Schutzmaßnahmen (sogenannte Anpassungsmaßnahmen [...]) zu begegnen. Diese sind ergänzend erforderlich, um die Gefahren durch die tatsächlich eintretenden Folgen des Klimawandels auf ein verfassungsrechtlich hinnehmbares Maß zu begrenzen [...].“[493] Auch das BVerfG sieht den Staat daher in Übereinstimmung mit Art. 2 der Klimarahmenkonvention[494] dazu verpflichtet, vorrangig Klimaschutz zu betreiben. Anpassungsmaßnahmen seien daher nur „ergänzend“ erforderlich, um die Gefahren der Klimastörungen für das Leben und die menschliche Gesundheit einzudämmen. Aus diesem Grund führt das Gericht weiter aus, es sei völlig unzulänglich, „dem Klimawandel freien Lauf zu lassen und den grundrechtlichen Schutzauftrag allein durch Anpassungsmaßnahmen umzusetzen“[495].

Das Gericht grenzt außerdem die Bereiche des Klimaschutzes und des (nach Art. 2 Abs. 2 S. 1 GG ausdrücklich vorgeschriebenen) Gesundheitsschutzes ab. Demnach ließen sich die Gefahren des Klimawandels für das Leben und die Gesundheit von Menschen teilweise auch durch Anpassungsmaßnahmen mindern (Gesundheitsschutz). Das Fortschreiten des Klimawandels sei jedoch nur durch Anstrengungen zur Begrenzung der globalen Erwärmung beizukommen (Klimaschutz). Anpassungsmaßnahmen seien daher kein Bestandteil des klassischen Klimaschutzes. Gesundheitsschutz könne demgegenüber durch beide Politikbereiche erzielt werden.[496]

Unter der Frage, ob der deutsche Staat durch die grundrechtlichen Schutzpflichten auch zum Schutz von in Nepal und Bangladesch lebenden Menschen verpflichtet ist, trifft das Gericht weiterführende Feststellungen, hält im Endeffekt eine Entscheidung jedoch nicht für notwendig. Den Klimaschutzpflichten

---

493 BVerfG, Beschl. v. 24.03.2021 – 1 BvR 2656/18 u. a., Rn. 150.

494 Siehe bereits unter Kapitel 3, Ziff. I, 4.

495 BVerfG, Beschl. v. 24.03.2021 – 1 BvR 2656/18 u. a., Rn. 157.

496 Vgl. BVerfG, Beschl. v. 24.03.2021 – 1 BvR 2656/18 u. a., Rn. 164.

gegenüber den in Deutschland lebenden Menschen könne der Staat durch eine Kombination aus Klimaschutz- und Anpassungsmaßnahmen nachkommen.[497] Im Gegensatz dazu könne der deutsche Staat gegenüber im Ausland lebender Menschen seiner Schutzverpflichtung nur durch Maßnahmen zur Reduktion von THG, die in Deutschland entstehen, beikommen. Anpassungsmaßnahmen durch den deutschen Staat für im Ausland lebende Menschen seien aufgrund der völkerrechtlichen Grenzen deutscher Hoheitsgewalt kaum möglich. Diese Einschränkung schließe eine prinzipiell bestehende Schutzpflicht gegenüber im Ausland lebender Menschen jedoch nicht aus.[498] Der deutsche Staat hätte daher aber nur auf einen Teil der Vorkehrungen Zugriff, die für einen effektiven Schutz der Grundrechte erforderlich seien. Daher ließe sich nur durch eine Zusammenschau der Klimaschutz- und Anpassungsmaßnahmen beurteilen, ob der deutsche Staat seinen Vorgaben zum Schutz der Grundrechte nachgekommen ist. Die Verletzung einer etwaigen Schutzpflicht gegenüber Menschen in Nepal und Bangladesch konnte durch das Gericht daher nicht festgestellt werden.[499]

g. Stellungnahme und Ausblick

Der Beschluss des BVerfG stellt eine deutliche Zäsur des verfassungsrechtlichen Diskurses zum Klimaschutz dar. Er wird die deutsche Klimaschutzpolitik und das deutsche Klimaschutzrecht in den nächsten Jahren maßgeblich prägen.

Im Hinblick auf die schutzrechtliche Dimension der Grundrechte wirkt der Beschluss in erster Linie klarstellend und bestätigend. So war die Klimaschutzverpflichtung aus den Grundrechten in der Literatur bereits vor dem Beschluss weitgehend anerkannt. Relevante Neuerungen wurden in diesem Rahmen nicht eingeführt. Bemerkenswert ist jedoch die Bedeutung, die das Gericht der Wissenschaft und des vom SRU entwickelten Budgetansatzes zuerkennt. Der Budgetansatz dient dem Gericht als Bewertungsmaßstab für die nationale Klimaschutzgesetzgebung. Dies ist zu begrüßen. Durch eine klare Quantifizierung des noch zulässigen CO_2-Budgets ist der gesamte Klimaschutz besser handhabbar. Ebenfalls bietet sich so eine klare Orientierung für eine Vielzahl klimarelevanter Tätigkeiten. Theoretisch lassen sich durch diesen Ansatz alle quantifizierbaren nationalen Emissionen zum verbleibenden Budget in Verhältnis setzen. Hierin bestehen große Möglichkeiten für alle drei Staatsgewalten. Künftig werden sowohl die Gesetzgebung, als auch die Rechtsprechung und Verwaltung mit

---

497 Vgl. BVerfG, Beschl. v. 24.03.2021 – 1 BvR 2656/18 u. a., Rn. 177.
498 Vgl. BVerfG, Beschl. v. 24.03.2021 – 1 BvR 2656/18 u. a., Rn. 178.
499 Vgl. BVerfG, Beschl. v. 24.03.2021 – 1 BvR 2656/18 u. a., Rn. 181.

diesem Budgetansatz arbeiten können. Daher ist diesbezüglich mit einer Fülle an Fällen vor den Gerichten zu rechnen.

Auch die Einführung der intertemporalen Freiheitsrechte wird zu weiteren gerichtlichen Verfahren führen. Denn wie die ersten Stimmen der Literatur zeigen, besteht weder hinsichtlich der dogmatischen Einordnung noch in der letztlichen Konsequenz für das Klimaschutzrecht sowie für andere Bereiche Einigkeit. Positiv soll an dieser Stelle lediglich festgehalten werden, dass nunmehr höchstgerichtlich die generationenübergreifende Reichweite der Klimastörungen anerkannt ist und ein erster Lösungsansatz für diese Problematik entwickelt wurde.

Schließlich kann nach dem Beschluss Art. 20a GG und das in dieser Bestimmung enthaltene Klimaschutzgebot als die zentrale verfassungsrechtliche Norm des Klimaschutzrechts angesehen werden. Die Norm wird daher nicht nur den weiteren rechtlichen Diskurs prägen, sondern künftig als Grundrechtsschranke mittelbar auch in Verfassungsbeschwerden fruchtbar gemacht werden können. Im Prinzip muss sich jede klimarelevante Freiheitsausübung in der Zukunft am Klimaschutzgebot und damit an Art. 20a GG messen lassen. Die genaue Reichweite und Auswirkungen der Norm sind trotzdem nur schwer vorherzusehen. Vielmehr wird die weitere Rezeption durch Gerichte, Literatur und auch die Politik das letztliche Ausmaß der Bestimmung offenbaren.

Nicht nur bezüglich dogmatischer und verfassungsrechtlicher Fragen bestehen momentan Unsicherheiten. Auch die Auswirkungen auf die Verwaltungspraxis sind momentan schwierig vorherzusagen. Zunächst kann hierzu jedoch festgehalten werden, dass das aus Art. 20a GG folgenden Klimaschutzgebot neben der Gesetzgebung auch die anderen Staatsgewalten objektivrechtlich bindet. Daher sind auch bei Einzelfallentscheidungen der Gerichte und der Exekutive die Maßgaben des Gebotes – insbesondere bei Abwägungs- und Ermessenspielräumen – zu beachten.[500] Dieses verfassungsrechtliche Gebot findet seine einfachrechtliche Entsprechung in § 13 Abs. 1 S. 1 KSG, der ebenjene Berücksichtigungspflicht für hoheitliche Stellen vorschreibt.[501] Welche Konsequenzen damit im Einzelfall einhergehen, inwiefern diese verfassungsrechtlich gebotene Berücksichtigungspflicht überprüfbar ist und welche Folgen bei einem Verstoß gegen das Klimaschutzgebot hinzunehmen sind, ist damit jedoch nicht

500 Ausführlich zum Belang des Klimaschutzes in der Abwägung unter Kapitel 4, Ziff. III, 1, lit. c, aa und Ziff. 4.

501 So auch *Faßbender*, [Fn. 435], 2085 (2090f.).

gesagt. Auch hier werden Literatur und Gerichte in Zukunft einige Fragen zu klären haben.

4. Entwicklungen seit dem Klimaschutz-Beschluss

Das BVerfG hat im Tenor des Beschlusses dem deutschen Gesetzgeber die Fortschreibung des Minderungspfades für den Zeitraum nach 2031 aufgegeben. Eine Überarbeitungspflicht der Reduktionsmaßgaben bis 2030 war indes nicht ausdrücklich vorgesehen. Nichtsdestotrotz folgerten einige Stimmen aufgrund des Beschlusses auch die Vorgaben bis 2030 nachzubessern.[502] Denn das Gericht erkannte durchaus, dass das für Deutschland verbleibende Emissionsbudget durch die Regelungen bis 2030 in erheblichem Maße aufgebraucht würde.[503]

Diesen Forderungen entsprach auch der Entwurf der Bundesregierung vom 12.05.2021[504], welcher am 18.08.2021 in Kraft treten konnte.[505] Demnach findet eine Erhöhung des Klimaschutzziels in § 3 Abs. 1 KSG auf mindestens 65 % bis 2030 statt (bisher bestand eine Minderungsvorgabe von 55 %). Bis zum Jahr 2040 sollen die THG zudem um mindestens 88 % reduziert werden. Nach dem neuen § 3 Abs. 2 KSG soll bis zum Jahr 2045 Treibhausgasneutralität erreicht werden, sodass nach dem Jahr 2050 negative THG verzeichnet werden können. Der Beitrag der Sektoren Landnutzung, Landnutzungsänderung und Forstwirtschaft wird künftig in § 3a KSG beschrieben.

In Anlage 2 zu § 4 KSG werden die zulässigen Jahresemissionsmengen für die Jahre 2020 bis 2030 nachgeschärft. Ebenfalls finden sich in Anlage 3 künftig entsprechend den Vorgaben des Klimaschutz-Beschlusses die jährlichen Minderungsziele für die Jahre 2031 bis 2040. Nach § 4 Abs. 1 S. 6 KSG hat die Bundesregierung zudem spätestens 2032 einen Gesetzesvorschlag zur Festlegung der jährlichen Minderungsziele für die 2041 bis 2050 vorzulegen. Nach § 4 Abs. 6 S. 1 KSG legt die Bundesregierung zudem durch Rechtsverordnung die zulässigen Jahresemissionsmengen im Jahre 2024 für die Jahre 2031 bis 2040 und im Jahr 2034 für die Jahre 2041 bis 2050 fest.

---

502 *Frenz*, Klimaschutz nach BVerfG-Beschluss und EU-Klimagesetz, EnWZ 2021, 201 (202). Siehe dazu ebenfalls *Faßbender*, [Fn. 435], 2085 (2090).

503 Vgl. etwa BVerfG, Beschl. v. 24.03.2021 – 1 BvR 2656/18 u. a., Rn. 233ff.

504 Siehe Gesetzesentwurf der Bundesregierung: Entwurf eines ersten Gesetzes zur Änderung des Bundes-Klimaschutzgesetzes, einsehbar unter: https://www.bmu.de/filead min/Daten_BMU/Download_PDF/Glaeserne_Gesetze/19._Lp/ksg_aendg/Entwurf/ ksg_aendg_bf.pdf.

505 BGBl. I S. 3905.

IV. Zusammenfassung der Vorgaben

Die Regelungsmasse der verbindlichen und unverbindlichen Maßnahmen im Bereich des Klimaschutzes hat mittlerweile eine enorme Dichte erreicht. Sowohl auf internationaler, europäischer als auch auf nationaler Ebene bestehen Vorgaben zum Klimaschutz. Zum einen sind diese (völker)vertragsrechtlich zustande gekommen, andererseits haben die Gesetzgebungsorgane, aber auch Exekutivorgane der EU und der BRD Zielvorgaben und Maßnahmen erlassen. Dabei steht es nicht im Belieben dieser Stellen, ob sie klimaschützend tätig werden. Insbesondere das deutsche Verfassungsrecht gebietet den deutschen Hoheitsträgern, ein gewisses Maß an Schutzvorkehrungen zu treffen. Wie das BVerfG herausgestellt hat, ist den verfassungsrechtlichen Maßgaben auch eine internationale Dimension zu entnehmen. Der deutsche Staat muss daher national wirksame Maßnahmen zum Klimaschutz ergreifen, er muss sich aber auch auf internationaler Ebene für ein effektives Klimaschutzregime einsetzen. Dies verdeutlicht abermals die starke Interkonnektivität der verschiedenen Ebenen des Klimaschutzrechts.

Das Grundgerüst aller Klimamaßnahmen bildet mittlerweile das Pariser Abkommen mit der Festlegung, dass eine gefährliche anthropogene Störung des Klimasystems durch eine Begrenzung der Erderwärmung auf maximal 2 Grad abgewendet werden soll. In diesem Lichte sind alle europäischen und nationalen Zielsetzungen zu sehen. Gemein ist indes allen Anstrengungen, dass bis zur Mitte des Jahrhunderts eine weitestgehende Dekarbonisierung der Gesellschaft stattfinden soll.

Festzuhalten bleibt schließlich Folgendes: Jede noch so ambitionierte Zielsetzung bleibt letztlich ein bloßes Lippenbekenntnis, wenn die Erreichung des Ziels nicht mit effektiven Maßnahmen vorangetrieben wird. In diesem Sinne kann eine an verfassungsrechtlichen Maßstäben orientierte Ausgestaltung klimarelevanter Verwaltungsverfahren einen entscheidenden Beitrag leisten.

Kapitel 4: Verwaltungsverfahrensrecht

Wie gezeigt, kann den verfassungsrechtlichen Schutzpflichten aus den Grundrechten und Art. 20a GG in Bezug auf den Klimaschutz durch eine effektive und – nach verfassungsmäßigen Maßstäben – ausreichende Ausgestaltung von Verfahrensvorschriften nachgekommen werden. Um eine solche Bewertung jedoch vornehmen zu können, muss zunächst klargestellt werden, was unter Verfahrensrecht zu verstehen ist, welche Stellung ihm im deutschen Rechtssystem zukommt und welche Funktionen es hat.

I. Erfassung des Verfahrensrechts

„Das Verwaltungsverfahren ist die Verwaltung in Aktion"[506]. Mit diesen Worten beschreibt *Rainer Wahl* die Essenz des Verfahrensrechts im Bereich der öffentlichen Verwaltung. Das Verfahren dient daher grundsätzlich dazu, die Aufgaben der Verwaltung zu erfüllen.[507] Aufgrund der Ausgestaltung der BRD als Rechtsstaat – insbesondere des Grundsatzes vom Vorbehalt des Gesetzes – bedarf jedes (belastende) hoheitliche Handeln grundsätzlich einer gesetzlichen Grundlage. In den meisten Bereichen der öffentlichen Verwaltung muss diese gesetzliche Grundlage im Wege eines Verwaltungsverfahrens weiter konkretisiert werden. Das Verfahren ist mithin ein notwendiger Schritt der „Wirksamwerdung" des materiellen Rechts.[508] Insofern handelt es sich beim Verfahrensrecht um den „Verwirklichungsmodus" des Verwaltungsrechts.[509] Die Verwirklichung läuft regelmäßig in geplanten und geordneten Vorgängen ab, die darin münden, dass eine hoheitlich bindende Entscheidung ergeht. Dies geschieht im Verantwortungsbereich eines Trägers öffentlicher Gewalt.[510] Dabei handelt es sich regelmäßig nicht um ein lineares Vorgehen. Vielmehr wird jedes Verfahren und jede Hervorbringung einer administrativen Entscheidung von „Handlungsgefügen"[511] geprägt.

---

506 *Wahl*, Verwaltungsverfahren zwischen Verwaltungseffizienz und Rechtsschutzauftrag, VVDStRL 41 1983, 151 (153).

507 So *Laubinger*, in: *König/Merten (Hrsg.)*, Verfahrensrecht in Verwaltung und Verwaltungsgerichtsbarkeit 2000, S. 55.

508 *Wahl*, [Fn. 506], 151 (153f.); *Gurlit*, Der Eigenwert des Verfahrens im Verwaltungsrecht, VVDStRL 70 2011, 229 (237).

509 *Wahl*, [Fn. 506], 151 (153ff.).

510 Vgl. *Hufen/Siegel*, Fehler im Verwaltungsverfahren 2018, S. 37.

511 *Laubinger*, [Fn. 507], S. 51f.

Das BVerfG begreift das Verwaltungsverfahren wie folgt: „Vorschriften über das Verwaltungsverfahren sind gesetzliche Bestimmungen, die die Tätigkeit der Verwaltungsbehörden im Blick auf die Art und Weise der Ausführung des Gesetzes einschließlich ihrer Handlungsformen, die Form der behördlichen Willensbildung, die Art der Prüfung und Vorbereitung der Entscheidung, deren Zustandekommen und Durchsetzung sowie verwaltungsinterne Mitwirkungs- und Kontrollvorgänge in ihrem Ablauf regeln."[512] Das BVerfG fasst also auch den Prozess der behördeninternen Entscheidungs- und Willensbildung mit in den Begriff des Verfahrens ein. Diese Sichtweise wird als „weiter Verfahrensbegriff" bezeichnet. Auch das Europarecht vertritt diesen Verfahrensbegriff.[513]

Eine engere Sicht nimmt hingegen das Verwaltungsverfahrensgesetz ein. Nach § 9 VwVfG versteht sich unter Verwaltungsverfahren „die nach außen wirkende Tätigkeit der Behörden, die auf die Prüfung der Voraussetzungen, die Vorbereitung und den Erlass eines Verwaltungsaktes oder auf den Abschluss eines öffentlich-rechtlichen Vertrags gerichtet ist." Das Gesetz nimmt insofern eine engere Eingrenzung als das BVerfG vor, als dass es sich um eine Tätigkeit handeln muss, die nach Außen gerichtet ist. Nach dieser Ansicht fällt der Prozess der behördeninternen Entscheidungs- und Willensbildung nicht unter den Verfahrensbegriff.[514] Insbesondere sollen Schritte wie beispielsweise die Ermittlung und Bewertung der für eine Abwägung beachtlichen Belangen nicht hierunter fallen.[515] Gegen den weiten Verfahrensbegriff wird oftmals eingewandt, eine solche Vermischung sei dem deutschen Recht fremd, es handele sich allenfalls um Abwägungsdirektiven.[516]

Diese Ansicht verkennt jedoch, dass bereits jetzt deutliche Anhaltspunkte für eine weite Verfahrenssicht auch nach deutscher Rechtsdogmatik bestehen. Gemäß § 2 Abs. 3 BauGB sind die Belange, die für eine bauplanungsrechtliche

---

512 BVerfG, Beschl. v. 08.04.1987 – 2 BvR 909/82, BVerfGE 75, 108 = NJW 1987, 3115 (3117).

513 Vgl. *Held*, Individualrechtsschutz bei fehlerhaftem Verwaltungsverfahren, NVwZ 2012, 461 (462). Insbesondere die Verfahrensschritte der Bewertung und Berücksichtigung im Rahmen der (europastämmigen) UVP werden als Zeichen für einen solchen weiten Verfahrensbegriff angesehen.

514 *Ziekow*, in: *Ziekow*, Verwaltungsverfahrensgesetz, 4. Aufl. 2020, § 9, Rn. 5.

515 Vgl. etwa BVerwG, Urteil vom 16.10.2008 – 4 C 5/07, BVerwGE 132, 123 = NVwZ 2009, 459 Rdnr. 16. Danach ist ein Verstoß gegen die Pflicht zur Ermittlung und Bewertung der Belange von Anwohnern eines Flugplatzes als Verstoß gegen das Abwägungsgebot zu sehen, welches grundsätzlich zum materiellen Recht gezählt wird.

516 *Held*, [Fn. 513], 461 (462).

Abwägung von Bedeutung sind, zu ermitteln und zu bewerten. In Bezug hierauf bestimmt § 214 Abs. 1 Nr. 1 BauGB – welcher die Beachtlichkeit von Verfahrens- und Formfehlern im Bebauungsplanverfahren reglementiert – dass eine fehlerhafte Ermittlung und Bewertung beachtlich sein kann, wenn der Mangel offensichtlich und auf das Ergebnis des Verfahrens von Einfluss gewesen ist. Diese Vorschrift sieht die Ermittlung und Bewertung, entgegen des engen Verfahrensverständnisses, als Teil des Verfahrens an.[517]

Die Definition des § 9 VwVfG erfasst indes nur den klassischen Teil der Verwaltungsverfahren. Hierbei handelt es sich um die „präventiv-rechtsschützenden“[518] Verfahren.[519] Diese klassischen Verwaltungsverfahren können grob von zwei weiteren Verfahrensarten abgegrenzt werden. Zum einen handelt es sich hierbei um justizielle Verfahren, wobei es um die rechtliche Kontrolle von Verwaltungshandlungen geht. Beispielhaft wäre hier das Widerspruchsverfahren.[520] Zum anderen können Verwaltungsverfahren programmatischen Charakters kategorisch erfasst werden. Hierbei handelt es sich insbesondere um Verfahren planungsrechtlicher Art sowie zu Fragen der Verteilungsgerechtigkeit und Qualitätssicherung.[521]

Wie diese Abgrenzungsschwierigkeiten verdeutlichen, kann eine klare Trennlinie zwischen Verwaltungsverfahren und den behördeninternen Prozessen nicht gezogen werden.[522] Dies ist jedoch für das weitere Verständnis nicht hinderlich. Im Gegenteil: Zwischen den beiden Polen des „reinen“ Verfahrensrechts auf der einen Seite und dem materiellen Recht auf der anderen entzündet sich eine Vielzahl von Problemen und Meinungsverschiedenheiten, die im weiteren Verlauf beleuchtet werden sollen.

II. Allgemeine Stellung des Verfahrensrechts

Literatur und Rechtsprechung versuchen seit jeher das Verfahrensrecht und das materielle Recht voneinander abzugrenzen. Dies gelingt jedoch nur ansatzweise. Die öffentlich-rechtlichen Pflichten und Ansprüche eines jeden, die planungsrechtlichen Leitsätze und die Grundsätze des öffentlichen Handelns sind

---

517 Siehe etwa BVerwG, Urteil vom 09.04.2008 – 4 CN 1/07, NVwZ 2008, 899 (901).

518 *Hufen/Siegel*, [Fn. 510], S. 37.

519 Als Beispiel wäre hier etwa das Genehmigungsverfahren nach BImSchG zu nennen.

520 Vgl. *Hufen/Siegel*, [Fn. 510], S. 37.

521 Ebd.

522 So auch *Schmitz*, in: *Stelkens u. a.*, Verwaltungsverfahrensgesetz Kommentar 2018, § 9, Rn. 83.

grundsätzlich im materiellen Verwaltungsrecht niedergelegt.[523] Folgend soll daher versucht werden, die beiden Rechtskreise gegenseitig ins Verhältnis setzen und die wechselseitigen Beziehungen herausarbeiten. Besonders rückt dabei die Frage in den Vordergrund, ob dem Verfahrensrecht neben dem materiellen Recht ein eigener Wert zukommt.

1. Dienende Funktion des Verfahrens

Die Frage nach einer Eigenständigkeit und eines eigenen Wertes des Verfahrens wird überwiegend verneint.[524] Dem Verfahren komme demnach eine lediglich dienende Funktion zu.[525] Das Verfahren verfolge keine Zwecke um seiner selbst willen, sondern diene vielmehr der Erfüllung außerhalb des Verfahrens stehender Ziele.[526] Was diese außerhalb des Verfahrens stehenden Ziele sind, bestimme sich nach dem materiellen Verwaltungsrecht.[527] Maßstab für jede Handlung der Verwaltung stelle nicht das ordnungsgemäß durchlaufene Verfahren dar, sondern (fast ausschließlich) die Richtigkeit des Ergebnisses gemessen am materiellen Recht.[528]

Besonders deutlich wird dies in den Bestimmungen der §§ 45, 46 VwVfG und § 44a VwGO. Nach § 46 VwVfG kann „die Aufhebung eines Verwaltungsaktes [...] nicht allein deshalb beansprucht werden, weil er unter Verletzung von Vorschriften über das Verfahren [...] zustande gekommen ist, wenn offensichtlich ist, dass die Verletzung die Entscheidung in der Sache nicht beeinflusst hat." Das

523 So auch *Hill*, Das fehlerhafte Verfahren und seine Folgen im Verwaltungsrecht 1986, S. 225. Zur Abgrenzung der Rechtskreise vgl. außerdem *Klinsing*, Sachrichtigkeit und Verfahrensgerechtigkeit 2019, S. 126.

524 Zur Frage, ob Verfahrensfehler im Rahmen von gerichtlichen Verfahren eingeklagt werden können, siehe die Ausführungen in Kapitel 6. Hierbei werden sowohl die allgemeinen Bahnen des gerichtlichen Rechtsschutzes gegen Verfahrensfehler dargestellt als auch das Verfahrensverständnis, wie es durch die Rechtsprechung hervortritt.

525 Vgl. dazu etwa *Gurlit*, [Fn. 508], 229 (234ff.); *Klinsing*, [Fn. 523], S. 125ff.; *Quabeck*, Dienende Funktion des Verwaltungsverfahrens und Prozeduralisierung 2010, S. 7ff.; *Hufen/Siegel*, [Fn. 510], S. 38f.; Differenzierend *Schmidt-Aßmann*, in: *Hoffmann-Riem/ Schmidt-Aßmann/Voßkuhle (Hrsg.),* Grundlagen des Verwaltungsrechts 2012, § 27 Rn. 63ff.

526 *Gurlit*, [Fn. 508], 229 (234); *Quabeck*, [Fn. 525], S. 8; *Klinsing*, [Fn. 523], S. 135; *Hill*, [Fn. 523], S. 202; *Stelkens*, Der Eigenwert des Verfahrens im Verwaltungsrecht, DVBl 2010, 178 (1078).

527 Vgl. *Klinsing*, [Fn. 523], S. 125f.; *Quabeck*, [Fn. 525], S. 10, 14ff.

528 Vgl. *Klinsing*, [Fn. 523], S. 125.

Gesetz unterscheidet hier ausdrücklich zwischen der Verletzung von Verfahrensvorschriften und der Entscheidung in der Sache und indiziert die niedere Stellung des Verfahrensrechts. Auch die Gesetzesbegründung zu diesem Paragraphen verdeutlicht diese Sichtweise, indem sie ausführt: „Andererseits sollen Verfahrens- und Formvorschriften überwiegend das Verfahren nur im Interesse einer richtigen Sachentscheidung in bestimmte Bahnen und Formen zwingen, haben mithin gegenüber dem materiellen Recht nur eine dienende Funktion. Dementsprechend verfolgen die §§ 41 und 42 [§§ 45, 46 VwVfG der heutigen Fassung] das Ziel, aus Verfahrens- und Formfehlern nur dann Rechtsfolgen resultieren zu lassen, wenn die Fehler die getroffene Entscheidung tatsächlich beeinflußt haben."[529] Als Konsequenz können sodann Verfahrensfehler gemäß § 45 Abs. 2 VwVfG noch bis zur letzten Tatsacheninstanz eines verwaltungsgerichtlichen Verfahrens nachgeholt werden.[530] Dies deutet eine Sichtweise an, die das Verfahren als bloße Formalie ansieht.[531] Denn kann ein Fehler im Verfahren bis spät ins gerichtliche Verfahren hinein noch nachgeholt werden, so kann dieser Teil des Verfahrens schon gar keinen Einfluss auf das Ergebnis der Verwaltungshandlung (welche im Vorfeld des gerichtlichen Verfahrens eigentlich ihren Abschluss gefunden hat) haben.

Gestützt wird diese Auffassung durch § 44a VwGO. Dieser stipuliert, dass Rechtsbehelfe gegen behördliche Verfahrenshandlungen nur gleichzeitig mit den gegen die Sachentscheidung zulässigen Rechtsbehelfen geltend gemacht werden können. Die Rüge eines Verfahrensfehlers losgelöst von anderen materiellen Erwägungen ist demnach nicht möglich. Auch hier wird – nunmehr für die gerichtliche Kontrolle von Verfahrensfehlern – die nachgeordnete Rolle des Verfahrensrechts gegenüber dem materiellen Verwaltungsrecht deutlich.[532]

2. Schwankende Grade der dienenden Funktion

Die gesetzlichen Befunde bestätigen also prima facie das Bild des (ausschließlich) dienenden Charakters des Verfahrens. Ganz so eindeutig ist die Situation indes nicht. Denn hoheitliches Handeln, insbesondere im Wege der Verwaltung,

---

529 BTDrs. 7/910, S. 65. Siehe dazu auch *Quabeck*, [Fn. 525], S. 10.

530 § 45 Abs. 2 VwVfG sowie *Schwarz*, in: *Fehling u. a.*, Verwaltungsrecht, Handkommentar, 4. Aufl. 2016, § 45, Rn. 35.

531 Anderer Ansicht etwa *Fehling*, Eigenwert des Verfahrens im Verwaltungsrecht, VVDStRL 70 2011, 278 (286).

532 So auch *Quabeck*, [Fn. 525], S. 14. Interessant mit rechtsvergleichenden Aspekten *Fehling*, [Fn. 531], 278 (292ff.).

spielt sich in einer schier unüberblickbaren Vielgestaltigkeit ab.[533] In einigen Fällen mag der Befund des dienenden Charakters tatsächlich zutreffen. Insbesondere in Fällen, in denen das Gesetz klare Tatbestandsmerkmale enthält und die hoheitlichen Stellen diese Voraussetzungen lediglich auf den tatsächlichen Sachverhalt anwenden müssen, richtet sich das zu findende Ergebnis maßgeblich nach dem materiellen Recht.[534] Zu nennen sind hier klassischerweise Kontrollerlaubnisse mit präventivem Verbot wie beispielsweise die Baugenehmigung oder die Genehmigung nach BImSchG. So ist etwa nach § 74 Abs. 1 der Bauordnung NRW (BauO NRW) die Baugenehmigung zu erteilen, wenn dem beantragten Vorhaben keine öffentlich-rechtlichen Vorschriften entgegenstehen. Die Bauaufsichtsbehörde prüft daher, ob dem Bauvorhaben öffentlich-rechtliche Vorschriften wie etwa Bauplanungsrecht oder Bauordnungsrecht (relevant sind oftmals zu beachtende Abstandsflächen zwischen Gebäuden nach § 6 BauO NRW) entgegenstehen. Ist dies nicht der Fall, entspricht das Vorhaben also den öffentlich-rechtlichen Bedingungen, ist die Baugenehmigung zu erteilen. Der Behörde kommt hierbei kein Ermessens- oder Beurteilungsspielraum zu. Vielmehr ist sie bei Vorliegen der Tatbestandsvoraussetzungen an die Rechtsfolge (Erteilung der Baugenehmigung) gebunden.

Anders sieht es hingegen dort aus, wo das materielle Recht wenige, nur sehr vage oder keine klaren Tatbestandsvoraussetzungen enthält. In Situationen, wo das Gesetz der Verwaltung durch Abwägungs- oder Zielnormen sowie durch ausfüllungsbedürftige Tatbestandsmerkmale einen Entscheidungsspielraum beimisst, ist eine solch strikte Sichtweise nicht zu halten. Insbesondere wenn die Verwaltung mit Aufgaben planungsrechtlicher Art beauftragt ist – wie oftmals im Umwelt- und Infrastrukturrecht der Fall – kommt dem Verfahren maßgebliche Bedeutung zu. Nimmt auf der einen Seite die Steuerungswirkung des materiellen Rechts in diesen Fallgestaltungen ab, steigt auf der anderen Seite die Bedeutung des Verfahrens zur Gewährung der „Richtigkeit" des Ergebnisses.[535] Beispielhaft kann hier die Planung von Flughäfen nach § 8 Abs. 1 LuftVG genannt werden. Demnach dürfen Flughäfen nur angelegt werden, wenn der Plan (nach § 10 LuftVG) vorher festgestellt ist. Bei dieser Planfeststellung sind die von dem Vorhaben berührten öffentlichen und privaten Belange einschließlich der Umweltverträglichkeit im Rahmen der Abwägung zu berücksichtigen.

---

533 Vgl. dazu etwa *Laubinger*, [Fn. 507], S. 49f.

534 Vgl. *Hufen/Siegel*, [Fn. 510], S. 39.

535 *Gurlit*, [Fn. 508], 229 (238); *Fehling*, [Fn. 531], 278 (284); *Klinsing*, [Fn. 523], S. 133ff., 140f.; *Hufen/Siegel*, [Fn. 510], S. 41.

Das Ziel ist mithin die Planung und Zulassung eines Flughafens. Die Verwaltung ist in diesem Rahmen damit beauftragt, die unterschiedlichen öffentlichen, privaten und umweltrechtlichen Belange im Rahmen der Abwägung zu bearbeiten und in einen gerechten Ausgleich zu bringen. Die einschlägigen Tatbestände sind äußerst offen formuliert und umfassen daher eine große Bandbreite potentieller Interessen, Rechte und Belange. Materiellrechtlich ist daher nur eine geringe Steuerung vorgegeben. Dem Verfahren kommt mithin eine hervorzuhebende Bedeutung zu.

3. Funktionen des Verfahrensrechts

Je nach Steuerungswirkung des materiellen Rechts bestehen also schwankende Grade der vorrangig dienenden Funktion. Diese Erkenntnis wird umso deutlicher, hält man sich die übrigen Funktionen des Verwaltungsverfahrens vor Augen. Die Abgrenzung der übrigen Funktionen zur soeben dargestellten „dienenden“ Funktion des Verfahrens kann indes nicht nach klaren Trennlinien verlaufen. Teilweise wird daher ein Nebeneinander der Funktionen beschrieben.[536] Dieser Themenbereich wird auch unter dem Stichpunkt „Eigenwertes“ des Verfahrens diskutiert.[537]

a. Richtigkeitsgewähr

Eine herauszuhebende Funktion des Verfahrens kommt seinem Beitrag zur Hervorbringung einer „richtigen“ Entscheidung der Verwaltung zu. Der Maßstab der Richtigkeit des Ergebnisses bestimmt sich dabei grundsätzlich nach dem materiellen Recht.[538] Das Verfahrensrecht legt in diesem Sinne ein „Arbeitsprogramm“[539] fest, dessen Abarbeitung ein solch richtiges Ergebnis gewährleisten soll. Das Ergebnis kann jedoch nicht schon im Vorhinein feststehen. Es kann nicht einfach aufgefunden oder aufgedeckt werden. Vielmehr muss es durch die im Verfahren zusammengetragenen Informationen und Interessen erst erarbeitet werden.[540] Insbesondere in Konstellationen, in denen es weite Gestaltungs-, Ermessens- und Planungsspielräume der Verwaltung gibt, tritt

---

536 *Wolff*, in: *Pitschas/Uhle (Hrsg.)*, Wege gelebter Verfassung in Recht und Politik. Festschrift für Rupert Scholz zum 70. Geburtstag 2007, S. 978; *Klinsing*, [Fn. 523], S. 137f.

537 Vgl. *Gurlit*, [Fn. 508], 229; *Fehling*, [Fn. 531], 278; *Stelkens*, [Fn. 526], 178; *Klinsing*, [Fn. 523], S. 137ff.

538 Vgl. etwa *Wahl*, [Fn. 506], 151 (153); *Klinsing*, [Fn. 523], S. 131.

539 *Stelkens*, [Fn. 526], 178 (1079).

540 *Klinsing*, [Fn. 523], S. 140.

der Erarbeitungsprozess des Ergebnisses als Gewährleistung seiner Richtigkeit zutage.[541] Als Beispiel kann abermals die Planung und Zulassung von Flughäfen nach § 8 Abs. 1 LuftVG genannt werden. Die planfeststellende Behörde hat dabei die privaten und öffentlichen Belange sowie die Umweltverträglichkeit im Rahmen der Abwägung zu berücksichtigen. Was in einer konkreten Situation unter die privaten und öffentlichen Belange zu subsumieren ist, muss einzelfallabhängig entschieden werden. Auch die Umwelt wird durch jedes Vorhaben in einer unterschiedlichen Weise betroffen. Dem Verfahren kommt daher die Funktion zu, die einschlägigen Belange zu identifizieren, zu verarbeiten und in einen gerechten Ausgleich zu bringen und auf diese Weise zu einem materiell richtigen Ergebnis beizutragen.

Diese Befunde verdeutlichen, dass die Funktion der Gewährleistung eines richtigen Ergebnisses nicht eindeutig von der ebenfalls dienenden Funktion des Verfahrens abgegrenzt werden kann. Die Richtigkeitsgewähr kann vielmehr als Teil bzw. eigener Beitrag zur auch dienenden Funktion des Verfahrens angesehen werden.[542]

b. Generierung von Informationen und Wissen

Besondere Bedeutung kommt zudem der Informationsgewinnung und -verarbeitung im Verfahren zu.[543] Denn ohne die für die Entscheidung relevanten Informationen kann eine angemessene Erarbeitung nicht stattfinden. Insofern bildet die Informationsbeschaffung die Basis für alle anderen Funktionen des Verfahrens. Eine ausreichende Informationsbasis ist unerlässlich, um die Richtigkeit einer letztlich zu findenden Entscheidung zu gewährleisten.[544] Dies ist relevant, da ein Ergebnis – wie bereits gezeigt – nicht einfach durch das Verarbeiten der vorhandenen Informationen aufgefunden werden kann. Vielmehr muss der für eine hoheitliche Entscheidung relevante Sachverhalt zunächst erarbeitet werden. Daher ist die Beschaffung der Informationen durch die Behörde ein wesentlicher Teil verwaltungsrechtlicher Verfahren.[545] Insbesondere in komplexen

541 *Schmidt-Aßmann*, [Fn. 525], § 27 Rn. 65; *Wahl*, [Fn. 506], 151 (153, 159); *Gurlit*, [Fn. 508], 229 (238, 240).

542 In diese Richtung auch *Klinsing*, [Fn. 523], S. 142. *Quabeck*, [Fn. 525], S. 11 versteht die dienende Funktion hingegen als Synonym für die Richtigkeitsgewähr.

543 Die Überlegung zur Informationsgewinnung in Verbindung mit eine prozeduralen Grundrechtsschutz verbindend: *Calliess*, Rechtsstaat und Umweltstaat 2001, S. 467ff.

544 *Siegel*, Entscheidungsfindung im Verwaltungsverbund, S. 56.

545 *Hufen/Siegel*, [Fn. 510], Teil 2, Rn. 192f.

Verfahren und solchen mit großen Unsicherheiten besteht „verwalten" in ausgeprägtem Sinne aus Informationsgewinnung und -verarbeitung.[546] Schließlich kann ein Belang bzw. ein Interesse nur in einer letztlichen Entscheidung Berücksichtigung finden, wenn es zuvor auch ermittelt wurde. Daher besteht die sehr reelle Gefahr, dass nicht ermittelte Belange bzw. nicht generierte Informationen (bewusst oder unbewusst) vernachlässigt werden.[547]

Die Funktion der Informationsgewinnung steht schließlich in einem engen Zusammenspiel mit der Abwägung, einem prägenden Merkmal vieler planungsrechtlicher Verfahren. Denn Informationen sind die Grundlage jeder Abwägung. Fehlen relevante Informationen oder werden sie ungenügend bearbeitet, kann darin ein Abwägungsfehler liegen, wodurch eine Entscheidung auch an einem materiellen Fehler leiden würde.

c. *Demokratische Funktion*

Einige Autoren weisen dem Verwaltungsverfahren aufgrund von etwaigen Beteiligungsrechten der Öffentlichkeit überdies eine demokratische Funktion zu. Zum einen ergäben sich aus dem Demokratieprinzip Anforderungen an das Verfahren an sich.[548] Im Ergebnis fördere demnach ein partizipatorisch ausgestaltetes Verfahren als Rückkoppelung auch die demokratische Legitimation der Verwaltung.[549] Dies sei insbesondere dort der Fall, wo das Gesetz weitgehend offen formuliert und der Verwaltung damit ein großer Handlungsspielraum zugewiesen ist.[550] Die Zuschreibung einer solchen Funktion hat in jüngerer Zeit erheblichen Gegenwind erfahren. Denn selbst wenn in einem großen Verfahren einige tausend Bürger beteiligt würden, so stellen diese Bürger nicht das „Volk"

---

546 In diese Richtung auch *Eifert*, Das Verwaltungsrecht zwischen „klassischer" Dogmatik und steuerungswissenschaftlichem Anspruch, VVDStRL 67 2008, 286 (326).

547 So wohl auch *Pietzcker*, Verwaltungsverfahren zwischen Verwaltungseffizienz und Rechtsschutzauftrag, VVDStRL 41 1983, 193 (204); *Schink*, Entwicklungen und Stand der UVP, NuR 2018, 21 (23).

548 So *Haug/Schadtle*, Der Eigenwert der Öffentlichkeitsbeteiligung im Planungsrecht, NVwZ 2014, 271 (273).

549 Vgl. etwa *Hill*, [Fn. 523], S. 206; *Schmidt-Aßmann*, Das allgemeine Verwaltungsrecht als Ordnungsidee 2006, Kap. 2, Rn. 83ff. *Würtenberger*, Rechtliche Optimierungsgebote oder Rahmensetzungen für das Verwaltungshandeln?, VVDStRL 58 1999, 139 (152f.).

550 *Haug/Schadtle*, [Fn. 548], 271 (272f.). Speziell für umweltrechtliche Verwaltungsverfahren siehe *Appel*, Staat und Bürger in Umweltverwaltungsverfahren, NVwZ 2012, 1361 (1362).

dar. Sie treten in einem Verfahren lediglich für ihre Individualinteressen ein und verfolgten nicht das öffentliche Interesse/ das Allgemeinwohl.[551] Daher könne man nicht von einer demokratischen Legitimation der Entscheidung sprechen. Diese Ansicht geht augenscheinlich von einem engen bzw. direkten Demokratieverständnis aus, wonach für jegliche hoheitliche Entscheidung vom Grundsatz das gesamte Volk der Bundesrepublik einbezogen werden muss.

Diese Kritik verkennt indes, dass den Partizipationsrechten in Großverfahren durchaus demokratische Elemente (wenn auch nicht eine unmittelbare Legitimation durch den mehrheitlichen Willen des gesamten Volkes) innewohnen. Zunächst ist die gesetzesausführende Verwaltung in zweierlei Hinsicht demokratisch legitimiert. Zum einen ist ein jeder Amtswalter organisatorisch-personell in dem Sinne legitimiert, dass seine hoheitliche Stellung „in einer ununterbrochenen Kette personeller Legitimation auf das Parlament"[552] zurückzuführen ist. Auch muss die Entscheidung sachlich-inhaltlich legitimiert sein. Das ist der Fall, wenn die letztliche Verwaltungsentscheidung grundsätzlich vom Willen des Volkes getragen wird. Gewährleistet wird dies durch die Bindung der Verwaltung an die – vom unmittelbar demokratisch legitimierten Parlament – beschlossenen Gesetze.[553]

Darüber hinaus stärkt die Pflicht der Behörden, sich auf der einen Seite mit Stellungnahmen der Bevölkerung zu befassen sowie diese nicht lediglich abzuwinken und auf der anderen Seite die Möglichkeit der betroffenen Öffentlichkeit, ihrer Meinung Gehör zu verschaffen, den Einfluss der Bürger. Diese Beteiligung wirkt verstärkend auf die ohnehin schon sachlich-inhaltliche demokratische Legitimation einer Entscheidung.[554] Daher kann man in der Tat von einer gewissen demokratischen Funktion des Verwaltungsverfahrens sprechen.

d. Schutz der Grundrechte

aa. Funktion

Eine weitere wichtige Funktion für die Zwecke dieser Arbeit ist die Wahrung und Gewährleistung bestimmter Rechte – insbesondere der Grundrechte – durch das Verwaltungsverfahren. Verbunden damit ist die Frage, welchen Einfluss die Grundrechte und andere Verfassungsvorgaben (für diese Zwecke insbesondere

551 Vgl. *Laubinger*, [Fn. 507], S. 58f.; *Klinsing*, [Fn. 523], S. 154.
552 *Haug/Schadtle*, [Fn. 548], 271 (272).
553 Vgl. *Haug/Schadtle*, ebd., 271 (272).
554 So auch m.w. N. *Haug/Schadtle*, ebd., 271 (273).

Art. 2 Abs. 2 S. 1 GG und Art. 20a GG) auf die Ausgestaltung und Schaffung von Verfahrensrecht haben.[555]

In den Blick der juristischen Literatur geriet dieser Aspekt maßgeblich durch den Beschluss des BVerfG zum Atomkraftwerk Mülheim-Kärlich.[556] Zwar gab es auch schon vorher Stimmen, die den Grundrechten gewisse Verfahrensdimensionen zusprachen,[557] weitreichenden Diskussionsbedarf trat jedoch erst die Entscheidung des BVerfG los. Die verfahrensrechtliche Dimension der Grundrechte erkannte das Gericht darin, dass „Grundrechtsschutz weitgehend auch durch die Gestaltung von Verfahren zu bewirken ist und daß die Grundrechte demgemäß nicht nur das gesamte materielle, sondern auch das Verfahrensrecht beeinflussen, soweit dieses für einen effektiven Grundrechtsschutz von Bedeutung ist."[558] Daran anschließend führte das Gericht aus, dass „die Grundrechte nicht nur die Ausgestaltung des materiellen Rechts beeinflussen, sondern zugleich Maßstäbe für eine den Grundrechtsschutz effektuierende Organisations- und Verfahrensgestaltung sowie für eine grundrechtsfreundliche Anwendung vorhandener Verfahrensvorschriften setzen."[559]

Diese Aussagen riefen in der Literatur ein breites Meinungsspektrum hervor. Das Echo reichte von der Erklärung mancher Normen für verfassungswidrig, über die Herunterspielung der Aussagen des BVerfG aufgrund einer fehlenden Bindungswirkung, bis hin zur Ausrufung einer Revolution der Stellung des Verfahrensrechts.[560]

Als Kernaussage kann ungeachtet der unterschiedlichen Reaktionen Folgendes festgehalten werden: Es wurde klargestellt, dass die Grundrechte nicht nur materiellen Wert haben. Ihnen ist daneben eine auf die Verwirklichung der

---

555 *Klinsing*, [Fn. 523], S. 143ff. fasst diese letzte Frage unter den Terminus „Grundrechtsschutz im Verfahren" zusammen. Diese Funktionen können indes abermals von prozessualen Grundrechten unterschieden werden.

556 BVerfG, Beschl. v. 20.12.1979 – 1 BvR 385/77, BVerfGE 53, 30, NJW 1980, 759.

557 Grundlegend *Häberle*, in: *Martens/Häberle/Bachof/Brohm (Hrsg.)*, Grundrechte im Leistungsstaat. Die Dogmatik des Verwaltungsrechts vor den Gegenwartsaufgaben der Verwaltung 1972, S. 80ff. und 121ff.

558 BVerfG, Beschl. v. 20.12.1979 – 1 BvR 385/77, BVerfGE 53, 30 (69), NJW 1980, 759 (763).

559 BVerfG, Urt. v. 16.07.1985 – 1 BvR 1023/83, BVerfGE 69, 315 (355).

560 Einen Überblick über das Meinungsspektrum liefern *Von Mutius*, Grundrechtschutz contra Verwaltungseffizienz im Verwaltungsverfahren?, NJW 1982, 2150 (2152); *Dolde*, Grundrechtsschutz durch einfaches Verfahrensrecht?, NVwZ 1982, 65 (68).

Grundrechte abzielende, verfahrensrechtliche Garantie zu entnehmen.[561] Ein Verstoß gegen Verfahrensrecht, das gerade zum Schutz und zur Ausgestaltung der Grundrechte erlassen worden ist, kann nach der Auffassung des BVerfG überdies zugleich einen Verstoß gegeben ebenjenes Grundrecht darstellen.[562]

Grundrechte weisen demnach durchaus eine verfahrensrechtliche Dimension auf. Welche Anforderungen ergeben sich indes aus dieser Erkenntnis für die Ausgestaltung der jeweiligen Verfahren? Teilweise werden verschiedenen Grundrechten einzelne Rechte auf Beteiligung am Verfahren, Akteneinsicht, Auskunft, Belehrung oder sachkundige Vertretung zugesprochen.[563] Als unstreitig kann indes lediglich das Recht auf Beteiligung in einem für den jeweiligen Grundrechtsträger relevanten Verfahren angesehen werden sowie die Begründung einer grundrechtlich relevanten Entscheidung.[564] Darüberhinausgehend kann man den Grundrechten keine generealisierbaren Ausgestaltungsvorgaben entnehmen.[565] Vielmehr obliegt es dem Gesetzgeber, für eine effektive und an grundrechtlichen Anforderungen gemessene, hinreichende Ausgestaltung zu sorgen.[566] Komplexe Planungs- und Zulassungsverfahren sind darüber hinaus durch eine Vielzahl konfligierender Interessen und Grundrechte geprägt. Ein Ausgleich kann daher oftmals nur in der Schaffung von Verfahren geschehen, die auch eine gewisse Offenheit innehaben, sodass widerstreitende Interessen und (Grund)Rechte einzelfallabhängig berücksichtigt werden können.

---

561 So auch *Pietzcker*, [Fn. 547], 193 (207); *Klinsing*, [Fn. 523], S. 185; *Dolde*, [Fn. 560], 65 (65).

562 BVerfGE 53, 30 (65); NJW 1980, 759 (763); Ablehnend und m.w.N. *Klinsing*, [Fn. 523], S. 187ff.

563 Siehe etwa *Laubinger*, Grundrechtsschutz durch Gestaltung des Verwaltungsverfahrens, VerwArch 1982, 60 (74f.); *Hufen*, Heilung und Unbeachtlichkeit grundrechtsrelevanter Verfahrensfehler? Zur verfassungskonformen Auslegung der §§ 45 und 46 VwVfG, NJW 1982, 2160 (2163); *Calliess*, [Fn. 303], S. 464; Vgl. auch *Klinsing*, [Fn. 523], S. 194.

564 *Klinsing*, [Fn. 523], S. 193f.; Dies bejahend, aber auch weitergehend *Hufen*, [Fn. 563], 2160 (2163).

565 *Gurlit*, [Fn. 508], 229 (241). Auch in den Sondervota der Richter *Simon* und *Heußner* zum Mülheim-Kärlich Beschluss des BVerfG wird deutlich, dass den Grundrechten – in diesem Fall Art. 2 Abs. 2 GG – keine „ins einzelne gehende Verfahrensgestaltung herleiten“ lasse. Siehe dazu BVerfGE 53, 30 (70), NJW 1980, 759 (765).

566 *Gurlit*, ebd., 229 (241); *Pietzcker*, [Fn. 547], 193 (209); *Klinsing*, [Fn. 523], S. 194; *Wahl*, [Fn. 506], 151 (168).

In erster Linie ist es also Aufgabe des Gesetzgebers, durch Schaffung geeigneter Verfahren den grundrechtlichen Pflichten zu genügen. Auch die Verwaltung muss jedoch bestehendes Verfahrensrecht verfassungskonform auslegen.[567]

bb. Schutzpflichten, Verfahren und Klimaschutz

Wie bereits gezeigt, ist der Staat aufgrund der grundrechtlichen Schutzpflichten dazu verpflichtet, seine Bürger vor den negativen Auswirkungen der Klimastörungen zu schützen. Dies kann durch eine grundrechtssensible Ausgestaltung von Verwaltungsverfahren erfolgen. Auch wird dadurch der grundrechtsschützenden Funktion des Verfahrensrechts Rechnung getragen.

Bezüglich der Klimastörungen ergeben sich hier jedoch Schwierigkeiten. Durch die Klimastörungen werden potenziell alle Menschen auf der Welt negativ beeinträchtigt. In einem Verwaltungsverfahren – beispielweise bei der Planung eines Infrastrukturvorhabens – können jedoch unmöglich alle Menschen beteiligt werden. Insofern kann der Schutz eines Großteils der Menschen nicht durch eine Beteiligung im Verfahren erfolgen. Vielmehr erscheint es daher angebracht, den Belang des globalen Klimas in allen relevanten Verwaltungsvorgängen im Rahmen des Verfahrens und insbesondere der Abwägung einzubeziehen, zu verarbeiten und gebührend zu berücksichtigen, auch ohne eine Rüge durch beteiligte Personenkreise.

Aufgrund des geringen gerichtlichen Kontrollmaßstabs im Bereich der grundrechtlichen Schutzpflichten[568] sowie den sich daraus ergebenden rudimentären Anforderungen an die Ausgestaltung von Verwaltungsverfahren wird man konstatieren müssen, dass im Bereich des Klimaschutzes oftmals ein (nach gerichtlichen Maßstäben) ausreichendes Niveau vorzufinden ist. Das Gericht prüft hierbei lediglich, ob das Evidenzgebot und das Untermaßverbot eingehalten sind. Auch die durch den Klimaschutz-Beschluss des BVerfG neu eingeführte Konstruktion der intertemporalen Freiheitsrechte sowie die neuen Erkenntnisse zum Klimaschutzgebot des Art. 20a GG dürften keine weitergehenden Anforderungen an die Ausgestaltung von Verwaltungsverfahren begründen. Das Gericht betonte auch hierbei den grundsätzlich weiten Gestaltungsspielraum des Gesetzgebers. Das allgemeine Verwaltungsverfahrensrecht ist dabei grundsätzlich in Zusammenschau mit den materiellrechtlichen Maßgaben zu sehen, da sich hieraus ebenfalls Vorgaben für das Verfahren ergeben. Eine klare Abgrenzung von

567 Vgl. etwa *Dolde*, [Fn. 560], 65 (66); *Hufen/Siegel*, [Fn. 510], S. 47.

568 Siehe schon unter Kapitel 3, Ziff. III, 1, lit. a, bb, ddd.

Verfahrensrecht und materiellen Recht wird in diesem Abschnitt daher nicht vorgenommen.

In allen umweltrelevanten Verfahren planungsrechtlicher Art kann der Belang des globalen Klimas jedenfalls mittelbar über die „öffentlichen Belange", das „Allgemeinwohl", die „öffentlichen Interessen" oder die „Umweltverträglichkeit" einbezogen werden. Für Bundesautobahnen sind in § 17 Abs. 1 S. 4 FStrG für die Planfeststellung sowohl die „öffentlichen Belange" als auch die „Umweltverträglichkeit" genannt. Bei der Flughafenplanung sind nach § 8 Abs. 1 S. 2 LuftVG bei der Planfeststellung „die von dem Vorhaben berührten öffentlichen und privaten Belange einschließlich der Umweltverträglichkeit im Rahmen der Abwägung zu berücksichtigen." Im Bereich des Wasserrechts bedarf jeder Gewässerausbau nach § 68 Abs. 1 WHG der Planfeststellung. Hierbei ist nach § 68 Abs. 3 Nr. 1 WHG das „Wohl der Allgemeinheit" zu berücksichtigen. Diese (unvollständige) Aufzählung soll vor Augen führen, dass der Gesetzgeber durch sehr geringen Aufwand den Klimaschutzbelang in einem planungsrechtlichen Verfahren (mittelbar) als zu berücksichtigenden Belang einführen kann und dies sehr umfassend auch (ob beabsichtigt oder nicht) getan hat. Es besteht mithin nach rechtlichen Maßstäben bereits die Möglichkeit, Klimaschutzüberlegungen in allen maßgeblichen Verwaltungsverfahren anzubringen. In diesen Komplex spielt außerdem die zuvor herausgearbeitete Funktion der Informations- und Wissensgenerierung. Denn der Grundrechtsschutz in Bezug auf Klimastörungen kann im Verfahren dadurch gewährleistet werden, dass der Belang des globalen Klimas als berücksichtigungsfähiger Belang angesehen wird. Nur wenn dies grundsätzlich der Fall ist, kann das Verfahren durch seine informationsgenerierende Funktion einen Beitrag leisten, indem es die Klimarelevanz des in Rede stehenden Vorhabens ermittelt und für die Zulassungsentscheidung handhabbar macht. Hinzu kommt, dass durch die Einführung des § 13 Abs. 1 S. 1 KSG nunmehr die Verpflichtung für Träger öffentlicher Aufgaben besteht, bei ihren Planungen den Klimaschutzbelang zu berücksichtigen. Hierdurch werden die offenen Tatbestandsmerkmale (auch der oben genannten Beispiele) dahingehend konkretisiert, dass der Klimaschutz – nunmehr gesetzlich vorgeschrieben – als beachtungsfähiger Belang anzusehen ist.[569]

Selbst durch eine solch minimalinvasive Ausgestaltung der Verwaltungsverfahren in Kombination mit § 13 Abs. 1 S. 1 KSG dürfte der Gesetzgeber seinen Schutzpflichten in Bezug auf das Verwaltungsverfahren nachgekommen

---

569 Vgl. *Schink*, in: *Frenz*, Klimaschutzrecht 2021, § 13 KSG, Rn. 18; *Schink*, Das Berücksichtigungsgebot des § 13 Klimaschutzgesetz, NuR 2021, 1 (3).

sein. Ob tatsächlich ein effektives Schutzniveau erreicht wird, hängt indes von den gesetzesausführenden hoheitlichen Stellen ab. Nur wenn Verwaltung und Gerichte die vom Gesetzgeber geschaffenen Berücksichtigungsmöglichkeiten nutzen, kann den Schutzpflichten genüge getan werden. Vor diesem Hintergrund erschiene es als unzureichend, wenn auf der ersten Ebene eine ausreichende Berücksichtigung des Klimabelangs im Verwaltungsverfahren bejaht würde, diese Möglichkeit in der letztlichen Anwendung faktisch jedoch nicht zur Anwendung käme. Das Problem wäre also nur von einer Ebene auf die andere verlagert. Daher ist es notwendig, dass eine mangelhafte Berücksichtigung des globalen Klimas in Verwaltungsverfahren, in denen es eigentlich von Bedeutung sein müsste, gerichtlich rügbar ist.[570]

Die Einführung des § 13 Abs. 1 S. 1 KSG bestätigt diesen Befund abermals. Zwar handelt es sich grundsätzlich um eine materielle Berücksichtigungspflicht, jedoch werden hierdurch auch die verfahrensrechtlichen Regelungen in dem Sinne angereichert, dass Klimaschutzüberlegungen nunmehr, soweit ein Ermessen- oder Gestaltungsspielraum besteht, in die offenen Tatbestände hineingelesen und damit im Verfahren bearbeitet werden müssen. Die Bestimmung des § 4 Abs. 1 S. 7 KSG, wonach subjektive Rechte und einklagbare Rechtspositionen durch das KSG nicht begründet werden sollen, steht zudem nicht jeglicher Überprüfung der Vorgaben des KSG entgegen. § 4 Abs. 1 S. 7 KSG soll vielmehr lediglich Klagerechte Privater ausschließen. Ein Ausschluss der Überprüfung der Vorgaben des KSG durch Umweltverbände kann hierdurch nicht erfolgen. Dies würde nämlich gegen die unionsrechtlich gewährleisteten Klagerechte von Umweltverbänden verstoßen.[571] Die Einhaltung der Verpflichtungen des KSG, insbesondere auch der Berücksichtigungspflicht aus § 13 Abs. 1 S. 1 KSG, muss daher grundsätzlich durch Gerichte weiterhin möglich sein.[572]

e. *Akzeptanzschaffung*

Eng verbunden mit der demokratischen Funktion ist die Fähigkeit des Verwaltungsverfahrens, die allgemeine Akzeptanz der Bürger zu erhöhen. So kann

570 Siehe ausführlich zu den gerichtlichen Rügemöglichkeiten von Verfahrensfehlern noch unter Kapitel 6.

571 *Schlacke*, Bundes-Klimaschutzgesetz: Klimaschutzziele und -pläne als Herausforderung des Verwaltungsrechts, EurUP 2020, 338 (344).

572 Vgl. dazu *Klinger*, Klagerechte zur Durchsetzung des Bundes-Klimaschutzgesetzes, ZUR 2020, 259 (260f.); *Kment*, Klimaschutzziele und Jahresemissionsmengen – Kernelemente des neuen Bundes-Klimaschutzgesetzes, NVwZ 2020, 1537 (1544).

durch die Schaffung von Transparenzregeln und der Beteiligung betroffener Individuen und Verbänden die Akzeptanz für eine administrative Entscheidung in der Bevölkerung erhöht werden.[573] Insbesondere in Verfahren, die – wie schon beschrieben – durch offene Tatbestände und einen weitreichenden Planungsspielraum der Behörden gekennzeichnet sind, kann dieser Effekt besonders zutage treten.[574] Durch die Beteiligung und Bereitstellung der relevanten Informationen (Transparenz) wird der Bürger aus seiner Objektstellung herausgeholt und in den Verfahrensprozess integriert.[575] Ein in einem solchen Verfahren gefundenes Ergebnis wird eher als richtig zustande gekommen empfunden bzw. akzeptiert, als ein Verfahren, das unter Ausschluss der betroffenen Beteiligten erfolgte.[576]

Insbesondere diese akzeptanzfördernde Funktion des Verwaltungsverfahrens kann relativ eindeutig von der dienenden Funktion des Verfahrens zur Gewährung einer (nach materiellem Recht) richtigen Entscheidung angesehen werden.[577] Denn es sind zwei unterschiedliche Fragen, ob ein Verfahren materiell richtig ist, oder ob die Bürger, die davon betroffen sind, eine (materiell richtige oder falsche) Entscheidung auch akzeptieren.[578] Die Wichtigkeit dieser gesellschaftlichen Akzeptanz darf nicht unterschätzt werden. Denn wird ein Gesetz nicht akzeptiert, unabhängig davon, ob es Verfahrensrecht oder materielles Recht betrifft, kann dies in letzter Konsequenz zu Rechtsbruch oder gar Korruption führen.[579]

f. Zwischenergebnis

Wie gezeigt kommt dem Verwaltungsverfahren neben der dienenden Funktion eine Vielzahl weiterer Aufgaben zu. Es wird dem Verfahren daher nicht gerecht, würde man es lediglich auf die dienende Funktion reduzieren und die restlichen Zuschreibungen als unwesentlich oder untergeordnet abtun. Es ist somit

---

573 Vgl. *Gurlit*, [Fn. 508], 229 (244ff.); *Schmidt-Aßmann*, [Fn. 549], Kap. 2, Rn. 104; *Würtenberger*, Akzeptanz durch Verwaltungsverfahren, NJW 1991, 257; *Ossenbühl*, Verwaltungsverfahren zwischen Verwaltungseffizienz und Rechtsschutzauftrag, NVwZ 1982, 465 (466).

574 Für im Umweltrecht gelegene Fälle: *Appel*, [Fn. 550], 1361 (1362).

575 *Ossenbühl*, [Fn. 573], 465 (466).

576 Vgl. *Held*, [Fn. 513], 461 (463); *Würtenberger*, [Fn. 573], 257 (258ff.).

577 *Klinsing*, [Fn. 523], S. 153; *Quabeck*, [Fn. 525], S. 284.

578 So wohl auch *Würtenberger*, [Fn. 573], 257 (258).

579 Diesen Hinweis verdanke ich meinem Doktorvater Professor Dr. Kirk W. Junker.

festzuhalten, dass dem Verfahren unzweifelhaft ein Eigenwert zukommt. Dieser ist nicht in einer selbstständig herausgehobenen Stellung oder Eigenständigkeit zu sehen, sondern vielmehr in einem vielfältigen Beitrag zum rechtsstaatlichen Ablauf der Verwaltung. Aus diesem Grund kann das Verwaltungsverfahren durchaus als ein essentieller Bestandteil des Rechtsstaates angesehen werden. Zwar stellt eine verfahrensrechtlich fehlerhafte Verwaltungsentscheidung nicht automatisch einen Verstoß gegen das Rechtsstaatsprinzip dar, dennoch werden rechtmäßige hoheitliche Entscheidung nicht einfach „aus dem Bauch heraus" getroffen. Im Gegenteil, sie müssen nach einheitlichen Grundsätzen, in einem gesetzlich verbindlichen Verfahren erarbeitet werden. Das Verfahrensrecht sichert in dieser Weise die Einhaltung sowohl der einfachrechtlichen als auch der verfassungsrechtlichen Vorgaben.

III. Die Abwägung als zentrales Element planungsrechtlicher Verfahren

Das zentrale und wesensbestimmende Element eines jeden Verfahrens planungsrechtlicher Art ist die Abwägung.[580] Die Rechtsprechung nennt diese planerische Abwägung ebenfalls Planungsermessen[581] oder planerische Gestaltungsfreiheit[582]. Gemeint ist grundsätzlich das gleiche.[583] Obschon in der Literatur nicht gänzlich geklärt ist, ob die Abwägung als Verfahrensrecht oder als Teil des materiellen Rechts anzusehen ist,[584] wird sie für die Zwecke dieser Arbeit als Teil des Verwaltungsverfahrens verstanden. Anzumerken ist indes, dass die Abwägung maßgeblich durch Anforderungen des materiellen Rechts geprägt

---

580 Vgl. etwa *Ziekow*, Handbuch des Fachplanungsrechts 2014, S. 177; *Martini/Finkenzeller*, Die Abwägungsfehlerlehre, JuS 2012, 126 (126).

581 BVerwG, 14.02.1975 - IV C 21.74, BVerwGE 48, 56, 59, NJW 1975, 1373; BVerwG, 27.03.1992 - 7 C 18.91, BVerwGE 90, 96, 99.

582 BVerwG, 07.07.1978 - 4 C 79.76 u. a., BVerwGE 56, 110, 116, NJW 1979, 64; BVerwG, 29.01.1991 - 4 C 51.89, BVerwGE 87, 332, 341, NVwZ-RR 1991, 601, 603.

583 Teilweise wird jedoch angemerkt, die planerische Gestaltungsfreiheit und die planungsrechtliche Abwägung seien nicht deckungsgleich. Vielmehr handele es sich hierbei um „zwei Seiten einer Medaille". Die Gestaltungsfreiheit richte sich an der materiellrechtlichen Planungsaufgabe aus. Sie setzte der Planung ihre rechtlichen Grenzen. Auf der anderen Seite sei die Abwägung der „Handlungsmodus, in dem die Gestaltungsfreiheit realisiert wird." Siehe *Hoppe u. a.*, Rechtsschutz bei der Planung von Verkehrsanlagen und anderen Infrastrukturvorhaben 2011, S. 279.

584 Einen Überblick über den Meinungsstand liefert *Erbguth*, Abwägung auf Abwegen? – Allgemeines und Aktuelles, JZ 2006, 484 (489).

wird. Die Nähe zum materiellen Recht ist der Abwägung daher inhärent, eine konturenscharfe Abgrenzung daher weder nötig noch weiterführend.

Grundsätzliches Merkmal einer Abwägung ist, dass die mit der Planung beauftragte Behörde alle für und gegen ein Vorhaben sprechenden privaten und öffentlichen Belange ermittelt und in einen gerechten Ausgleich zu bringen versucht.[585] Auch wenn ein einschlägiges Planungsgesetz das Abwägungserfordernis nicht ausdrücklich nennt, so ist dennoch anerkannt, dass eine Abwägung in Verfahren planender Art durchzuführen ist.[586] Dies ist unumgänglich, denn – wie das BVerwG erkennt – „eine Planung ohne Gestaltungsfreiheit ein Widerspruch in sich wäre."[587] Bestimmte Fachplanungsgesetze sehen eine Abwägung auch ausdrücklich vor. So sind in dem für diese Arbeit besonders relevanten § 17 Abs. 1 S. 4 FStrG im Bereich der Autobahnplanung „bei der Planfeststellung […] die von dem Vorhaben berührten öffentlichen und privaten Belange einschließlich der Umweltverträglichkeit im Rahmen der Abwägung zu berücksichtigen."

Die planerische Gestaltungsfreiheit bezieht sich auf alle Aspekte eines Vorhabens. So sind alle privaten, aber auch alle öffentlichen Interessen zu berücksichtigen. Anhand dessen muss abgewogen werden, ob das Vorhaben überhaupt verwirklicht werden kann, welche Dimensionierung es aufweisen darf oder ob bestimmte Schutzauflagen zu befolgen sind.[588]

Da die Abwägung nicht alleine für sich steht, sondern essentieller Bestandteil einer Vielzahl von Verfahren ist (insbesondere solcher planungsrechtlicher Art), werden etwaige Öffentlichkeitsbeteiligungs- und Informationsrechte vom einschlägigen Fachrecht bestimmt. Für die Planung von Bundesautobahnen ist etwa durch Verweis in § 17a FStrG die Anhörungsregelung des § 73 VwVfG einschlägig. Daher kann jeder, dessen Belange durch das Vorhaben berührt werden, bis zwei Wochen nach Ablauf der Auslegungsfrist schriftlich oder zur Niederschrift bei der Anhörungsbehörde oder bei der Gemeinde Einwendungen gegen den Plan erheben. Auch das Verfahren der UVP sieht spezielle Öffentlichkeitsbeteiligungen für die Belange vor, die im Rahmen der UVP bearbeitet werden.[589]

---

585 Vgl. *Ziekow*, [Fn. 580], S. 177 sowie *Kämper*, in: *Johlen/Oerder/Bender/Brehm/Deutsch (Hrsg.)*, Münchener Anwalts-Handbuch Verwaltungsrecht 2017, § 19, Rn. 123.

586 Vgl. *Berkemann*, Zur Abwägungsdogmatik: Stand und Bewertung, ZUR 2016, 323 (365).

587 BVerwG, 14.02.1975 – IV C 21.74, BVerwGE 48, 56 (59); siehe auch *Berkemann*, ebd., 323 (324).

588 Vgl. *Ziekow*, [Fn. 580], S. 178; *Stüer*, Handbuch des Bau- und Fachplanungsrechts 2015, Rn. 4927.

589 Siehe dazu noch unter Kapitel 5, Ziff. III, 5.

Die Überprüfung der Abwägung durch die Öffentlichkeit ist zudem nach den Maßgaben des Gebots der gerechten Abwägung bzw. des Rechts auf gerechte Abwägung zulässig.[590]

1. Ablauf der Abwägung

Das Verfahren der Abwägung an sich kann grundsätzlich in vier Phasen aufgeteilt werden. Am Anfang steht die Ermittlung des abwägungsrelevanten Materials (lit. a). Darauf folgt die Einstellung dieser Belange in die Abwägung (lit. b). Hieran schließt sich die Gewichtung der Belange an (lit. c). Schließlich sind die konfligierenden und konkurrierenden Belange in einen gerechten Ausgleich zu bringen (lit. d).[591]

a. Ermittlung des Abwägungsmaterials

Als Grundlage der weiteren Schritte der Abwägung sind zunächst alle für das Vorhaben relevanten Belange[592] zu ermitteln. Dieser Schritt hat besondere Bedeutung, da – wie sich noch zeigen wird – die gerichtliche Kontrolle der nachfolgenden Schritte beschränkt ist. „Ermittlung" der Belange bedeutet sowohl die Feststellung, welche Belange berührt sind, als auch die Untersuchung ihrer Betroffenheit.[593] Die Ermittlung stellt überdies den Ausgangspunkt der folgenden Schritte dar, denn was in einem ersten Schritt nicht ermittelt wird, kann anschließend auch nicht gewichtet, geschweige denn abgewogen und zu anderen Belangen in Verhältnis gesetzt werden.[594] Die Ermittlung stellt zudem die Verbindung zur Verfahrensfunktion der Informationsgenerierung her.

Welche Belange müssen im Rahmen der Abwägung nun ermittelt und untersucht werden? Einschlägig können sowohl private, subjektive Rechte, sonstige private Belange, aber auch öffentliche Belange sein. Um welche Belange es sich

---

590 Dazu unter Ziff. III, 3.

591 Vgl. *Hoppe*, Die Abwägung im EAG Bau nach Maßgabe des § 1 Absatz VII BauGB 2004 unter Berücksichtigung von § 2 Absatz III, IV BauGB 2004, NVwZ 2004, 903 (906f.); *Hoppe*, in: *Geis/Umbach (Hrsg.),* Planung – Steuerung – Kontrolle, Festschrift für Richard Bartlperger zum 70. Geburtstag 2006, S. 331; *Martini/Finkenzeller*, [Fn. 580], 126 (126). Eine Darstellung der unterschiedlichen Meinungen bezüglich der Phasen der Abwägung findet sich in *Erbguth*, [Fn. 584], 484 (488).

592 Eine begriffliche Klärung des „Belangs" findet sich in *Hofmann*, Abwägung im Recht 2007, S. 207ff.

593 *Dreier*, Die normative Steuerung der planerischen Abwägung 1995, S. 70.

594 In diese Richtung auch *Dreier*, ebd., S. 70.

genau handelt, hängt vom jeweiligen Vorhaben, mithin vom Einzelfall ab. Das BVerwG bedient sich hierbei einer sehr vagen Formel, wonach solche Belange zu ermitteln sind, die „nach Lage der Dinge“ zu berücksichtigen sind.[595] Dies sind jene Belange, die von dem geplanten Vorhaben „berührt“ werden können.[596] Nicht erforderlich ist, dass die Auswirkung auf einen Belang unmittelbar ist. Ausreichend ist vielmehr auch eine mittelbare Beeinträchtigung.[597] Die Berührung des Belangs muss darüber hinaus mehr als geringfügig sein.[598] Unberücksichtigt bleiben können auch solche Belange, die nicht schutzwürdig sind.[599] Schließlich müssen nur solche Belange in die Abwägung einbezogen werden, die für die Behörde erkennbar sind. Erkennbarkeit liegt vor, wenn der Belang zum einen von einem Betroffenen vorgetragen wurde, oder er sich der Behörde hätte aufdrängen müssen.[600]

Für Immissionen gilt Folgendes: Sie sind nicht erst ab einer bestimmten (soweit vorhanden) normativ festgelegten Grenze beachtlich. Vielmehr gilt auch für sie, dass sie beachtlich sind, soweit sie als mehr als geringfügig anzusehen sind.[601]

Insbesondere Aspekte wie Immissionen oder die Zunahme von Verkehr bedürfen für ihre Operationalisierung oftmals einer quantitativen Erfassung. Dabei steigt die Ermittlungsintensität, also auch die Anforderungen an eine (quantitative) Erfassung mit der Zunahme des Gewichts eines betroffenen Belangs.[602] Daher sind bei zukünftigen, zu erwartenden Auswirkungen eines Vorhabens regelmäßig Prognosen anzufertigen. Diese können gerichtlich indes nur darauf überprüft werden, ob sie im Zeitpunkt der Verwaltungsentscheidung auf der Grundlage fachwissenschaftlicher Maßstäbe methodisch fachgerecht erstellt wurden.[603]

---

595 Vgl. BVerwG, Urt. v. 12.12.1969 – IV C 105.66, BVerwGE 34, 301 (309); BVerwG, Urt. v. 09.11.1979 – 4 N 1.78, BVerwGE, 59, 87 (101) sowie *Dreier*, ebd., S. 73; *Hofmann*, [Fn. 592], S. 309f.

596 Siehe etwa § 17 Abs. 1 S. 4 FStrG; *Ziekow*, [Fn. 580], S. 180; *Dreier*, [Fn. 593], S. 73.

597 *Dreier*, [Fn. 593], S. 73.

598 Vgl. etwa BVerwG, Urt. v. 09.11.1979 – 4 N 1.78, BVerwGE, 59, 87 (103).

599 Eine beispielhafte Aufzählung findet sich in *Dreier*, [Fn. 593], S. 74f.

600 Vgl. BVerwG, Urt. v. 09.11.1979 – 4 N 1.78, BVerwGE, 59, 87 (104); BVerwG, Beschl. v. 18.03.1992 – 5 B 29/92, NVwZ 1992, 974 (975).

601 Für Lärmimmissionen vgl. etwa BVerwG, Beschl. v. 31.01.2011 – 7 B 55/10, NVwZ 2011, 567 (568) sowie *Ziekow*, [Fn. 580], S. 181.

602 *Ziekow*, ebd., S. 182.

603 BVerwG, Beschl. v. 05.10.1990 – 4 CB 1/90, NVwZ-RR 1991, 129 (131). Ausführlich zu den rechtlichen Anforderungen an Prognosen siehe *Hofmann*, [Fn. 592], S. 235ff.

b. Einstellung der Belange

An die Ermittlung der berührten Belange schließt sich deren Einstellung in die Abwägungsentscheidung an. Eine klare Abgrenzung dieser Phase von der Ermittlung des Materials kann indes nicht gezogen werden. Im Vergleich zur ersten Phase kann man von einer Feinselektion der Belange sprechen. In der ersten Phase der Ermittlung fand nach dieser Abgrenzung eine Grobselektion statt.[604] Eine Abgrenzung der Phasen ist trotz der unklaren Trennlinien sinnvoll, da es durchaus möglich ist, einen Belang zwar zu ermitteln und zu untersuchen, ihn dann aber in der Abwägungsentscheidung nicht zu behandeln. Auch hierfür wird die Formel der Rechtsprechung herangezogen, wonach diejenigen Belange in die Abwägung einzubeziehen sind, die nach Lage der Dinge beachtet werden müssen.[605] Insofern bedeutet „Einstellen" das Einbeziehen und Berücksichtigen der notwendigen Belange in der Entscheidung.[606]

c. Gewichtung der Belange

Die für die Abwägung ermittelten und eingestellten Belange sind in einem nächsten Schritt zu gewichten. Bei der Gewichtung handelt es sich um eine Wertentscheidung der Behörde.[607] Tatsächlich kommt ihr auch bei der Bewertung bereits an dieser Stelle ein gewisser Entscheidungsspielraum zu. Dabei hat sie jedoch den rechtlichen und objektiven Gehalt eines jeden Belangs in der konkreten Situation zu beachten.[608] Insofern muss sie sich in diesem objektiv gesetzten Rahmen bewegen.

Grundsätzlich sind alle Belange zunächst als abstrakt gleichgewichtig anzusehen.[609] Die grundsätzliche Gleichrangigkeit muss dann jedoch auf den jeweiligen Einzelfall präzisiert werden.[610] Bei diesem Prozess erhalten die unterschiedlichen Belange dann auch ein unterschiedliches Gewicht. Obschon der grundsätzlichen Gleichrangigkeit können gewisse „Gewichtungsvorgaben"[611] aus gesetzlichen Wertungen und abstrakten Überlegungen gewonnen werden.

---

604 Vgl. *Hoppe*, [Fn. 591], 903 (907).

605 *Hoppe*, ebd., 903 (907).

606 Ebd.

607 Zu den unterschiedlichen begrifflichen Synonymen der Gewichtung vgl. *Hofmann*, [Fn. 592], S. 264ff.

608 *Dreier*, [Fn. 593], S. 76.

609 Vgl. *Berkemann*, [Fn. 586], 323 (327f.); *Dreier*, [Fn. 593], S. 89; *Ziekow*, [Fn. 580], S. 184.

610 Vgl. *Dreier*, [Fn. 593], S. 79.

611 Begriff nach *Berkemann*, [Fn. 586], 323 (328).

Teilweise geschieht eine gesetzliche Gewichtung durch den Hinweis, dass bestimmte Belange „zu berücksichtigen" sind.[612] Zu beachten sind hierbei insbesondere sogenannte Optimierungsgebote.[613] Dabei handelt es sich um Abwägungsdirektiven, die „eine möglichst weitgehende Beachtung bestimmter Belange forder[n] "[614] „Die Bedeutung solcher Vorschriften besteht darin, den in ihnen enthaltenen Zielvorgaben ein besonderes Gewicht beizumessen und insoweit die planerische Gestaltungsfreiheit einzuschränken. Bei Prüfung der Frage, ob derartige Belange in einer Weise fehlgewichtet sind, die mit ihrem objektiven Gewicht schlechterdings nicht zu vereinbaren ist, muß diese gesetzliche Vorgabe beachtet werden."[615] Optimierungsgeboten kommt mithin eine erhöhte Durchsetzungskraft gegenüber anderen Belangen zu. Trotzdem sind sie weiterhin der Abwägung zugänglich und können hierbei gegenüber anderen Belangen unterliegen.[616] In diesem Fall wird jedoch eine besonders gründliche Begründung verlangt, um der hervorgehobenen Wertung zu genügen.[617]

Ein von der Rechtsprechung anerkanntes Optimierungsgebot ist zum Beispiel der Schutz empfindlicher Nutzungen gegenüber schädlichen Umwelteinwirkungen gemäß § 50 BImSchG[618]. Ob einer gesetzlichen Norm ein Optimierungsgebot zu entnehmen ist, bestimmt sich durch Auslegung.[619]

---

612 Vgl. etwa § 17 Abs. 1 S. 4 FStrG; siehe *Berkemann*, ebd., 323 (328).

613 Die Konstruktion der „Optimierungsgebote" ist in der Literatur nicht unumstritten. Kritisch äußert sich etwa *Bartlsperger*, Planungsrechtliche Optimierungsgebote, DVBl 1996, 1. Eine ausführliche Auseinandersetzung auch mit den dogmatischen Schwächen von Optimierungsgeboten findet sich in *Grüner*, Die Einschränkung der planerischen Gestaltungsfreiheit durch Optimierungsgebote und Abwägungsdirektiven, UPR 2011, 50. Auch die Rechtsprechung verwendet den Begriff des Optimierungsgebots in diesem Zusammenhang nicht mehr. Vielmehr wird von „Abwägungsdirektiven" gesprochen, denen wohl aber ein ähnlicher Gehalt wie Optimierungsgeboten zukommt.

614 BVerwG, Urt. v. 22.03.1985 – 4 C 73/82, NJW 1986, 82 (83).

615 Ebd.

616 Vgl. *Ziekow*, [Fn. 580], S. 186.

617 Vgl. *Kloepfer*, Umweltrecht 2016, S. 949.

618 BVerwG, Urt. v. 22.03.1985 – 4 C 73/82, NJW 1986, 82 (83). Früher wurde auch angenommen, dass die Eingriffsregelungen des BNatSchG als Optimierungsgebote zu sehen seien. Vgl. dazu BVerwG, Beschl. v. 21.08.1990 – 4 B 104/90, NVwZ 1991, 69 (70). *Kloepfer* sieht in diesem jedoch einen zwingenden Planungsleitsatz, der nicht der Abwägung zugänglich ist. Siehe *Kloepfer*, ebd., S. 948.

619 *Ziekow*, [Fn. 580], S. 186.

Sodann hat es Versuche gegeben, abstrakte Kriterien für die Gewichtung der Belange ausfindig zu machen.[620] Zunächst ist demnach die Qualität eines bestimmten Belangs in der konkreten Situation ausschlaggebend. Dementsprechend ist beispielsweise der Naturschutz umso höher zu gewichten, je schutzwürdiger ein Biotop ist. Die Vorbelastung mit Immissionen führe hingegen dazu, dass ein davon betroffenes Eigentum geringer zu gewichten sei.[621] Auch kann die Seltenheit oder Knappheit sowie seine Größe einem Belang ein höheres Gewicht verleihen.[622] Schließlich ist die Bedeutung sowie das Ausmaß der Betroffenheit eines Belangs maßgeblich.[623]

aa. Auswirkungen von Art. 20a GG auf die planerische Abwägung

Wie bereits dargelegt wird Art. 20a GG vielfach als verfassungsrechtliches Optimierungsgebot für Umweltaspekte aufgefasst.[624] Diese Forderung erstreckt sich auch auf die Maßgaben der planerischen Abwägung. Bestehen in einem planungsrechtlichen Verfahren gesetzliche Ansatzpunkte für Umweltüberlegungen, dann ist Art. 20a GG im Sinne eines planerischen Optimierungsgebotes anzusehen.[625] Daraus ergibt sich, dass dem Umweltschutz im Geflecht der abwägungsbeachtlichen Belange ein verstärktes Gewicht zukommt.[626]

Dieses Ergebnis bestätigen auch die Erkenntnisse zum Klimaschutzgebot, welches das BVerfG in seinem Klimaschutz-Beschluss ausdrücklich hergeleitet hat. Nach Leitsatz 2 des Beschlusses soll Art. 20a GG kein unbedingter

---

620 Grundlegend hierbei *Dreier*, [Fn. 593], S. 80ff.

621 Vgl. *Dreier*, ebd., S. 80f.

622 Vgl. *Dreier*, ebd., S. 81f.

623 Vgl. *Dreier*, ebd., S. 77.

624 Siehe bereits unter Kapitel 3, Ziff. III, 1, lit. b.

625 *Murswiek*, Staatsziel Umweltschutz (Art. 20a GG) Bedeutung für Rechtsetzung und Rechtsanwendung, NVwZ 1996, 222 (229); *Murswiek*, in: *Sachs*, Grundgesetz Kommentar 2017, Art. 20a, Rn. 70; *Schulze/Fielitz*, in: *Dreier*, Grundgesetz-Kommentar, 3. Aufl. 2015, Art. 20a, Rn. 80. So auch BVerwG, Urteil vom 23.11.2005 – 8 C 14/04, NVwZ 2006, 595 (597). A.A: *Sauthoff*, Klimaschutz in der Raumordnung, ZUR 2021, 140 (143).

626 Vgl. *Peters*, Art. GG Artikel 20a GG – Die neue Staatszielbestimmung des Grundgesetzes, NVwZ 1995, 555 (557); *Schulze/Fielitz*, in: *Dreier*, [Fn. 297], Art. 20a, Rn. 80. Differenzierend sieht dies *Murswiek*. Ihm zufolge ist Art. 20a GG zwar als planungsrechtliches Optimierungsgebot zu verstehen, daraus ergebe sich jedoch keine abstrakte Erhöhung des Gewichts in der Abwägung. Vielmehr bestimme sich das Gewicht weiterhin im Zusammenspiel mit den anderen Abwägungsbelangen in der konkreten Plansituation. Vgl. *Murswiek*, [Fn. 296], 222 (229f.).

Vorrang gegenüber anderen Belangen zukommen. Im Konfliktfall sei es daher in einen Ausgleich mit anderen Verfassungsgütern und -prinzipien zu bringen. Das relative Gewicht des Klimaschutzgebotes nehme in der Abwägung bei fortschreitendem Klimawandel aber weiter zu.[627] Damit legt der Beschluss keinen unbedingten, offenbar aber einen relativen Vorrang des Klimaschutzbelangs gegenüber anderen Gütern von Verfassungsrang dar.[628]

bb. Auswirkungen des Bundes-Klimaschutzgesetzes und des Klimaschutz-Beschlusses des BVerfG auf die planerische Abwägung

Ebenfalls lässt sich fragen, ob überhaupt und wenn ja, welche Auswirkungen das Bundes-Klimaschutzgesetz und der Klimaschutz-Beschluss des BVerfG auf die planerische Abwägung haben. Das KSG und der Klimaschutz-Beschluss werden hier zusammen behandelt, da der Beschluss für sich alleine gesehen kaum unmittelbaren Auswirkungen für die Verwaltung hat. Streitgegenständlich war nämlich die Verletzung von Grundrechten durch eine insgesamt unzureichende Klimaschutzpolitik und keine einzelne Verwaltungsentscheidung. In Verbindung mit den Regelungen des KSG kann der Beschluss jedoch eine erhebliche Tragweite entfalten, die im Folgenden beleuchtet werden soll.

Relevanz könnte in diesem Rahmen insbesondere § 13 Abs. 1 S. 1 KSG erlangen. Demnach haben alle Träger öffentlicher Aufgaben bei ihren Planungen und Entscheidungen den Zweck des KSG und die in ihm festgelegten Klimaschutzziele zu berücksichtigen. Ausweislich der Gesetzesbegründung handelt es sich um ein „Berücksichtigungsgebot“ der öffentlichen Hand.[629] Es kommt überall dort zum Tragen, wo der Verwaltung gesetzliche Entscheidungsspielräume zustehen. Insbesondere in planungsrechtlichen Verfahren soll damit klargestellt werden, dass Klimaschutzüberlegungen auch unter Begriffe wie die „öffentlichen Interessen“ oder das „Wohl der Allgemeinheit“ zu fassen sind.[630] Überdies sind der Zweck des Gesetzes und die zu seiner Erfüllung gesetzten Ziele in die Erwägungen zur Bildung einer Entscheidung einzubeziehen.[631]

Diese einfachgesetzliche Norm des KSG bildet eine geeignete Brücke, um die verfassungsrechtlichen Vorgaben zum Klimaschutz, welche durch die

---

627 BVerfG, Beschl. v. 24.03.2021 – 1 BvR 2656/18 u. a., Ls. 2, Rn. 199.

628 So auch *Frenz*, Freiheitsbedingter Klimaschutz für die junge Generation, DVBl 2021, 808 (816).

629 BT-Drs. 19/14337, S. 36.

630 BT-Drs. 19/14337, S. 36.

631 BT-Drs. 19/14337, S. 36.

Entscheidung des BVerfG neue Konturen erhalten haben, auf die Ebene des Planungsrechts zu übertragen. Das BVerfG sieht in Art. 20a GG ein Klimaschutzgebot, dass den Staat zum Klimaschutz verpflichtet.[632] Dem deutschen Gesetzgeber steht bei der Ausgestaltung dieses Gebots grundsätzlich ein weiter Spielraum zu.[633] Durch die Zielbestimmung des § 1 S. 3 KSG, den Anstieg der globalen Durchschnittstemperatur auf deutlich unter 2 Grad Celsius und möglichst auf 1,5 Grad Celsius gegenüber dem vorindustriellen Niveau zu begrenzen, hat der deutsche Gesetzgeber das Klimaschutzgebot aus Art. 20a GG verfassungsrechtlich konform auf die einfachgesetzliche Ebene übersetzt und damit konkretisiert.[634] Das verfassungsrechtliche Klimaschutzgebot findet seine einfachgesetzliche Ausprägung mithin in § 1 S. 3 KSG. Die weitere Ausgestaltung dieses Gebots wird sodann durch § 13 Abs. 1 S. 1 KSG bewerkstelligt, welcher zugleich auch die Verbindung zum Planungsrecht herstellt.

Da nunmehr klargestellt ist, dass das verfassungsrechtliche Klimaschutzgebot aus Art. 20a GG grundsätzlich auch Einfluss auf die Verwaltung haben kann, stellt sich anschließend die Frage, welche Erkenntnisse sich aus diesen Vorgaben für die planerische Abwägung gewinnen lassen. Anknüpfungspunkt bleibt hierbei die einfachgesetzliche Norm des § 13 Abs. 1 S. 1 KSG, welcher seinen verfassungsrechtlichen Rückhalt im Klimaschutzgebot des Art. 20a GG genießt.

Einige Autoren sehen im § 13 Abs. 1 S. 1 KSG ein schlichtes Berücksichtigungsgebot.[635] Demnach komme den Klimaschutzzielen im Rahmen der Abwägung kein Vorrang vor anderen Belangen zu. Auch sei das Gewicht nicht im Sinne eines Optimierungsgebots angehoben. Das Gewicht des Klimaschutzes bestimme sich demgemäß nach der Art und Bedeutung des jeweiligen Vorhabens im Einzelfall.[636] Daraus wird gefolgert, dass die Auswirkungen eines Vorhabens zunächst zu ermitteln sind (Ermittlungspflicht). Die so aufgefundenen Ergebnisse seien anschließend in die Entscheidungsfindung bzw. Abwägung einzustellen (Einstellungspflicht). Schließlich sei zu begründen, wie der Belang des

---

632 BVerfG, Beschl. v. 24.03.2021 – 1 BvR 2656/18 u. a., Rn. 197f.

633 BVerfG, Beschl. v. 24.03.2021 – 1 BvR 2656/18 u. a., Rn. 207.

634 BVerfG, Beschl. v. 24.03.2021 – 1 BvR 2656/18 u. a., Rn. 208, 210.

635 *Schink*, in: *Frenz*, [Fn. 2], § 13 KSG, Rn. 12; *Schink*, [Fn. 569], 1 (2); *Schlacke*, [Fn. 571], 338 (344); Ebenfalls unter Verweis auf die Ausführungen von Frau Professorin Schlacke im Rahmen eines Vortrags *Kümper*, Das Klimaschutzgesetz des Bundes – Grundstrukturen und Bedeutung für das Planungsrecht, UPR 2021, 91 (93).

636 Vgl. *Schink*, in: *Frenz*, [Fn. 2], § 13 KSG, Rn. 12; *Schink*, [Fn. 569], 1 (2).

Klimaschutzes in der letztlichen Entscheidung Berücksichtigung gefunden hat (Begründungspflicht).[637]

Der Beschränkung auf ein reines Berücksichtigungsgebot können jedoch zwei Argumente entgegengehalten werden. Zum einen liefert keiner der Autoren eine Begründung dafür, warum die Norm nicht im Sinne eines Optimierungsgebotes anzusehen ist. Vielmehr wird lediglich auf den Wortlaut der Norm verwiesen, in der davon die Rede ist, dass die Ziele und Zwecke des Gesetzes bei Planungen „zu berücksichtigen" seien. Anderweite Auslegungsüberlegung werden hierzu nicht angestellt. Von größerem Gewicht ist zudem die Tatsache, dass die bisherigen Ausführungen zur Berücksichtigungspflicht des § 13 Abs. 1 S. 1 KSG vor dem Klimaschutz-Beschluss des BVerfG getätigt wurden und diesen daher noch nicht berücksichtigen konnten. Die ausdrückliche Stärkung des Klimaschutzes durch das BVerfG wurde daher von keinem der Autoren berücksichtigt.

Aus diesem Grund ist hinausgehend über die Forderungen der genannten Literaturstimmen nicht nur ein Berücksichtigungs-, sondern ein Optimierungsgebot des Klimaschutzbelangs im Rahmen der planerischen Abwägung zu fordern.[638] Zwar wurde eine ausdrückliche Deklarierung als Optimierungsgebot in der Gesetzesbegründung vermieden. Ziel und Zweck des Gesetzes fordern jedoch, dass ein solches Berücksichtigungsgebot im Bereich des Klimaschutzes faktisch auf ein Optimierungsgebot hinauslaufen muss. Nach § 1 KSG ist der Zweck des Gesetzes, dass zum Schutz vor den Auswirkungen des weltweiten Klimawandels die Erfüllung der nationalen Klimaschutzziele sowie die Einhaltung der europäischen Zielvorgaben gewährleistet werden. Grundlage bildet das nach der Paris Konvention gefasste Ziel der Begrenzung des Anstiegs der globalen Durchschnittstemperatur auf möglichst 1,5 Grad Celsius. Dazu ist in § 3 Abs. 1 KSG festgesetzt, dass bis zum Jahr 2030 eine Minderung der THG von mindestens 65 % im Vergleich zu 1990 erzielt werden soll. Zur Erreichung dieses Ziels sind in § 4 iVm Anlage 2 KSG spezifische Emissionsbudgets für die einzelnen Sektoren vorgesehen.

Die angestrebte Zielvorstellung wird aus wissenschaftlicher Sicht als notwendig, seine tatsächliche Erreichbarkeit aber als sehr ambitioniert angesehen. Nur wenn möglichst frühzeitig weitreichende gesellschaftliche und wirtschaftliche Änderungen vorgenommen werden, kann dieses Ziel erreicht werden. Denn nach dem derzeit beschrittenen Minderungspfad sind die Bemühungen nicht

---

637 Vgl. *Schink*, in: *Frenz*, [Fn. 2], § 13 KSG, Rn. 24f.

638 Dies befürworten mittlerweile auch *Ekardt u. a.*, BVerfG-Klima-Beschluss: Folgen für Bund, EU, Länder und Kommunen, EurUP 2021, 212 (220).

ausreichend.[639] Planerische Abwägungsentscheidungen stellen eine Vielzahl der Verfahren im Umwelt- und Infrastrukturrecht dar. Der Zweck des Gesetzes würde aber unterlaufen werden, wenn dieser für den Klimaschutz äußerst relevante Bereich nicht hinreichend erfasst wäre. Solche Vorhaben haben zudem regelmäßig eine sehr lange Lebensdauer. So wird beispielsweise die Errichtung einer Bundesautobahn oder eines Flughafens auf unabsehbare Zeit (ungeachtet des Umstiegs auf alternative Antriebsarten) mit der Emission von THG einhergehen. Vor diesem Hintergrund müssen Entscheidungen, die Tatsachen für eine lange Zeit schaffen und darüber hinaus erhebliche Klimarelevanz besitzen, insbesondere auf ihre Klimaverträglichkeit überprüft werden.

Auch das BVerfG postuliert, dass das relative Gewicht des Klimaschutzgebots in der Abwägung mit fortschreitendem Klimawandel weiter zunimmt.[640] Zwar beziehen sich die Ausführungen des BVerfG grundsätzlich auf eine verfassungsrechtliche Abwägung, jedoch kann dieser Grundsatz auch auf die planerische Abwägung der Verwaltung übertragen werden.[641] Das Gericht hält zwar an der abstrakten Gleichrangigkeit aller Belange fest, erkennt jedoch auch an, dass die Klimastörungen das relative Gewicht des Klimaschutzbelangs im Rahmen der Abwägung beeinflussen.

Aus diesen Gründen muss Folgendes gelten: Solange nicht realistischerweise in Aussicht steht, dass das Minderungsziel durch die Bundesrepublik Deutschland erreicht wird, ist die Berücksichtigungspflicht des Klimaschutzbelangs nach § 13 Abs. 1 S. 1 KSG im Rahmen der planerischen Abwägung als Optimierungsgebot anzusehen. Als Grundlage gelten dabei die Ermittlungs-, Einstellungs- und Begründungspflichten, wie sie auch für das Berücksichtigungsgebot angenommen werden. Darüber hinaus sind einerseits in Situationen, wo sich gesetzliche Wertungsspielräume und Leerräume ergeben, dem Klimabelang zu größerer Wirksamkeit zu verhelfen. Andererseits muss der Klimabelang im Abwägungsgeflecht mit anderen Belangen ein stärkeres Gewicht erhalten. Ansonsten kann dem Zweck und dem Ziel des KSG sowie der Wertung durch das BVerfG nicht

---

639 *Sachverständigenrat für Umweltfragen*, Pariser Klimaziele erreichen mit dem CO_2-Budget 2020, S. 71; *Prognos AG u. a.*, Energiewirtschaftliche Projektionen und Folgeabschätzungen 2030/2050 2020, S. 11; *Umweltbundesamt*, Abschätzung der Treibhausgasminderungswirkung des Klimaschutzprogramms 2030 der Bundesregierung 2020, S. 32.

640 BVerfG, Beschl. v. 24.03.2021 – 1 BvR 2656/18 u. a., Rn. 198.

641 Vgl. *Faßbender*, Der Klima-Beschluss des BVerfG – Inhalte, Folgen und offene Fragen, NJW 2021, 2085 (2091).

ausreichend Rechnung getragen werden.[642] Als besonders geeignet, um ein solches Optimierungsgebot verwirklichen zu können, ist das Planungsrecht anzusehen. Indem das Gesetz durch weite Tatbestände wie etwa die privaten oder öffentlichen Belange oder die Umweltverträglichkeit nur eine grobe Einordnung der Belange vorgibt und als Ziel die Zulassung und den Bau eines Projekts vorsieht, besteht im Planungsrecht ausreichender Gestaltungsspielraum, um dem Optimierungsgebot des Klimaschutzbelangs gerecht zu werden.

cc. Auswirkungen der UVP auf die planerische Abwägung

Schließlich ist die Frage zu klären, ob Umweltbelange im Rahmen der planerischen Abwägung aufgrund der Auswirkungen des UVPG's ein stärkeres Gewicht erlangen. Ansatzpunkt solcher Überlegungen ist § 25 Abs. 1 und 2 UVPG. Nach Abs. 1 hat die zuständige Behörde die Umweltauswirkungen des Vorhabens im Hinblick auf eine wirksame Umweltvorsorge nach Maßgabe der geltenden Gesetze zu bewerten. Nach Abs. 2 hat die Behörde diese Bewertung abermals im Hinblick auf eine wirksame Umweltvorsorge nach Maßgabe der geltenden Gesetze im Zulassungsverfahren zu berücksichtigen.

Auf den ersten Blick handelt es sich nach dem Wortlaut des Gesetzes abermals um eine Berücksichtigungspflicht der bewerteten Auswirkungen. Ob darüber hinaus auch eine weitergehende Berücksichtigung im Sinne einer Stärkung zu verlangen ist, muss durch Auslegung ermittelt werden. Der Gesetzeswortlaut verhält sich hierzu widersprüchlich. Für eine Stärkung der Umweltbelange spricht der Hinweis auf eine „wirksame Umweltvorsorge". Gegen eine Stärkung spricht indes der Passus, dass die Bewertung und Berücksichtigung „nach Maßgabe der geltenden Gesetze" zu erfolgen hat.[643]

---

642 *Kment*, [Fn. 572], 1537 (1543f.) nimmt in diesem Rahmen keine Abgrenzung zwischen Berücksichtigungsgebot und Optimierungsgebot vor, sondern grenzt die Berücksichtigung von einem Beachtungsgebot ab. Auch er kommt jedoch zu dem Schluss, dass „die Emissionsziele [...] in diesem Rahmen allerdings nicht als strikte Vorgaben (keine Beachtenspflicht), sondern als ein – wenn auch sehr bedeutsamer – Belang [wirken], der die Entscheidungsfindung zu beeinflussen, nicht aber zu determinieren vermag (Berücksichtigungspflicht). Die Emissionsziele können folglich Entscheidungen zu ihren Gunsten beeinflussen; im Einzelfall kann es aber auch „bessere" Gründe geben, von ihnen abzurücken." Auch *Kment* unterstreicht also das gesteigerte Gewicht des Klimaschutzbelangs durch die Einführung des KSG im Rahmen der planerischen Abwägung, ohne jedoch den Begriff eines Optimierungsgebots zu verwenden.

643 So auch *Dreier*, [Fn. 593], S. 364.

Eng verbunden mit der Frage nach der Stärkung der Umweltbelange ist die Diskussion um den materiellrechtlichen Gehalt der UVP. Teile der Literatur sprechen der UVP in diesem Rahmen einen materiellen Gehalt zu.[644] Insbesondere das Berücksichtigungsgebot verpflichte die zuständige Behörde zu einer angemessenen Verarbeitung der Bewertung.[645] Daher müsse es auch möglich sein, dass eine entgegenstehende UVP zur Versagung einer Zulassung führen kann.[646] Der Bestimmung komme daher ein materieller Gehalt zu.

Die überwiegende Auffassung heutzutage vertritt jedoch die Annahme, dass die UVP als reines Verfahrensrecht keinen materiellen Gehalt aufweist.[647] Die UVP reichere die Zulassungsvoraussetzungen des Fachrechts deshalb nicht an.[648] Vielmehr gelten ausschließlich die Zulassungsvoraussetzungen des Fachrechts. Auch das BVerwG bestätigt diese Sichtweise indem es ausführt: „Das Umweltrecht hat durch die UVP-Richtlinie keine materielle Anreicherung erfahren. Die gemeinschaftsrechtliche Regelung enthält sich materiellrechtlicher Vorgaben. Sie beschränkt sich auf verfahrensrechtliche Anforderungen im Vorfeld der Sachentscheidung […].“[649]

Parallel zu diesem Problempunkt wurde diskutiert, ob die UVP trotz ihrer verfahrensrechtlichen Ausgestaltung die Auslegung und Abwägung des Fachrechts in der Weise beeinflusst, dass Umweltbelange bestmöglich (mit anderen Worten „optimiert“) zur Geltung kommen. In diesem Zusammenhang ist auf mehrere dogmatische und tatsächliche Probleme von Optimierungsgeboten

644 Siehe etwa, *Wulfhorst*, in: *Landmann/Rohmer*, Umweltrecht, 58. Ergänzungslieferung 2010, UVPG § 12, Rn. 26f.; *Wemdzio*, Die UVP – Unheimlich viel Papier?, NuR 2008, 479 (482); *Kahl/Gärditz*, Umweltrecht 2019, S. 130f.

645 *Kahl/Gärditz*, [Fn. 1], S. 131.

646 *Wemdzio*, [Fn. 644], 479 (482).

647 So etwa *Beckmann*, in: *Hoppe u. a.*, Gesetz über die Umweltverträglichkeitsprüfung (UVPG), Umwelt-Rechtsbehelfgesetz (UmwRG) 2018, § 25, Rn. 7; *Schink*, [Fn. 7], 21 (22); *Kloepfer*, [Fn. 6], S. 318.

648 *Beckmann*, in: *Hoppe u. a.*, [Fn. 647], S. § 25, Rn. 7; *Schink*, [Fn. 7], 21 (22).

649 BVerwG, Urt. v. 25.01.1996 – 4 C 5/95, NVwZ 1996, 788 (789); Diese Auffassung bestätigte auch der EuGH zu Art. 3 der RL 85/337/EWG, welcher die Bewertung und Berücksichtigung vorschreibt, indem er ausführt: „Dabei ist die Natur der verletzten Norm zu berücksichtigen. Im vorliegenden Fall schreibt diese eine Umweltverträglichkeitsprüfung bei einem öffentlichen oder privaten Projekt vor, enthält aber keine materiell-rechtlichen Vorschriften über eine Abwägung von Umweltauswirkungen mit anderen Faktoren und untersagt auch nicht die Durchführung von Projekten, die nachteilige Umweltauswirkungen haben können.“, EuGH, Urt. v. 14.03.2013 – C-420/11 EuGH, Rn. 46.

hinzuweisen. Optimierungsgebote kommen grundsätzlich im Rahmen von Abwägungsentscheidungen zur Geltung. Hierbei werden regelmäßig keine rechnerischen Maßeinheiten verwendet. Vielmehr werden die abzuwägenden Belange argumentativ und planerisch in der jeweiligen Situation bearbeitet. Beispielsweise kann dem Belang des Umweltschutzes keine Recheneinheit zugewiesen werden, anhand deren sich die Verwirklichung des Optimierungsgebots messen lässt. Daher kann nicht festgestellt werden, dass etwa der Umweltschutzbelang zu 100 % oder zu 75 % berücksichtigt wurde. Die Folgen würden sich von Einzelfall zu Einzelfall unterscheiden. (Speziell für den Belang des Umweltschutzes wäre eine 100 % Berücksichtigung regelmäßig gleichlautend mit dem völligen Verzicht auf das Vorhaben.) Selbst wenn ein Belang als Optimierungsgebot ausgestaltet ist, kann es dennoch im Rahmen der Abwägung einem anderen Belang unterliegen. Auch hier kann jedoch nicht gemessen werden, ob es nicht dennoch in gewisser, wenn auch untergeordneter Weise, berücksichtigt wurde. Daher ist der Grad der Verwirklichung eines Optimierungsgebots rechnerisch nicht messbar. Argumentativ dürfte sich jedoch im jeweiligen Einzelfall ein gewisser Grad der Verwirklichung herleiten lassen.

Ebenfalls problematisch sind Planungssituationen, in denen zwei oder mehrere Optimierungsgebote auftreten. Keiner dieser Belange kann seiner Forderung nach größtmöglicher Beachtung gerecht werden. In diesem Fall handelt es sich abermals um gleichrangige Belange (wenn auch in einem gehobenen Rang), für deren gegenseitige Abwägung keine Gewichtungsvorgaben bestehen. Treffen daher mehrere solcher Gebote aufeinander, findet implizit eine Abwertung des Einflusses dieser Belange auf die Abwägung statt.[650]

Teile der Literatur sprechen dem Bewertungs- und Berücksichtigungsgebot des § 25 UVPG (ehemals § 12) ein Optimierungsgebot zu. So könne der Zweck des UVPG – welcher in einer Minimierung der negativen Auswirkungen eines Vorhabens auf die Umwelt besteht – nur unzureichend erreicht werden, würde man lediglich ein Berücksichtigungsgebot annehmen.[651] Dazu wird ebenfalls auf den Bericht des Umweltausschusses rekurriert, wonach manch unbestimmter Begriff des Immissionsschutz- und Wasserhaushaltsrecht „durch das UVP-Gesetz einen neuen Gehalt“[652] bekäme. Damit würde der Wille des Gesetzgebers zur Stärkung der Umweltbelange deutlich, was sich auch auf die planerische Abwägung auswirken müsse.[653]

650 Vgl. dazu *Grüner*, [Fn. 613], 50 (53f.).
651 Vgl. *Dreier*, [Fn. 593], S. 364f.
652 BT-Drs. 11/5532, S. 31.
653 *Dreier*, [Fn. 593], S. 365.

Die abermals überwiegende Auffassung in der Literatur will in § 25 UVPG (§ 12 a.F.) keine Optimierungsvorgaben bzw. Abwägungsdirektiven sehen. Weiterhin einschlägig sei ausschließlich das materielle Zulassungsrecht. Insbesondere wird zur Begründung auf den gesetzlichen Verweis zurückgegriffen, dass die wirksame Umweltvorsorge eben „nach Maßgabe der geltenden Gesetze" zu erfolgen habe. Eine Optimierungspflicht für Umweltbelange könne sich daher nur ergeben, wenn sie in den Fachgesetzen vorgegeben ist.[654]

Diese Ansicht überzeugt in ihren Grundzügen. Denn aus rechtsstaatlichen Gesichtspunkten ist es schwer vertretbar, bestimmen Vorschriften einen unterschiedlichen Gehalt zuzuweisen, je nachdem, ob sie bei einem UVP-pflichtigen oder nicht UVP-pflichtigen Vorhaben Anwendung finden.[655] Vergleicht man beispielsweise die Zulassung zweier Vorhaben miteinander, die beide nach dem gleichen Zulassungsrecht behandelt werden, wird dieser Widerspruch offensichtlicher. Ist für ein Verfahren die Durchführung einer UVP vorgeschrieben, wären die Umweltbelange wegen der Optimierungspflicht erwachsend aus dem UVPG verstärkt zu beachten. Das einschlägige Fachrecht (in Bezug auf Umweltbelange) erhielt in diesem Fall einen anderen Gehalt. Bestünde für das zu vergleichende Vorhaben keine UVP-Pflicht (sei es aufgrund der Dimensionierung oder ähnlicher Gründe), fände das Optimierungsgebot aus dem UVPG gerade keine Anwendung. Die Umweltbelange wären zu behandeln wie alle anderen auch. Eine solche Unterscheidung scheint nur schwerlich zu rechtfertigen.

Diese Prämissen bedürfen jedoch einer gewissen Einschränkung. In Gesetzen, die nicht durch offene oder unbestimmte Rechtsbegriffe geprägt sind, wo also das behördliche Prüfprogramm relativ strickt vorgegeben ist, kann der rein verfahrensrechtliche Gedanke aufrecht gehalten werden. Ist das Zulassungsrecht jedoch durch weite und unbestimmte Rechtsbegriffe wie etwa das „Wohl der Allgemeinheit" oder „öffentliche Interessen" bestimmt, kann die UVP die Auslegung dieser Rechtsbegriffe steuern und strukturieren. Insofern kann in deren Rahmen eine umfassende Berücksichtigung der Umweltgüter erfolgen und deren Beeinträchtigung in Rechnung gestellt werden.[656] Auch kann durch die Verpflichtung der zuständigen Behörde, sich mit den Auswirkungen eines

---

654 Vgl. *Mayen*, Die Umweltverträglichkeitsprüfung nach dem UVP-Gesetz und der UVP-Verwaltungsvorschrift, NVwZ 1996, 319 (325); *Beckmann*, in: *Hoppe u. a.*, [Fn. 647], § 25, Rn. 99ff. In diese Richtung auch *Hoppe*, [Fn. 591], 903 (909).

655 So auch *Schink*, [Fn. 7], 21 (23).

656 Vgl. *Schink*, ebd., 21 (23).

Vorhabens auf die Umwelt auseinanderzusetzen, eine faktische Stärkung der Umweltbelange in der Zulassungsentscheidung stattfinden.[657]

Abschließend bleibt daher festzuhalten, dass das UVPG keine Wirkung im Sinne eines Optimierungsgebotes auf die planerische Abwägung ausübt. Durch das formalisierte Verfahren wird man vielmehr von einer „faktisch materiellen Wirkung“[658] sprechen können.

d. Ausgleich konfligierender Belange

Die letztliche Abwägungsentscheidung trifft die Behörde im finalen Schritt, beim Ausgleich der konfligierenden Belange. Die vorherigen drei Stufen haben daher diese letzte Stufe vorbereitet. Erst durch die korrekte Auffindung, Aufbereitung und Bewertung der relevanten Belange kann letztlich eine gerechte Abwägung stattfinden. Die Behörde muss in diesem Schritt im Wege einer bilanzierenden Betrachtungsweise die für und gegen ein Vorhaben sprechenden Belange gerecht gegeneinander abwägen.[659] In diesem Rahmen trifft die Behörde Entscheidungen, wobei bestimmte Belange den Vorzug erhalten und andere Belange zurücktreten müssen.[660] Hierbei wird offensichtlich, dass die Belange niemals alleine stehen können. Denn misst man einem bestimmten Belang in der Abwägung ein höheres Gewicht zu, so fällt im Gegenzug das Gewicht der entgegenstehenden Belange.[661]

Bei dieser Entscheidung muss sich die Behörde am Grundsatz der Verhältnismäßigkeit messen lassen.[662] Demnach ist einer solchen Lösung der Vorzug zu gewähren, durch welche die öffentlichen und privaten Interessen am wenigsten beeinträchtigt werden.[663] Die durch das Vorhaben hervorgerufenen Probleme dürfen durch die Behörde nicht einfach verdrängt, ausgespart oder verharmlost

---

657 Vgl. *Führ u. a.*, Evaluation des UVPG des Bundes – Ergebnisse einer retrospektiven Gesetzesfolgenforschung, ZUR 2009, 59 (62); *Kloepfer*, [Fn. 6], S. 318.

658 *Kloepfer*, [Fn. 6], S. 318.

659 BVerwG, Urt. v. 27.10.2000 – 4 A 18/99, NVwZ 2001, 673 (681); *Ziekow*, [Fn. 580], S. 183; *Hofmann*, [Fn. 592], S. 268.

660 BVerwG, Urt. v. 07.07.1978 – 4 C 79.76 u. a., BVerwGE 56,110 (126); *Ziekow*, [Fn. 580], S. 183.

661 Vgl. *Hofmann*, [Fn. 592], S. 266.

662 Vgl. BVerwG, Urt. v. 07.03.1997 – 4 C 10.96, BVerwGE 104, 144 (152), NVwZ 1997, 914 (915).

663 BVerwG, Beschl. v. 02.11.1992 – 4 B 205/92, NVwZ 1993, 998 (888).

werden.[664] Das Gebot der Konfliktbewältigung verlangt vielmehr, dass grundsätzlich alle Konflikte im Rahmen der Abwägung bewältigt werden.[665]

2. Planungsalternativen

Zu einer gerechten und verhältnismäßigen Abwägung gehört auch die Berücksichtigung etwaiger, ernsthaft in Betracht kommender Planungsalternativen. Dies gebietet schon das Abwägungsgebot.[666] Demnach hat die Behörde als Kehrseite der planerischen Gestaltungsfreiheit alle ernsthaft in Betracht kommenden Planungsalternativen zu berücksichtigen.[667] Denn wenn der planenden Behörde schon die Möglichkeit eingeräumt ist, planerisch und gestalterisch aktiv zu sein, muss sie auch die Ausführungsvariante eines Plans oder Vorhabens wählen, die die gegenläufigen Interessen und Rechte am wenigsten beeinträchtigt.

Die Alternativen unterliegen somit als Teil des Abwägungsmaterials den gleichen Anforderungen wie die übrigen Belange.[668] Daher müssen zunächst alle ernsthaft in Betracht kommenden Alternativen ermittelt und in die Abwägung eingestellt werden (Schritt 1 und 2). Sodann muss den Alternativen ihr objektives Gewicht in der konkreten Planungssituation beigemessen werden (Schritt 3). Schließlich darf die Zurückstellung einer gewissen Alternative nicht außer Verhältnis zu ihrem objektiven Gewicht stehen (Schritt 4).[669] In die Prüfung der jeweiligen Alternativen fließen alle für die Abwägung beachtlichen Belange (auch solche umweltrechtlicher und sozialer Art) ein. In diesem Rahmen kann daher in gewisser Weise mit der Austarierung der unterschiedlichen Belange experimentiert werden. Ergebnis dieser unterschiedlichen Gewichtungen der Belange im Einzelfall sind die unterschiedlichen Alternativen.

---

664 *Ziekow*, [Fn. 580], S. 198.

665 Vgl. BVerwG, Beschl. v. 17.12.1985 – 4 B 214/85, NVwZ 1986, 640 (641). Es müssen jedoch nicht alle Probleme auf Ebene der Planung gelöst werden. Teilweise ist auch ein Konflikttransfer auf nachfolgende oder parallele Zulassungsverfahren zulässig. Vgl. bspw. VGH Bad.-Württ., Urt. vom 24. Juli 2019 – 5 S 2405/17, ZfBR 2019, 806.

666 *Friedrichsen*, Umweltbelastende Vorhaben und Alternativen in der Planfeststellung 2005, S. 48f.; *Heidmann*, Die Alternativenprüfung bei Planungsentscheidungen 2012, S. 41.

667 Vgl. *Friedrichsen*, [Fn. 666], S. 49.

668 BVerwG, Beschl. v. 20.12.1988 – 7 NB 2/88, BVerwGE 81, 128, NVwZ 1989, 458 (460); *Heidmann*, [Fn. 666], S. 42.

669 Vgl. etwa BVerwG, Urteil vom 16.03.2006 – 4 A 1075/04, NVwZ 2006, Beilage Nr. 1 zu Heft 8, 1 (7) sowie *Heidmann*, ebd., S. 42.

Die planende Behörde muss dabei jedoch nicht alle erdenklichen Alternativen untersuchen und in die Abwägung einbeziehen. Ein solcher Aufwand wäre nicht zu rechtfertigen. Vielmehr müssen Alternativen nur abgewogen werden, wenn sie „sich aufdrängen"[670]. Insofern kann eine gerichtliche Kontrolle nur sehr eingeschränkt stattfinden. Hierzu führte das BVerwG aus: „Die Standortauswahl ist nicht schon dann abwägungsfehlerhaft, wenn sich später herausstellt, dass eine zurückgestellte Alternative ebenfalls mit guten Gründen vertretbar gewesen wäre. Es ist nicht Aufgabe des Gerichts, durch eigene Ermittlungen und Wertungen ersatzweise zu planen und sich dabei von den Erwägungen einer ‚besseren' Planung leiten zu lassen. Ein Abwägungsfehler liegt also nicht schon dann vor, wenn für und gegen den einen wie den anderen Standort einleuchtende Gründe ins Feld geführt werden können. Die Standortwahl ist erst dann rechtswidrig, wenn sich die verworfene Alternative entweder als die eindeutig vorzugswürdige Lösung hätte aufdrängen müssen oder wenn der Planungsbehörde in Folge einer fehlerhaften Ermittlung, Bewertung oder Gewichtung einzelner Belange ein rechtserheblicher Fehler unterlaufen ist."[671] Theoretisch können daher auch umweltrechtliche und soziale Belange in der Weise gegen einen Standort sprechen, dass die gewählte Alternative als rechtswidrig erscheint.

3. Gebot gerechter Abwägung/ Recht auf gerechte Abwägung

Maßstabgebend für den Ablauf der Abwägung ist das von der Rechtsprechung aus dem Rechtsstaatlichkeitsgebot entwickelte Gebot einer gerechten Abwägung.[672] Hierbei handelt es sich um eine objektivrechtliche Verpflichtung der hoheitlichen Gewalt.[673] Demnach ist „das Gebot gerechter Abwägung [...] verletzt, wenn eine (sachgerechte) Abwägung überhaupt nicht stattfindet. Es ist verletzt, wenn in die Abwägung an Belangen nicht eingestellt wird, was nach

670 Vgl. etwa BVerwG, Beschl. v. 05.10.1990 – 4 B 249/89, NVwZ-RR 1991, 118 (124).

671 BVerwG, Urteil vom 16.03.2006 – 4 A 1075/04, NVwZ 2006, Beilage Nr. 1 zu Heft 8, 1 (7); dazu außerdem *Heidmann*, [Fn. 666], S. 43f. Eine ausführliche Auseinandersetzung mit dem Tatbestandsmerkmal „sich aufdrängen" findet sich in *Friedrichsen*, [Fn. 666], S. 52ff.

672 St. Rspr., grundlegend: BVerwG, 12.12.1969 – IV C 105.66, BVerwGE 34, 301 (309), sowie BVerwG, 14.02.1975 – IV C 21.74, BVerwGE 48, 56 (63f); Siehe ebenfalls *Berkemann*, [Fn. 586], 323 (323); *Martini/Finkenzeller*, [Fn. 580], 126 (126). Einen kritischen Überblick über das Schrifttum zur Abwägung liefert *Erbguth*, [Fn. 584], 484 (486).

673 *Martini/Finkenzeller*, [Fn. 580], 126 (127).

Lage der Dinge in sie eingestellt werden muss. Es ist ferner verletzt, wenn die Bedeutung der betroffenen privaten Belange verkannt oder wenn der Ausgleich zwischen den von der Planung berührten öffentlichen Belangen in einer Weise vorgenommen wird, der zur objektiven Gewichtigkeit einzelner Belange außer Verhältnis steht."[674] Diese Anforderungen gelten sowohl für den Abwägungsvorgang, als auch das Abwägungsergebnis.[675] Das Gebot korreliert daher erkennbar mit dem kompletten Vorgang der Abwägung. Auch war mit diesen Erkenntnissen des BVerwG die Abwägungsfehlerlehre geboren.[676]

Als Kehrseite des Gebots der gerechten Abwägung folgt ein subjektiv-öffentliches Recht des Einzelnen auf eine gerechte Abwägung.[677] Demnach können bestimmte Fehler im Rahmen der Abwägung gerichtlich geltend gemacht werden. Die gerichtliche Aufhebung einer Entscheidung kann aufgrund § 113 Abs. 1 S. 1 VwGO indes nur verlangt werden, wenn die Abwägung die „eigenen" Rechte des Betroffenen betrifft. Die Geltendmachung einer fehlerhaften Abwägung öffentlicher Belange ohne individuellen Bezug kann daher nicht stattfinden.[678]

Im Rahmen der gerichtlichen Kontrolle ist ebenfalls die Gestaltungsfreiheit der planenden Behörde angemessen zu berücksichtigen.[679] Daher ist es nicht schon fehlerhaft, wenn sich die Behörde im Rahmen der Abwägung konfligierender Interessen für die Bevorzugung eines bestimmten Belangs und damit für die Zurückstellung eines anderen entscheidet.[680] Das Unterliegen bestimmter Belange geht vielmehr zwangsläufig mit der Abwägung einher. Den Gerichten ist es überdies vorenthalten zu entscheiden, wie ein Abwägungsergebnis bei einer fehlerfreien Ausübung aussehen würde. Sie dürfen der Behörde daher kein bestimmtes Ergebnis vorgeben.[681]

---

674 BVerwG, 12.12.1969 - IV C 105.66, BVerwGE 34, 301 (309).

675 Vgl. BVerwG, 05.07.1974 - IV C 50.72, BVerwGE 45, 309 (315). Zur Unterscheidung *Erbguth*, [Fn. 584], 484 (489).

676 Vgl. auch *Erbguth*, ebd., 484 (485).

677 BVerwG, 14.02.1975 - IV C 21.74, BVerwGE 48, 56 (66); vgl. auch *Ziekow*, [Fn. 580], S. 187; *Martini/Finkenzeller*, [Fn. 580], 126 (127); *Berkemann*, [Fn. 586], 323 (365).

678 Vgl. BVerwG, Beschl. v. 19.05.2005 - 4 VR 2000/05, NVwZ 2005, 940 (942); *Ziekow*, [Fn. 580], S. 187.

679 *Hofmann*, [Fn. 592], S. 345ff.

680 BVerwG, Beschl. v. 31.10.2000 - 11 VR 12/00, NuR 2001, 226 (227); *Ziekow*, [Fn. 580], S. 189.

681 Vgl. BVerwG, Urteil vom 29.01.1991 - 4 C 51/89, BVerwGE 87, 332 (345), NVwZ-RR 1991, 601 (604).

Auch der Gestaltungsfreiheit der Behörde sind wiederum Grenzen gesetzt.[682] Insbesondere haben sich hier – resultierend aus der Rechtsprechung des BVerwG – vier Fehlerkategorien herausgebildet, bei denen ein Fehler der Abwägung gerichtlich gerügt werden kann. Diese Kategorien laufen parallel zum Abwägungsvorgang. Es können mithin Fehler auf jeder Ebene des Abwägungsvorgangs identifiziert werden, wobei eine trennscharfe Unterscheidung und Zuordnung zu den einzelnen Schritten in manchen Fällen nicht möglich ist.

a. Abwägungsausfall

Zunächst liegt ein Abwägungsfehler vor, wenn eine gebotene Abwägung nicht vorgenommen wurde.[683] Im Lichte der Stufen liegt demnach der Fehler im völligen Ausbleiben der Ermittlung des Abwägungsmaterials auf Stufe 1. Dies kann verschiedene Gründe haben. Denkbar ist, dass die Behörde annimmt, ihr stehe überhaupt kein Gestaltungsspielraum zu. Diese Fälle dürften in der Praxis jedoch selten sein.[684] Relevanter dürfte die Fallgestaltung sein, in der die Behörde sich für gebunden hält und daher eine Abwägung unterlässt.[685] Insbesondere ist es fehlerhaft, wenn die Behörde alleine aufgrund der Bejahung der Planrechtfertigung eine Abwägung mit entgegenstehenden öffentlichen und privaten Interessen unterlässt.[686]

b. Abwägungsdefizit

Überdies liegt ein Fehler vor, wenn die Behörde einen an sich beachtlichen Belang nicht in die Abwägung einstellt.[687] Auch für diese Ebene gilt, dass ein Belang beachtlich ist, wenn er nach der „Lage der Dinge“ eingestellt werden muss.[688] Dabei kann es sich sowohl um einen Fehler auf der ersten sowie zweiten Stufe handeln. Ein Fehler auf erster Stufe liegt beispielsweise vor, wenn die Behörde einen Belang übersieht, sie seine Abwägungsbeachtlichkeit verkennt oder annimmt, er sei nur geringfügig betroffen und infolgedessen nicht zu

---

682 Vgl. weiterführend dazu *Hofmann*, [Fn. 592], S. 358ff.

683 *Dreier*, [Fn. 593], S. 57.

684 Vgl. *Ziekow*, [Fn. 580], S. 187.

685 Vgl. BVerwG, Beschl. v. 30.10.1992 – 4 A 4/92, NVwZ 1993, 565 (571); *Hofmann*, [Fn. 592], S. 363.

686 Vgl. BVerwG, Beschl. v. 05.10.1990 – 4 B 249/89, NVwZ-RR 1991, 118 (119).

687 *Lieber*, in: *Mann u. a.*, Verwaltungsverfahrensgesetz 2019, § 74, Rn. 58; *Ziekow*, [Fn. 580], S. 188.

688 BVerwG, Urt. v. 14.02.1975 – IV C 21/74, NJW 1975, 1373 (1375).

untersuchen, bzw. in zu geringem Maße zu untersuchen.[689] Ein Fehler auf der zweiten Ebene liegt beispielsweise vor, wenn die Behörde einen Belang zwar erkannt und ermittelt hat, diesen dann aber nicht in die Abwägung einstellt. Denkbar ist ein solcher Fehler, wenn die Behörde eine tiefergehende Untersuchung schlicht für zu aufwendig hält oder andere, sachfremde Gründe sie von einer Aufklärung abhalten.[690]

c. *Abwägungsfehleinschätzung*

Eine Abwägungsfehleinschätzung liegt sodann vor, wenn ein Fehler im Rahmen der Gewichtung der Belange, also auf der dritten Stufe unterläuft. Demnach handelt die Behörde fehlerhaft, wenn sie die objektive Bedeutung eines Belangs in der konkreten Situation verkennt.[691] Dies ist etwa dann der Fall, wenn sie einen Belang von geringem Gewicht einen hohen Wert beimisst und umgekehrt.[692] Der Maßstab für die Gewichtung eines Belangs ergibt sich hierbei aus dem einschlägigen Fachplanungsgesetz, gesetzlichen Wertungsvorgaben und in hervorzuhebender Weise aus den Wertungen des Grundgesetzes.[693]

d. *Abwägungsdisproportionalität*

Die eigentliche Abwägungsentscheidung auf der vierten Ebene wird sodann auf etwaige Abwägungsdisproportionalitäten überprüft. In diesem Schritt werden alle von der Planung berührten privaten und öffentlichen Belange zueinander in Verhältnis gesetzt. Dabei darf der Ausgleich der konfligierenden Belange nicht in einer Weise geschehen, die zur jeweiligen objektiven Gewichtigkeit außer Verhältnis steht.[694] Mit den Worten des BVerwG kann jedoch erst von einer Abwägungsdisproportionalität gesprochen werden, wenn „das Vorhaben mit Opfern erkauft werden muss, die außer Verhältnis zu dem mit ihm erstrebten Planungserfolg stehen."[695] Auch dürfen die zurücktretenden Belange nicht stärker

---

689 *Lieber*, in: *Mann u. a.*, [Fn. 687], § 74, Rn. 58; *Ziekow*, [Fn. 580], S. 188.

690 *Dreier*, [Fn. 593], S. 70; *Ziekow*, [Fn. 580], S. 188.

691 Vgl. *Lieber*, in: *Mann u. a.*, [Fn. 687], § 74, Rn. 59; VGH Mannheim, Urt. v. 07.07.2009 – 5 S 967/08, NJOZ 2009, 4391 (4406).

692 *Ziekow*, [Fn. 580], S. 188.

693 *Wickel*, in: *Fehling u. a.*, [Fn. 530], § 74, Rn. 145.

694 Vgl. etwa BVerwG, v. 07.07.1978 – 4 C 79.76; BVerwGE 56, 110, 116, NJW 1979, 64, 67; BVerwG, Urt. v. 24.11.2011 – 9 A 23/10, NVwZ 2012, 557, Rn. 54.

695 BVerwG, Urt. v. 27.10.2000 – 4 A 18/99, NVwZ 2001, 673 (680).

eingeschränkt werden, als es für die Realisierung des Vorhabens vonnöten ist.[696]

4. Der Klimaschutzbelang in der Abwägung

Da nunmehr die allgemeinen Merkmale und Strukturen der Abwägung erarbeitet sind, ist im nächsten Schritt zu erörtern, wie sich der Belang des Klimaschutzes hier einfügt. Anzumerken ist bei einer solch allgemeinen Darstellung, dass sich eine planungsrechtliche Abwägung immer nach dem einschlägigen Fachrecht richtet. Dieses Fachrecht kann spezielle Vorgaben für den Belang des Klimaschutzes machen, welche in der jeweiligen Planungssituation zu beachten sind. Im Rahmen dieser Darstellung können daher nur grundsätzliche Strukturen aufgezeigt werden.

Zunächst gilt es außerdem zu klären, wie die Belange „Klima", „globales Klima" oder „Klimaschutz" im Rahmen der Abwägung handhabbar sind. Für die Zwecke dieser Arbeit ist mit diesen drei Oberbegriffen jeweils das gleiche gemeint, und zwar die Begrenzung des Ausstoßes von THG, um so eine weitere Störung des Klimasystems durch den Menschen zu minimieren. Die Vorgaben zum klassischen Klimaschutz müssen zudem vom Belang der Anpassung an den Klimawandel und der Klimaresilienz abgegrenzt werden. Nachfolgende Ausführungen beziehen sich nicht auf Maßnahmen zur Anpassung an den Klimawandel und den Belang der Klimaresilienz sondern ausschließlich auf den Belang des Klimaschutzes.

Festzuhalten ist zunächst, dass es hierbei nicht um den Schutz vor den einzelnen zu erwartenden Auswirkungen des Klimawandels geht. Denn eine Zurechnung zwischen dem Ausstoß von CO_2 durch ein Vorhaben und einzelnen durch den Klimawandel hervorgerufene Auswirkungen kann im Rahmen der planenden Abwägung nur schwerlich hergestellt werden.[697] Vielmehr können im Prinzip durch einen vorgelagerten Schritt, bei dem die Auswirkungen des Vorhabens auf den atmosphärischen Treibhausgasgehalt beobachtet werden, im Belang des Klimaschutzes gebündelt werden. Die letztlichen Auswirkungen – um die es ja eigentlich geht – werden hierbei nicht ignoriert. Sie werden vielmehr im Sinne eines Sammelbegriffs unter den Belang „Klimaschutz" gefasst.[698]

---

696 *Wickel*, in: *Fehling u. a.*, [Fn. 530], § 74, Rn. 148.

697 Vgl. *Winkler*, Klimaschutzrecht 2005, S. 84; *Würtenberger*, Der Klimawandel in den Umweltprüfungen, ZUR 2009, 171 (173).

698 Vgl. dazu *Wagner*, Klimaschutz durch Raumordnung 2018, S. 570f. Dieser legt überdies schlüssig dar, dass eine Abstrahierung von den konkreten Auswirkungen zulässig ist.

Operationalisierbar wird der Belang sodann durch eine Quantifizierung der Treibhausgase.[699] Hierbei können durch die Ermittlung der Menge ausgestoßener bzw. eingesparter Treibhausgase relativ exakte Angaben gemacht werden. Ausgestoßene Treibhausgase fallen negativ ins Gewicht, eingesparte – wie beispielsweise durch Senkenleistungen oder erneuerbare Energien – hingegen positiv.[700]

a. Ermittlung und Einstellung

Im ersten Schritt sind die Auswirkungen eines Vorhabens auf das Klima daher zu ermitteln. Auch für das Klima gilt die allgemeine Regel, dass nur solche Belange zu ermitteln sind, die „nach Lage der Dinge" in die Abwägung eingestellt werden müssen. Maßgeblich ist daher, ob das Vorhaben den Belang Klima berührt. Berühren ist im Vergleich zu einer Gefährdung oder Beeinträchtigung ein weitaus offener und weniger konkreter Begriff. Daher ist der Ausstoß von THG, sei es direkt durch eine Anlage wie ein Kohlekraftwerk, oder mittelbar, durch die Bereitstellung von Infrastruktur, die dann von treibhausgasemittierenden Verkehrsträgern genutzt wird, als eine Berührung des Schutzgutes Klima anzusehen.[701] Die Berührung ist aufgrund der verfassungsrechtlichen Verankerung auch schutzwürdig und erkennbar.[702] Eine Ermittlung kann indes ausbleiben, wenn das Klima nur geringfügig berührt wird. Dies kann beispielsweise der Fall sein, wenn erkennbar nur extrem wenig CO_2 durch das Vorhaben emittiert wird. Denkbar wäre beispielsweise die Errichtung eines forstwirtschaftlichen Weges, einer kleinen Ortsstraße oder einer gebäudeinternen Verbrennungsanlage.

Die so ermittelten Befunde müssen anschließend in die Abwägung eingestellt werden. Die Behörde darf sich hierbei nicht darauf berufen, dass eine tiefergehende Ermittlung und damit Einstellung des Klimabelangs in die Abwägung mit einem zu großen Aufwand verbunden wäre. Denn der Belang des Klimas

---

699 So schon *Schomerus/Runge*, Klimaschutz in der Strategischen Umweltprüfung – am Beispiel der Windenergienutzung in der Ausschließlichen Wirtschaftszone, ZUR 2007, 410 (415).

700 *Wagner*, [Fn. 698], S. 560f.

701 Auch *Saurer*, Klimaschutzziele und Abwägungsentscheidungen in der raumbezogenen Planung, EurUP 2018, 183 (187) geht davon aus, dass der Klimaschutzbelang mittlerweile regelmäßig zu den „nach Lage der Dinge einzustellenden Belangen" gehört und daher in die Abwägung einzustellen ist.

702 Vgl. *Attendorn*, Die Belange des Klimaschutzes nach Fukushima und der Energiewende, NVwZ 2012, 1569 (1573).

hat mittlerweile eine so herausragende Bedeutung, dass hier durchaus nicht unwesentliche Anstrengungen gefordert werden dürfen.[703] Hinzu kommt, dass für die Ermittlung des Ausstoßes der zu erwartenden THG durchaus Berechnungsmethoden bestehen, die herangezogen werden können.[704] Werden die Auswirkungen auf das Klima nicht ermittelt und eingestellt, obwohl dies nach den skizzierten Maßstäben geboten ist, kann hierin ein Abwägungsdefizit liegen, dass gerichtlich angreifbar ist.

b. Gewichtung

Ausgehend von der grundsätzlichen Gleichrangigkeit aller abwägungsbeachtlichen Belange ist eine Differenzierung für die jeweilige Planungssituation vorzunehmen. Hierbei erhalten die Belange, je nach der vorgefundenen Situation ein „objektives", „faktisches" oder „tatsächliches" Gewicht.[705] Denn diese Gewichtung ist nicht abhängig von rechtlichen Vorgaben, sondern vielmehr von realen Lebensverhältnissen.[706] Das globale Klima stellt in diesem Rahmen einen Faktor dar, der weltweit in gleicher Weise gilt. Jedes Vorhaben und jede Planung müssen in der gegenwärtigen Lebensrealität verwirklicht werden. Hierzu zählt auch das sich verändernde Klimasystem. Insofern erlangt der Klimaschutz ein objektiv universal zu berücksichtigendes Gewicht. Wie schwer der Belang des Klimas beeinträchtigt ist, bestimmt sich indes nach dem jeweiligen Einzelfall, insbesondere nach Art und Menge des Ausstoßes von THG-Emissionen und dem Einfluss auf Klimasenken.

Darüber hinaus müssen bei der Gewichtung des Klimabelangs mehrere Faktoren berücksichtigt werden. Zunächst müssen hier, trotz der Abstrahierung auf der ersten Ebene, die Klimawandelfolgen in den Blick genommen werden. Gerade die gravierenden und weitreichenden Auswirkungen verleihen dem Klimaschutz seine besondere Bedeutung.[707] Ebenfalls ist der Staat zum Schutze seiner Bürger vor den gravierenden Folgen des Klimawandels aus grundrechtlicher Sicht verpflichtet. Schließlich kommen an dieser Stelle die zuvor

---

703 So ebenfalls *Wagner*, [Fn. 698], S. 561f.

704 Siehe als plastisches Beispiel etwa der CO_2-Rechner des Umweltbundesamtes, einsehbar unter https://uba.co2-rechner.de/de_DE/.

705 Vgl. *Wagner*, [Fn. 698], S. 569. Diese Begriffe werden, wie auch bei *Wagner*, synonym verwendet, da sie nicht von rechtlichen Vorgaben abhängig sind, sondern aus der jeweiligen Planungssituation erwachsen.

706 Ebd.

707 *Wagner*, [Fn. 698], S. 574.

herausgearbeiteten Optimierungsgebote aus Art. 20a GG und dem KSG in Verbindung mit dem Klimaschutz-Beschluss des BVerfG zum Tragen. Wie gezeigt verlangt zunächst Art. 20a GG, dass der Umweltbelang – worunter auch der Schutz des globalen Klimas fällt – im Sinne eines Optimierungsgebotes in der planerischen Abwägung zu handhaben ist. Daraus ergibt sich, dass der Belang des Klimaschutzes im Rahmen der Abwägung möglichst weitgehende Berücksichtigung finden muss. Ebenfalls wird durch diesen Befund das Gewicht des Klimabelangs in einschlägigen Entscheidungen erhöht. In diese Richtung argumentierte auch schon der VGH Mannheim im Jahr 2011 indem er ausführt, dass „der Umstand, dass die Belange des Klimaschutzes auch im Grundgesetz [...] nämlich in der Bestimmung des Art. 20a GG [...] verankert [sind], [...] zu einer entsprechenden Gewichtung dieser Belange im Rahmen der [...] zu treffenden Ermessenentscheidung [führen muss]."[708] Daraus folgt indes kein abstrakter Vorrang vor Belangen, die ebenfalls eine verfassungsrechtliche Grundlage haben.[709] Gegenüber Belangen, denen es an einer verfassungsrechtlichen Verankerung mangelt, hat der der Klimabelang jedoch ein stärkeres Gewicht. Die Forderung nach einer verstärkten Beachtung wird außerdem durch die hier vertretene Auffassung gestützt, dass sich aus § 13 Abs. 1 S. 1 KSG iVm dem Klimaschutz-Beschluss des BVerfG ein Optimierungsgebot für den Belang des Klimaschutzes in der planerischen Abwägung ergibt.

Je mehr THG ein Vorhaben ausstößt, desto größeres Gewicht muss dem Klimaschutzbelang zukommen. Vor diesem Hintergrund erlangt er regelmäßig ein sehr, wenn nicht sogar äußerst hohes objektives Gewicht.[710]

Zwar bestehen auch weiterhin Unsicherheiten obschon der genauen Auswirkungen und Kausalzusammenhänge zwischen den einzelnen Ebenen des Klimasystems. Dies kann jedoch nicht darüber hinwegtäuschen, dass die grundsätzliche Kausalkette zwischen anthropogenen Emissionen – Erderwärmung – Auswirkungen auf Umwelt und Ökosysteme – Auswirkungen auf die Menschheit

---

708 VGH Mannheim, Urt. v. 01.09.2011 – 1 S 1070/11, Rn. 57, NVwZ-RR 2012, 222 (225). Diese Befunde traf das Gericht zwar im Rahmen einer denkmalschutzrechtlichen Streitigkeit, die Grundaussage ist jedoch auf andere Ermessens- und Planungsentscheidungen zu übertragen.

709 *Grothmann*, Auswirkungen des Staatszieles Klimaschutz auf den Ermessensspielraum am Beispiel des Denkmalschutzrechtes, ZfBR-Beil. 2012, 100 (107f.).

710 So auch *Wagner*, [Fn. 698], S. 575.

wissenschaftlich unbestritten ist und daher das herausragende Gewicht des Klimabelangs unangetastet bleibt.[711]

Sofern also keine gegenläufigen Gewichtungsvorgaben in den einschlägigen Fachgesetzen bestehen, kommt dem Klimaschutzbelang ein sehr hohes objektives Gewicht zu. Dieses Gewicht steigt proportional mit der Zunahme der ausgestoßenen THG. Weist eine Behörde in einer Planungsentscheidung entgegen dieser Erkenntnisse dem Belang des Klimaschutzes trotzdem ein geringes oder gar kein Gewicht zu, obwohl mit einem erheblichen Ausstoß von THG zu rechnen ist, liegt hierin eine Abwägungsfehleinschätzung, welche abermals gerichtlich angegriffen werden kann.

c. *Ausgleich mit konfligierenden Belangen*

Im letzten Schritt der Abwägung muss der Klimaschutzbelang im Wege einer bilanzierenden Betrachtungsweise mit allen anderen öffentlichen und privaten Belangen in Verhältnis gesetzt werden. Der Klimaschutzbelang würde in seiner Maximalforderung den kompletten Verzicht des Ausstoßes von THG gebieten.[712] Eine solche Forderung kann in den allermeisten Fällen jedoch nicht aufrecht gehalten werden, da dies grundsätzlich die Unmöglichkeit der Durchführung des Vorhabens bedeuten würde. Daher muss diese Forderung aufgrund der entgegenstehenden Belange regelmäßig abgemildert werden. Bis zu welchem Punkt sie abgemildert wird, bestimmt sich nach dem Gewicht der entgegenstehenden Belange.

Eine Abwägungsdisproportionalität dürfte vorliegen, wenn der Klimaschutzbelang im Gemenge der Belange gar keine Beachtung findet und daher völlig zurücktritt. Die Behörde muss bei der Abwägung wenigstens Überlegungen über mögliche Minderungspotentiale anstellen und diese in der letztlichen Entscheidung darlegen.[713] Kommt die Behörde zu dem Ergebnis, dass eine Minderung aufgrund überwiegender entgegenstehender Gründe nicht in Betracht kommt, und der Klimaschutz damit faktisch zurücktreten muss, kann dies nichtsdestotrotz abwägungsfehlerfrei sein. Gefordert werden muss regelmäßig jedoch eine – gemessen am hohen objektiven Gewicht – hinreichende Berücksichtigung.

---

711 Vgl. *Winkler*, [Fn. 127], S. 36ff.; *Wagner*, [Fn. 698], S. 575; *Schomerus/Runge*, [Fn. 699], 410 (414f.).

712 Vgl. *Wagner*, [Fn. 698], S. 580.

713 Dies fordert auch das Berücksichtigungsgebot nach § 13 Abs. 1 S. 1 KSG, unabhängig davon, ob man es als schlichtes Berücksichtigungsgebot oder als Optimierungsgebot ansieht.

IV. Zusammenfassung zum allgemeinen Teil des Verfahrensrechts

Dem Verfahrensrecht in Deutschland kommt grundsätzlich eine dienende Funktion zu. Ergänzend zur vorrangig dienenden Funktion treten einige weitere maßgebliche Eigenschaften. Hervorzuheben ist zum einen die Generierung und Verarbeitung der benötigten Informationen. In Bezug auf den Klimaschutz ist angesichts der zahlreichen erfolgreichen Gerichtsverfahren nicht nur gegen Staaten, sondern auch gegen Unternehmen, grundsätzlich von einer ausreichenden Daten- und Informationslage auszugehen, wie und in welchem Maße verschiedene Tätigkeiten THG emittieren und daher Klimarelevanz besitzen. Ebenfalls bilden diese Daten die Grundlage für alle Schritte eines Verwaltungsfahrens sowie die letztliche Entscheidungsfindung. Die Vernachlässigung der Ermittlung von Daten zu den Auswirkungen auf das Klima in relevanten Verfahren, kann vor diesem Hintergrund nur schwer gerechtfertigt werden. Außerdem kann ein solches Ermittlungsdefizit, soweit es sich in der Folge um einen Abwägungsfehler handelt, gerichtlich geltend gemacht werden.

Ebenfalls von Relevanz ist die Funktion des Grundrechtsschutzes durch das Verfahren. Insbesondere durch die Berücksichtigung und Beteiligung möglicherweise beeinträchtigter Grundrechtsträger kann den Anforderungen aus den Grundrechten und Staatszielbestimmungen nachgekommen werden. In Bezug auf den Klimaschutz ist dies jedoch nicht möglich. Daher erscheint es angebracht, den Belang des globalen Klimas in allen relevanten Verwaltungsvorgängen im Rahmen des Verfahrens und insbesondere der Abwägung einzubeziehen und gebührend zu berücksichtigen, auch ohne eine Rüge durch beteiligte Personenkreise. Wird das Klima in allen Verfahren für Vorhaben, die entweder direkt oder indirekt Treibhausgase emittieren, ermittelt und berücksichtigt, wird man annehmen müssen, dass den Schutzpflichten auf Klimaschutz durch das Verfahren genüge getan ist.

Prägendes Element einer Vielzahl umweltrechtlicher Verfahren ist schließlich die (planungsrechtliche) Abwägung. Soweit nach Lage der Dinge und materiellem Recht geboten, ist das globale Klima als schützenswerter Belang in allen Verfahren gebührend in der Abwägung zu ermitteln, bearbeiten und berücksichtigen. Dies wird man überall dort annehmen müssen, wo THG direkt oder indirekt in nicht unerheblichem Maße emittiert werden. Dem Klimabelang kommt dabei ein objektiv hohes, wenn nicht sogar sehr hohes Gewicht zu, dass sich bei der ausgleichenden Bilanzierung mit den anderen Belangen bemerkbar machen muss. Insbesondere die Norm des § 13 Abs. 1 S. 1 KSG in Verbindung mit dem Klimaschutz-Beschluss des BVerfG wird in Zukunft der

Anknüpfungspunkt für Klimaschutzüberlegungen in einer Vielzahl – insbesondere planungsrechtlicher – Verwaltungsverfahren sein.

Kapitel 5: Die Umweltprüfung

Da die rechtlichen Vorgaben und der Beitrag des allgemeinen Verfahrensrechts zu den Klimaschutzbemühungen geklärt sind, stellt sich nunmehr die Frage, wie sich das Instrument der Umweltprüfung hier einreiht. Kann sie einen eignen Beitrag zu den nationalen Klimaschutzanstrengungen leisten? Welche Chancen und Hindernisse ergeben sich hierbei?

Zur Beantwortung dieser Fragen gilt es zunächst zu klären, welche Grundgedanken und Grundzüge der Umweltprüfung zugrunde liegen (Ziff. I). Zum tieferen Verständnis wird sodann die geschichtliche Entwicklung der Umweltprüfung in den USA, der EU und Deutschland erörtert (Ziff. II). Daran schließt sich ein Überblick über die generellen Verfahrensschritte der beiden in Deutschland relevanten Umweltprüfungen an (unter Ziff. III). Im letzten Schritt wird untersucht, wie sich Klimaschutzüberlegungen in der Umweltprüfung normativ niederschlagen (unter Ziff. IV, 1), in welchen Schritten solche Überlegungen am sinnvollsten angebracht werden können (unter Ziff. IV, 2, 3) und ob sich eine Weiterentwicklung des bestehenden Instrumentariums anbietet (unter Ziff. IV, 5).

I. Grundgedanken und Grundzüge

Umweltprüfungen sind spezielle Instrumente innerhalb eines Verwaltungsverfahrens, in deren Rahmen die Auswirkungen eines Vorhabens oder Plans auf die Umwelt geprüft werden. Im deutschen Recht können grundsätzlich zwei Arten von Umweltprüfungen unterschieden werden. Zunächst handelt es sich hierbei um die Umweltverträglichkeitsprüfung (UVP), welche die Auswirkungen eines konkreten Projekts oder Vorhabens prüft. Einen im Vergleich weiteren Blickwinkel nimmt die strategische Umweltprüfung (SUP) ein. In diesem Fall werden die Auswirkungen eines Plans oder Programms geprüft. Es geht dabei also regelmäßig um die der letztlichen Zulassungsentscheidung vorgelagerte planerische bzw. programmatische Entscheidung. Die SUP eröffnet mithin die Möglichkeit, Fragen nach dem Bedarf, des Standorts, der Trassenführung und hierbei auch Alternativen zu untersuchen.[714] Die unterschiedlichen Prüfungen sind dabei nicht als streng unterschiedliche, bzw. unterscheidbare Instrumente anzusehen.

---

714 Vgl. *Hendler*, Das Gesetz zur Einführung einer Strategischen Umweltprüfung, NVwZ 2005, 977 (977); *Winkler*, in: *Hoppe u. a.*, [Fn. 647], Einleitung, Rn. 46.

Sie stellen vielmehr „komplementäre Prüfungsinstrumente dar, die aufeinander aufbauen und sich gegenseitig ergänzen.“[715]

Im Laufe ihrer nationalen Genese hat die UVP Eingang in diverse Fachgesetze gefunden. Dabei wurde sie grundsätzlich als Stammgesetz konstruiert und nur wenige notwendige Anpassungen im Fachrecht gemacht.[716] In wenigen Bereichen, insbesondere im Baurecht und Immissionsschutzrecht, wurde die Umweltprüfung indes ins Fachrecht implementiert. Im Bauchrecht hat sie den Namen Umweltprüfung beibehalten.[717] Hierbei ist sie auf der Ebene der Aufstellung eines Bebauungsplanes angesiedelt und nimmt daher eine Art Mischform zwischen UVP und SUP ein. Für die Zwecke dieser Arbeit sind indes die UVP und SUP die maßgeblichen Umweltprüfungen. Daher wird die Umweltprüfung im Rahmen des Baurechts in dieser Betrachtung außen vor gelassen. Auch für sie gelten jedoch im Grundsatz die folgenden Ausführungen.

1. Umweltprüfungen als Instrument des Umweltrechts

Das Umweltrecht und auch das Klimaschutzrecht sind durch eine Vielzahl von Instrumenten geprägt. In erster Linie kommen hierbei Instrumente der direkten Verhaltenssteuer zur Anwendung. Insbesondere ordnungsrechtliche Ge- und Verbote, wie etwa das präventive Verbot mit Erlaubnisvorbehalt[718] oder repressive Elemente wie Untersagung-, Stilllegungs- und Beseitigungsanordnungen sind dabei von Bedeutung.[719] Vermehrt werden auch Instrumente der indirekten Verhaltenssteuerung, wie etwa Steuervergünstigungen oder Umweltabgaben und -steuern eingesetzt. Besondere Relevanz hat hierbei der Emissionszertifikatehandel als das zentrale Instrument der europäischen und deutschen Klimaschutzpolitik erlangt.[720]

Einen herauszuhebenden Beitrag ist schließlich bestimmten Planungsinstrumenten zuzumessen. Hierbei handelt es sich um eine breite Menge unterschiedlicher Handlungsmöglichkeiten, die durchaus unterschiedliche Rechtsformen annehmen können. Teilweise geschieht eine Planung im Wege eines Gesetzes (wie etwa der Bedarfsplan bei der Planung von Bundesfernstraßen, § 1 Fernstraßenausbaugesetz), durch Satzungen (wie etwa Bebauungspläne nach § 10

---

715 *Sangenstedt*, in: *Landmann/Rohmer*, [Fn. 382], 84. Lfg. 2017, § 1 UVPG, Rn. 5.
716 Siehe dazu noch unter Ziff. II, 3.
717 Vgl. § 2 Abs. 4 BauGB
718 Beispielhaft ist die Genehmigung nach § 4 Abs. 1 BImSchG.
719 Vgl. hierzu *Kloepfer*, [Fn. 6], S. 264ff., 299ff.
720 Siehe *Kloepfer*, ebd., S. 360ff.

BauGB) oder Verwaltungsakte (insbesondere der Planfeststellungsbeschluss nach § 74 Abs. 1 S. 1 VwVfG).[721]

Als eigenständiges Instrument kann schließlich auch die Umweltprüfung angesehen werden. Zwar steht sie aufgrund ihrer Ausgestaltung als Verfahrensrecht niemals allein dar. Sie dient vielmehr grundsätzlich der Erfüllung externer Ziele[722], ist also vielfach in den Prozess entweder der Erteilung einer Genehmigung oder der Planung eines bestimmten Plans oder Projekts integriert. Trotzdem erlangt sie im Umweltrecht eine hervorzuhebende Bedeutung. Insbesondere ihr Zweck, nämlich die Ermittlung, Beschreibung und Bewertung der relevanten Umweltauswirkungen eines Vorhabens oder Plans[723] verdeutlicht diese eigenständige Stellung. Insofern sollen im Verfahren die Umweltauswirkungen gesondert und nach dem ihnen zukommenden Gewicht Berücksichtigung finden.[724]

2. Umweltprüfung als Verwirklichung des Verfassungsrechts?

Die Erkenntnisse des Verfassungsrechts haben uns vor Augen geführt, dass die hoheitlichen Stellen grundsätzlich zum Schutz der Menschen vor den negativen Auswirkungen des Klimawandels verpflichtet sind. Dieser Verpflichtung kann grundsätzlich durch eine angemessene Ausgestaltung von Verwaltungsverfahren nachgekommen werden. Jedoch besteht für den Belang des globalen Klimas das Problem, dass eine Berücksichtigung des Grundrechts auf Klimaschutz nicht durch Beteiligung eines jeden Bürgers in jedem einzelnen Verfahren erfolgen kann, das sich negativ auf das Klima auswirkt.[725]

Daher stellt sich die Frage, ob das Instrument der Umweltprüfung – insbesondere die ausgeprägten Ermittlungs-, Beschreibungs- und Berücksichtigungspflichten – ebendiese Aufgabe der Verwirklichung des Schutzes vor den negativen Auswirkungen des Klimawandels bewirken soll bzw. kann. Weder die Gesetzgebungsmaterialien noch die einschlägige Fachliteratur nehmen sich dieses Themas an, sodass sich Überlegungen hierzu hauptsächlich aus dem Sinn und Zweck der Umweltprüfung ergeben.

Gegen eine Verwirklichungsidee spricht, dass es grundsätzlich kein Grundrecht auf Umweltschutz gibt.[726] Auch kann die Umwelt aufgrund des

721 Vgl. *Kloepfer*, ebd., S. 247.
722 Siehe schon unter Kapitel 4, Ziff. II, 1.
723 Vgl. § 3 UVPG.
724 *Kloepfer*, [Fn. 6], S. 317.
725 Vgl. dazu schon Kapitel 4, Ziff. II, 3, lit. d, bb.
726 Siehe schon unter Kapitel 3, Ziff. III, 1.

anthropozentrischen Ansatzes der Grundrechte keine subjektiven Rechtspositionen besitzen, geschweige denn in ihnen verletzt sein. Klima und Umwelt werden vielmehr um ihrer Eigenschaft als Lebensgrundlage der Menschen geschützt.

Andererseits sprechen durchaus gewichtige Gründe dafür, dass die UVP ein Instrument zum verfahrensrechtlichen Grundrechtsschutz darstellen kann. Dies trifft jedoch nicht auf alle Umweltmedien zu. Insbesondere solche Umweltmedien, die direkte negative Auswirkungen auf die Menschen, insbesondere die menschliche Gesundheit haben können, spielen hierbei eine Rolle. Gedacht sei etwa an bestimmte Luftverschmutzungen oder Gewässerverunreinigungen. Eine Beeinträchtigung dieser Umweltmedien kann direkten Einfluss auf die Gesundheit von Menschen im Einwirkungsbereich dieser Auswirkungen haben. Das Verfahren der UVP kann in diesem Rahmen dazu beitragen, die grundrechtlich geschützte Gesundheit der Menschen zu wahren. Werden beispielsweise starke Luftverschmutzungen im Verfahren der UVP nicht ausreichend ermittelt und daher im Zulassungsverfahren nicht berücksichtigt, kann hierin eine Beeinträchtigung des Art. 2 Abs. 2 S. 1 GG liegen. Freilich liegt die Beeinträchtigung des Grundrechts nicht in der unzureichenden Ermittlung im Rahmen der UVP, sondern vielmehr in der eigentlichen Zulassung nach dem Fachrecht. Die Verletzung eines Grundrechts wird daher nicht alleine durch eine unzureichende Ermittlung eines Belangs im Verfahren der UVP angenommen werden können.

Nichtsdestotrotz nimmt die UVP im Verfahren der Erzeugung des Zulassungsergebnisses eine zentrale Rolle ein. Daher kann man durchaus annehmen, dass die UVP in gewisser Weise auch der Verwirklichung der Grundrechte dient, insbesondere indem aufgezeigt wird, welche negativen Auswirkungen bestimmte Veränderungen der Umwelt haben werden.

Für andere Umweltmedien, wie etwa Landschaft oder biologische Vielfalt wird man hingegen nicht annehmen können, dass eine mangelhafte Bearbeitung im Rahmen der UVP zu einer Beeinträchtigung von Grundrechten führen kann. Bei diesen Belangen führt weder eine unzureichende Ermittlung und Beschreibung im Verfahren der UVP, noch eine unzureichende Berücksichtigung im letztlichen Zulassungsverfahren zur Beeinträchtigung von Grundrechten. Daher scheidet hierbei als Kehrseite auch der Verwirklichungsmodus der UVP aus.

Eine Zwischenstellung nimmt sodann das Schutzgut Klima ein. Auf der einen Seite führt der Ausstoß von Treibhausgasen nicht direkt zu gesundheitlichen Beeinträchtigungen im Einwirkungsbereich der emittierenden Anlage oder Vorhabens. Effekte ergeben sich vielmehr durch die Summation über längere Zeit in der Atmosphäre. Erst die Erhöhung der globalen Temperaturen wird negative Auswirkungen in unterschiedlichster Form auf die menschliche Gesundheit haben. Im Sinne dieses längerfristigen Blicks ist die UVP daher auch als

Instrument zur Verwirklichung des Grundrechts auf Klimaschutz anzusehen. Auch hierbei gilt jedoch, dass eine fehlerhafte UVP keine Beeinträchtigung der Grundrechte darstellt.

Schließlich legt auch Art. 20a GG der staatlichen Gewalt eine objektivrechtliche Verpflichtung zum Klimaschutz auf. Da das globale Klima zum Schutzbereich des UVPG gehört,[727] kann man in der Umweltprüfung ebenfalls ein Instrument zur Verwirklichung dieses objektivrechtlichen Auftrags sehen.[728]

Wie sich Umweltprüfungen zudem in den Rahmen des Paris-Abkommens, insbesondere in die Systematik der NDC's einfügen, kann darüber hinaus nur schwer beurteilt werden. Weder der Text des Abkommens, andere offizielle Dokumente, die Begründung der UVP-Änderungsrichtlinie 2014 oder der Entwurf zur deutschen UVPG-Novelle 2017 nehmen zu diesem Verhältnis Stellung. Auch die EU hat in ihrer Mitteilung der gemeinsamen NDC's der EU und der Mitgliedsstaaten keine Ausführungen zur Rolle von Umweltprüfungen gemacht. Systematik und Ziel des Abkommens sprechen jedoch prinzipiell nicht gegen die Möglichkeit, Umweltprüfungen als Teil der EU-weiten NDC's anzusehen. Dem PA ist ein systematischer Überprüfungsansatz nicht fremd. So wird etwa in Art. 7 Abs. 9 PA ausgeführt, dass jede Vertragspartei sich mit Prozessen zur Planung der Anpassung an den Klimawandel befassen soll. Dazu gehört auch die Abschätzung der Auswirkungen der Klimaänderungen und der Anfälligkeit gegenüber den Klimaänderungen. Wie eine solche Abschätzung auszusehen hat, wird indes nicht weiter ausgeführt. Obwohl sich Art. 7 PA grundsätzlich mit Anpassungsmaßnahmen befasst, kann daraus geschlossen werden, dass eine systematische Überprüfung der Auswirkungen von Maßnahmen auf das globale Klima (was sowohl im Rahmen der UVP als auch die SUP geschehen kann) ein valides Instrument auch im Sinne der NDC's sein kann.

3. Prinzipien der Umweltprüfung

Das europäische und deutsche Umweltrecht wird durch einen differenzierten Prinzipienkanon geprägt. Im europäischen Umweltrecht haben diese Prinzipien in Art. 191 Abs. 2 AEUV Niederschlag gefunden. Demnach beruht die Umweltpolitik der Union auf den Grundsätzen der Vorsorge und Vorbeugung, auf dem

---

727 Siehe dazu ausführlich noch unter Ziff. IV, 1.

728 Vgl. *Sommermann*, in: *Münch/Kunig*, Grundgesetz-Kommentar, 7. Aufl. 2021, Art. 20a, Rn. 25; *Gärditz*, in: *Landmann/Rohmer*, [Fn. 382], 92. Ergänzungslieferung 2020, Art. 20a GG, Rn. 63 führt dazu aus, dass die Einführung von Umweltverträglichkeitsprüfungen nach Art. 20a GG geboten sind.

Grundsatz, Umweltbeeinträchtigungen mit Vorrang an ihrem Ursprung zu bekämpfen sowie auf dem Verursacherprinzip. Diesen Prinzipen kommt für die Politik der Union rechtsbindende Wirkung zu.[729]

Das deutsche Umweltrecht ist geprägt durch fünf Hauptprinzipien, nämlich das Vorsorge-, Verursacher-, Kooperations-, Integrations-, und Nachhaltigkeitsprinzip.[730] Ihnen kommt in erster Linie systembildender und interpretationsleitender Charakter zu. Insbesondere die im Planungsrecht beheimatete Abwägung wird daher in besonderem Maße von diesen Prinzipien geprägt.[731]

a. Vorsorgeprinzip

aa. Inhalt und Bedeutung

Strukturgebend für die Umweltprüfung ist das Vorsorgeprinzip.[732] Grundgedanke dieses Prinzips ist die Schaffung eines „Vorrats für die Zukunft durch Verzicht in der Gegenwart."[733] Inhalt und Ausgestaltung sind im Detail jedoch schwer zu fassen.[734] Vielfach werden zwei Aspekte besonders hervorgehoben. Zum einen soll durch vorausschauendes Handeln bereits der Möglichkeit eines Schadenseintritts vorgebeugt werden (Risikovorsorge). Zum anderen sollen durch einen schonenden Umgang mit den natürlichen Ressourcen die ökologischen Grundlagen gesichert werden (Ressourcenvorsorge).[735]

Im Rahmen der Risikovorsorge stellt sich die Abgrenzung zur Gefahrenabwehr als praxisrelevantes Problem dar. Eine Gefahr ist nach allgemeiner Definition eine Sachlage, die bei ungehindertem Lauf der Dinge mit hinreichender Wahrscheinlichkeit zu einem Schaden an geschützten Rechtsgütern führt.[736] Auf der anderen Seite beschreibt das Risiko grundsätzlich die bloße Möglichkeit eines Schadeneinstritts.[737] Vom Risiko grundsätzlich erfasst ist mithin auch die Abwehr konkreter Gefahren, also äußerst wahrscheinlicher Schadenseintritte.

---

729 M.w.N. *Kloepfer*, [Fn. 6], S. 174, 176.

730 M.w.N *Kahl/Gärditz*, [Fn. 1], S. 97f.

731 Vgl. *Kahl/Gärditz*, ebd., S. 98.

732 Allgemein zum Vorsorgeprinzip vor allem in seiner völkerrechtlichen Genese und Ausprägung siehe *Junker*, in: *Schöbener (Hrsg.)*, Völkerrecht: Lexikon zentraler Begriffe und Themen 2014, S. 560ff.

733 *Calliess*, Rechtsstaat und Umweltstaat 2001, S. 176.

734 *Kloepfer*, [Fn. 6], S. 179 spricht daher von einem „Minimalkonsens".

735 M.w.N. *Kahl/Gärditz*, [Fn. 1], S. 98; *Kloepfer*, [Fn. 6], S. 177f.

736 Für das Umweltrecht siehe etwa m.w.N *Kloepfer*, [Fn. 6], S. 180f.

737 Ebd. Siehe darüber hinaus *Schlacke*, Umweltrecht 2019, S. 52.

Die Abgrenzung der Gefahr zum Risiko fällt daher oftmals nicht leicht. Für das allgemeine Polizei- und Ordnungsrecht gilt, dass die Verhinderung von Gefahren ab der sogenannten Gefahrenschwelle geboten, ein hierzu führendes Handeln also verboten ist. Andererseits ist ein unter dieser Schwelle liegendes Verhalten grundsätzlich nicht verboten. Ein Tätigwerden kann also nicht aufgrund einer Gefahrenlage verlangt werden.[738]

Risikovorsorge kann somit umschrieben werden als die unter der Gefahrenschwelle liegende abstrakte Besorgnis, die aufgrund einer geringeren Wahrscheinlichkeit nur möglicherweise zu einem Schaden an Umweltgütern führt.[739] Insofern geht es darum, einen Vorrat an Sicherheit zu schaffen.[740] Ebenfalls wird angestrebt, durch die Sicherung von Belastungs- und Belastbarkeitsreserven einen Freiraum auch für künftige Generationen zu schaffen.[741]

Das Vorsorgeprinzip wirkt sich auch auf für die Rechtspraxis relevante Fragen aus. Insbesondere die Frage, zu wessen Lasten es geht, wenn in einem Sachverhalt gewisse Tatsachen, wie etwa die des Schadenseintritts oder der Schadenswahrscheinlichkeit nicht mit hinreichender Wahrscheinlichkeit beantwortet werden können, erfahren durch das Vorsorgeprinzip eine Modifikation. Angesprochen sind mithin die Regeln der Beweislast. Im Verwaltungsverfahren gilt grundsätzlich der Amtsermittlungsgrundsatz nach § 24 VwVfG, wonach die Behörden den Sachverhalt von Amts wegen zu ermitteln haben. Auch im verwaltungsrechtlichen Gerichtsverfahren sind die Gerichte gemäß des Amtsermittlungsgrundsatzes nach § 86 Abs. 1 VwGO dazu verpflichtet, den Sachverhalt zu erforschen. Lässt sich trotz der Erforschung durch Verwaltung und Gerichte nicht beurteilen, ob gewisse Tatsachen vorliegen, kommen mithin die Beweisregeln ins Spiel. Im Verwaltungsverfahren und im Verwaltungsprozess gibt es im Gegensatz zum Zivilprozess jedoch keine Beweisführungspflicht, wonach die Parteien jeweils das beweisen müssen, was zum Tatbestand einer für sie günstigen Norm gehört. Es stellt sich daher lediglich die Frage, zu wessen Lasten Ungewissheiten im Tatsächlichen und auf Seiten der Tatbestandsvoraussetzungen einer gewissen Norm gehen.[742]

---

738 Vgl. *Murswiek*, Die staatliche Verantwortung für die Risiken der Technik 1985, S. 86.

739 *Calliess*, [Fn. 303], S. 176.

740 Auch Ignoranztheorie genannt, vgl. etwa *Kahl/Gärditz*, [Fn. 1], S. 99; *Calliess*, [Fn. 303], S. 176f.; *Schlacke*, [Fn. 1], S. 51f.

741 Regelmäßig als Freiraumtheorie bezeichnet, vgl. *Kloepfer*, [Fn. 6], S. 185; *Kahl/Gärditz*, [Fn. 1], S. 99; *Schlacke*, [Fn. 1], S. 51.

742 Vgl. *Calliess*, Vorsorgeprinzip und Beweislastverteilung im Verwaltungsrecht, DVBl 2001, 1725 (1728f.).

Für den Bereich der Vorsorge wird folglich eine Beweislastumkehr angenommen.[743] Ohne diese Umkehr würde der Beweis, dass ein Verhalten bzw. eine Anlage eine Gefahr verursacht, grundsätzlich dem Staat obliegen. Durch das Vorsorgeprinzip wird diese Beweislast jedoch umgekehrt. Demnach soll, „[w]enn eine bestehende, aber mit den verfügbaren Untersuchungsmitteln nicht aufhebbare Unsicherheit zu konstatieren ist, [...] dem Risikoverursacher die Beweislast für die Unschädlichkeit seiner Umwelteinwirkungen auferlegt werden."[744] Die Beweislast geht daher zu Lasten desjenigen, der ein umweltintensives Vorhaben durchführen will, bzw. eine Genehmigung hierfür beantragt.[745]

bb. Verfassungsrechtliche Dimension

Der Staat ist nach Art. 20a GG zum Schutz der Umwelt verpflichtet. Insbesondere in der Formulierung „auch in Verantwortung für die künftigen Generationen" ist eine verfassungsrechtliche Verankerung des Vorsorgeprinzips zu sehen.[746] Die grundrechtlichen Schutzpflichten enthalten ebenfalls eine gewisse Vorsorgepflicht.[747] Der Bereich der Gefahrenabwehr ist zweifelsohne von den Schutzpflichten erfasst. In Bezug auf die Risikovorsorge ist das Bild jedoch nicht so eindeutig. Die Anforderungen an die grundrechtlichen Vorsorgepflichten können nicht zu weit gespannt werden. Wie bereits ausgeführt kann der Staat grundrechtlich nicht verpflichtet sein, jegliches Alltagsrisiko auszumerzen. Vielmehr muss die Hinnahme eines gewissen Restrisikos unter grundrechtlichen Gesichtspunkten zulässig sein.[748] Geboten ist daher eine Vorsorge nach dem Maßstab der „praktischen Vernunft".[749]

---

743 Vgl. *Junker*, [Fn. 732], S. 564.

744 *Calliess*, [Fn. 742], 1725 (1731).

745 *Calliess*, ebd., 1725 (1731). *Calliess* legt darüber hinaus die unterschiedlichen Ausprägungen und Nuancierungen der Beweislastumkehr dar, welche in der Literatur vertreten werden.

746 Siehe *Kloepfer*, [Fn. 6], S. 126; *Waechter*, Umweltschutz als Staatsziel, NuR 1996, 321 (326); *Calliess*, [Fn. 303], S. 181; Darüber hinaus ist die Einführung von Umweltprüfungen nach Art. 20a GG verfassungsrechtlich geboten, so jedenfalls *Gärditz*, in: *Landmann/Rohmer*, [Fn. 382], 92. Ergänzungslieferung 2020, Art. 20a GG, Rn. 63.

747 Siehe etwa *Schlacke*, [Fn. 1], S. 67ff.

748 Siehe dazu schon unter Kapitel 3, Ziff. III, 1, lit. a, bb, ddd.

749 Vgl. dazu BVerfG, Beschl. v. 08.08.1978 – 2 BvL 8/77, BVerfGE, 49, 89 (137ff., 143), NJW 1979, 359 (363); m.w.N. *Kloepfer*, [Fn. 6], S. 137.

Zusammenfassend gesehen hat das Prinzip der Vorsorge seine verfassungsrechtlichen Grundlagen im schutzrechtlichen Aspekt der Grundrechte sowie in Art. 20a des Grundgesetzes.

cc. *Vorsorgeprinzip, Umweltprüfung und Klimaschutz*

Umweltprüfungen dienen in erster Linie dem Vorsorgeprinzip.[750] Dies trat schon im Wortlaut des UVPG in der Fassung von 2010 zutage. In dessen § 1 hieß es, Zweck des Gesetzes sei u. a. eine wirksame Umweltvorsorge, bei der die Auswirkungen eines Projektes so früh wie möglich berücksichtigt werden. Auch § 3 des aktuell geltenden UVPG spricht von einer „wirksamen Umweltvorsorge". Darüber hinaus verdeutlicht der Begriff „frühzeitig", dass das Instrument bereits vor einer bekannten oder bestehenden Gefahrenlage anknüpfen soll.[751] Durch die Erfassung gewisser Besorgnisse bereits im Prozess des Planungs- und Zulassungsverfahrens können Gefahren abgewandt werden, bevor sie sich in Umweltschäden manifestieren können.[752]

Schwierig zu beantworten ist indes die Frage, ob die negativen Auswirkungen des Klimawandels als ein Problem der Gefahrenabwehr oder Vorsorge zu qualifizieren sind. Auf den ersten Blick scheint die Annahme einer rechtlichen Gefahr naheliegend. Das erste wichtige Tatbestandsmerkmal der Gefahr, die erhebliche Beeinträchtigung[753], wird man grundsätzlich bejahen können. Der Klimawandel wird deutliche Auswirkungen auf etliche geschützte Güter haben. Daran besteht wissenschaftlich kein wirklicher Zweifel.[754] Diese Schäden werden wissenschaftlich gesehen auch mit hinreichender Wahrscheinlichkeit eintreten.[755]

Der Bejahung einer Gefahrenlage stehen jedoch insbesondere zwei Argumente entgegen. Zunächst besteht eine nicht unerhebliche Ungewissheit bezüglich des exakten Verlaufs des Klimawandels und daher auch bezüglich der Form und Gestalt des Schadenseintritts.[756] Man kann zum jetzigen Zeitpunkt noch nicht vorhersagen wo, zu welcher Zeit und mit welcher Intensität Auswirkungen wie Stürme, Überflutungen oder Dürren eintreten werden. Ebenfalls gegen eine

---

750 Vgl. etwa *Winkler*, in: *Hoppe u. a.*, [Fn. 647], Einleitung, Rn. 8; *Peters u. a.*, Gesetz über die Umweltverträglichkeitsprüfung 2019, Einleitung, Rn. 37.

751 Ähnliche Formulierungen finden sich in den §§ 15 Abs. 1, 34 Abs. 1, 40 Abs. 1, 42 Abs. 1, 45 Abs. 1 und 54 Abs. 1 UVPG.

752 *Kim*, Umweltprüfungen als Vorsorgeinstrument 2017, S. 76.

753 Vgl. *Murswiek*, [Fn. 322], S. 84.

754 So auch *Meyer*, Grundrechtsschutz in Sachen Klimawandel?, NJW 2020, 894 (895).

755 Ebd.

756 *Hutsch*, [Fn. 185], S. 132f.; *Meyer*, [Fn. 329], 894 (895).

Gefahrenlage spricht die fehlende zeitliche Nähe der zu erwartenden Auswirkungen.[757] Diese negativen Auswirkungen der Emission von THG werden erst zu einem zeitlich versetzten Zeitpunkt, durch Summation in der Atmosphäre eintreten.[758] Diese beiden Aspekte sprechen eher für die Einordnung als ein Problem der Vorsorge. Auch die Beweislastumkehr im Rahmen des Vorsorgeprinzips führt zu keinem eindeutigen Ergebnis. Grundsätzlich hat demnach der Betreiber einer Anlage zu beweisen, dass sein Vorhaben keine schädlichen Auswirkungen auf das globale Klima hat. Regelmäßig dürfte hier das Argument angebracht werden, dass das einschlägige Vorhaben im globalen Vergleich (worauf es beim Klimawandel ja ankomme) keinen nennenswerten Beitrag leiste und das Vorhaben isoliert betrachtet daher keine Gefahren für das globale Klima hervorrufen würde. Andererseits sind die Zusammenhänge zwischen THG-Emissionen und Klimastörungen erwiesen. Jedes CO_2-Molekül trägt (wenn auch in sehr kleinem Maßstab) zum globalen Klimawandel bei. Der Träger eines THG-emittierenden Vorhabens kann daher nicht eindeutig beweisen, dass sein Projekt nicht zum globalen Klimawandel beiträgt. Fraglich bleibt aber, ob ein Beitrag im Bereich von weit unter einem Prozent zu den globalen Klimastörungen ausreicht, um die Beweisführung des Vorhabenträgers zu entkräftigen.

Mithin ist eine eindeutige Beantwortung der Frage, ob es sich nun um ein Problem der Gefahrenabwehr oder Vorsorge handelt, schwierig. In ihrer letzten Konsequenz ist die Klärung jedoch auch nicht notwendig. Denn im Endeffekt geht es um die Frage, welche rechtlichen Instrumente im Kampf gegen den Klimawandel angewendet werden können bzw. müssen. An den Gefahrenbegriff anknüpfende ordnungs- und polizeirechtliche Maßnahmen sind bei den Klimastörungen grundsätzlich wenig weiterführend. Vielmehr sind rechtlich fast durchweg Vorsorgeinstrumente einschlägig.[759] Daher kann man die

757 Ebd.

758 *Meyer*, [Fn. 329], 894 (897) sieht das Erfordernis der zeitlichen Nähe daher als bloßes Hilfselement des Gefahrenbegriffs. Aufgrund der fehlenden zeitlichen Nähe eines Schadensereignisses werde in aller Regel bereits die hinreichende Wahrscheinlichkeit seines Eintritts verneint werden müssen. Für den besonderen Fall des Klimawandels könne dieses Hilfselement jedoch dahinstehen, da keine intervenierenden Ereignisse denkbar seien, welche die Folgen des Klimawandels ohne staatliches Einschreiten verhindern würden.

759 Dies wird insbesondere für das Immissionsschutzrecht, namentlich § 5 Abs. 1, 2 BImSchG, vertreten. Vgl. dazu *Hutsch*, [Fn. 185], S. 135; *Saurer*, [Fn. 701], 183 (184). Anders hingegen *Verheyen*, Die Bedeutung des Klimaschutzes bei der Genehmigung von Kohlekraftwerken und bei der Zulassung des Kohleabbaus, ZUR 2010, 403 (404);

Umweltprüfungen durchaus als ein valides Instrument im Kampf gegen die Klimastörungen ansehen.

b. *Integrationsprinzip*

aa. *Inhalt und Bedeutung*

Neben dem Vorsorgeprinzip ist das Integrationsprinzip das prägende Wesensmarkmal der Umweltprüfung. Es kann grob in zwei verschiedene Unterprinzipien unterteilt werden. Zunächst versteht man unter „externer" Integration die Berücksichtigung von Umweltaspekten in dem Umweltrecht und der Umweltpolitik grundsätzlich nicht beheimateten Bereichen wie beispielsweise der Wirtschaft, Finanzen, Verkehr o.ä. Insofern handelt es sich hierbei um die prozedurale Seite des Nachhaltigkeitsprinzips.[760] Nur wenn Umweltbelange in eigentlich „fremden" oder gar entgegenläufigen Bereichen Berücksichtigung finden, kann ein umfassender und effektiver Schutz der Umwelt erreicht werden. In erster Linie handelt es sich dabei allerdings um eine Aufgabe der Politik, durch Schaffung geeigneter Maßnahmen, für eine (externe) Integration zu sorgen.

Die andere Seite des Prinzips ist die der internen Integration. Demzufolge sollen bei der Bewertung der Auswirkungen eines Vorhabens oder Plans alle Umweltmedien und deren Wechselwirkungen betrachtet werden. Insofern proklamiert es einen medienübergreifenden Ansatz.[761] Das klassische Umweltrecht prüfte vor Einführung des UVPG isoliert die Auswirkungen eines Projekts auf die einzelnen Umweltmedien. So betrachtete das Wasserhaushaltsgesetz lediglich die Auswirkungen auf den Wasserhaushalt, das Naturschutzgesetz die Auswirkungen (hauptsächlich) auf Arten und speziell geschützte Gebiete. Diesem Konzept wurde oftmals entgegengehalten, es könne keinen umfassenden Umweltschutz leisten, da die evidente Gefahr bestehe, dass Umweltauswirkungen und -schäden lediglich auf andere Umweltgüter verlagert werden.[762] Insofern wurde von einer „Fragmentierung der Umweltschutzvorkehrungen"[763] gesprochen. Mit der Umorientierung des Umweltrechts am Prinzip der Integration werden nunmehr die Umweltmedien regelmäßig in ihrer Gesamtheit

---

Wolf, CCS, Anlagengenehmigungsrecht und Emissionshandel, ZUR 2009, 571 (574). die den Klimaschutz als Aspekt einer „globalen Gefahrenabwehr" sehen.

760 *Appel*, in: *Kahl (Hrsg.)*, Nachhaltigkeit durch Organisation und Verfahren 2016, S. 99ff.

761 Siehe etwa *Kahl/Gärditz*, [Fn. 1], S. 107.

762 *Kloepfer*, [Fn. 6], S. 205f.

763 *Steinberg*, Zulassung von Industrieanlagen im deutschen und europäischen Recht, NVwZ 1995, 209 (217).

betrachtet. Zwar bestehen weiterhin sektorspezifische Fachgesetze, jedoch werden fortan in deren Rahmen regelmäßig ebenfalls die Wechselwirkungen zu anderen Umweltgütern betrachtet.[764]

Das externe Integrationsprinzip hat seine Verankerung im Primärrecht der EU. Art. 11 AEUV verpflichtet dazu, die Erfordernisse des Umweltschutzes bei der Festlegung und Durchführung der Unionspolitiken und -maßnahmen insbesondere zur Förderung einer nachhaltigen Entwicklung einzubeziehen.[765] Hieran sind auch die Mitgliedsstaaten bei Durchführung des Unionsrechts gebunden.[766] Das interne Integrationsprinzip hat, anders als das externe Integrationsprinzip und das Vorsorgeprinzip, keine explizite verfassungsrechtliche oder europaprimärrechtliche Grundlage. Es ergibt sich vorrangig aus einer Zusammenschau von sekundärrechtlichen Maßnahmen auf europäischer Ebene und deren Umsetzung im nationalen Recht.[767]

---

764 Siehe etwa § 7 Abs. 1 Nr. 2 des BNatSchG. Demnach sind vom Naturhaushalt die Umweltgüter Boden, Wasser, Luft, Klima, Tiere und Pflanzen sowie das Wirkungsgefüge zwischen ihnen erfasst. So ebenfalls *Kahl/Gärditz*, [Fn. 1], S. 107f.

765 Siehe dazu ausführlich *Köster*, Integration und Kohärenz im Meeresumweltschutz- und Fischereirecht der EU 2019, S. 79ff.

766 M.w.N. *Kahl/Gärditz*, [Fn. 1], S. 106f.

767 Siehe dazu *Wagner*, Das integrierte Konzept der IE-Richtlinie und seine Umsetzung im deutschen Recht 2017, S. 21ff.; *Kahl/Gärditz*, [Fn. 1], S. 106.
Wagner vertritt die Ansicht, dass das interne Integrationsprinzip eine Konkretisierung des europarechtlichen Vorsorgeprinzips darstellt und sich daher auch auf das Primärrecht der europäischen Union zurückführen ließe. Er vertritt zudem die Ansicht, dass die Norm des Art. 191 Abs. 1 AEUV eine „Weichenstellung in Richtung des integrierten Umweltschutzes“ darstellt. Siehe m.w.N. *Wagner*, S. 32f.
Darüber hinausgehend werden in der Literatur keine Gründe für die unterschiedliche Kodifikationsstufen der externen und internen Integration genannt (wie auch der Unterschied zum Vorsorgeprinzip), weshalb hierzu lediglich weitere Vermutungen angestellt werden können:
Zum einen erscheint die Erklärung plausibel, dass dem Unionsgesetzgeber die Verankerung der internen Integration auf der Ebene des Primärrechts als nicht wichtig, aber auch nicht erforderlich erschien. Maßgeblich wurde die interne Integration durch die Einführung der UVP und SUP im Umweltrecht verankert. Da diese Gesetze ohnehin Querschnittscharakter haben, erscheint eine weitere übergeordnete Norm, die die interne Integration abermals als Querschnittsaufgabe vorschreibt, nicht erforderlich. Ebenfalls könnte man vermuten, dass der Gesetzgeber in der durchaus weit gefassten Norm des Art. 11 AUEV auch die interne Integration als miterfasst angesehen hat. Schließlich könnten Unsicherheiten bezüglich der genauen Definition der internen Integration gegen eine unionsprimär- und verfassungsrechtliche Verankerungen

bb. Integrationsprinzip, Umweltprüfung und Klimaschutz

Umweltprüfungen dienen als zweitem Prinzip der Integration.[768] Zum einen postuliert das Europarecht, die Wechselwirkungen zwischen den unterschiedlichen Umweltmedien zu beachten.[769] Auch die deutsche Umsetzung im UVPG schreibt eine solche Betrachtung der Wechselwirkungen vor.[770]

Integrative Konzepte können ein effektives Instrument im Kampf gegen die Klimastörungen sein. Von Bedeutung ist hier nicht nur die interne Integration, sondern in besonderem Maße auch die externe. Im Prinzip gehen alle Handlungsfelder unserer modernen Gesellschaft mit dem Ausstoß von Treibhausgasen einher. Sei es der Straßen- oder Luftverkehr, die Energieversorgung, Industrie und Wirtschaft, die Landwirtschaft und in großem Maße aber auch digitale Dienstleistungen, da sie einen enormen Energieverbrauch aufweisen und somit den Bedarf an Energie erhöhen. Nur wenn Klimaaspekte in all diesen Bereichen in Betracht gezogen werden, kann Klimaschutz wirksam betrieben werden. Eine externe Integration hat mittlerweile in vielen Branchen stattgefunden. So ist bei der Verkehrswegeplanung an mehreren Stellen die Durchführung einer UVP vorgesehen. Bei der Planung und Zulassung von Energie- und Industrieanlagen ist mittlerweile ebenfalls die Durchführung einer Umweltprüfung im Rahmen des BImSchG-Verfahrens vorgesehen.

Auch der Aspekt der internen Integration spielt eine nicht zu vernachlässigende Rolle im Klimaschutz. Ökosysteme sind gekennzeichnet durch eine schier unüberblickbare Zahl von Verbindungen und Wechselwirkungen innerhalb

---

sprechen. Einen Überblick über das Meinungsspektrum, was unter interner Integration zu verstehen ist, findet sich etwa in *Di Fabio*, Integratives Umweltrecht Bestand, Ziele, Möglichkeiten, NVwZ 1998, 329 (330ff.).
Auch das Vorsorgeprinzip hat keine ausdrückliche Verankerung im Verfassungsrecht. Vielmehr wird es in die Bestimmungen des Art. 20a GG hineingelesen. Umgekehrt hat das Vorsorgeprinzip jedoch auch die Gestaltung dieser Verfassungsnorm beeinflusst. Eine Lesart des Art. 20a GG, sodass auch die interne Integration als von der Norm erfasst angesehen werden kann, wird bislang nicht vertreten.

768 Siehe dazu schon *Di Fabio*, [Fn. 767], 329 (333).

769 Siehe etwa Art. 3 der Richtlinie des Rates über die Umweltverträglichkeitsprüfung bei bestimmten öffentlichen und privaten Projekten (85/337/EWG) vom 27.06.1985 (Abl. EG Nr. L 175 S. 40) sowie Art. 3 e) der Richtlinie 2014/52/EU des Europäischen Parlaments und des Rates vom 16. April 2014 zur Änderung der Richtlinie 2011/92/EU über die Umweltverträglichkeitsprüfung bei bestimmten öffentlichen und privaten Projekten, ABl. EU v. 25.04.2014, Nr. I. 175, S. 40.

770 Siehe § 2 Abs. 1 Nr. 5 UVPG.

eines jeden Ökosystems, aber auch zwischen den unterschiedlichen Systemen. Das globale Klima spielt für alle Ökosysteme dieser Erde eine entscheidende Rolle. Die Wechselwirkungen zwischen Klima und anderen Belangen der Umwelt wie etwa Wasser, Tiere, Pflanzen usw. bilden die Grundlage eines jeden Ökosystems. Kein Aspekt der Umwelt besteht alleine für sich. Allein aus diesem Grund ist die wechselseitige Betrachtung aller Umweltaspekte maßgeblich. Darüber hinaus spielen gewisse Systeme eine besonders wichtige Rolle im Klimaschutz. Insbesondere natürliche Senken wie Wälder und Moore sind daher integrativ nicht nur um ihrer selbst willen, sondern auch unter Klimaschutzgesichtspunkten zu schützen.

c. *Kooperationsprinzip*

Auch das Kooperationsprinzip hat gewisse Bedeutung für die Umweltprüfung. Grundsätzlich besagt es, dass Umweltschutz nicht allein Aufgabe des Staates ist. Im Gegenteil sei durch eine Zusammenarbeit von Staat und Gesellschaft der Umwelt viel mehr gedient.[771] Als Funktion der öffentlichen Beteiligung kann sich die Verwaltung Sachverstand aus dem gesellschaftlichen Bereich sichern und die Entscheidungsakzeptanz in der Bevölkerung verbessern.[772]

Auch das Bundesverfassungsgericht hat die Relevanz des Kooperationsprinzips für das Umweltrecht anerkannt. Demnach begründet das „Kooperationsprinzip [...] eine kollektive Verantwortung verschiedener Gruppen mit unterschiedlichen fachlichen, technischen, personellen und wirtschaftlichen Mitteln, in eigenständiger Aufgabenteilung und Verhaltensabstimmung das vorgegebene oder gemeinsam definierte Ziel zu erreichen. [...] Die Kooperation erlaubt eine einvernehmliche Mitwirkung der Beteiligten je nach Bedarf und Fähigkeit [...].“[773]

Seinen gesetzlichen Ausdruck findet das Kooperationsprinzip in der UVP in erster Linie durch verschiedene Formen der Öffentlichkeitsbeteiligung.[774] In Bezug auf die Klimastörungen kommt dem Kooperationsprinzip indes keine eigene, hervorzuhebende Bedeutung zu.

---

771 Vgl. *Schlacke*, [Fn. 1], S. 55; *Kahl/Gärditz*, [Fn. 1], S. 102.

772 Siehe etwa *Schlacke*, [Fn. 1], S. 55. Weiterführend dazu *Appel*, Staat und Bürger in Umweltverwaltungsverfahren, NVwZ 2012, 1361 (1362).

773 BVerfG, Urt. v. 07.05.1998 – 2 BvR 1991-95 u. 2004-95, BVerfGE 98, 106 (121f.), NJW 1998, 2341 (2343).

774 Siehe etwa die §§ 18, 19, 22, 30, 42 UVPG.

II. Geschichte der Umweltprüfungen

1. USA

Der Grundstein der Entwicklung einer Umweltprüfung wurde in den USA gelegt. Maßgebliche Bedeutung kommt dem mit dem National Environmental Policy Act (NEPA) vom 1. Januar 1970 eingeführten Environmental Impact Assessment (EIA) zu. Bereits in den 60er Jahren mehrten sich in den USA Stimmen nach einer stärkeren Beachtung der Umweltbelange in Politik und Verwaltung.[775] In diesem Rahmen wurde offenbar, dass Umweltbelange in der tatsächlichen Entscheidungsfindung nur eine sehr geringe Rolle spielten.[776] Daher hat der amerikanische Kongress den NEPA 1969 nach nur kurzer Debatte beschlossen.[777] Er gilt bis heute als der wohl einflussreichste und bedeutendste gesetzgeberische Akt im Umweltrecht in den USA.[778] Die Zwecke dieses Gesetzes waren: die Erklärung einer nationalen Politik, die eine produktive und erfreuliche Harmonie zwischen dem Menschen und seiner Umwelt fördert; Bemühungen zu fördern, die Schäden an der Umwelt und der Biosphäre verhindern oder beseitigen und die Gesundheit und das Wohlergehen des Menschen stimulieren; das Verständnis der für die Nation wichtigen ökologischen Systeme und natürlichen Ressourcen zu fördern und einen Rat für Umweltqualität zu errichten.[779]

Einer der wesentlichen Bestandteile des NEPA war die Einführung des Environmental Impact Assessments in Section 102. Demnach sollen alle nationalen Behörden bei ihren Vorhaben, Vorschriften und Gesetzen einen systematischen, interdisziplinären Erarbeitungsansatz verwenden, der auch natur-, sozial- und planungswissenschaftliche Ansätze zu berücksichtigen hat.[780] Als Kernstück soll bei allen großen Vorhaben der Bundesbehörden, welche die Umwelt signifikant

775 Vgl. *Kim*, [Fn. 752], S. 87.

776 Vgl. *Mezger*, Umweltverträglichkeitsprüfung, Umweltschutz und räumliche Nutzung in den USA 1989, S. 83ff.

777 Vgl. *Kim*, [Fn. 752], S. 88.

778 Vgl. *Kim*, ebd., S. 88; *Cupei*, Umweltverträglichkeitsprüfung 1986, S. 209ff.

779 The National Environmental Policy Act of 1969, Purpose Sec. 2 [42 USC § 4321], freie Übersetzung des Autors. Im Original: „The purposes of this Act are: To declare a national policy which will encourage productive and enjoyable harmony between man and his environment; to promote efforts which will prevent or eliminate damage to the environment and biosphere and stimulate the health and welfare of man; to enrich the understanding of the ecological systems and natural resources important to the Nation; and to establish a Council on Environmental Quality."

780 Vgl. Section 102 (2) (A).

berühren, ein detaillierter Bericht zu den Gesetzes- oder Vorhabenunterlagen beigelegt werden (Environmental Impact Statement, EIS).[781] Dieser Bericht soll detaillierte Angaben zu folgenden Bereichen machen:

(i) die Auswirkungen der vorgeschlagenen Maßnahme auf die Umwelt (the environmental impact of the proposed action),
(ii) alle negativen Umweltauswirkungen, die bei einer Umsetzung des Vorschlags nicht vermieden werden können (any adverse environmental effects which cannot be avoided should the proposal be implemented),
(iii) Alternativen zu der vorgeschlagenen Maßnahme (alternatives to the proposed action),
(iv) die Beziehung zwischen der lokalen kurzfristigen Nutzung der Umwelt durch den Menschen und der Erhaltung und Verbesserung der langfristigen Produktivität (the relationship between local short-term uses of man's environment and the maintenance and enhancement of long-term productivity),
(v) alle unwiderruflichen und unwiederbringlichen Bindungen von Ressourcen, die im Falle der Durchführung der vorgeschlagenen Aktion mit ihr verbunden wären (any irreversible and irretrievable commitments of resources which would be involved in the proposed action should it be implemented).[782]

Auch in seiner Grundausgestaltung machte der NEPA schon gewisse Aussagen zum Inhalt der beizubringenden Unterlagen. Jedoch wurde hierbei oftmals die Weite und Unbestimmtheit der Begriffe kritisiert, sodass die Behörden sehr weite Gestaltungsspielräume bei der Interpretation der Begriffe und auch bei der Ausformung der Verfahren hatten.[783] Daher wurden die Ausgestaltung der verfahrens- und materiellrechtlichen Anforderungen dem Council on Environmental Quality übertragen.[784] Dieser hat in der Folge Durchführungsverordnungen zur besseren Handhabbarmachung des EIA erlassen.[785] Das EIA dient in den USA mithin vormalig als Informationsgrundlage, um den Bundesbehörden

---

781 Vgl. Section 102 (2) (C).

782 Section 102 (2) (C), freie Übersetzung des Autors. Ausführlich vgl. *Erbguth/Schink*, Gesetz über die Umweltverträglichkeitsprüfung, 1. Aufl. 1992, S. 36f.

783 Vgl. *Kim*, [Fn. 752], S. 90; *Mezger*, [Fn. 776], S. 91. Weiterführend dazu *Hundertmark*, Die Durchführung der Umweltverträglichkeitsprüfung 1988, S. 42.

784 Ebd.

785 Siehe US Council on Environmental Quality, Regulations for Implementing the Procedural Provisions of NEPA, 40 Code of Federal Regulations Parts 1500–1508, abgedruckt in: Council of Environmental Quality, Environmental Quality 1980, Annual Report.

eine qualitativ möglichst hochwertige Entscheidungsgrundlage in Bezug auf die Umweltaspekte zu liefern.[786]

Die Prüfung der Umweltverträglichkeit in den USA wurde jedoch insbesondere von zwei Umständen beeinflusst, die die Wirksamkeit dieses Instruments einschränkten. Zum einen war die Durchführung eines EIA nur für Bundesbehörden verpflichtend. Private Vorhabenträger waren von dieser Verpflichtung ausgenommen. Die allgemeine verfassungsrechtliche Ausgestaltung der USA schränkt die Wirksamkeit zudem weiter ein. So stehen den einzelnen Bundesstaaten auch im Umweltrecht nicht unerhebliche Kompetenzen zu. Auch sie wurden durch den NEPA nicht gebunden. Vielmehr verbleibt es auch hier ausschließlich bei der Bindung der Bundesregierung. Die Pflicht zur Durchführung einer EIA umfasste daher nur eine geringe Zahl an potentiellen Vorhaben, wodurch der faktische Einfluss des Instruments beschränkt blieb.[787]

2. Europa

Inspiriert und geprägt durch die Entwicklung in den USA gab es seit Anfang der 70er Jahre in der Europäischen Gemeinschaft (EG) sowie in einigen Mitgliedsstaaten (darunter auch Deutschland) Diskussionen um die Einführung einer Umweltverträglichkeitsprüfung auf Projektebene.[788] Die Umweltminister der EG einigten sich daher im Jahr 1972 auf gemeinsame allgemeine Grundsätze der Umweltpolitik. Diese Grundsätze fanden sodann Eingang in das 1. Aktionsprogramm Umweltschutz, welches vom EG-Rat am 22.11.1973 verabschiedet wurde.[789] Darin heißt es u. a: „Die beste Umweltpolitik besteht darin, Umweltbelastungen von vornherein zu vermeiden, statt sie erst nachträglich in ihren Auswirkungen zu bekämpfen. [...] Bei allen fachlichen Planungs- und Entscheidungsprozessen müssen die Auswirkungen auf die Umwelt so früh wie möglich berücksichtigt werden. [...] Es ist infolgedessen notwendig, die Auswirkungen aller auf nationaler oder Gemeinschaftsebene getroffenen oder geplanten Maßnahmen auf die Lebensqualität und die natürliche Umwelt, soweit sie diese beeinträchtigen können, abzuschätzen. [...] Jede Nutzung der natürlichen Ressourcen und der natürlichen Umwelt, die erhebliche Schäden für das ökologische Gleichgewicht verursacht, muß vermieden werden. [...] Die Kosten der

786 Vgl. *Wood*, Environmental Impact Assessment 2008, S. 1; *Kim*, [Fn. 752], S. 90.
787 Diesen Hinweis verdanke ich meinen Doktorvater Professor Dr. Kirk W. Junker.
788 Siehe *Kim*, [Fn. 752], S. 92; *Cupei*, [Fn. 778], S. 35ff.
789 ABl. EG Nr. C 112/1 vom 20.12.1973.

Vermeidung und der Beseitigung von Umweltbelastungen hat grundsätzlich der Verursacher zu tragen."[790]

Schon hier wird deutlich, dass die europäische Umweltpolitik Instrumente mit vorsorgendem Charakter zu etablieren versuchte. Das 1. Aktionsprogramm kann daher als erste Grundlage der UVP angesehen werden.[791]

In der Fortschreibung des Umweltaktionsprogramms im Jahr 1977 (2. Umweltaktionsprogramm) wird bereits von der Erforderlichkeit der Schaffung eines Instrumentes zur Beurteilung von umweltrelevanten Maßnahmen ausgegangen.[792] Außerdem wurde angeregt, dass Untersuchungen zur Notwendigkeit der Einführung einer Umweltverträglichkeitsprüfung durchgeführt und ein erster Vorentwurf durch die Kommission erarbeitet werden soll.[793]

Das Europarecht war in der Folge der maßgebende Initiator und Katalysator für das Recht der UVP nicht nur in Deutschland, sondern in allen Mitgliedsstaaten. Seiner Entwicklung kommt daher entscheidende Bedeutung auch für die Interpretation und Analyse der UVP auf nationaler Ebene zu.

a. Richtlinie 85/337/EWG

Es dauerte bis zum 27.06.1985 bis eine Richtlinie zur Umweltverträglichkeitsprüfung von Rat beschlossen werden konnte.[794] Aufgrund zäher Verhandlungen und einer Vielzahl von Sitzungen der Gruppe für Umweltfragen des Rates ist die erste Richtlinie aus dem Jahr 1985 als deutlicher Kompromiss zwischen den sehr unterschiedlichen Vorstellungen der Mitgliedstaaten anzusehen.[795] Nichtsdestotrotz konnten einige Wesenselemente etabliert werden: Die UVP ist von der Grundkonzeption als Verfahrensrecht konzipiert. Inhaltliche Vorgaben macht die Richtlinie nicht. Sie ist auf der Zulassungsebene angesiedelt, also dem Verfahrensabschnitt, in dem ein Vorhaben oder Projekt zugelassen bzw. genehmigt wird. Insofern ist die UVP auch frühzeitig, da sie bereits vor Erteilung der Zulassung, und somit noch im Entscheidungsfindungsprozess ansetzt. Überdies ist sie integrativ konzipiert. Betrachtet werden mithin nicht die einzelnen

790 ABl. EG Nr. C 112/1 vom 20.12.1973, S. 6.

791 *Kim*, [Fn. 752], S. 92.

792 Vgl. ABl. EG Nr. C 139/1, S. 1ff.; *Kim*, ebd., S. 93.

793 *Kim*, ebd., S. 93; *Cupei*, [Fn. 778], S. 72.

794 Richtlinie des Rates über die Umweltverträglichkeitsprüfung bei bestimmten öffentlichen und privaten Projekten (85/337/EWG) vom 27.06.1985 (Abl. EG Nr. L 175 S. 40). Ausführlich zur Genese *Cupei*, [Fn. 778], S. 72ff.; *Erbguth/Schink*, [Fn. 782], S. 24ff.

795 *Erbguth/Schink*, [Fn. 782], S. 25; *Kim*, [Fn. 752], S. 93.

Umweltmedien isoliert, sondern ebenfalls deren Wechselwirkungen. Die Auswirkungen hat der Projektträger schließlich in einem Bericht zusammenzufassen. Zudem hat eine Behörden- und Öffentlichkeitsbeteiligung stattzufinden. Die in diesem Verfahren gewonnenen Angaben sind schließlich im Rahmen des Genehmigungsverfahrens zu berücksichtigen.[796]

Hervorzuheben ist die verfahrensrechtliche Konzeption der Richtlinie. Die UVP hat nach europäischem Verständnis in erster Linie eine Erkenntnis- und Informationsbeschaffungsfunktion.[797] Demnach sind „durch Zusammenarbeit zwischen den Projektträgern, den Behörden und der Öffentlichkeit möglichst vollständige Angaben über die wichtigsten Auswirkungen eines Vorhabens auf die Umwelt vorzubereiten, [der] Umfang dieser Auswirkungen abzuschätzen, mögliche andere Lösungsvorschläge für das vorgeschlagene Vorhaben zu untersuchen und letztlich die zur Verminderung der nachteiligen Auswirkungen erforderlichen Maßnahmen vorzusehen."[798]

b. UVP-Änderungsrichtlinie 97/11/EG

Die Regeln der ersten UVP-Richtlinie wurden in den Mitgliedstaaten sehr unterschiedlich umgesetzt und gehandhabt. In Frankreich wurden beispielsweise seit Inkrafttreten des französischen UVP-Gesetzes 1978 jährlich 5000–6000 Prüfungen durchgeführt[799], wohingegen in den Niederlanden im Jahresdurchschnitt lediglich 40 Prüfungen stattfanden.[800] Verantwortlich dafür waren in erster Linie die unterschiedlichen sachlichen Anwendungsbereiche der UVP in den einzelnen Mitgliedsstaaten.[801]

Der Rat der Europäischen Gemeinschaft erließ daher am 3. März 1997 die Richtlinie zur Änderung der Richtlinie 85/337/EG über die Umweltverträglichkeitsprüfung bei bestimmten öffentlichen und privaten Projekten.[802] Vorrangiges

---

796 Vgl. *Erbguth/Schink*, [Fn. 782], S. 25f.

797 VGH München, Urt. v. 24.08.1990 - 8 A 89.40037, NVwZ 1991, 490 (491); *Erbguth/Schink*, ebd., S. 28.

798 Begründung zur EG-Richtlinie, BT-Drs. 9/166, S. 7.

799 Dieses Gesetz beruhte freilich nicht auf der UVP-RL, da es sieben Jahre vorher erlassen wurde. Nichtsdestotrotz zeigt sich hieran, welchen Stellenwert die UVP in Frankreich hatte.

800 *Schink*, Auswirkungen des EG-Rechts auf die Umweltverträglichkeitsprüfung nach deutschem Recht, NVwZ 1999, 11 (14).

801 Ebd.

802 ABl. EG Nr. L 73/5 vom 14.03.1997, im Folgenden: Richtlinie 97/11/EG.

Ziel war es, den Anwendungsbereich der Richtlinie zu modifizieren und damit eine Harmonisierung im EG-Raum herbeizuführen sowie den Bestimmungen zu einer besseren Effektivität und Effizienz zu verhelfen.[803]

Die Richtlinie führte zum einen eine Vielzahl neuer Projekte ein, die nunmehr UVP-pflichtig seien sollten. Von vormalig 9 wurde der Anwendungsbereich auf 21 Projekte ausgeweitet.[804] Außerdem wurden einige Vorschriften zum Scoping (das Abstimmungsverfahren zwischen Vorhabenträger und Behörde über die beizubringenden Unterlagen) geändert.[805] Wie die unterschiedlichen Fallzahlen zur Durchführung einer UVP in den einzelnen Mitgliedsstaaten zeigten, wurden die unionsrechtlichen Bestimmungen innerhalb der EU nicht einheitlich gehandhabt.[806] Die Verordnung zielte daher darauf, den Anwendungsbereich der UVP in den Mitgliedsstaaten zu vereinheitlichen. Dies sollte insbesondere durch die Einschränkung des Auswahlermessens bezüglich der UVP-Pflichtigkeit eines Vorhabens und die Erweiterung des zwingenden Katalogs UVP-pflichtiger Projekte geschehen.[807]

c. *Die SUP-Richtlinie*

Die Umweltverträglichkeitsprüfung ist auf Projekt-, bzw. Vorhabenebene angesiedelt. In mehrschrittigen Verfahren, wie sie oft im Umwelt- und Planungsrecht anzutreffen sind, kommt eine Betrachtung der Umweltauswirkungen im Prozess der letztlichen Zulassungsentscheidung jedoch oftmals zu spät.[808] Daher kann

---

803 Vgl. ABl. EG Nr. L 73/5, S. 7, Erwägungsgrund 4, 5; *Schink*, [Fn. 800], 11 (14, 17). Einen detaillierten Überblick über alle Änderungen liefert *Becker*, Überblick über die umfassende Änderung der Richtlinie über die Umweltverträglichkeitsprüfung: Mehrfach integrierte Vermeidung und Verminderung der Umweltbeeinträchtigung?, NVwZ 1997, 1167.

804 Vgl. den 6. Erwägungsgrund der Richtlinie 97/11/EG, sowie Art. 4 Abs. 1 i.V.m. Anhang 1 Richtlinie 97/11/EG.

805 Art. 5 Richtlinie 97/11/EG; *Kim*, [Fn. 752], S. 100.

806 Eine Schlussfolgerung dahingehend, dass die Kommission oder der Rat die französische Umsetzung der UVP-RL als korrekter oder angemessener angesehen haben, kann indes nicht gezogen werden. Grundsätzlich ist aufgrund mangelnder entgegenstehender Beweise davon auszugehen, dass sich die Mitgliedsstaaten im Rahmen der Vorgaben der ursprünglichen Richtlinie gehalten haben. Da diese Vorgaben jedoch durchaus Spielraum bezüglich der Regeln über die UVP-Pflichtigkeit aufwiesen, war eine unterschiedliche Handhabung in den Mitgliedsstaaten möglich.

807 Vgl. *Schink*, [Fn. 800], 11 (14).

808 Vgl. *Hendler*, [Fn. 714], 977 (977).

eine Berücksichtigung auf den vorgelagerten Stufen der Planung zielführend sein. Zu diesem Zweck wurde die Richtlinie 2001/42/EG[809] zur Einführung einer strategischen Umweltprüfung durch die EU erlassen. Der Unterschied dieses neu eingeführten Instruments ist wie bereits dargestellt, die Anknüpfung schon auf Plan- bzw. Programmebene. Demnach ist bei einschlägigen Plänen und Programmen während ihrer Ausarbeitung und vor der Annahme oder vor der Einbringung in das Gesetzgebungsverfahren eine SUP durchzuführen.[810] Nach Art. 2 lit. b) der SUP-Richtlinie verfolgt sie, ebenso wie die UVP, einen verfahrensrechtlichen Ansatz. Sie umfasst demzufolge „die Ausarbeitung eines Umweltberichts, die Durchführung von Konsultationen, die Berücksichtigung des Umweltberichts und der Ergebnisse der Konsultationen bei der Entscheidungsfindung und die Unterrichtung über die Entscheidung“. Strukturell ist das Verfahren der SUP mithin deutlich an das der UVP angelehnt. Die Richtlinie hat seit ihrem Inkrafttreten keine weitere Änderung erfahren.

d. UVP-Richtlinie 2011/92/EU

Die ursprüngliche UVP-Richtlinie (85/337/EWG) hat seit ihrem Inkrafttreten mehrere Änderungen erfahren.[811] Zur besseren Übersichtlichkeit und Klarheit wurden diese Richtlinien und Änderungen daher mit der Richtlinie 2011/92/EU[812] kodifiziert.[813] Dabei erfuhr sie auch leichte inhaltliche Ergänzungen. So wurden Bestimmungen zur Umsetzung der Aarhus-Konvention eingeführt, welche die Öffentlichkeitsbeteiligung im Entscheidungsprozess sowie den Zugang zu Gerichten in Umweltangelegenheiten regelt.[814]

809 Richtlinie 2001/42/EG des Europäischen Parlaments und des Rates vom 27. Juni 2001 über die Prüfung der Umweltauswirkungen bestimmter Pläne und Programme, ABl. 2001 L 197/30ff. (im Folgenden: SUP-Richtlinie).

810 Art. 4 SUP-Richtlinie.

811 Durch die Richtlinien 97/11/EG, 2003/35/EG und 2009/31/EG.

812 Richtlinie 2011/92/EU des Europäischen Parlaments und des Rates v. 13.12.2011 über die Umweltverträglichkeitsprüfung bei bestimmten öffentlichen und privaten Projekten, ABl. EU v. 28.01.2012, Nr. I. 26, S. 1.

813 Richtlinie 2011/92/EU, Erwägungsgrund 1; *Sangenstedt*, Die Reform der UVP-Richtlinie 2014: Herausforderungen für das deutsche Recht, ZUR 2014, 526 (526).

814 Vgl. Erwägungsgrund 18ff. der Richtlinie 2011/92/EU sowie *Kim*, [Fn. 752], S. 101.

e. *Richtlinie 2014/52/EU*

Die letzte bedeutende Änderung auf europäischer Ebene erfuhr die UVP durch die Änderungsrichtlinie 2014/52/EU.[815] Auch nach der Konsolidierung im Jahr 2011 kam das Recht der UVP auf europäischer Ebene nicht zur Ruhe. Die Kommission hatte bereits im Jahr 2012 einen erneuten Vorschlag zur Änderung der UVP-RL vorgelegt.[816] Denn schon im Jahr 2009 hatte die Kommission einen Bericht über die Anwendung und Wirksamkeit der UVP-Richtlinien erstellen lassen, der einige Mängel anprangerte.[817] Der Vorschlag stieß indes auf erheblichen Gegenwind. Trotzdem gelang es noch im Jahr 2014 einen kompromissfähigen Entwurf zu erarbeiten, der sodann am 16.4.2014 beschlossen werden konnte.[818]

Nach Ansicht des Rates und des Parlaments „muss[te] [die Richtlinie 2011/92/EU] geändert werden, um die Qualität des Verfahrens der Umweltverträglichkeitsprüfung zu erhöhen, das Verfahren an die Grundsätze der intelligenten Rechtsetzung anzupassen und die Kohärenz und die Synergien mit anderen Rechtsvorschriften und politischen Maßnahmen der Union sowie mit den Strategien und politischen Maßnahmen, die die Mitgliedstaaten in die nationale Zuständigkeit fallenden Bereichen erarbeitet haben, zu verstärken." Mit anderen Worten sollen Widersprüche innerhalb der UVP selber, aber auch zu anderen Rechtsvorschriften verringert, der Regelungsbereich weiter konkretisiert und die Effektivität gesteigert werden.[819] Sie will damit aber auch auf eine stärkere Sensibilisierung der Politik für Themen wie Ressourceneffizienz und Nachhaltigkeit, Schutz der biologischen Vielfalt und Unfall- und

815 Richtlinie 2014/52/EU des Europäischen Parlaments und des Rates vom 16. April 2014 zur Änderung der Richtlinie 2011/92/EU über die Umweltverträglichkeitsprüfung bei bestimmten öffentlichen und privaten Projekten, ABl. EU v. 25.04.2014, Nr. I. 175, S. 40.

816 Vorschlag für eine Richtlinie des Europäischen Parlaments und des Rates zur Änderung der Richtlinie 2011/92/EU über die Umweltverträglichkeitsprüfung bei bestimmten öffentlichen und privaten Projekten, COM (2012) 628, S. 2.

817 Siehe Bericht der Kommission über die Anwendung und Wirksamkeit der UVP-Richtlinie (Richtlinie 85/337/EWG in der Fassung der Richtlinien 97/11/EG und 2003/35/EG) vom 23.07.2009, COM (2009) 378.

818 Vgl. *Balla/Peters*, Die novellierte UVP-Richtlinie und ihre Umsetzung, NuR 2015, 297 (298); *Sangenstedt*, [Fn. 813], 526 (527).

819 *Kim*, [Fn. 752], S. 101f.; *Bunge*, Neue Anforderungen an die Umweltverträglichkeitsprüfung: die UVP-Änderungsrichtlinie 2014, NVwZ 2014, 1257 (1257).

Katastrophenrisiken reagieren.[820] Insbesondere soll die Beachtung des Klimawandels in UVP-pflichtigen Verfahren eine größere Bedeutung bekommen.[821]

Zur Erreichung dieser Ziele nimmt die Richtlinie erhebliche Änderungen an einzelnen Vorschriften vor. Verallgemeinernd kann man sagen, dass die Vorschriften präziser gefasst und eine Reihe neuer Anforderungen eingeführt wurden.[822] Eine wichtige Änderung betrifft zunächst die Einführung einer Legaldefinition der UVP. So verwunderlich es auch klingen mag, erst 30 Jahre nach Einführung des Instruments wurde das Wesen der UVP legaldefiniert. Nunmehr finden sich in Art. 1 Abs. 2 g) die Wesenselemente und Legaldefinition der UVP. Demnach ist die Umweltverträglichkeitsprüfung ein aus bestimmten Elementen, wie etwa der Erarbeitung eines UVP-Berichts und Konsultationen der Öffentlichkeit bestehendes Verfahren. Hier wird abermals der vorrangig verfahrensrechtliche Charakter der UVP gesetzlich festgeschrieben.[823] Ebenfalls wurden Änderungen in Bezug auf die Schutzgüter vorgenommen. Nunmehr sind die nach der Flora-Fauna-Habitat Richtlinie[824] geschützten Arten und Lebensräume ausdrücklich von der UVP erfasst.[825] Auch wurde das Schutzgut „Fläche" aufgenommen. Dadurch soll vormalig der extensiven Flächeninanspruchnahme durch Siedlungen und Infrastrukturmaßnahmen entgegengewirkt werden.[826] Darüber hinaus wurden die Regelungen zur Öffentlichkeitsbeteiligung weiter an die Digitalisierung angepasst. Demnach müssen die Mitgliedstaaten sicherzustellen, dass die für die Öffentlichkeit relevanten Informationen in elektronischer Form, beispielsweise im Internet, zugänglich sind.[827]

Große Bedeutung kommt schließlich den Änderungen im Bereich der Unterlagen zu, die der Projektträger der Behörde vorlegen muss. Diese Unterlagen bekommen hierbei den Namen „UVP-Bericht". Die Richtlinie macht dezidierte Angaben, welche Informationen der Bericht enthalten muss. Der UVP-Bericht hat demnach gewisse Mindestinhalte vorzuweisen, welche in Art. 5 Abs. 1 Richtlinie 2014/52/EU genannt sind. Weitere detaillierte inhaltliche Vorgaben macht

---

820 Richtlinie 2014/52/EU, Erwägungsgrund 7.

821 Richtlinie 2014/52/EU, Erwägungsgrund 7, 13; *Peters u. a.*, [Fn. 750], Einleitung, Rn. 3.

822 *Bunge*, [Fn. 819], 1257 (1257).

823 So auch *Balla/Peters*, [Fn. 818], 297 (299).

824 Richtlinie 92/43/EWG des Rates vom 21. Mai 1992 zur Erhaltung der natürlichen Lebensräume sowie der wildlebenden Tiere und Pflanzen.

825 *Balla/Peters*, [Fn. 818], 297 (300).

826 Vgl. Richtlinie 2014/52/EU, Erwägungsgrund 9.

827 Vgl. Art. 6 Abs. 2 und 5 der Richtlinie 2014/52/EU; *Balla/Peters*, [Fn. 818], 297 (303); *Sangenstedt*, [Fn. 813], 526 (533).

Anhang 4. Besonders hervorzuheben ist hierbei, dass die Richtlinie nunmehr ausdrücklich auf den Klimawandel Bezug nimmt. Daher sollen nunmehr die Auswirkungen des Projekts auf die von der UVP geschützten Faktoren, wozu auch das Klima zählt, beschrieben werden. Hier gibt die Richtlinie durch den Hinweis „z. B. Treibhausgasemissionen“[828] einen Eindruck, wie dies geschehen kann. In Nr. 5 f) des Anhangs wird dies dann weiter konkretisiert. Demnach soll eine Beschreibung „der Auswirkung des Projekts auf das Klima (z. B. Art und Ausmaß der Treibhausgasemissionen) und der Anfälligkeit des Projekts in Bezug auf den Klimawandel“ beschrieben werden. Zusammen mit Erwägungsgrund 13 der Richtlinie ergibt sich somit eindeutig das Bild, dass die UVP nach europäischer Konzeption vermehrt auch ein Instrument im Kampf gegen die Klimastörungen darstellen soll.[829]

3. Deutschland

a. Vor der EU-Gesetzgebung

Auch in Deutschland trat das Bewusstsein für eine intakte Umwelt seit Ende der 60er Jahre vermehrt in den politischen Vordergrund. Dies wurde schon in der Regierungserklärung des damaligen Bundeskanzlers Willy Brandt vom 29.10.1969 deutlich.[830] In dessen Folge wurde 1970 ein Kabinettsausschuss für Umweltfragen, das sogenannte Umweltkabinett, gegründet.[831] Dieses erarbeitete ein Umweltprogramm, dass die Bundesregierung am 29.9.1971 verabschiedete.[832] Im Vorwort des damaligen Bundesinnenministers Hans-Dietrich Genscher heißt es, „Umweltschutz darf nicht nur auf bereits eingetretene Schäden reagieren, sondern muß durch Vorsorge und Planung verhindern, daß in

---

828 Richtlinie 2014/52/EU, Anhang IV Nr. 4.

829 Richtlinie 2014/52/EU, Erwägungsgrund 13. Dieser liest sich wie folgt: „Der Klimawandel wird weiter Umweltschäden verursachen und die wirtschaftliche Entwicklung gefährden. Diesbezüglich ist es angezeigt, die Auswirkungen von Projekten auf das Klima (z. B. Treibhausgasemissionen) und ihre Anfälligkeit in Bezug auf den Klimawandel zu bewerten.“ Siehe ebenfalls *Bunge*, [Fn. 819], 1257 (1261).

830 Siehe Deutscher Bundestag, 5. Sitzung, Bonn, den 28. Oktober 1969, Stenographischer Bericht, S. 20ff.

831 Vgl. *Cupei*, [Fn. 778], S. 35.

832 Vgl. BT-Drs. VI/2710.

Zukunft Schäden überhaupt entstehen. Dieses Programm schafft neue Instrumente, um rechtzeitig mögliche Umweltbelastungen erkennen und abbauen zu können."[833]

Infolgedessen trat auch die Einführung einer Umweltprüfung immer mehr in den politischen Blick. Diese Entwicklung war in großem Maße von der Einführung des EIA in den USA geprägt.[834] Seit 1973 wurden sodann Konzepte und Rohentwürfe nach US-amerikanischem Vorbild erarbeitet, welche in den Ressorts diskutiert wurden. Verschiedene Arbeitsausschüsse befassten sich mit Szenarien der Einführung einer UVP. Erarbeitet wurde jedoch lediglich ein Referentenentwurf, in welchem ähnlich wie auch in den USA, ausschließlich eine Bindung für öffentliche Projekte vorgesehen war. Ausgenommen waren daher (wie auch in den USA) private Vorhaben.[835] Dieser Entwurf fanden jedoch keine politischen Mehrheiten, sodass alle Bemühungen, eine UVP in Gesetzesform auf Bundesebene zu etablieren, vorerst scheiterten. Die Gründe dafür waren vielfältig. So gab es starken Gegenwind aus Wirtschaft, Ländern, Kommunen und Gemeinden. Vielfach wurde befürchtet, dass durch das Instrument der UVP die Zentralgewalt des Bundes zu stark werden würde. Ebenfalls eine Rolle spielte die Angst unterschiedlicher Behörden, durch einen medienübergreifenden Ansatz die Kontrolle bzw. Prüfungsbefugnis über die jeweiligen Umweltmedien zu verlieren.[836]

Letztlich konnte lediglich eine Verwaltungsvorschrift im Wege eines Kabinettsbeschlusses verabschiedet werden.[837] Demnach sollte bei Plänen, Programmen, Rechts- und Verwaltungsvorschriften sowie Verwaltungsakten des Bundes die Pflicht zur Durchführung einer UVP bestehen. Die Wirksamkeit dieser Verwaltungsvorschrift blieb jedoch gering. Denn aufgrund unterschiedlicher Interpretationen der sehr weit gefassten Grundsätze (insbesondere einer Subsidiaritätsklausel) wurde faktisch kein einziges Projekt einer UVP unterzogen.[838]

833 BT-Drs. VI/2710, S. 3.

834 Siehe dazu *Cupei*, [Fn. 778], S. 36f.

835 Vgl. *Winter*, Entwicklungslinien der Umweltverträglichkeitsprüfung, UVP-report 2017, 89 (90).

836 Vgl. dazu *Runge*, Umweltverträglichkeitsuntersuchung 1998, S. 52f.; *Cupei*, [Fn. 778], S. 52ff.

837 Beschluss der Bundesregierung vom 22. August 1975, Bekanntmachung des BMI vom 12. September 1975, U I 1-500 110/9, GMBl. S. 717.

838 Vgl. *Cupei*, [Fn. 778], S. 69; *Runge*, [Fn. 836], S. 53.

b. Umsetzung der Richtlinie 85/337/EWG

Richtlinien der EU erlangen in den Mitgliedsstaaten keine automatische Geltung. Dazu bedarf es vielmehr eines nationalen Umsetzungsaktes. Die Richtlinie 85/337/EWG machte keine Vorgaben, ob dies im Wege eines Gesetzes, einer Verordnung oder einer Verwaltungsvorschrift zu geschehen habe. Den Mitgliedstaaten wurde hierbei freie Hand gelassen.[839] Im nationalen Umsetzungsprozess bildeten sich (abgesehen von Uneinigkeiten bezüglich der Rechtsform) unterschiedliche Konzeptionen heraus, wie die Vorgaben der Richtlinie in der Form eines Gesetzes eingeführt werden könnten. In Betracht kamen ein eigenständiges UVP-Gesetz, ein UVP-Leitgesetz und einzelgesetzliche Einführungen der UVP in die jeweiligen Fachgesetze.[840]

Die Konflikte der Vergangenheit waren indes noch nicht ausgeräumt. Die deutsche Umsetzung der Richtlinie mit dem Gesetz über die Umweltverträglichkeitsprüfung[841] erfolgte nämlich erst am 12. Februar 1990 und damit fast zwei Jahre nach Ablauf der Umsetzungsfrist.[842]

Die deutsche Umsetzung war als Artikelgesetz konzipiert. In Artikel 1 führte es die Umweltverträglichkeitsprüfung im Sinne eines Stammgesetzes ein.[843] Hiermit sollte eine eigenständige, übergreifende Regelung geschaffen werden, die allgemeine Regeln der UVP aufstellt.[844] Grundsätzlich wurde ein Ansatz gewählt, der die Anforderungen und die Struktur der bereits bestehenden Fachgesetze nicht wesentlich verändert. Motiviert war diese Struktur vor allem durch die Angst, dass bei einer zu weitreichenden Änderung der Fachgesetze, die UVP zu einem „bedeutungslosen Formalismus“[845] verkommt. Daher sollte die UVP durch die Integration in bereits bestehende Umweltgesetze umgesetzt werden.[846] Damit konnte auch den Bedenken vieler Behörden und Länder begegnet werden,

---

839 *Cupei*, [Fn. 778], S. 271, 279; *Erbguth/Schink*, [Fn. 782], S. 53.

840 Vgl. dazu *Cupei*, [Fn. 778], S. 238ff.; *Erbguth/Schink*, [Fn. 782], S. 53.

841 Eingeführt mit dem Gesetz zur Umsetzung der Richtlinie des Rates vom 27. Juni 1985 über die Umweltverträglichkeitsprüfung bei bestimmten öffentlichen und privaten Projekten (85/337/EWG) vom 12.02.1990, BGBl. I 1990 S. 205.

842 Umsetzungsfrist war der 2.7.1988.

843 Vgl. Entwurf eines Gesetzes zur Umsetzung der Richtlinie des Rates vom 27. Juni 1985 über die Umweltverträglichkeitsprüfung bei bestimmten öffentlichen und privaten Projekten (85/337/EWG), BT-Drs. 11/3919, S. 15.

844 BT-Drs. 11/3919, S. 15.

845 BT-Drs. 11/3919, S. 15.

846 BT-Drs. 11/3919, S. 15.

da die Prüfungskompetenzen weiterhin bei den zuständigen Fachbehörden blieb und somit ein Verlust von (Prüfungs-)kontrolle nicht zu erwarten war.

Nach § 2 Abs. 1 des Stammgesetzes war die UVP als unselbstständiger Teil verwaltungsbehördlicher Verfahren konzipiert, die der Entscheidung über die Zulässigkeit von Vorhaben dienen. Demnach umfasste sie die Ermittlung, Beschreibung und Bewertung der Auswirkungen eines Vorhabens auf die einschlägigen Umweltgüter.[847]

In den Artikeln 2–14 des Umsetzungsgesetzes wurden Änderungen an den bereits bestehenden Umweltgesetzen vorgenommen. Zum einen sollte sichergestellt werden, dass die bestehenden Gesetze aus sich selbst heraus lesbar bleiben, zum anderen sollte nicht der gesamte Inhalt des Stammgesetzes wiederholt abgebildet werden.[848] Von der ersten Umsetzung erfasst waren 16 Bundesgesetze wie etwa das Bundesimmissionsschutzgesetz, das Atomgesetz, das Wasserhaushaltsgesetz aber auch wichtige Gesetze der Infrastrukturplanung wie das Bundesfernstraßengesetz oder das Luftverkehrsgesetz. In vielen dieser Gesetze wurde zur notwendigen Umsetzung lediglich ein Passus' etwa des Inhalts: „Dabei ist die Umweltverträglichkeit nach dem Stand der Planung zu prüfen."[849] übernommen.

c. *Weitere nationale Genese und Novelle 2017*

Aufgrund voranschreitender Evolution der UVP auf europäischer Ebene bestand ein fortlaufender Anpassungsbedarf des deutschen UVP-Rechts.[850] Umfassenden Anpassungsbedarf löste schließlich die Richtlinie 2014/52/EU aus. Am 28. Juli 2017 trat daher das Gesetz zur Modernisierung des Rechts der Umweltverträglichkeitsprüfung (UVP) in Kraft.[851] Neben dem vorrangingen Ziel der Anpassung der deutschen UVP an die europäischen Vorgaben wurde die Gelegenheit auch dazu genutzt, die Vorschriften zu vereinfachen, zu harmonisieren und anwenderfreundlicher zu gestalten.[852] Inhaltliche Änderungen umfassten in

847 BT-Drs. 11/3919, S. 4.

848 BT-Drs. 11/3919, S. 16.

849 Siehe etwa die Änderungen im Bundesfernstraßengesetz in Art. 7 Nr. 1 des Entwurfes eines Gesetzes zur Umsetzung der Richtlinie des Rates vom 27. Juni 1985 über die Umweltverträglichkeitsprüfung bei bestimmten öffentlichen und privaten Projekten (85/337/EWG), BT-Drs. 11/3919, S. 11.

850 Zu den zahlreichen Änderungsschritten siehe etwa *Winkler*, in: *Hoppe u. a.*, [Fn. 647], Einleitung, Rn. 49f.

851 BGBl. I 2017, S. 2808.

852 Siehe Entwurf eines Gesetzes zur Modernisierung des Rechts der Umweltverträglichkeitsprüfung, BT-Drs. 18/11499 vom 13.03.2017, S. 1, 56 sowie *Balla u. a.*, Der

erster Linie die Bestimmungen zu den Voraussetzungen, wann eine UVP durchzuführen ist.[853] Diese sollten aufgrund der bisherigen Unschärfen und damit einhergehenden Auslegungsproblemen präziser und damit klarer gefasst werden.[854]

Die wohl bedeutendsten Änderungen wurden bei den Unterlagen vorgenommen, die der Vorhabenträger der Behörde vorlegen muss.[855] Vor der Novelle 2017 gab es keine speziellen Anforderungen an die Form, in welcher der Vorhabenträger die relevanten Dokumente an die Behörde übermittelt sollte.[856] Nunmehr hat er nach § 16 UVPG iVm Anlage 4 einen sogenannten „UVP-Bericht" vorzulegen. Für diesen bestehen ausdifferenzierte Regelungen, welche Unterlagen beizubringen sind und welche Angaben zu den Auswirkungen des Vorhabens enthalten sein müssen. Zwar waren viele der Anforderungen auch vorher inhaltlich schon vorgesehen, sie hatten jedoch keine verbindliche, gesetzliche Form.[857] Von der Struktur bestimmt § 16 Abs. 1 Nr. 1 bis 7 UVPG diejenigen Gesichtspunkte, die in jedem UVP-Bericht enthalten sein müssen. Die zusätzlichen Anforderungen nach Anlage 4 sind nur für solche Vorhaben relevant, in denen diese Auswirkungen auch eine Rolle spielen.[858]

Inhaltliche Erweiterungen gab es nur an manchen Stellen. Die wichtigste betrifft die erweiterten Anforderungen in Bezug auf den Klimawandel. Nach § 16 Abs. 1 Nr. 5 sind als Mindestanforderung eine Beschreibung der zu erwartenden erheblichen Umweltauswirkungen des Vorhabens beizubringen. Daran anknüpfend sollen nach Anlage 4 Nr. 4 lit. b) falls erforderlich die Klimaveränderungen durch Treibhausgasemissionen oder die Veränderung des Kleinklimas am Standort beschrieben werden. Als Ursachen dieser Klimaänderungen sollen sodann nach Anlage 4 Nr. 4 lit. c) gg) die Auswirkungen durch Art und Ausmaß der mit dem Vorhaben verbundenen Treibhausgasemissionen beschrieben werden.[859]

UVP-Bericht nach dem Gesetz über die Umweltverträglichkeitsprüfung, ZUR 2019, 323 (323).

853 BT-Drs. 18/11499, S. 56.

854 Ebd.

855 Einen Überblick über alle Änderungen im Rahmen der Novelle verschaffen *Schütte/Winkler*, Aktuelle Entwicklungen im Bundesumweltrecht Berichtszeitraum 13.2.2017 bis 1.4.2017, ZUR 2017, 375 (376f.).

856 Siehe *Balla u. a.*, [Fn. 852], 323 (323).

857 Ebd.

858 § 16 Abs. 3 UVPG.

859 Vgl. dazu auch *Balla u. a.*, [Fn. 852], 323 (329).

III. Verfahrensablauf der Umweltprüfung

Um analysieren zu können, ob Umweltprüfungen einen Beitrag zu den nationalen Klimaschutzbemühungen leisten können, muss zunächst der Ablauf einer solchen Prüfung beleuchtet werden. Anschließend kann in den nächsten Schritten festgestellt werden, welche Verfahrensschritte und Verfahrensarten besondere Relevanz besitzen und ob und wo Klimaüberlegungen überall Einzug finden können.[860]

1. Feststellung der UVP-Pflicht

Vor der eigentlichen Prüfung der Umweltauswirkungen eines Vorhabens geht es um die Frage, ob für dieses Projekt überhaupt eine UVP oder SUP durchgeführt werden muss. Nach § 5 Abs. 1 S. 1 UVPG ist die zuständige Behörde beauftragt unverzüglich festzustellen, ob eine UVP-Pflicht besteht.[861] Eine solche Feststellung trifft die Behörde, wenn der Vorhabenträger einen Antrag auf Feststellung stellt, wenn der Vorhabenträger über den Untersuchungsrahmen gemäß § 15 UVPG unterrichtet werden möchte oder von Amts wegen nach Beginn des Verfahrens, das der Zulassungsentscheidung dient.[862] Es besteht daher grundsätzlich die Möglichkeit bei einer Behörde anzufragen, ob ein geplantes Vorhaben UVP-pflichtig ist. Dazu hat der Vorhabenträger einen Antrag auf Feststellung der UVP-Pflicht zu stellen und geeignete Angaben und Informationen bereitzustellen, um der Behörde eine solche Feststellung ermöglichen zu können.[863]

Stellt die Behörde die UVP-Pflichtigkeit eines Vorhabens fest, so werden die Verfahrensschritte der UVP in das Zulassungsverfahren nach dem Fachrecht integriert.[864] Maßgebende Bedeutung kommt in diesem Rahmen Anlage 1[865] des

---

860 Aufgrund der überbordenden Rechtsprechung zu fast allen Verfahrensaspekten der UVP und SUP wird in diesem Rahmen nur die Grundstruktur dieser Verfahren darstellt. Für Detailfragen siehe etwa *Peters u. a.*, [Fn. 750]; *Hoppe u. a.*, [Fn. 647]. In diesem Rahmen wird überdies eine Darstellung gewählt, die sich grundsätzlich an der Struktur der UVP orientiert. Sie gilt abgesehen von wenigen Ausnahmen ebenfalls für die SUP. Im Fließtext wird daher nur auf die Normen im Verfahren der UVP Bezug genommen. Für die SUP erfolgen Hinweise in den Fußnoten. Grundsätzlich gelten die Ausführungen jedoch für beide Verfahrensarten.

861 Für die SUP gilt hier § 34 UVPG.

862 Siehe § 5 Abs. 1 S. 2 UVPG.

863 Vgl. *Peters u. a.*, [Fn. 750], § 5, Rn. 12.

864 Vgl. *Peters u. a.*, ebd., § 5, Rn. 4.

865 Für die SUP bestimmt sich die Pflichtigkeit eines Plans oder Programms nach Anlage 5.

UVPG zu. Hierin sind bestimmte Vorhabentypen (teilweise mit Wertangaben) aufgeführt, für die entweder eine unbedingte UVP-Pflicht, eine allgemeine Vorprüfung des Einzelfalls, oder eine standortbezogene Vorprüfung des Einzelfalls vorgesehen sind. Die Pflicht bestimmt sich sodann nach den §§ 6–14 iVm Anlage 1 UVPG nach unterschiedlichen Kriterien.[866] So besteht nach § 6 UVPG für jegliche Neuvorhaben eine UVP-Pflicht, wenn sie in Anlage 1 Spalte 1 mit einem „X" gekennzeichnet sind. Beispielsweise besteht für die Neuerrichtung einer Anlage zur Erzeugung von Strom, Dampf, Warmwasser, Prozesswärme oder erhitztem Abgas durch den Einsatz von Brennstoffen in einer Verbrennungseinrichtung (wie Kraftwerk, Heizkraftwerk, Heizwerk, Gasturbine, Verbrennungsmotoranlage, sonstige Feuerungsanlage), einschließlich des jeweils zugehörigen Dampfkessels, mit einer Feuerungswärmeleistung von mehr als 200 MW eine UVP-Pflicht.[867]

Praxisrelevant kann darüber hinaus die für viele Vorhaben bestehende Pflicht zur Durchführung einer Vorprüfung sein, auch Screening genannt.[868] Unter Vorprüfung versteht man eine besondere Art, die UVP-Pflichtigkeit eines Vorhabens festzustellen.[869] Hierbei wird in überschlägiger Prüfung anhand von bestimmten Merkmalen des Vorhabens, seinem Standort und der Auswirkungen nach Anlage 3 entschieden. Demnach besteht eine UVP-Pflicht, wenn nach Einschätzung der Behörde erhebliche nachteilige Umweltauswirkungen vorliegen können, die bei der Zulassungsentscheidung zu berücksichtigen wären.[870] Eine Vorprüfungspflicht kann auch in den Fällen der §§ 8, 9, 10, 11, 12 iVm Anlage 1 UVPG bei Störfallbetrieben, Änderungsvorhaben oder kumulierenden Vorhaben bestehen. Um beim Bespiel der Wärme-, bzw. Energieanlagen zu bleiben: Nach § 7 Abs. 1 iVm Ziff. 1.1.2 der Anlage 1 UVPG muss vor Errichtung einer solchen Anlage mit einer Feuerwärmeleistung von 50 bis 200 MW eine allgemeine Vorprüfung im Einzelfall durchgeführt werden.

2. Unterrichtung über den Untersuchungsrahmen (Scoping)

Den ersten Schritt des eigentlichen Verfahrens stellt regelmäßig die Unterrichtung nach § 15 UVPG dar. Die Feststellung der UVP-Pflichtigkeit ist streng

---

866 Für die SUP gelten hier die §§ 35–37 iVm Anlage 5 UVPG.

867 § 6 Abs. 1 iVm Ziff. 1.1.1. der Anlage 1 UVPG

868 Für die SUP ergibt sich die Pflicht zur Durchführung einer Vorprüfung aus § 35 Abs. 2, 4 iVm Anlage 6 UVPG.

869 *Peters u. a.*, [Fn. 750], § 7, Rn. 1.

870 Siehe § 7 Abs. 1 UVPG.

genommen noch kein Teil des Verfahrens, sondern erst die Entscheidung, ob ein solches Verfahren überhaupt durchgeführt werden muss.

Nach § 15 UVPG[871] unterrichtet und berät die zuständige Behörde den Vorhabenträger entsprechend dem Planungsstand des Vorhabens frühzeitig über Inhalt, Umfang und Detailtiefe der Angaben, die der Vorhabenträger voraussichtlich in den UVP-Bericht aufnehmen muss (auch Scoping genannt). Insofern wird in diesem ersten Schritt der Untersuchungsrahmen des Verfahrens festgesetzt. Er ist aufgrund der Zusammenarbeit der Behörde mit dem Vorhabenträger abermals Ausdruck des Kooperationsprinzips und dient darüber hinaus der Vereinfachung und Beschleunigung des Verfahrens.[872] Der Vorhabenträger soll mithin im Sinne einer effizienten und effektiven Verfahrensgestaltung unterstützt werden.[873] Dieser Aspekt wird nochmals durch § 15 Abs. 3 UVPG unterstrichen, der vorsieht, dass bereits vor der Unterrichtung über den Untersuchungsrahmen die zuständige Behörde beratende Besprechungen mit dem Vorhabenträger führen kann, zu denen auch Sachverständige und anerkannte Umweltvereinigungen hinzugezogen werden können.[874]

Ein Scoping im UVP-Verfahren findet statt, wenn der Vorhabenträger dies beantragt oder die zuständige Behörde es für zweckmäßig hält.[875] Nach dem Gesetz besteht also keine Pflicht zur Durchführung der Unterrichtung. Es ist jedoch anerkannt, dass ein Scoping nur in Ausnahmefällen ausbleiben soll.[876] Denn als Gefahr wird angemahnt, dass eine UVP ohne vorheriges Scoping oftmals defizitär sei und ihren eigentlichen Zweck, die Umweltauswirkungen möglichst umfassend zu ermitteln und für die Zulassungsentscheidung aufzubereiten, nicht gerecht werden könne.[877] Auch sollte das Scoping möglichst

---

871 Für die SUP gilt § 39 UVPG.

872 Für die UVP siehe *Kment*, in: *Hoppe u. a.*, [Fn. 647], § 15, Rn. 1.

873 Vgl. *Kment*, in: *Hoppe u. a.*, ebd., § 15, Rn. 2, 3; *Peters u. a.*, [Fn. 750], § 15, Rn. 1. Siehe ebenso BT-Drs. 18/11499, S. 87.

874 Für das Scoping bestehen indes nicht unwichtige Unterschiede zwischen dem Verfahren der UVP und SUP. Für die UVP gilt, dass grds. ein gewisses bipolares Verhältnis zwischen Vorhabenträger und Behörde besteht. Das Scoping dient hierbei vielfach als Hilfestellung für den Vorhabenträger.
Für die SUP besteht jedoch die Besonderheit, dass die Verantwortlichkeit für die Aufstellung und Änderung in erster Linie gebündelt in der Hand der Behörde liegt. Das Scoping dient daher nicht der Hilfe des Vorhabenträgers: Vielmehr profitiert die aufstellende Behörde selber, vgl. dazu *Kment*, in: *Hoppe u. a.*, [Fn. 647], § 39, Rn. 4.

875 § 15 Abs. 1 UVPG.

876 Vgl. auch BT-Drs. 18/11499, S. 88.

877 Vgl. *Schink*, Entwicklungen und Stand der UVP, NuR 2018, 21 (27).

frühzeitig, also zu Beginn bzw. in einer frühen Phase der Erstellung des UVP-Berichts stattfinden. Dafür muss das Vorhaben zu diesem Zeitpunkt jedoch bereits hinreichend konkretisiert sein.[878]

3. UVP-Bericht

Den nächsten wichtigen Verfahrensschritt stellt der UVP-Bericht nach § 16 UVPG[879] dar. Das Scoping diente hierfür als Grundlage und soll die Tiefe und Breite der nun erforderlichen Unterlagen klären. Der Vorhabenträger muss in diesem Rahmen die entscheidungserheblichen Informationen zu den vorhersehbaren Umweltauswirkungen ermittelt und in Form eines Berichts vorlegen.[880] Dem Bericht kommen somit mehrere Funktionen zu. Zum einen dient er als Informationsgrundlage für die zu beteiligende Öffentlichkeit und Behörden. Darüber hinaus wird auf seiner Grundlage die zusammenfassende Darstellung nach § 24 UVPG und die Bewertung der relevanten Auswirkungen nach § 25 UVPG erarbeitet.[881] Der Bericht stellt zudem eine Ausprägung des umweltrechtlichen Verursacherprinzips dar, da die Erstellung grundsätzlich dem Vorhabenträger aufgetragen ist und daher den Amtsermittlungsgrundsatz nach § 24 VwVfG in gewisser Weise modifiziert.[882] Nach § 16 Abs. 2 UVPG ist der Bericht zu einem solchen Zeitpunkt vorzulegen, dass er mit den übrigen Unterlagen ausgelegt werden kann. Er muss mithin zu Beginn der vorgesehenen Beteiligungsverfahren bereit liegen, da er ein wesentlicher Teil dieser Beteiligung ist.[883]

---

878 Vgl. *Peters u. a.*, [Fn. 750], § 15, Rn. 3.

879 Für die SUP ist hier § 40 UVPG einschlägig. Der Bericht in diesem Rahmen heißt „Umweltbericht". Der Zweck des Umweltberichts im Rahmen der SUP geht etwas über den UVP-Bericht hinaus. Denn nach § 40 Abs. 1 UVPG sind die Umweltauswirkungen zu ermitteln, zu beschreiben und zu bewerten. Da die Bewertung im Rahmen der SUP bereits im Umweltbericht stattfindet, geht sie über die Zwecke des UVP-Berichts hinaus. In dessen Rahmen findet nämlich grundsätzlich nur eine Ermittlung und Beschreibung statt. Siehe dazu *Kment*, in: *Hoppe u. a.*, [Fn. 647], § 40, Rn. 3.

880 Vgl. *Peters u. a.*, [Fn. 750], § 16, Rn. 3.

881 BT-Drs. 18/11499, S. 88. Dieses Ergebnis wird auch durch einen Blick in § 16 Abs. 5 gestützt; vgl. dazu auch *Peters u. a.*, ebd., § 16, Rn. 1. Für die Funktionen des Umweltbericht im Rahmen der SUP siehe *Kment*, in: *Hoppe u. a.*, [Fn. 647], § 40, Rn. 5.

882 In diese Richtung auch *Peters u. a.*, [Fn. 750], § 16, Rn. 3. Es wird jedoch darauf hingewiesen, dass der Amtsermittlungsgrundsatz grundsätzlich in der Hand der Behörde bleibt. Dem Vorhabenträger kommen hierzu nur gewisse Mitwirkungspflichten zu, vgl. dazu *Kment*, in: *Hoppe u. a.*, [Fn. 647], § 16, Rn. 2.

883 Vgl. *Peters u. a.*, [Fn. 750], § 16, Rn. 4. Für die Frühzeitigkeit des Umweltbericht im Rahmen der SUP siehe *Kment*, in: *Hoppe u. a.*, [Fn. 647], § 40, Rn. 10.

Maßgebende Bedeutung kommt den inhaltlichen Anforderungen an den UVP-Bericht zu. Diese können in die Mindestanforderungen nach § 16 Abs. 1 und in weitere Anforderungen nach § 16 Abs. 3 iVm Anlage 4 UVPG unterteilt werden, welche nur erforderlich sind, wenn sie für das Vorhaben von Bedeutung sind.[884]

Die Entscheidung, welchen Inhalt und Umfang der Bericht letztlich haben muss, bestimmt sich indes nach den Rechtsvorschriften, die für die Zulassungsentscheidung maßgeblich sind, also nach dem jeweils einschlägigen Fachrecht.[885] Nach § 16 Abs. 5 muss der Bericht überdies den gegenwärtigen Wissensstand und die gegenwärtigen Prüfmethoden berücksichtigen.[886] Dabei hat der Vorhabenträger die Angaben beizubringen, die mit zumutbarem Aufwand ermittelt werden können.

Zur Veranschaulichung werden nachfolgend die Mindestanforderungen an einen UVP-Bericht aufgelistet. Demnach hat der Bericht die folgenden Informationen zu enthalten:

„1. eine Beschreibung des Vorhabens mit Angaben zum Standort, zur Art, zum Umfang und zur Ausgestaltung, zur Größe und zu anderen wesentlichen Merkmalen des Vorhabens,

2. eine Beschreibung der Umwelt und ihrer Bestandteile im Einwirkungsbereich des Vorhabens,

3. eine Beschreibung der Merkmale des Vorhabens und des Standorts, mit denen das Auftreten erheblicher nachteiliger Umweltauswirkungen des Vorhabens ausgeschlossen, vermindert oder ausgeglichen werden soll,

4. eine Beschreibung der geplanten Maßnahmen, mit denen das Auftreten erheblicher nachteiliger Umweltauswirkungen des Vorhabens ausgeschlossen, vermindert oder ausgeglichen werden soll, sowie eine Beschreibung geplanter Ersatzmaßnahmen,

5. eine Beschreibung der zu erwartenden erheblichen Umweltauswirkungen des Vorhabens,

6. eine Beschreibung der vernünftigen Alternativen, die für das Vorhaben und seine spezifischen Merkmale relevant und vom Vorhabenträger geprüft worden

---

884 Für die SUP gibt es lediglich Mindestanforderungen, die sich aus § 40 Abs. 2 UVPG ergeben. Maßgebend für den Untersuchungsrahmen sind aber auch hier nach § 39 Abs. 2 UVPG die Rechtsvorschriften, die für die Entscheidung über die Ausarbeitung, Annahme oder Änderung des Plans oder Programms maßgebend sind.

885 § 16 Abs. 4 UVPG. Für die SUP gilt § 39 Abs. 2 S. 1 UVPG.

886 Weiterführend hierzu vgl. *Kment*, in: *Hoppe u. a.*, [Fn. 647], § 16, Rn. 15ff.

sind, und die Angabe der wesentlichen Gründe für die getroffene Wahl unter Berücksichtigung der jeweiligen Umweltauswirkungen sowie

7. eine allgemein verständliche, nichttechnische Zusammenfassung des UVP-Berichts."[887]

Zusätzlich zu diesen Anforderungen sind, wie bereits erläutert, in Anlage 4 noch deutlich dezidiertere Angaben aufgeführt, die erforderlich werden, soweit es nach den Rechtsvorschriften der eigentlich Zulassungsentscheidung von Bedeutung ist.

4. Behördenbeteiligung

An die Erstellung des UVP-Berichts durch den Vorhabenträger schließt sich nach § 17 Abs. 1, 2 UVPG[888] die Beteiligung von Behörden an, deren umweltbezogener Aufgabenbereich durch das Vorhaben berührt wird. Hierbei handelt es sich grundsätzlich um ein zweistufiges Verfahren.[889] Im ersten Schritt (§ 17 Abs. 1 UVPG) unterrichtet die für die UVP zuständige Behörde die betroffenen Behörden und übermittelt ihnen den UVP-Bericht. Im zweiten Schritt nach § 17 Abs. 2 S. 1 UVPG holt die zuständige Behörde die Stellungnahmen der Unterrichteten ein. Zweck der Beteiligung ist in erster Linie die Verbesserung der Informationsgrundlage.[890] Die Stellungnahmen der Behörden gehören überdies zum Verfahrensschritt der „Ermittlung" der Auswirkungen.[891]

Aufgrund der Ausgestaltung der UVP als unselbstständiger Teil eines verwaltungsrechtlichen Verfahrens, ist grundsätzlich die Behörde zuständig, die für das jeweilige fachrechtliche Trägerverfahren sachlich zuständig ist.[892]

5. Öffentlichkeitsbeteiligung

Ein wesentlicher Bestandteil allen umweltrechtlichen Verfahrens sind mittlerweile die ausgedehnten Beteiligungsmöglichkeiten der Öffentlichkeit. Sie haben zum einen den Zweck (wie auch schon die UVP im Allgemeinen), die Umweltauswirkungen in einem frühen Stadium und in einer möglichst umfassenden Weise zu erfassen. Die Öffentlichkeitsbeteiligung nach den §§ 18ff. UVPG, wie

887 § 16 Abs. 1 S. 1 UVPG.

888 Für die SUP gilt § 41 UVPG.

889 Vgl. *Hagmann*, in: *Hoppe u. a.*, [Fn. 647], § 17, Rn. 2.

890 *Hagmann*, in: *Hoppe u. a.*, ebd.§ 17, Rn. 3; *Peters u. a.*, [Fn. 750], § 17, Rn. 1.

891 *Hagmann*, in: *Hoppe u. a.*, [Fn. 647], § 17, Rn. 3.

892 Vgl. *Peters u. a.*, [Fn. 750], § 17, Rn. 4.

auch das Scoping (§ 15), der UVP-Bericht (§ 16) und die Behördenbeteiligung (§ 17) stellen mithin einen wesentlichen Schritt im Rahmen der „Ermittlung“ aller relevanten Umweltauswirkungen dar. Darüber hinaus kommt der Öffentlichkeitsbeteiligung noch eine weitere wesentliche Funktion zu: Durch die Einbeziehung der Bürger bereits im Verfahren kann eine Stärkung der Akzeptanz der letztlichen Entscheidung herbeigeführt und somit späteren Gerichtsverfahren vorgebeugt werden.[893]

Nach § 18 Abs. 1 S. 1 UVPG hat die zuständige Behörde die Öffentlichkeit zu den Umweltauswirkungen eines Vorhabens zu beteiligen.[894] Nach S. 2 soll die betroffene Öffentlichkeit im Rahmen der Beteiligung Möglichkeit zur Stellungnahme haben. In diesem Rahmen müssen auch die nach dem Umweltrechtsbehelfsgesetz anerkannten Umweltvereinigungen beteiligt werden. Ihnen kommt nach dem Gesetz die besondere Aufgabe zu, die zuständige Behörde in einer dem Umweltschutz dienenden Weise zu unterstützen.[895]

6. Zusammenfassende Darstellung

Aufbauend auf dem UVP-Bericht und der Behörden- und Öffentlichkeitsbeteiligung erstellt die zuständige Behörde eine zusammenfassende Darstellung.[896] Nach § 24 Abs. 1 UVPG muss in diesem Rahmen eine Darstellung der Umweltauswirkungen des Vorhabens, der Merkmale, des Standorts und der Maßnahmen, mit denen erhebliche nachteilige Umweltauswirkungen ausgeschlossen, vermindert oder ausgeglichen werden sollen, erfolgen. Außerdem soll eine Zusammenfassung der Ersatzmaßnahmen bei Eingriffen in Natur und Landschaft beigefügt werden. Grundlage hierfür stellt als „zentraler Ausgangspunkt“[897] der UVP-Bericht dar. Darüber hinaus sind auch die behördlichen Stellungnahmen und die Äußerungen der Öffentlichkeit als Grundlage heranzuziehen.[898] Insofern ist die zusammenfassende Darstellung als letzter Verfahrensschritt der Ermittlung anzusehen.[899]

---

893 Vgl. dazu *Hagmann*, in: *Hoppe u. a.*, [Fn. 647], § 18, Rn. 5. Siehe auch schon unter Kapitel 4, Ziff. II, 3, lit. e.

894 Für die SUP gilt § 42 UVPG, welcher jedoch in weiten Teilen auf die §§ 18ff. UVPG verweist.

895 § 18 Abs. 1 S. 3 UVPG. Die weiteren Vorgaben ergeben sich sodann aus den §§ 19ff. UVPG.

896 Dieser Verfahrensschritt entfällt im Rahmen der SUP.

897 *Beckmann*, in: *Hoppe u. a.*, [Fn. 647], § 24, Rn. 14.

898 Vgl. etwa *Peters u. a.*, [Fn. 750], § 24, Rn. 1.

899 *Peters u. a.*, ebd., § 24, Rn. 1.

Wesentliche Bedeutung kommt der zusammenfassenden Darstellung als Grundlage für die Bewertung der Umweltauswirkungen nach § 25 UVPG zu. Daher sind in der Darstellung alle entscheidungserheblichen Unterlagen aufzubereiten und somit für die Bewertung handhabbar zu machen.[900] Weil die Darstellung noch als Teil des Ermittlungsprozesses anzusehen ist, hat die Ausarbeitung der Darstellung in einer wertneutralen Weise zu erfolgen. Die Behörde ist bei diesem Verfahrensschritt dazu aufgerufen, eine reine Beschreibung der Umweltauswirkungen aufgrund der relevanten Unterlagen vorzunehmen.[901]

7. Bewertung der Umweltauswirkungen

Die Bewertung der Umweltauswirkungen stellt einen der zentralen Schritte der UVP und SUP dar. Um in einem späteren Schritt die Auswirkungen eines Vorhabens oder Plans auf das Klima für das letztliche Zulassungsverfahren bewerten zu können, müssen zunächst grundlegende Fragen und Konzepte der Bewertung geklärt werden. Im ersten Schritt wird die Bedeutung der Bewertung beleuchtet, welche maßgeblich aus ihrer Funktion und ihrem Zweck erwächst (lit. a). Sodann gilt es zu klären, welche Maßstäbe für die Bewertung herangezogen werden können und müssen, mit anderen Worten, woran sich die verschiedenen Umweltaspekte messen lassen müssen (lit. b). Abschließend muss ein Blick auf die Reichweite der Bewertung geworfen werden, also die Frage, ob Umweltmedien nur isoliert für sich selbst, oder auch in ihrer Gesamtheit betrachtet werden müssen und wie mit Alternativplanungen umzugehen ist (lit. c).

a. Funktion und Zweck

Auf Grundlage der zusammenfassenden Darstellung hat die zuständige Behörde nach § 25 Abs. 1 UVPG die Umweltauswirkungen des Vorhabens im Hinblick auf eine wirksame Umweltvorsorge nach Maßstab der geltenden Gesetze zu bewerten und diese Bewertung zu begründen.[902] Die Bewertung schließt sich

900 *Beckmann*, in: *Hoppe u. a.*, [Fn. 647], § 24, Rn. 6.

901 Vgl. *Beckmann*, in: *Hoppe u. a.*, ebd., § 24, Rn. 55.

902 Für die SUP ist hier § 40 Abs. 1 UVPG einschlägig. Demnach sind, wie schon dargestellt, bereits im Umweltbericht die Auswirkungen des Plans oder Programms zu bewerten. Strukturell und bezüglich der Anforderungen entspricht die Bewertung im Rahmen der SUP grundsätzlich der UVP. So *Peters u. a.*, [Fn. 750], § 40, Rn. 28. Denn § 40 Abs. 3 UVPG verweist für die Maßstäbe ebenfalls auf eine wirksame Umweltvorsorge und den Maßstab der geltenden Gesetze. Für Einzelheiten der Bewertung im

damit an die Ermittlung und Beschreibung an. Sie stellt daher den letzten Verfahrensschritt der UVP dar.[903] Ebenfalls bereitet sie die zusammengestellten Unterlagen vor, sodass sie im Anschluss nach § 25 Abs. 2 UVPG im jeweiligen Zulassungsverfahren berücksichtigt werden können. § 25 UVPG stellt mithin den Kern der deutschen UVP dar und wird daher als das „legislative Herzstück"[904] angesehen.[905]

Der Bewertung kommt darüber hinaus eine steuernde Funktion zu. Denn die Maßstäbe der Bewertung müssen schon frühzeitig berücksichtigt werden, geeigneter Weise schon beim Scoping, sodass im Rahmen der Ermittlung keine Anstrengungen unternommen werden, die für die Bewertung ohnehin nicht von Belang sind.[906] Indem die Bewertung der Auswirkungen seit der Novelle des UVPG 2017 in einem eigenständigen Absatz 1 (getrennt von der Berücksichtigung in Abs. 2) gefasst ist, wurde nochmals verdeutlicht, dass sie einen wesentlichen, eigenständigen Verfahrensschritt darstellt und daher von der Berücksichtigung nach § 25 Abs. 2 UVPG zu unterscheiden ist.[907] Die Bewertung ist ausschließlich projektbezogen, weshalb in diesem Rahmen keine allgemeinen ökologischen Fragestellungen diskutiert werden können.[908]

Von den vorherigen Schritten der Ermittlung und Beschreibung (insbesondere im Rahmen der zusammenfassenden Darstellung) unterscheidet sich die Bewertung dadurch, dass nicht lediglich eine Abschätzung und Beschreibung der möglichen Umweltfolgen stattfindet, sondern eine Bewertung ebendieser. Insofern findet in diesem Schritt eine Einschätzung bezüglich der Vernachlässigbarkeit oder Tolerierbarkeit der Umweltfolgen durch die zuständige Behörde statt.[909]

Der auf die Bewertung folgende Schritt der Berücksichtigung nach § 25 Abs. 2 UVPG kann insofern abgegrenzt werden, als dass im Rahmen der Bewertung ausschließlich die Umweltauswirkungen des Vorhabens im Fokus stehen. Im Rahmen der anschließenden Berücksichtigung wird die Bewertung der

---

Rahmen der SUP siehe etwa *Hoppe u. a.*, [Fn. 647], § 40; *Peters u. a.*, [Fn. 750], § 40, Rn. 28ff.

903 *Kümper*, in: *Schink u. a.*, UVPG Kommentar 2018, § 25, Rn. 1.

904 Für die Vorgängerversion des § 12 UVPG aF *Wulfhorst*, in: *Landmann/Rohmer*, [Fn. 382], 58. Ergänzungslieferung, § 12, Rn. 1.

905 Siehe *Beckmann*, in: *Hoppe u. a.*, [Fn. 647], § 25, Rn. 29.

906 M.w.N. *Peters u. a.*, [Fn. 750], § 25, Rn. 8.

907 Vgl. BT-Drs. 18/1149, S. 94.

908 *Beckmann*, in: *Hoppe u. a.*, [Fn. 647], § 25, Rn. 29.

909 *Beckmann*, in: *Hoppe u. a.*, ebd., § 25, Rn. 31.

Umweltauswirkungen dann in Bezug zu anderen (nicht umweltbezogenen) Belangen gesetzt, welche im Rahmen des fachrechtlichen Trägerverfahrens zu prüfen sind.[910]

b. Maßstäbe der Bewertung

Entscheidende Bedeutung kommt sodann den Maßstäben der Bewertung zu. In diesem Rahmen stellen sich insbesondere folgende Fragen: Nach welchen Maßstäben hat die Bewertung der Umweltauswirkungen zu erfolgen? Welche Instrumente dürfen bzw. müssen hierfür herangezogen werden?

§ 25 Abs. 1 UVPG schreibt hinsichtlich des Bewertungsmaßstabs vor, dass die zuständige Behörde die Umweltauswirkungen des Vorhabens im Hinblick auf eine wirksame Umweltvorsorge im Sinne des § 3 und nach den Maßstäben der geltenden Gesetze zu bewerten hat. An dieser Bestimmung entfacht sich noch heute Streit darüber, welche Maßstäbe nun bei der Bewertung einschlägig sind. Insbesondere die Verknüpfung der wirksamen Umweltvorsorge auf der einen Seite und den geltenden Gesetzen auf der anderen wurde vielfach als schwer auflösbarer Konflikt wahrgenommen.

Bezüglich der Bewertungsmaßstäbe haben sich grob zwei Meinungsströmungen herausgebildet, die sich jedoch bei Einzelfragen auch innerhalb dieser Strömungen nicht gänzlich einig sind. Teilweise wird die Ansicht vertreten, bei der Bewertung der Umweltauswirkungen dürften nur rechtliche Maßstäbe herangezogen werden.[911] Außerrechtlichen Bewertungsmaßstäben fehle die politische Legitimation, welche Auswirkungen noch hinzunehmen seien und welche als nicht mehr akzeptabel gelten.[912] Darüber hinaus dürften nur umweltinterne Aspekte in die Bewertung einfließen.[913] Als Argument wird auf Ziff. 0.6.1.2. der UVPVwV[914] rekurriert, wonach es bei der gesetzesgebundenen Bewertung um die Konkretisierung, Auslegung und Interpretation der fachrechtlichen Bestimmungen geht.[915]

---

910 Vgl. *Kümper*, in: *Schink u. a.*, [Fn. 903], § 25, Rn. 6.

911 So *Würtenberger*, Der Klimawandel in den Umweltprüfungen, ZUR 2009, 171 (174); *Erbguth/Schink*, [Fn. 782], § 2, Rn. 7 sowie *Wulfhorst*, in: *Landmann/Rohmer*, [Fn. 382], 58. Ergänzungslieferung 2010, § 12, Rn. 29.

912 *Wulfhorst*, in: *Landmann/Rohmer*, [Fn. 382], 58. Ergänzungslieferung 2010, § 12, Rn. 29.

913 *Erbguth/Schink*, [Fn. 782], § 12, Rn. 7.

914 Allgemeine Verwaltungsvorschrift zur Ausführung des Gesetzes über die Umweltverträglichkeitsprüfung (UVPVwV) vom 18. September 1995.

915 Dargestellt in *Kloepfer*, [Fn. 6], S. 345.

Die Gegenansicht wiederspricht der Begrenzung auf rein rechtliche Aspekte. Zum einen sei die Forderung nach rein rechtlichen Maßstäben verbunden mit dem Hinweis, dass nur umweltinterne Aspekte Berücksichtigung finden können, widersprüchlich.[916] Bei der Genese rechtlicher Maßstäbe wie Gesetzen, Verordnungen und Satzungen findet im Prozess der Aufstellung und Ausarbeitung notwendigerweise ein politischer Kompromiss zwischen Umweltaspekten und anderen Belangen statt, wie etwa solcher wirtschaftlicher Art.[917] Würde man diese (durch Kompromiss mit anderen Belangen zustande gekommenen) rechtlichen Maßstäbe nun bei der Bewertung anwenden, widerspräche man damit der Forderung, dass lediglich umweltinterne Aspekte berücksichtigt werden sollen.[918] Diese Ansicht zieht daher zu den rechtlichen Bewertungsmaßstäben auch außerrechtliche Aspekte hinzu. Grundsätzlich erkennt sie jedoch die Maßgeblichkeit der rechtlichen Maßstäbe an. Denn diese seien im Endeffekt die ausschlaggebenden Gesichtspunkte, die bei der Berücksichtigung nach § 25 Abs. 2 UVPG zu beachten sind. Deshalb bilden die rechtlichen Maßstäbe den Rechtsrahmen für die Bewertung der Umweltauswirkungen.[919] Wenn jedoch die Fachgesetze durch unbestimmte Rechtsbegriffe wie etwa das „Wohl der Allgemeinheit", „Erheblichkeit" oder „Zumutbarkeit" geprägt sind, können allein rechtliche Maßstäbe nicht weiterhelfen. Heranzuziehen seien hierfür daher auch außerrechtliche Aspekte wie wissenschaftliche oder fachliche Bewertungsansätze.[920]

Für letztere Ansicht spricht, dass die Bewertung als Teil der UVP noch nicht über die Zulässigkeit oder Unzulässigkeit eines Projekts entscheidet. Die Hinzuziehung außerrechtlicher Gesichtspunkte dient vielmehr erst dazu, die rechtlichen Maßstäbe handhabbar zu machen und eine solche Entscheidung

---

916 Vgl. *Beckmann*, in: *Hoppe u. a.*, [Fn. 647], § 25, Rn. 32.

917 Vgl. *Mayen*, Die Umweltverträglichkeitsprüfung nach dem UVP-Gesetz und der UVP-Verwaltungsvorschrift, NVwZ 1996, 319 (323); ausführlich außerdem *Beckmann*, in: *Hoppe u. a.*, [Fn. 647], § 25, Rn. 33f.

918 Vgl. *Kloepfer*, [Fn. 6], S. 345. Teilweise wird deshalb eine teleologische Abspaltung der umweltexternen Belange in der Bewertung vertreten. Siehe dazu *Peters u. a.*, [Fn. 750], § 25, Rn. 15. Auch wird vertreten, dieser Widerspruch könne durch eine vorsorgeorientierte Interpretation der Fachgesetze aufgelöst werden, vgl. m.w.N *Kloepfer*, [Fn. 6], S. 345f.

919 Vgl. *Beckmann*, in: *Hoppe u. a.*, [Fn. 647], § 25, Rn. 37.

920 *Beckmann*, in: *Hoppe u. a.*, ebd., § 25, Rn. 28, 41 sowie *Kloepfer*, [Fn. 6], S. 345. Dem widersprechend: *Erbguth*, Ziel, Konzeption und Entwicklungslinien der Umweltverträglichkeitsprüfung, ZUR 2014, 515 (523) sowie *Kümper*, in: *Schink u. a.*, [Fn. 903], § 25, Rn. 13.

im Rahmen der Bewertung vornehmen zu können. Es obliegt nicht den fachlichen oder wissenschaftlichen Stellen, eine Bewertung vorzunehmen. Genauer gesagt, stellen diese Stellen lediglich die Maßstäbe und das Handwerkszeug bereit, anhand derer die zuständige Behörde die Bewertungsentscheidung treffen kann.[921] Schließlich kann eine Abgrenzung des Schritts der Bewertung von der anschließenden Berücksichtigung im Zulassungsverfahren nur stattfinden, wenn man die Bewertung nicht als reine Gesetzessubsumtion versteht. Denn diese wäre gleichlaufend mit der Berücksichtigung nach § 25 Abs. 2 UVPG.[922]

Abschließend lässt sich daher zusammenfassen, dass rechtliche Maßstäbe als Grundlage jeder Bewertung fungieren. Erweisen sich die rechtlichen Maßstäbe jedoch als nicht ausreichend bzw. zu offen, sind ergänzend auch außerrechtliche Maßstäbe heranzuziehen. Diese können in erster Linie in fachlichen Gutachten und Publikationen liegen.[923]

c. *Gesamtbewertung und Alternativen*

Gefordert wird sodann eine Gesamtbetrachtung der Auswirkungen des Vorhabens. Aufgrund der integrativen Ausgestaltung der UVP ist es nicht ausreichend, die einzelnen Schutzgüter des § 2 Abs. 1 UVPG isoliert zu betrachten. Insbesondere die Forderung, auch die Wechselbeziehungen der Schutzgüter zu prüfen (§ 2 Abs. 1 Nr. 5 UVPG) führt dazu, dass eine „wertende Aggregation"[924] der Schutzgüter in ihrer Gesamtheit stattzufinden hat.[925] Daher sind die Vor- und Nachteile des Vorhabens im Hinblick auf die Umwelt abwägend zu gewichten.[926]

Der Vorhabenträger hat überdies eine Beschreibung der vernünftigen Alternativen, die für das Vorhaben und seine spezifischen Merkmale relevant und vom Vorhabenträger geprüft worden sind, und die Angabe der wesentlichen Gründe für die getroffene Wahl unter Berücksichtigung der jeweiligen

---

921 Vgl. *Beckmann*, in: *Hoppe u. a.*, [Fn. 647], § 25, Rn. 41.

922 So auch *Beckmann*, in: *Hoppe u. a.*, ebd., § 25, Rn. 47.

923 So auch *Hartlik u. a.*, Operationalisierung von in Umweltstrategien der Bundesregierung festgelegten Umweltzielen als Bewertungsmaßstab für SUP und UVP 2020, S. 58.

924 *Kümper*, in: *Schink u. a.*, [Fn. 903], § 25, Rn. 11.

925 Ebd.

926 So *Beckmann*, in: *Hoppe u. a.*, [Fn. 647], § 25, Rn. 55. Dieser führt außerdem aus, dass weder eine quantitative noch eine qualitative Verrechnung stattfinden kann. Befürwortend für eine qualitative Verrechnung siehe etwa *Kümper* in: *Schink u. a.*, [Fn. 903], § 25, Rn. 12; *Erbguth/Schink*, [Fn. 782], § 12, Rn. 11; *Erbguth*, [Fn. 920], 515 (523).

Umweltauswirkungen beizubringen.[927] Die zuständige Behörde hat diese Alternativen zu prüfen und nach den dargestellten Maßstäben zu bewerten.

Teilweise wird darüber hinaus gefordert, dass auch weitergehende vernünftige Alternativen zu prüfen sind, insbesondere die sogenannte Null-Variante, also eine Bewertung des Zustandes der Umwelt, wenn das Vorhaben erst gar nicht realisiert würde.[928] Für die UVP kann eine generelle Pflicht nach dem UVPG nicht erschlossen werden. Vielmehr richtet sich eine solche Verpflichtung nach dem Fachrecht. So ist bei Planfeststellungsverfahren regelmäßig auch die Null-Variante zu prüfen.[929]

8. Berücksichtigung bei der Vorhabenzulassung

Mit der Bewertung der Umweltauswirkungen ist die eigentliche UVP abgeschlossen. Bei der Berücksichtigung der begründeten Bewertung nach § 25 Abs. 2 UVPG[930] werden im entscheidenden Zulassungsverfahren die Ergebnisse der UVP schließlich wieder aufgegriffen. Die Vorschrift stellt daher das Bindeglied zwischen der eigentlichen UVP und dem Trägerverfahren dar. Streng genommen gehört der Schritt der Berücksichtigung somit nicht mehr zum ursprünglichen Verfahren der UVP.[931]

Das Berücksichtigungserfordernis verlangt, dass die Behörde sich inhaltlich mit den Ergebnissen der Bewertung auseinandersetzt. Eine bloße Kenntnisnahme ist nicht ausreichend.[932] Die Zulassungsentscheidung bestimmt sich weiterhin nach dem einschlägigen Fachrecht. Dieses bestimmt daher auch, „in

927 § 16 Abs. 1 S. 1 Nr. 6 UVPG

928 Siehe dazu m.w.N *Kümper*, in: *Schink u. a.*, [Fn. 903], § 25, Rn. 14. Verneinend BVerwG, Beschl. v. 14.05.1996 – 7 NB 3/95, NVwZ 1997, 494, dessen Leitsatz Nr. 3 folgendes besagt: „Weder aus dem UVP-Gesetz noch aus der UVP-Richtlinie 85/337/EWG ergibt sich eine Verpflichtung zur Alternativenprüfung im Rahmen von planerischen Zulassungsentscheidungen. Ob eine solche Prüfung geboten ist bestimmt sich allein nach den Umständen des Einzelfalls und den sich daraus ergebenden Anforderungen des Abwägungsgebots.“

929 Vgl. *Kümper*, in: *Schink u. a.*, ebd., § 25, Rn. 14; *Neumann/Külpmann*, in: *Stelkens u. a.*, Verwaltungsverfahrensgesetz Kommentar 2018, § 74, Rn. 128. Für den Bau einer Bundesautobahn: BVerwG, Urt. v. 10.04.1997 – 4 C 5/96, NVwZ 1998, 508, Ls. 2.

930 Für die SUP gilt § 43 Abs. 2 UVPG. Hierbei gelten grundsätzlich die gleichen Anforderungen wie für die Berücksichtigung im Rahmen der UVP, siehe dazu *Peters u. a.*, [Fn. 750], § 43, Rn. 5.

931 Vgl. etwa *Kümper*, in: *Schink u. a.*, [Fn. 903], § 25, Rn. 16.

932 Vgl. BT-Drs. 11/3919, S. 27; *Beckmann*, in: *Hoppe u. a.*, [Fn. 647], § 25, Rn. 86.

welcher Weise und mit welchem Gewicht“[933] die Ergebnisse der Bewertung in die Entscheidung eingehen.[934] Eine Anreicherung des Fachrechts mit weitergehenden umweltrechtlichen Anforderungen findet durch das Berücksichtigungsgebot nicht statt.[935]

Im eigentlichen Zulassungsverfahren muss sodann (soweit nach der Verfahrensstruktur erforderlich) ein Ausgleich zwischen den durch die UVP aufbereiteten Umweltaspekten und anderen Belangen, welche nach dem Fachrecht von Bedeutung sind (wie etwa wirtschaftliche, soziale, finanzielle Aspekte), geschaffen werden. In diesem Rahmen kommt den Umweltaspekten durch die UVP keine abstrakte Vorrangstellung zu.[936]

Die Auswirkungen der Berücksichtigung im Zulassungsverfahren können unterschiedliche Formen annehmen. So kann eine Zulassungsentscheidung verwehrt werden, wenn gewisse Umweltmedien in besonderer, nicht hinnehmbarer Weise beeinträchtigt werden. Ebenfalls kann aufgrund entgegenstehender Umweltaspekte eine Veränderung des geplanten Vorhabens nötig sein. Möglich ist auch die Zulassung des Projekts unter Nebenbestimmungen zur Abmilderung der Umweltfolgen. Schließlich ist es aber auch nicht ausgeschlossen, dass das Vorhaben unverändert zugelassen wird, obwohl damit erhebliche Umwelteinwirkungen einhergehen.[937]

Allerdings ist das Fachrecht nicht immer geeignet, die Ergebnisse der UVP in adäquater und vor allem medienübergreifender Weise zu verarbeiten.[938] Dies hängt zum einen mit der Struktur der jeweiligen Zulassung, aber auch mit den dort einschlägigen Tatbestandsmerkmalen zusammen. Grundsätzlich lassen sich

---

933 *Kümper*, in: *Schink u. a.*, [Fn. 903], § 25, Rn. 18.

934 Ebd.

935 Vgl. *Kümper*, in: *Schink u. a.*, [Fn. 903], § 25, Rn. 18; *Beckmann*, in: *Hoppe u. a.*, [Fn. 647], § 25, Rn. 101 spricht daher von einer „leistungsfähigeren Anwendung der geltenden materiellen Standards“.

936 *Beckmann*, in: *Hoppe u. a.*, [Fn. 647], § 25, Rn. 87.

937 Vgl. *Kümper*, in: *Schink u. a.*, [Fn. 903], § 25, Rn. 19; *Beckmann*, in: *Hoppe u. a.*, [Fn. 647], § 25, Rn. 86.

938 Der folgende Abschnitt gilt nicht für die SUP. Sie findet regelmäßig im Verfahren zur Aufstellung eines Plans oder Programms Anwendung. Solche Verfahren zeichnen sich regelmäßig durch einen sehr weiten Gestaltungsspielraum der aufstellenden Stelle aus. Insofern bedarf es keiner Differenzierung für die Geeignetheit der Trägerverfahren, wie dies für die UVP der Fall ist.

drei unterschiedliche Strukturen unterscheiden.[939] Sie können unterteilt werden in Kontrollerlaubnisse, Ermessenentscheidungen und Planfeststellungen.

Die Kontrollerlaubnis wird grundsätzlich als weniger geeignet angesehen, um die Ergebnisse einer UVP zu verarbeiten.[940] Hierbei handelt es sich um eine Entscheidung, auf die der Antragsteller bei Vorliegen der Tatbestandsvoraussetzungen einen (grundrechtlichen) Anspruch hat.[941] Beispielhaft sind etwa die Baugenehmigung oder die Genehmigung nach dem Bundesimmissionsschutzgesetz. Die Berücksichtigung der begründeten Bewertung findet in diesem Rahmen auf der Tatbestandsebene statt. Kommt die Behörde aufgrund der Erkenntnisse der UVP zu dem Ergebnis, dass die Tatbestandsvoraussetzungen erfüllt sind, ist die Genehmigung zu erteilen. Die Bewertung impliziert mithin regelmäßig das Ergebnis der Zulassungsbehörde.[942]

Als zweite Gruppe können grundsätzlich Ermessenentscheidungen angesehen werden. In diesem Rahmen erfolgt eine zweifache Berücksichtigung der begründeten Bewertung. Zunächst sind, wie auch bei der Kontrollerlaubnis, die Ergebnisse der UVP auf Tatbestandsseite zu prüfen. Werden auf dieser Grundlage die Voraussetzungen verneint, ist die Genehmigung zu versagen. Liegen die Voraussetzungen indes vor, so steht der zuständigen Behörde auf Rechtsfolgenseite ein Ermessen zu (§ 40 VwVfG). Dabei sind die Ergebnisse der UVP dann abermals zu berücksichtigen.[943]

Gemeinhin als besonders UVP-geeignet wird das Planfeststellungsverfahren angesehen.[944] Im Planfeststellungsverfahren geht es grundsätzlich um raumbezogene, ortsfeste Vorhaben, die überörtliche oder örtliche Auswirkungen haben.[945] Regelmäßig werden Infrastrukturprojekte wie etwa Straßenbauvorhaben,

---

939 Vgl. etwa *Kümper*, in: *Schink u. a.*, [Fn. 903], § 25, Rn. 20. Zwischen diesen strukturgeprägten Arten gibt es weitere Zwischenformen, die sich jedoch nur in Einzelheiten unterscheiden.

940 Zu den vorgetragenen Bedenken vgl. etwa *Beckmann*, in: *Hoppe u. a.*, [Fn. 647], § 25, Rn. 134.

941 Vgl. etwa *Wulfhorst*, in: *Landmann/Rohmer*, [Fn. 382], 58. Ergänzungslieferung 2010, UVPG, § 12, Rn. 43.

942 Ebd.

943 Vgl. dazu *Wulfhorst*, in: *Landmann/Rohmer*, [Fn. 382], 58. Ergänzungslieferung 2010, UVPG, § 12, Rn. 44; *Kümper*, in: *Schink u. a.*, [Fn. 903], § 25, Rn. 23 sowie *Beckmann*, in: *Hoppe u. a.*, [Fn. 647], § 25, Rn. 148.

944 Vgl. m.w.N. *Wulfhorst*, in: *Landmann/Rohmer*, [Fn. 382], 58. Ergänzungslieferung 2010, UVPG, § 12, Rn. 39.

945 Siehe *Neumann/Külpmann*, in: *Stelkens u. a.*, [Fn. 522], § 72, Rn. 3.

Wasserstraßen oder Flughäfen im Wege eines Planfeststellungsverfahrens zugelassen.

Für die Geeignetheit dieser Verfahrensart sind zwei Wesensmerkmale entscheidend. Zunächst ist hier die Konzentrationswirkung zu nennen.[946] Sie führt dazu, dass die Planfeststellungsentscheidung alle anderen behördlichen Handlungen und Zulassungen miteinschließt.[947] Die Entscheidungskompetenz wird daher in einer Hand gebündelt, sodass die Entscheidung durch nur eine Behörde, in einem einheitlichen Verfahren ergeht (in diesem Rahmen werden auch weitere Behörden beteiligt, soweit erforderlich).[948] Ebenfalls für die Geeignetheit spricht die jeder planerischen Entscheidung immanente Gestaltungsfreiheit.[949] Im Rahmen dieser Freiheit kann die Behörde besonders gut den umfassenden und umweltbilanzierenden Charakter der UVP berücksichtigen.

9. Bekanntmachung der Entscheidung

In einem letzten Schritt ist die Entscheidung über die Zulassung oder Ablehnung eines Vorhabens nach § 27 UVPG[950] öffentlich bekannt zu machen. Die öffentliche Bekanntmachungspflicht tritt dabei ergänzend zu etwaigen individuellen Bekanntmachungspflichten nach dem VwVfG oder Fachgesetzen.[951] Sie verfolgt den Zweck, die Öffentlichkeit nach Abschluss des Verfahrens zu informieren. Die Öffentlichkeit soll mithin in die Lage versetzt werden nachzuverfolgen, zu welchem Ergebnis die UVP gekommen ist, wie mit ihren Äußerungen im Rahmen der Öffentlichkeitsbeteiligung umgegangen wurde und was ihre Rechtsschutzmöglichkeiten sind.[952]

10. Verhältnis der Umweltprüfung zur allgemeinen Abwägung

Wie gesehen enthalten die gesetzlichen Bestimmungen über die UVP und SUP eigene Regelungen über eine (ökologieinterne) Bewertung und die Berücksichtigung der umweltbezogenen Ergebnisse. Daraus ergibt sich jedoch weiterführend

---

946 Siehe *Beckmann*, in: *Hoppe u. a.*, [Fn. 647], § 25, Rn. 104ff.; *Kümper*, in: *Schink u. a.*, [Fn. 903], § 25, Rn. 21 sowie *Wulfhorst*, in: *Landmann/Rohmer*, [Fn. 382], 58. Ergänzungslieferung 2010, UVPG, § 12, Rn. 39.

947 Vgl. *Neumann/Külpmann*, in: *Stelkens u. a.*, [Fn. 522], § 72, Rn. 50.

948 Vgl. *Neumann/Külpmann*, in: *Stelkens u. a.*, ebd., § 72, Rn. 49.

949 Siehe dazu schon unter Kapitel 4, Ziff. III.

950 Für die SUP gilt § 44 UVPG.

951 *Peters u. a.*, [Fn. 750], § 27, Rn. 1.

952 Vgl. BT-Drs. 18/11499, S. 96.

die Frage, wie sich die UVP (und SUP) in die Systematik der allgemeinen Abwägung einfügt, welche in fachrechtlichen Zulassungsverfahren planungsrechtlicher Art durchzuführen ist.[953] Auf den ersten Blick scheint daher die Annahme naheliegend, dass eine Bewertung von Umweltbelangen an zwei unterschiedlichen Stellen des Verfahrens stattfindet (einmal im Rahmen der UVP und ein andermal im Rahmen der allgemeinen Abwägung).

Die allgemeine fachrechtliche Abwägung verläuft grundsätzlich in vier Schritten. In Schritt eins sind alle beachtlichen Belange zu ermitteln. Diese Belange sind in Schritt zwei in die Abwägung einzustellen. In Schritt drei sind diese zuvor ermittelten und eingestellten Belange nach ihrem objektiven Gewicht in der jeweiligen Situation zu bewerten. Daran anschließend sind die bewerteten Belange in einen gerechten Ausgleich zu bringen.

Im Rahmen der UVP (und SUP) findet ebenfalls eine Bewertung statt. Sie hat für die UVP nach § 25 Abs. 1 UVPG auf Grundlage der zusammenfassenden Darstellung im Hinblick auf eine wirksame Umweltvorsorge nach Maßstab der geltenden Gesetze stattzufinden. Im Rahmen der UVP und SUP werden indes nur die Umweltauswirkungen eines Vorhabens betrachtet. Es wird daher eine ökologieinterne Bewertung durchgeführt.[954] Eine ausgleichende Bilanzierung mit anderen Belangen findet erst im Rahmen der Berücksichtigung nach § 25 Abs. 2 UVPG statt.

Das Verhältnis von allgemeiner Abwägung und Umweltprüfung ist mithin wie folgt aufzulösen:

„Die Umweltverträglichkeitsprüfung stellt sich [...] als ein der allgemeinen Abwägung vorgeschalteter Zwischenschritt dar.“[955] Die Belange der Umwelt sind folglich so in die fachrechtliche Abwägung einzustellen, „wie sie ermittelt, beschrieben und bewertet aus der Umweltprüfung hervorgegangen sind.“[956] Die Umweltbelange werden folglich im zweiten Schritt, der Einstellung, in das fachrechtliche Abwägungsverfahren integriert. Für die Umweltprüfung wird daher eine eigene Zwischenphase angenommen, in deren Rahmen die Auswirkungen auf die Umwelt ermittelt, beschrieben und bewertet werden. Erst im Rahmen der Gewichtung im Rahmen der fachrechtlichen Abwägung treffen die Belange aus der UVP und alle anderen Belange wieder aufeinander. Tatsächlich ist daher die Annahme richtig, dass jedenfalls für die Umweltbelange eine

---

953 Siehe dazu nochmals Kapitel 4, Ziff. III.

954 Vgl. *Hoppe u. a.*, [Fn. 583], S. 332.

955 BVerwG, Urt. v. 18.11.2004 – 4 CN 11.03, BVerwGE 122, 207 (211).

956 *Hoppe u. a.*, [Fn. 583], S. 331.

doppelte Bewertung stattfindet. Einmal im Rahmen der UVP (ökologieintern) und anschließend im fachrechtlichen Zulassungsverfahren.[957] Die Pflicht zur Berücksichtigung der Ergebnisse der UVP nach § 25 Abs. 2 UVPG stellt daher die Schnittstelle in das allgemeine Abwägungsverfahren im zweiten Schritt der Einstellung dar.

Im vierten Schritt jeder (allgemeinen bzw. fachrechtlichen) Abwägung sind alle ermittelten, eingestellten und bewerteten Belange in einen gerechten Ausgleich zu bringen. Dabei müssen die Belange der Umwelt (des Klimaschutzes) mit etwaigen anderen Aspekten in Verhältnis gesetzt werden. Der Umwelt- bzw. Klimaschutzbelang muss sich in diesem Rahmen gegen Belange mit geringerem Gewicht durchsetzen, wohingegen er gegen solche mit einem größeren Gewicht unterliegen kann.[958] Zudem sind hier die herausgearbeiteten Optimierungsgebote zu berücksichtigen.[959] Welche Ausprägung der Ausgleich im Einzelfall hat, unterscheidet sich in jeder Plansituation. Ein Überwiegen des Klimaschutzbelanges kann beispielsweise Auswirkungen auf die Dimensionierung eines Vorhabens haben. Hingegen kann sein Unterliegen sich darin bemerkbar machen, dass ein Vorhaben in erheblichem Maße THG ausstößt oder negative Auswirkungen auf CO_2-Senken hat.

Als Beispiel kann hier das Planfeststellungsverfahren für eine Bundesautobahn dienen. Nach § 17 Abs. 1 S. 4 FStrG sind bei der durchzuführenden Planfeststellung die von dem Vorhaben berührten öffentlichen und privaten Belange einschließlich der Umweltverträglichkeit im Rahmen der Abwägung zu berücksichtigen. In der erforderlichen Abwägung sind daher in einem ersten Schritt alle Belange zu ermitteln. Für die Umweltbelange wird gemäß den obigen Ausführungen ein vorgeschalteter Zwischenschritt, die UVP durchgeführt. Die Auswirkungen auf die Umwelt werden daher losgelöst von externen Belangen und Überlegungen im Rahmen der UVP ermittelt, beschrieben und ökologieintern bewertet. Für die übrigen berührten Belange der Planung wie etwa solche anliegender Grundstückseigentümer, wirtschaftliche oder soziale Belange findet kein spezielles Verfahren wie die UVP statt. Im nächsten Schritt werden alle relevanten Belange, sprich private, andere öffentliche Belange und die durch die UVP aufbereiteten Umweltbelange in die Abwägung eingestellt. Erst im Rahmen der Gewichtung für die Abwägung nach § 17 Abs. 1 S. 4 FStrG treffen die (durch die UVP aufbereiteten) Belange der Umwelt und alle übrigen Belange aufeinander,

---

957 Vgl. *Hoppe u. a.*, ebd., S. 332.
958 So auch *Hoppe u. a.*, ebd., S. 334f.
959 Siehe nochmals unter Kapitel 4, Ziff. III, 1, lit. c.

werden in der jeweiligen Situation (abermals) bewertet und müssen im vierten Schritt in einen gerechten Ausgleich gebracht werden.

IV. Klima in der Umweltprüfung

Da nunmehr die grundsätzlichen Strukturen und Merkmale der Umweltprüfung dargestellt sind, kann nun eine tiefgreifende Auseinandersetzung mit dem Aspekt des Klimas im Rahmen der UVP und SUP stattfinden. Hierbei gilt es mehrere Fragen zu klären. Zunächst müssen die normativen Vorgaben des Klimabelangs analysiert werden. In welchen Bestimmungen findet das Schutzgut Klima Niederschlag und was ist ihr rechtlicher Gehalt (unter Ziff. 1)? Im darauffolgenden Schritt können die Ausprägungen dieser Bestimmungen in den einzelnen Schritten der UVP und SUP erörtert werden (unter Ziff. 2 und 3). Insbesondere der Schritt der Bewertung hält rechtlich und methodisch gesehen einige Herausforderungen bereit.

1. Normativer Niederschlag des Klimas im UVPG

a. Schutzgut Klima

Das Klima stellt gemäß § 2 Abs. 1 Nr. 3 UVPG ein Schutzgut der Umweltprüfung dar. Das heißt, die Bestimmungen des UVPG sollen, jedenfalls grundsätzlich auch das Klima schützen. Fraglich ist jedoch, was genau unter „Klima" zu verstehen ist.

Unter Klima im Sinne des UVPG versteht man, angelehnt an die naturwissenschaftlichen Definitionen[960], den „für ein begrenztes geographisches Gebiet typischen Ablauf der Witterung in einem gewissen Zeitraum."[961] In der Vergangenheit wurde hiervon jedoch lediglich das lokale und regionale Klima verstanden.[962] Globale Dimensionen wurden im Rahmen der UVP unter altem Recht regelmäßig nicht untersucht und daher auch nicht in etwaige planerische und abwägungsrechtliche Entscheidungen einbezogen.[963]

---

960 Siehe hierzu unter Kapitel 2, Ziff. I, 1.

961 *Appold*, in: *Hoppe u. a.*, [Fn. 647], § 2, Rn. 53.

962 Vgl. *Appold*, in: *Hoppe u. a.*, [Fn. 647], § 2, Rn. 53; *Kahl/Gärditz*, Umweltrecht 2019, S. 220; *Erbguth/Schink*, Gesetz über die Umweltverträglichkeitsprüfung, 2. Aufl. 1996, § 2, Rn. 9a; *Bunge*, Neue Anforderungen an die Umweltverträglichkeitsprüfung: die UVP-Änderungsrichtlinie 2014, NVwZ 2014, 1257 (1261); *Saurer*, Klimaschutzziele und Abwägungsentscheidungen in der raumbezogenen Planung, EurUP 2018, 183 (186).

963 Dafür plädierte aber schon damals *Würtenberger*, [Fn. 697], 171 (173f.).

Besondere Bedeutung bei der Auslegung kommt den europäischen Richtlinien zur UVP zu, insbesondere der Richtlinie 2014/52/EU, welche nunmehr in Bezug auf den Klimaschutz weitergehende Anforderungen formuliert. Im Fortschreibungsprozess der Richtlinie gab es außerdem Bestrebungen der Europäischen Kommission, das Schutzgut „Klima" durch das Schutzgut „Klimawandel" zu ersetzen.[964] Dazu kam es jedoch sinnvollerweise nicht. Denn der Klimawandel kann kein eigenes Schutzgut darstellen, welches vor schädlichen Einwirkungen zu schützen ist. Vielmehr ist der Klimawandel als ein Veränderungsprozess zu verstehen, dem das Klimasystem unterliegt.[965] Damit wurde grundsätzlich das Schutzgut „Klima" beibehalten.

Der Begriff des Klimas hat durch die Richtlinie keine Erweiterung erfahren. Jedoch sollen zukünftig unter „Klima" insbesondere auch die Aspekte des Klimawandels Berücksichtigung finden. So hebt Erwägungsgrund 7 der Richtlinie den Klimawandel als Politikfeld besonders hervor und betont, dass er ein wichtiger Bestandteil der Bewertung und Entscheidungsfindung darstellen soll.[966] Auch Erwägungsgrund 13 nimmt ausdrücklich Bezug zum Klimawandel. Demnach ist es angezeigt, „die Auswirkungen von Projekten auf das Klima (z. B. Treibhausgasemissionen) und ihre Anfälligkeit in Bezug auf den Klimawandel zu bewerten."[967] Künftig besteht daher für relevante Vorhaben die Pflicht, neben den lokalen und regionalen auch die globalen Klimaauswirkungen zu ermitteln, beschreiben und zu bewerten.

Das europäische Recht schreibt somit seit der Richtlinie 2014/52/EU vor, dass die Auswirkungen eines Vorhabens auch auf das globale Klima Prüfungsgegenstand einer UVP und SUP seien sollen. Fraglich ist indes, welche Auswirkungen die Richtlinie 2014/52/EU auf die nationale Anwendungspraxis des deutschen UVPG hatte, welches wiederum auf den Vorgängerrichtlinien der Richtlinie 2014/52/EU beruht. Relevant in diesem Zusammenhang ist die Pflicht der hoheitlichen Gewalt zur richtlinienkonformen Auslegung. Im Gegensatz zu einer europäischen Rechtsverordnung, welche nach Art. 288 Abs. 2 AEUV allgemeine Geltung hat und daher in all ihren Teilen verbindlich ist, besteht eine Bindungswirkung für Richtlinien gemäß Art. 288 Abs. 3 AEUV grundsätzlich nur bezüglich des zu erreichenden Ziels. Aufgrund dieser Verbindlichkeit und der

---

964 Vgl. Vorschlag vom 26.10.2012, COM (2012) 628 final, S. 16.

965 Im Ergebnis so auch *Balla/Peters*, Die novellierte UVP-Richtlinie und ihre Umsetzung, NuR 2015, 297 (300).

966 Richtlinie 2014/52/EU, Erwägungsgrund 7.

967 Richtlinie 2014/52/EU, Erwägungsgrund 13.

Umsetzungspflicht der Richtlinie besteht für alle drei Staatsgewalten die Pflicht, den Maßgaben einer Richtlinie zur vollen Wirkung zu verhelfen.[968] Die Verpflichtung, das nationale Recht richtlinienkonform auszulegen, besteht daher grundsätzlich nach Ablauf der Umsetzungsfrist der einschlägigen Richtlinie.[969] In diesem Zusammenhang kommt dieser Auslegungsmethode aufgrund des normhierarchischen Vorrangs des Unionsrechts eine Vorrangstellung vor den anderen anerkannten Auslegungsmethoden zu. Vor Ablauf der Umsetzungsfrist besteht indes keine umfassende Pflicht, das nationale Recht richtlinienkonform auszulegen.[970] Dies verbietet jedoch nicht die Möglichkeit, auch vor Ablauf der Umsetzungsfrist das nationale Recht im Wege der teleologischen Auslegung richtlinienkonform zu interpretieren. Der richtlinienkonformen Auslegung kommt in diesem Rahmen zwar kein Vorrang vor den anderen Auslegungsmethoden zu, eine Berücksichtigung der europarechtlichen Intentionen ist damit jedoch nicht ausgeschlossen.[971]

Es könnte also durchaus die Sicht vertreten werden, dass seit Inkrafttreten der Richtlinie 2014/52/EU am 15.5.2014[972] das nationale UVP-Recht richtlinienkonform in der Weise auszulegen ist, dass auch das globale Klima zum Prüfungsgegenstand einer SUP und UVP gehört. Aufzwingen tut sich eine solche Sichtweise indes mit dem Ablauf der Umsetzungsfrist der Richtlinie am 16.05.2017.[973] (Faktisch besteht zwischen Ablauf der Umsetzungsfrist und dem Inkrafttreten des Gesetzes es zur Modernisierung des Rechts der Umweltverträglichkeitsprüfung am 29.07.2017 nur ein Zeitraum von etwas mehr als zwei Monaten, welcher aus praktischer Sicht vernachlässigt werden kann.)

Das Bundesverwaltungsgericht hat hierzu in mehreren Entscheidungen Stellung bezogen. Bei der ersten Entscheidung handelt es sich um einen Beschluss aus dem Jahr 2015[974], welcher eine Nichtzulassungsbeschwerde zur Revision gegen einen Planfeststellungsbeschluss für die Erweiterung des Verkehrsflughafens

---

968 Vgl. dazu etwa *Kühling*, Die richtlinienkonforme und die verfassungskonforme Auslegung im Öffentlichen Recht, JuS 2014, 481 (482); *Tonikidis*, Grundzüge der richtlinienkonformen Auslegung und Rechtsfortbildung, JA 2013, 598 (599).

969 M.w.N. *Kühling*, [Fn. 968], 481 (484); *Tonikidis*, [Fn. 968], 598 (599).

970 Ebd.

971 So *Kühling*, [Fn. 968], 481 (484).

972 Nach Artikel 4 der Richtlinie 2014/52/EU tritt die Richtlinie am zwanzigsten Tag nach ihrer Veröffentlichung im Amtsblatt der europäischen Union in Kraft. Veröffentlicht wurde sie am 25.4.2014, womit die Richtlinie am 15.05.2014 in Kraft getreten ist.

973 Zur Umsetzungsfrist siehe BR-Drs. 208/17, Erläuterung, 956. BR, 31.03.17, S. 13a.

974 BVerwG, Beschl. v. 22.06.2015 – 4 B 59.14, BeckRS 2015, 50263.

München zum Gegenstand hatte. Der Kläger, ein anerkannter Naturschutzverein, machte geltend, dass bei der Planung der Erweiterung die Belange des globalen Klimaschutzes im Rahmen der UVP nicht ausreichend geprüft wurden. Das Gericht führte unter Bezugnahme auf die Erwägungsgründe der Richtlinie 2014/52/EU aus, dass unter der neuen Richtlinie die Auswirkungen auf das globale Klima Prüfungsgegenstand sein könnten. Gleichlautende oder ähnliche Erwägungen lägen zu der älteren Richtlinie 85/337/EWG, welche für das Projekt einschlägig war, indes nicht vor. Daher sei es nicht angezeigt gewesen, die Auswirkungen der Erweiterung des Flughafens auf das globale Klima zu überprüfen.[975] In diesem Urteil deutet das Gericht erstmalig eine zukünftige Ermittlungspflicht an.

In einem zweiten Beschluss aus dem Jahr 2018[976] betreffend den Ausbau der Bundesautobahn A 20 führte das Gericht dazu weiter aus:

„Zwar ist gemäß § 2 Abs. 1 Nr. 3 UVPG in der aktuellen Fassung vom 8. September 2017 (BGBl. I S. 3370) Schutzgut im Sinne des Gesetzes unter anderem das Klima, und zu den weiteren Angaben, die der UVP-Bericht nach § 16 Abs. 3 i. V.m. Anlage 4 Ziffer 4 b) und 4 c) hh) UVPG enthalten muss, gehören Veränderungen des Klimas nicht nur durch Veränderungen des Kleinklimas am Standort, sondern zum Beispiel auch durch Treibhausgasemissionen.

Vorliegend ist jedoch gemäß § 74 Abs. 2 und 11 UVPG noch die Vorgängerfassung des Gesetzes vom 24. Februar 2010 (BGBl. I S. 94) – UVPG a.F. – anzuwenden, bei der der Begriff des Klimas in § 2 Abs. 1 Satz 2 Nr. 2 UVPG a.F. allgemein eng im Sinne des standortbezogenen lokalen Klimas verstanden worden ist (Appold, in: Hoppe u. a., UVPG, 5. Aufl. 2018, § 2 Rn. 53).

Das Europarecht forderte für diesen Zeitraum keine großräumigere Betrachtung des Klimas. Vielmehr beruht die vorbeschriebene Erweiterung des Klimabegriffs im nationalen Recht gerade auf der Veränderung der maßgeblichen EU-Richtlinien: Sowohl Art. 3 Abs. 1 Buchst. b UVP-RL vom 13. Dezember 2011 als auch die Vorgängerfassung (Art. 3, 2. Spiegelstrich der Richtlinie 85/337/EWG des Rates vom 27. Juni 1985 über die Umweltverträglichkeitsprüfung bei bestimmten öffentlichen und privaten Projekten, ABl. L 175 S. 40) verlangten lediglich in allgemeiner Form die Berücksichtigung der Auswirkungen auf das Klima bei der Umweltverträglichkeitsprüfung. Erst durch die Richtlinie 2014/52/EU des Europäischen Parlaments und des Rates vom 16. April 2014 zur Änderung der Richtlinie 2011/92/EU über die Umweltverträglichkeitsprüfung

975 Vgl. BVerwG, Beschl. v. 22.06.2015 – 4 B 59.14, BeckRS 2015, 50263, Rn. 42.
976 BVerwG, Beschl. v. 27.11.2018 – 9 A 10.17, BeckRS 2018, 43268

bei bestimmten öffentlichen und privaten Projekten (ABl. L 124 S. 1) wurde dies präzisiert. So enthalten die Erwägungsgründe 7 und 13 nähere Ausführungen zur Bedeutung des Themas Klimawandel und zum Zusammenhang von Klimawandel und Umweltschäden. Da vergleichbare Erwägungen der nahezu 30 Jahre älteren Richtlinie 85/337/EWG nicht vorangestellt waren, drängt sich der Schluss auf, dass sie die Auswirkungen eines Projekts auf das globale Klima (noch) nicht zum Gegenstand der vorhabenbezogenen Umweltverträglichkeitsprüfung machen wollte (BVerwG, Beschluss vom 22. Juni 2015 – 4 B 59.14 – NuR 2015, 772 Rn. 42 und Urteil vom 28. April 2016 – 9 A 9.15 – Buchholz 407.4 § 17 FStrG Nr. 241 Rn. 180)."[977]

In diesem Beschluss erkennt das Gericht keine anderweitige Interpretation des Klimabegriffes im Rahmen des UVPG in der Vorgängerfassung vom 24.02.2010 aufgrund einer richtlinienkonformen Auslegung an. Die Berücksichtigung der globalen Klimaauswirkungen sei vielmehr erst durch die nationale Umsetzung im Rahmen der UVPG-Novelle-2017 in Folge der Richtlinie 2014/52/EU verpflichtend. Eine Art Vorwirkung der Richtlinie auf das noch nicht novellierte UVPG erkennt das Gericht somit nicht an. Diese Sichtweise bestätigte das Gericht in zwei weiteren Entscheidungen.[978]

Das Schutzgut „Klima" ist nach gefestigter Rechtsprechung des BVerwG daher (erst) seit der UVPG-Novelle-2017 im Sinne von auch globalen Auswirkungen anzusehen. Somit sind, soweit die Regeln des UVPG 2017 anwendbar sind, auch die globalen Klimaauswirkungen eines Plans, Programms oder Vorhabens im Rahmen einer SUP und UVP zu prüfen.[979]

b. UVP-Bericht

Auch der UVP-Bericht, normiert in § 16 iVm Anlage 4 UVPG, stellen seit der UVPG-Novelle-2017 weitergehende Anforderungen an die Ermittlung der Auswirkungen eines Vorhabens auf das globale Klima. Wie bereits dargelegt[980] muss der UVP-Bericht gewisse Mindestanforderungen nach § 16 Abs. 1 UVPG enthalten. Insbesondere sind hierbei die zu erwartenden erheblichen Umweltauswirkungen des Vorhabens darzustellen.

---

977 BVerwG, Beschl. v. 27.11.2018 – 9 A 10.17, BeckRS 2018, 43268, Rn. 33ff.

978 BVerwG, Urt. v. 11.07.2019 – 9 A 13/18, NVwZ 2020, 788 (790 Rn. 19ff.) und BVerwG, Urt. v. 24.02.2021 – 9 A 8.20, BeckRS 2021, 8680, Rn. 34ff.

979 So auch *Appold*, in: *Hoppe u. a.*, [Fn. 647], § 2, Rn. 53.

980 Siehe dieses Kapitel Ziff. III, 3.

Dazu konkretisiert Nr. 4 der Anlage 4 weitergehende Anforderungen, falls diese für das einschlägige Vorhaben von Bedeutung sind. Für die Art, in der die Schutzgüter betroffen sind, bestimmt Nr. 4 lit. b, dass die Veränderungen des Klimas, z. B. durch Treibhausgasemissionen darzustellen sind. Nr. 4 lit. c präzisiert sodann die Vorgaben bezüglich der möglichen Ursachen. So sind nach lit. aa) ebenfalls die (Treibhausgas)Emissionen bei der Durchführung der baulichen Maßnahmen, einschließlich der Abrissarbeiten zu beschreiben. Lit. gg) schreibt vor, dass auch die Ursachen der Auswirkungen auf das Klima, zum Beispiel durch Art und Ausmaß der mit dem Vorhaben verbundenen Treibhausgasemissionen zu erörtern sind.

Auch im UVP-Bericht hat das globale Klima demnach ausdrücklichen Einzug gefunden. Gleich an mehreren Stellen wurden Konkretisierungen getroffen, sodass nun eindeutig Möglichkeiten aufgezeigt wurden, wie Klimaschutzaspekte beschrieben werden können.

c. *Umweltbericht (SUP)*

Für den Umweltbericht im Rahmen der SUP gilt § 40 UVPG. Die gesetzlichen Anforderungen, die der Umweltbericht in Bezug auf das Klima aufstellt, sind jedoch nicht so weitgehend wie die Anforderungen der UVP. Insoweit sind weder in der Richtlinie 2014/52/EU noch im UVPG ausdrückliche Verweise auf die Auswirkungen eines Plans auf das globale Klima enthalten. Nichtsdestotrotz wird man davon ausgehen können, dass auch hier, aufgrund der Erweiterung des Schutzguts „Klima" auf die globalen Auswirkungen, weitergehende Anforderungen erwartet werden.[981] Aufgrund der weiten Betrachtungslinse der SUP-pflichtigen Pläne ist jedoch ein größerer Abstraktionsgrad zu wählen als bei der projektbezogenen UVP.

2. Klima in den unterschiedlichen Stufen der UVP

a. *Feststellung der UVP-Pflicht*

Bei der Feststellung einer möglicherweise bestehenden UVP-Pflicht können Klimaschutzgesichtspunkte in gewissen Situationen Beachtung finden. Insbesondere kann dies der Fall bei Vorhaben sein, für die eine Pflicht zur Vorprüfung nach Anlage 1 des UVP besteht. Ist eine Vorprüfung vonnöten, bestimmen sich die Kriterien dieser Prüfung grundsätzlich nach Anlage 3 des UVPG. Die

---

981 So auch *Schönthaler u. a.*, Grundlagen der Berücksichtigung des Klimawandels in UVP und SUP 2018, S. 35f.

Behörde hat bei der Einschätzung der Kriterien zu berücksichtigen, ob von dem in Frage stehenden Vorhaben erhebliche nachteilige Umweltauswirkungen, insbesondere Auswirkungen auf das Klima ausgehen.[982]

Klimagesichtspunkte können bei diesem Schritt an unterschiedlichen Stellen angebracht werden.[983] Nach Nr. 1.3 Anlage 1 sind in Bezug auf die Merkmale eines Vorhabens auch die Nutzung natürlicher Ressourcen wie Fläche, Boden oder Wasser zu beurteilen. Es kann daher angezeigt sein, die Inanspruchnahme von Flächen oder Böden mit besonderer Klimaqualität zu berücksichtigen, wie etwa Wälder und Moore als natürliche Kohlenstoffsenken. Nach Nr. 1.6 sollen die Risiken von Unfällen und Katastrophen in den Blick genommen werden, insbesondere solcher, die durch den Klimawandel bedingt sind.[984] Hierbei handelt es sich jedoch vormalig um Klimawandelanpassungsaspekte, die für die Zwecke des Klimaschutzes keine eigene Relevanz besitzen. Risiken für die menschliche Gesundheit sind nach Nr. 1.7 zu beachten. Beispielhaft ist hier die Verunreinigung der Luft aufgeführt. Daneben können jedoch auch die durch den Klimawandel hervorgerufenen gesundheitlichen Risiken treten.[985] Natürliche Senken können abermals unter Nr. 2 berücksichtigt werden. In diesem Rahmen ist der Standort des Vorhabens im Hinblick auf den Reichtum, Verfügbarkeit, Qualität und Regenerationsfähigkeit der Umwelt zu beurteilen. Auch die Art und Schwere der Auswirkungen können nach Nr. 3 Einzug in die Überlegungen finden.

Trotz zahlreicher Ansatzpunkte im Bereich des Screenings darf der praktische Einfluss von Klimaschutzüberlegungen auf diese Bestimmungen nicht überschätzt werden. Vorhaben, die in großem Maße Treibhausgase ausstoßen und damit eine hohe Klimarelevanz besitzen, sind in aller Regel bereits ohne das Erfordernis einer Vorprüfung UVP-Pflichtig. Daher wird es praktisch kaum

---

982 Aus einem internationalen Blickwinkel vgl. etwa *Byer u. a.*, Climate Change in Impact Assessment: International Best Practice Principles, Special Publication Series 2012, 1 (2).

983 Siehe allgemein dazu: *European Commission*, Commission Notice, Technical guidance on the climate proofing of infrastructure in the period 2021–2027, C(2021) 5430 final 2021, S. 67, 69.

984 Siehe hierzu *Balla u. a.*, Überblick zum Stand der fachlich-methodischen Berücksichtigung des Klimawandels in der UVP 2018, S. 30ff.

985 Vgl. *Balla u. a.*, ebd., S. 30.

vorkommen, dass eine UVP-Vollprüfungspflicht aufgrund der zu befürchtenden Auswirkungen eines Vorhabens auf das globale Klima bejaht wird.[986]

b. Unterrichtung über den Untersuchungsrahmen (Scoping)

Zu Anfang des eigentlichen Verfahrens unterrichtet die Behörde den Vorhabenträger regelmäßig über die beizubringenden Unterlagen. In diesem Rahmen teilt die Behörde mit, welche Aspekte nach ihrer Auffassung im Wege der UVP näher beleuchtet werden müssen. Insofern kommt es in hohem Maße auf die Einschätzung der Behörde an. Es müssen zwei Ebenen unterschieden werden:

Auf der ersten Ebene ist ausschlaggebend, ob die Behörde den Belang des globalen Klimas als einen Aspekt ansieht, der in der UVP rechtlich von Bedeutung ist. Zwar ist nach zutreffender rechtlicher Einschätzung eindeutig, dass unter dem UVPG in der Fassung seit 2017 auch globale Klimagesichtspunkte eine Rolle spielen sollen. Von einer einheitlichen Behördenpraxis kann indes noch nicht gesprochen werden.[987] Insbesondere die Uneinigkeiten innerhalb der Literatur müssen hierfür allseitig beigelegt werden. Entscheidend ist also zunächst die rechtliche Auffassung der Behörde.

Auf der zweiten Ebene ist die Einschätzung der Behörde im konkreten Einzelfall maßgeblich. Sieht die Behörde den Belang des globalen Klimas durch das geplante Vorhaben als möglicherweise beeinträchtigt an, so muss sie den Vorhabenträger darüber unterrichten und ihm mitteilen, in welcher Tiefe eine Untersuchung der Auswirkungen stattzufinden hat.[988] Hierbei hat sie sich maßgeblich an den Anforderungen des UVP-Berichts zu orientieren.

c. UVP-Bericht

Hält die Behörde den Aspekt des Klimas für nicht unerheblich berührt, so hat der Vorhabenträger ihn im Rahmen des UVP-Berichts zu bearbeiten. Es besteht eine Reihe von Anknüpfungspunkten, die potentiell, je nach Art des Vorhabens, von Bedeutung sein können.[989] Maßgebliche Bestimmung hierbei ist § 16 Abs. 1 UVPG, welcher durch Anlage 4 ergänzt wird.

---

986 Im Ergebnis so auch *Balla u. a.*, ebd., S. 30. Die Autoren sehen jedoch vorrangig die fehlenden Bewertungsmaßstäbe als Ursache, was sich mit Einführung des KSG jedoch nicht mehr halten lassen dürfte.

987 Siehe dazu die angeführten Fallbeispiele unter Kapitel 7, Ziff. III, 3.

988 Siehe dazu *Byer u. a.*, [Fn. 982], 1 (2); *European Commission*, [Fn. 983], S. 69.

989 So auch *Schink*, Das Berücksichtigungsgebot des § 13 Klimaschutzgesetz, NuR 2021, 1 (5). Siehe außerdem überblicksartig: *European Commission*, [Fn. 983], S. 69.

aa. Beschreibung des Vorhabens

Zunächst hat für jedes UVP-pflichtige Projekt eine Beschreibung des Vorhabens mit Angaben zu Standort, Art, Umfang, Ausgestaltung, Größe und anderen wesentlichen Merkmalen zu erfolgen.[990]

Der Standort eines Projekts kann insofern von Relevanz sein, als dass ein Vorhaben Einfluss auf ökologische Systeme hat, die besondere Bedeutung für das Klima haben. Ist beispielsweise geplant, dass ein Vorhaben in oder angrenzend an einen Wald oder Moor durchgeführt wird, sollte im Bericht aufgezeigt werden, dass eine Veränderung dieser Systeme negative Auswirkungen auf das globale Klima hat. Auch kann etwa die räumliche Lage eines Verkehrsinfrastrukturprojekts zur Verkürzung oder Verlängerung von Fahrtwegen des motorisierten Verkehrs und damit zu einer Steigerung oder Minderung der damit einhergehenden Treibhausgase beitragen. Diese Aspekte können bei der Beschreibung des Standorts eine nicht unerhebliche Rolle spielen.[991]

Ebenfalls von Belang kann die Beschreibung der wichtigsten Merkmale des Vorhabens in der Betriebsphase sein. Nach Nr. 1 lit. c) aa) der Anlage 4 UVPG ist eine Beschreibung des Energiebedarfs und des Energieverbrauchs beizubringen. Der Verbrauch von Energie geht in aller Regel mit dem Ausstoß von THG für die Energiegewinnung einher, soweit die Energie nicht aus erneuerbaren Quellen gewonnen wird. Darüber hinaus können nach Nr. 1 lit. c) cc) die Art und Menge der natürlichen Ressourcen, die im Betriebsprozess einbezogen werden, wie etwa Fläche, Boden oder Wasser von Relevanz für das Klima sein.[992]

Schließlich dürfte den Anforderungen nach Nr. 1 lit. d) aa) Bedeutung zukommen. Danach kann erforderlich sein, dass die erwarteten Emissionen (z. B. Verunreinigungen der Luft) nach Art und Qualität beschrieben werden. Diese Bestimmung verpflichtet den Vorhabenträger die zu erwartenden Treibhausgasemissionen zu ermitteln.[993]

---

990 § 16 Abs. 1 UVPG.

991 Dies anschneidend: *Rasmussen u. a.*, Handreichung zur Berücksichtigung des Klimawandels in der Umweltverträglichkeitsprüfung, UVP-report 2021, 92 (95).

992 Vgl. *Lantieri u. a.*, Environmental Impact Assessment of Projects: Guidance on the Preparation of the Environmental Impact Assessment Report (Directive 2011/92/EU as amended by 2014/52/EU) 2017, S. 39.

993 Vgl. hierzu *Byer u. a.*, [Fn. 982], 1 (2); *Lantieri u. a.*, [Fn. 992], S. 39.

bb. Beschreibung der Merkmale des Vorhabens

Von Relevanz kann auch die Pflicht des Vorhabenträgers sein, nach § 16 Abs. 1 Nr. 3 iVm Nr. 6 Anlage 4 UVPG die Merkmale des Vorhabens und des Standorts zu beschreiben, mit denen das Auftreten erheblicher nachteiliger Umweltauswirkungen ausgeschlossen, vermindert oder ausgeglichen werden soll. Insbesondere können hier Aspekte wie die Dimensionierung und Lage des Vorhabens eine Rolle spielen.[994] Beispielsweise führt die geringe Größe einer Industrie- oder Energiegewinnungsanlage regelmäßig zu einem verminderten THG-Ausstoß. Auch kann etwa der Verzicht einer weiteren Landebahn eines Flughafens oder Spur einer Autobahn zu einem verminderten Verkehrsauskommen und damit zu einem geringeren THG-Ausstoß führen.[995]

cc. Beschreibung der geplanten Maßnahmen

Eine der Mindestvoraussetzungen nach § 16 Abs. 1 Nr. 4 iVm Nr. 7 der Anlage 4 UVPG ist sodann, dass dem UVP-Bericht eine Beschreibung und Erläuterung der geplanten Maßnahmen beigebracht wird, mit denen das Auftreten erheblicher nachteiliger Umweltauswirkungen ausgeschlossen, vermindert oder ausgeglichen werden soll. Ebenfalls sollen geplante Ersatzmaßnahmen und etwaige Überwachungsmaßnahmen des Vorhabenträgers erörtert werden. In Bezug auf den Klimaschutz lautet die Frage also, welche Maßnahmen der Vorhabenträger anvisiert, um die THG-Emissionen des Vorhabens möglichst gering zu halten.[996]

Zur Minderung kommt etwa in Betracht: Der Gebrauch THG-armer Gerätschaften in der Bauphase des Vorhabens[997] oder die Verwendung von Material und Techniken, die wenig THG ausstoßen.[998] Schließlich können Betriebseinschränkungen seitens des Betreibers zu einer Reduktion beitragen.

Ein Ausgleich für unvermeidbare THG-Emissionen kann etwa durch Zahlung einer CO_2-Abgabe oder Förderung bzw. Neuschaffung von CO_2-Senken durch den Vorhabenträger erfolgen.[999]

---

994 Vgl. *Lantieri u. a.*, [Fn. 992], S. 56.

995 Vgl. *Balla u. a.*, [Fn. 984], S. 61.

996 Überblicksartig: *Byer u. a.*, [Fn. 982], 1 (2); *European Commission*, [Fn. 983], S. 72.

997 Vgl. *Balla u. a.*, [Fn. 984], S. 61; *Lantieri u. a.*, [Fn. 992], S. 56.

998 Vgl. *Rasmussen u. a.*, [Fn. 991], 92 (95).

999 Vgl. *Balla u. a.*, [Fn. 984], S. 61; *Lantieri u. a.*, [Fn. 992], S. 56. Allgemein für eine Kompensation bei unvermeidbaren THG-Emissionen spricht sich aus: *Rasmussen u. a.*, [Fn. 991], 92 (96).

dd. Beschreibung der erheblichen Umweltauswirkungen

Als Herzstück des UVP-Berichts hat nach § 16 Abs. 1 Nr. 5 UVPG eine Beschreibung der möglichen erheblichen Umweltauswirkungen des Vorhabens stattzufinden. Anlage 4 Nr. 4 präzisiert hierzu weiter, dass die Darstellung der Umweltauswirkungen den Umweltschutzzielen Rechnung tragen soll, die nach den Rechtsvorschriften, einschließlich verbindlicher planerischer Vorgaben, maßgebend sind für die Zulassungsentscheidung.

Ebenfalls soll eine Unterscheidung in die Art der Umweltauswirkung (Nr. 4 lit. a)), die Art in der die Schutzgüter betroffen sind (Nr. 4 lit. b)) und die Ursachen der Auswirkungen (Nr. 4 lit. c)) vorgenommen werden.

Als Art der Umweltauswirkungen ist in erster Linie die Veränderung des globalen Klimas zu beleuchten. Nach Nr. 4 lit. a) sollen nämlich auch direkte, etwaige indirekte, sekundäre, kumulative, grenzüberschreitende, kurzfristige, mittelfristige und langfristige, ständige und vorübergehende sowie die positiven und negativen Auswirkungen des Vorhaben in den Blick genommen werden.[1000] Insbesondere der grenzüberschreitende, kumulative und langfristige Blick ermöglicht die Betrachtung der Auswirkungen auf das globale Klima.

Nr. 4 lit. b) trifft weitere Konkretisierungen für die Art, in der die Schutzgüter betroffen sind. Im Hinblick auf das Klima ist hier der Hinweis „Veränderungen des Klimas, z. B. durch Treibhausgasemissionen, Veränderung des Kleinklimas am Standort" zu finden. Eindeutig sollen und können demnach THG in den Blick genommen werden. Dies wird abermals durch Nr. 4 lit. c) gg) verdeutlicht. Demnach sind als Ursachen, die zu den erheblichen Umweltauswirkungen führen – für diese Zwecke den Einfluss auf das Klima – insbesondere die Art und das Ausmaß der mit dem Vorhaben verbundenen Treibhausgasemissionen zu beleuchten.[1001] Nach Nr. 4 lit. c) aa) sind ebenfalls die Durchführung baulicher Maßnahmen, einschließlich der Abrissarbeiten und die physische Anwesenheit der Anlage oder des Bauwerks zu beachten. Darüber hinaus können die verwendeten Techniken, die eingesetzten Stoffe (Nr. 4 lit. c) bb)) und die Nutzung natürlicher Ressourcen wie Fläche oder Pflanzen (Nr. 4 lit. cc)), wozu auch natürliche Kohlenstoffsenken zählen, beleuchtet werden.[1002]

Es ergibt sich folglich das eindeutige Bild, dass der UVP-Bericht bei relevanten Projekten die Auswirkungen des Vorhabens auf das globale Klima betrachten

---

1000 Siehe hierzu *Lantieri u. a.*, [Fn. 992], S. 39.

1001 Siehe *Wachter u. a.*, Methodische Empfehlungen zur Berücksichtigung des Klimawandels in der Umweltverträglichkeitsprüfung, UVP-report 2017, 213 (218, 220).

1002 Vgl. hierzu *Wachter u. a.*, ebd., 213 (216ff.).

muss. Hierzu hat er in erster Linie die Art und das Ausmaß der ausgestoßenen THG in den verschiedenen Phasen von Errichtung der Anlage über den Betrieb bis hin zum möglichen Abriss der Anlage zu ermitteln. Ebenfalls sind etwaige mittelbare Effekte, wie etwa der Einfluss auf natürliche Senken darzustellen.[1003]

Die Ermittlungspflicht der THG kann insbesondere durch die Quantifizierung der durch das Vorhaben verursachten THG nachgekommen werden.[1004] Dazu hat der Vorhabenträger die Menge der ausgestoßen und eingesparten THG zu ermitteln und darzustellen.[1005] Zwar sind solche prognostischen Erwartungen zwangsläufig mit Unsicherheiten behaftet, dennoch gibt es bereits brauchbare Berechnungsmethoden, um die zu erwartenden THG-Emissionen zu berechnen.[1006]

ee. Vernünftige Alternativen

Nach § 16 Abs. 1 Nr. 6 iVm Anlage 4 Nr. 2 UVPG muss der Vorhabenträger schließlich eine Beschreibung der geprüften vernünftigen Alternativen[1007] (z. B. in Bezug auf Ausgestaltung, Technologie, Standort, Größe und Umfang des Vorhabens) vorlegen. Außerdem muss er diese Wahl unter Berücksichtigung der jeweiligen Umweltauswirkungen begründen.

Es gibt zahlreiche Faktoren, die die Klimaverträglichkeit und den Einfluss auf das Klimasystem eines Vorhabens beeinflussen können. In diesem Teil des Berichts sollte der Vorhabenträger daher die geprüften Alternativen und die letztliche Wahl unter Klimagesichtspunkten begründen.[1008]

1003 Vgl. *Lantieri u. a.*, [Fn. 992], S. 41; *Wachter u. a.*, [Fn. 1001], 213 (218f.); *Schönthaler u. a.*, [Fn. 981], S. 35; *European Commission*, [Fn. 983], S. 73.

1004 Siehe zur methodischen Vorgehensweise der Ermittlung der THG: *Rasmussen u. a.*, [Fn. 991], 92 (93f.).

1005 *Wagner*, Klimaschutz durch Raumordnung 2018, S. 560; *Würtenberger*, [Fn. 697], 171 (173f.).

1006 *Schomerus/Runge*, Klimaschutz in der Strategischen Umweltprüfung – am Beispiel der Windenergienutzung in der Ausschließlichen Wirtschaftszone, ZUR 2007, 410 (414); *Würtenberger*, [Fn. 697], 171 (173); *Wagner*, [Fn. 698], S. 562.

1007 Wie bereits gesehen muss eine Alternativenprüfung nur vorgenommen und daher auch beschrieben werden, wenn dies nach dem jeweiligen Fachrecht vonnöten ist.

1008 Vgl. *Wachter u. a.*, [Fn. 1001], 213 (220); *European Commission*, [Fn. 983], S. 72.

d. Behörden- und Öffentlichkeitsbeteiligung

Die Behörden- und Öffentlichkeitsbeteiligung hat nur eine mittelbare eigene Funktion im Hinblick auf den Klimaschutz. Ein Beitrag kann durch die Sensibilisierung der zuständigen Behörde für den Aspekt des Klimaschutzes erfolgen.[1009] Wurden die globalen Klimaauswirkungen im Rahmen des UVP-Berichts nicht ausreichend ermittelt, kann der Schritt der Behörden- und Öffentlichkeitsbeteiligung hier korrigierend eingreifen. Der Vorhabenträger aber auch die zulassende Behörde können durch öffentlichen Druck dazu bewegt werden, den Belang des Klimaschutzes bei der Entscheidungsfindung gründlicher zu behandeln. Daraus kann sich abermals eine faktische Stärkung des Klimaschutzes ergeben. Auch kann durch die Einbeziehung externen Sachverstands etwa in Form von anderen Behörden oder Instituten den komplexen Anforderungen die die Klimastörungen für Projekte hervorrufen und die durch sie hervorgerufen werden, besser beigekommen werden.[1010]

e. Zusammenfassende Darstellung

Im Rahmen der zusammenfassenden Darstellung müssen alle Aspekte des Vorhabens mit Klimarelevanz auf der Grundlage des UVP-Berichts sowie der Behörden- und Öffentlichkeitsbeteiligung beschrieben werden.[1011] Die Darstellung erlangt gewisse Bedeutung, da sie die gefundenen Ergebnisse zusammenfasst und für die weiteren Schritte handhabbar macht. Darüber hinaus sollte ihr Beitrag jedoch nicht überschätzt werden.

f. Bewertung der Klimaauswirkungen

Die Bewertung der ermittelten Klimaauswirkungen stellt den theoretisch wie praktisch wichtigsten, aber auch schwierigsten Teil der UVP dar. In diesem Rahmen gilt es eine ganze Reihe von Fragen zu beantworten. Das Gewicht des Klimabelangs im Rahmen der allgemeinen planerischen Abwägung wurde bereits an anderer Stelle diskutiert.[1012] Insbesondere stellt sich die Frage, welche Bewertungsmaßstäbe für den Belang des Klimaschutzes im Rahmen der UVP herangezogen werden können und in welcher Weise sie handhabbar bzw. operationalisierbar sind.

1009 Siehe etwa *European Commission*, [Fn. 983], S. 70.

1010 So *Balla u. a.*, [Fn. 984], S. 68.

1011 Vgl. *Balla u. a.*, ebd., S. 69.

1012 Siehe Kapitel 4, Ziff. III, 4.

In der Vergangenheit führten insbesondere Schwierigkeiten und Unsicherheiten in diesem Bereich dazu, dass das Schutzgut des globalen Klimas kaum Beachtung im Rahmen der UVP gefunden hat. Pointiert brachte es der Titel eines Aufsatzes aus dem Jahr 1994 auf den Punkt: „Das Schutzgut „Klima“ in der UVP; Nicht bewertbar und damit nicht von Wert?“[1013] Seit 1994 hat sich jedoch sowohl im Recht der UVP als auch im allgemeinen Klimaschutzrecht eine Menge verändert. Die durch den Artikel aufgeworfene Frage ist daher mittlerweile mit einem Nein zu beantworten. Wie sich zeigen wird bestehen inzwischen durchaus ausreichende rechtliche Ansatzpunkte um das Schutzgut „Klima“ im Rahmen der UVP zu bewerten. Grundsätzlich orientiert sich die Bewertung nach § 25 Abs. 1 UVPG an den rechtlichen Maßstäben der Zulassungsentscheidung. Ergänzend bzw. hilfsweise können jedoch auch außerrechtliche Maßstäbe hinzugezogen werden.[1014]

Es gilt daher an dieser Stelle zu klären, was diese rechtlichen bzw. außerrechtlichen Maßstäbe im Hinblick auf den Klimaschutz sind. Um als Bewertungsmaßstab im Rahmen der UVP und SUP brauchbar zu sein, muss eine Vorgabe so ausgestaltet sein, dass sie im konkreten Fall Anwendung finden kann. Es bedarf mithin eines hinreichenden Niveaus an Verbindlichkeit und Konkretheit.[1015]

aa. Verbindlichkeit

Auch im Klimaschutz bewegen sich die Bewertungsmaßstäbe hinsichtlich ihrer Verbindlichkeit in den Bahnen der allgemeinen Normenhierarchie. Möglich sind Vorgaben in unterschiedlicher Form, wobei die Verbindlichkeit sukzessiv abnimmt: Formelle Bundesgesetze, Rechtsverordnungen, Satzungen, Verwaltungsvorschriften, verwaltungsinterne Leitfäden, politische Programme, private Regelwerke sowie Fachliteratur.[1016] Vorgaben in Form von formellen Gesetzen, Rechtsverordnungen, Satzungen oder Verwaltungsvorschriften weisen eine gewisse Verbindlichkeit auf, die auch von den zuständigen Stellen nicht ignoriert werden darf. Politische Programme, private Regelwerke oder Fachliteratur hingegen binden eine planende Behörde nicht unmittelbar.

Für bestimmte Bereiche des Umweltrechts, wie etwa dem Bundesimmissionsschutzrecht, sind die maßgeblichen Anforderungen an gewisse Umweltmedien

---

1013 *Grauthoff*, Das Schutzgut „Klima“ in der UVP: Nicht bewertbar und damit nicht von Wert?, UVP-report 1994, 253.

1014 Vgl. nochmals Kapitel 5, Ziff. III, 7, lit. b.

1015 Vgl. *Hartlik u. a.*, [Fn. 923], S. 53.

1016 Vgl. *Peters u. a.*, [Fn. 750], § 25, Rn. 11.

entweder direkt im Gesetz oder in einschlägigen Ausführungsvorschriften festgeschrieben. Sie können mithin ohne weiteres als Bewertungsmaßstab im Rahmen der UVP Anwendung finden. Bestehen keine gesetzlich vorgeschriebenen Anforderungen oder Grenzwerte, ist zunächst auf die Orientierungshilfe in Anhang 1 der UVP-Verwaltungsvorschrift[1017] zurückzugreifen. Für den Klimaschutzbelang finden sich in den einschlägigen Regelwerken jedoch keine Maßgaben.

Sind weder gesetzliche Vorgaben noch Orientierungshilfen in Verwaltungsvorschriften vorhanden, muss die Bewertung einzelfallbezogen erfolgen. Hierbei können strategische Umweltziele Bedeutung erlangen.[1018] In diesen Bereich fallen auch die Minderungsziele der Bundesregierung, welche bis zum Bundes-Klimaschutzgesetz als politische Zielvorgaben im Rahmen von Programmen oder Plänen erlassen wurden. Zwar kamen diesen Zielen in ihrer ursprünglichen Form aufgrund der nationalen und internationalen politischen Diskussionsgrundlage ein nicht zu negierendes Legitimationsniveau zu[1019], rein formell werden durch solche Beschlüsse (Pläne und Programme) jedoch nur die einzelnen Ministerien der Bundesregierung gebunden. Eine Bindung insbesondere planender Behörden im Rahmen einer planerischen Abwägung oder der Bewertung im Rahmen der UVP erfolgte dadurch gerade nicht.[1020]

Mittlerweile haben die Zielvorstellungen der Bundesregierung jedoch durch ein parlamentarisches Verfahren eine formellgesetzliche Form im Bundes-Klimaschutzgesetz erhalten. Durch die gesetzliche Verankerung der Zielvorstellung der Treibhausgasreduktion bis 2030 um mindestens 65 Prozent im Vergleich zu 1990 in § 3 Abs. 1 KSG und der Festschreibung bestimmter jährlicher Emissionsmengen in § 4 Abs. 1 iVm Anlage 2 KSG hat der Klimaschutz gesellschaftlich, politisch und auch rechtlich ein neues Gewicht erlangt.[1021] Auch als Bewertungsmaßstab im Rahmen der UVP hat er nunmehr erheblich

---

1017 Allgemeine Verwaltungsvorschrift zur Ausführung des Gesetzes über die Umweltverträglichkeitsprüfung (UVPVwV), vom 18. September 1995.

1018 Vgl. *Hartlik u. a.*, [Fn. 923], S. 15.

1019 So auch *Hartlik u. a.*, ebd., S. 15.

1020 So auch *Rodi*, in: *Lorenzmeier/Folz (Hrsg.),* Recht und Realität: Festschrift für Christoph Vedder 2017, S. 753; *Hartlik u. a.*, [Fn. 923], S. 190.

1021 *Kment*, Klimaschutzziele und Jahresemissionsmengen – Kernelemente des neuen Bundes-Klimaschutzgesetzes, NVwZ 2020, 1537 (1539) spricht in diesem Zusammenhang gleichlautend mit der Gesetzesbegründung von einer „soliden Grundlage". Er weist jedoch darauf hin, dass das KSG in erster Linie als Rahmengesetz ausgestaltet ist und daher weiterhin einige Schwächen aufweist.

an Verbindlichkeit gewonnen.[1022] Die formellrechtliche Festschreibung bindet fortan nicht mehr ausschließlich die Bundesregierung und die unterschiedlichen Ressorts, sondern entfaltet Bindungswirkung für alle staatlichen Stellen, soweit sie Bundesrecht ausführen.[1023] Dies wird abermals durch § 13 Abs. 1 S. 1 KSG bestärkt, wonach die Träger öffentlicher Aufgaben die Zwecke des Gesetzes zu berücksichtigen haben.

bb. Konkretheit

Deutlich schwieriger zu beantworten ist die Frage nach der Konkretheit klimaschutzrechtlicher Vorgaben. Nur wenn die einschlägigen Vorgaben hinreichend konkret sind, können sie als Bewertungsmaßstäbe für einzelne Vorhaben oder Pläne handhabbar sein. Es fragt sich daher, auf welche Weise die Zielvorstellungen im KSG operationalisierbar sind.

Eine Operationalisierung könnte zum einen durch festgelegte Grenzwerte in bestimmten Planungssituationen erfolgen. Beispielsweise könnte festgelegt werden, dass der Neubau einer Autobahn pro Kilometer nur eine gewisse Menge THG sowohl im Bau, als auch im jährlichen Betrieb emittieren darf. Eine solch feingliedrige Unterteilung ist bislang weder im Rahmen des KSG, noch an anderer Stelle geschehen. Es bietet sich jedoch an, eine strikte Kontingentierung in Zukunft für alle möglichen Vorhabentypen zu schaffen, um den Klimabelang konturscharf bewerten zu können. Anzumerken ist hierbei jedoch, dass es oftmals zu Anwendungskonflikten mit dem TEHG kommen wird. Beispielsweise ist für Vorhaben, die unter das Regime des Bundesimmissionsschutzrecht fallen, nach § 5 Abs. 2 S. 1 BImSchG festgelegt, dass für die Begrenzung von klimaschädlichen Treibhausgasen nur die Pflichten nach dem TEHG einschlägig sind. Weiterführende Anforderungen können daher de lege lata nicht eingeführt werden.

Zielführend kann schließlich die Bewertung anhand von Emissionskontingenten sein. Eine solche Kontingentierung muss jedoch in mehrdimensionaler

1022 Dies antizipierend *Groß*, Klimaschutzgesetze im europäischen Vergleich, ZUR 2011, 171 (176).

1023 *Albrecht*, Das Klimaschutzgesetz des Bundes – Hintergrund, Regelungsstruktur und wesentliche Inhalte, NuR 2020, 370 (377f.); *Verheyen/Schayani*, Der globale Klimawandel als Hindernis bei der Vorhabengenehmigung, Entscheidungsbesprechung zum Urteil „Heathrow Airport" und Einordnung in die internationale Rechtsprechung, ZUR 2020, 412 (418f.).

Hinsicht erfolgen. Erforderlich ist daher, dass eine Identifikation der zeitlichen, räumlichen und inhaltlichen Reichweite des Ziels stattfindet.[1024]

aaa. Zeitliche Dimension

In zeitlicher Hinsicht kann eine solche Einteilung recht eindeutig vorgenommen werden. § 3 Abs. 1 KSG sieht die stetige Minderung der THG um mindestens 65 Prozent bis 2030 vor. Insofern besteht ein eindeutiger Minderungspfad. Weiter konkretisiert wird dieser Pfad durch die Zuteilung von Jahresemissionsmengen für die unterschiedlichen Sektoren in § 4 Abs. 1 S. 1 iVm Anlage 2 KSG. So stehen für jeden Sektor absolute jährliche Emissionsmengen bis 2030 zur Verfügung. Eine weitere Untergliederung in Monate, Wochen oder Tage wäre grundsätzlich möglich, aber nicht weiterführend. Der zeitlichen Kontingentierung stehen folglich keine Bedenken entgegen.

bbb. Räumliche Dimension

Auch eine räumliche Zuteilung kann grundsätzlich vorgenommen werden. Im Rahmen der UVP bzw. SUP werden, abhängig vom jeweiligen Fachrecht und den Gegebenheiten des Einzelfalls, räumlich mehr oder weniger begrenzte Vorhaben oder Pläne bearbeitet. Die räumliche Dimensionierung reicht von einer bundesweiten Ausdehnung wie beim Bundesverkehrswegeplan, über eine regionale (beispielsweise bei Raumordnungsplänen) bis hin zu ortsfesten Anlagen oder Vorhaben. Auf bundesweiter Ebene stellen sich keine Probleme. Solche Pläne müssen sich direkt an den jeweiligen bundesweiten Jahreskontingenten der Sektoren messen und bewerten lassen. So müssen sich bundesweite Pläne der Verkehrsplanung wie etwa der Bundesverkehrswegeplan direkt an den Maßgaben des KSG messen lassen. Für einen Plan, der etwa prognostisch den Verkehr bis zum Jahr 2030 planen soll (wie es der aktuelle Bundesverkehrswegeplan tut), kann daher die Summe der nach § 4 Abs. 1 S. 1 iVm Anlage 2 KSG zulässigen Emissionen als Bewertungsmaßstab dienen. Bis zum Jahr 2030 sind ausweislich der Anlage 2 insgesamt noch 1.334 Mio. t CO_2-Äuivalent zulässig. Eine bundesweite Planung kann sich mithin direkt an solchen absolut zulässigen Emissionsmengen messen und bewerten lassen.

Schwieriger wird es indes, je kleiner der zu betrachtende Raum wird. Auf Landes-, Kreis- oder Gemeindeebene gibt es keine gesetzlich vorgeschriebenen Kontingente für die einzelnen Sektoren. Auch für diese Verwaltungseinheiten ist

1024 *Hartlik u. a.*, [Fn. 923], S. 191.

jedoch eine Berechnung der zulässigen Emissionen ausgehend vom 65 Prozent Minderungsziel für 2030 möglich. So können als Referenzwert Emissionsdaten aus dem Basisjahr 1990 oder eines aktuellen Jahres des Planungsgebietes verwendet werden. Die Höchstmenge der jährlichen Emissionen ist dann anhand der prozentualen Minderungsquote auf die aktuelle Planung runterzurechnen.[1025]

Alternativ können die Jahresemissionskontingente der verschiedenen Sektoren als Grundlage herangezogen werden. Zunächst kann anhand der Emissionsdaten des letzten Jahres der prozentuale Anteil eines jeden Bundeslandes an den Jahresemissionen eines Sektors bestimmt werden. Der so ermittelte Anteil kann dann wiederum auf die künftigen zulässigen Jahresemissionen nach § 4 Abs. 1 S. 1 iVm Anlage 2 KSG berechnet werden. Auf diese Weise kann jedem Bundesland, mithin also räumlich deutlich begrenzter, eine zulässige Jahresemissionsmenge zugeordnet werden. Weitere räumliche Eingrenzungen erscheinen ebenfalls möglich.

ccc. Inhaltliche Dimension

Schließlich müssen die Minderungsvorgaben inhaltlich konkretisiert sein. Hierzu bestehen bereits gesetzliche Angaben in den sektorspezifischen Vorgaben nach § 4 Abs. 1 iVm Anlage 2 KSG. So steht etwa dem Verkehrssektor für das Jahr 2022 bundesweit 139 Mio. t CO_2-Äquivalent zu, für das Jahr 2023 sind es 134 Mio. t und für 2024 128 Mio. t. Anhand dessen kann der prozentuale Anteil eines Vorhabens eindeutig gemessen werden. Emittiert beispielsweise der Abschnitt einer Autobahn in der Bau- und Betriebsphase jährlich voraussichtlich 1,3 Mio. t CO_2-Äquivalent, so hat das Vorhaben etwa einen Anteil von 1 % am jährlich zur Verfügung stehenden bundesweiten Kontingent des Verkehrs.

Möglich erscheint auch, weitere inhaltliche Differenzierungen innerhalb eines Sektors vorzunehmen. So kann beispielsweise der Anteil des Straßenverkehrs am Gesamtverkehr ermittelt werden. Auf diese Weise können die Auswirkungen eines einzelnen Vorhabens oder Plans noch genauer bewertet werden. Auch inhaltlich ist somit ein hoher Konkretisierungsgrad möglich.

cc. Fazit

Wie gezeigt bestehen durch das KSG hinreichend verbindliche und in zeitlicher, räumlicher und inhaltlicher Sicht ausreichend konkrete rechtliche Bewertungsmaßstäbe. Die Bewertung der Klimaauswirkungen eines Plans, Programms oder

---

1025 So auch *Hartlik u. a.*, ebd., S. 191.

Vorhabens kann de lege lata mit zumutbarem Aufwand aus dem KSG gewonnen werden. Planungsbehörden stellt ein solches Vorgehen nicht vor unüberwindbare Herausforderungen.

Weniger hilfreich wäre ein Rückgriff auf bestehende Landesklimaschutzgesetze. Zum einen haben nicht alle Bundesländer ein eigenes Klimaschutzgesetz erlassen. Daher wäre in manchen Ländern eine Bewertung möglich, in anderen wiederum nicht. Zudem erscheint es einleuchtend, dass das UVPG als Bundesgesetz ebenfalls durch eine bundesweite Regelung konkretisiert wird. Zurzeit weist außerdem keines der Landesgesetze eine sektorspezifische Emissionskontingentierung auf, sodass eine inhaltliche und zeitliche Konkretisierung schwieriger zu bewerkstelligen wäre.

Es würde sich jedoch anbieten, einheitliche Bewertungsmaßstäbe zu entwickeln und entweder im Rahmen eines Leitfadens oder einer Verwaltungsvorschrift herauszugeben. Dadurch würde eine Vereinheitlichung der Praxis ermöglicht und die momentan bestehenden Unsicherheiten beseitigt werden.

g. *Berücksichtigung des Klimas bei der Vorhabenzulassung*

Schließlich ist der zuvor bewertete Klimaaspekt nach § 25 Abs. 2 UVPG im jeweiligen Zulassungsverfahren zu berücksichtigen. Die Art der Berücksichtigung richtet sich nach dem einschlägigen Fachrecht. Je nach Verfahrensform (Kontrollerlaubnis, Ermessenentscheidung, Planfeststellung) kann der Klimaschutzbelang unterschiedlich Eingang in das Verfahren finden.

Da bei Kontrollerlaubnissen ein im Vergleich zu Ermessenentscheidungen und Planfeststellungen relativ striktes Prüfprogramm vorgegeben ist, können Klimaüberlegung regelmäßig nur auf Tatbestandsseite berücksichtigt werden. Möglich erscheint hier der Eingang in Überlegungen zum Wohl der Allgemeinheit, öffentliche Interessen, öffentliche Sicherheit oder die Belange der Umwelt. Jedoch dürfte es äußerst selten, wenn überhaupt vorkommen, dass eine Zulassungsentscheidung aufgrund entgegenstehender Klimaüberlegungen versagt wird. Grund hierfür ist die zwar bestehende aber noch zu unsichere Bewertungsgrundlage im KSG.

Ähnliches gilt für Ermessensentscheidungen. Zwar haben Behörden aufgrund des Ermessens auf Rechtsfolgenseite einen weiteren Handlungsspielraum als bei Kontrollerlaubnissen, sodass Klimaüberlegungen hier verstärkt Eingang finden können. Trotzdem dürfte die Versagung einer Genehmigung oder Erlaubnis aufgrund von Klimaschutzaspekten aus den gleichen Gründen eher die Ausnahme bilden.

Die Planfeststellung hingegen ist nicht nur allgemein gut für die Einbeziehung der UVP geeignet, auch Klimaüberlegungen lassen sich hier leichter einbringen. Dies ist in erster Linie der planerischen Gestaltungsfreiheit und der damit einhergehenden Abwägung geschuldet. Weil in diesen Verfahren das rechtliche Prüfprogramm nicht so strikt vorgegeben ist, können hier auch rechtlich weniger konturscharfe Belange wie der Klimaschutz besser greifen. Hinzu kommt, dass durchaus Möglichkeiten bestehen, rechtliche Bewertungsmaßstäbe aus dem KSG zu gewinnen. Schließlich können Klimaüberlegungen in diesen Verfahren im Rahmen von Modifikationen des ursprünglich geplanten Vorhabens oder gewissen Auflagen für Planung oder Betrieb Einzug finden, sodass der Behörde ein breiter Katalog an Handlungs- und Reaktionsmöglichkeiten offensteht.

Der Aspekt der planerischen Gestaltungsfreiheit spielt auch bei der Aufstellung von Plänen und Programmen, in welchen die SUP die Aufgaben der Umweltprüfung übernimmt, eine entscheidende Rolle. Auch hier können Klimaüberlegungen aufgrund der größeren Freiheit der aufstellenden Behörde berücksichtigt werden. Da durch Pläne und Programme zudem grundsätzlich keine Zulassungsentscheidung für bestimmte Projekte erfolgt, können Klimaüberlegungen auf einer abstrakt gehaltenen, übergeordneten Ebene lenkende Wirkung erzielen.

3. Klima in den unterschiedlichen Stufen der SUP

Klimaschutzaspekte können auch im Verfahren der SUP eine Rolle spielen.[1026] Grundsätzlich erfolgt die Prüfung ähnlich zur UVP. Es ergeben sich jedoch Unterschiede aus dem Umstand, dass die SUP-Prüfung einen größeren Abstraktionsgrad aufweist als die der UVP. Ein SUP-Verfahren wird bei der Aufstellung eines Plans oder Programms durchgeführt. Solche Pläne und Programme haben regelmäßig einen weiten räumlichen und inhaltlichen Regelungsbereich. So stellt beispielsweise der Bundesverkehrswegeplan die maßgebliche Planung im Verkehrsbereich dar und umfasst die bundesweite Planung von Wasserstraßen, Eisenbahntrassen und Bundesstraßen. Ebenfalls erfolgt hierbei regelmäßig noch keine Zulassung bestimmter Vorhaben oder Projekte. Sie dienen vielmehr der Rahmensteckung und Koordinierung. Einzelfragen sind dem letztlichen Zulassungsverfahren zu überlassen, in dem ggf. abermals eine UVP durchzuführen ist.

1026 Einen Überblick liefert: *European Commission*, [Fn. 983], S. 81ff.

a. *Feststellung der SUP-Pflicht*

Klimaschutzgesichtspunkte werden aller Voraussicht nach keinen Einfluss auf die Feststellung der SUP-Pflicht eines Vorhabens haben. Einschlägig hierfür ist insbesondere § 35 Abs. 1 und Anlage 5 UVPG. Die Liste der einschlägigen Pläne und Programme ist nicht abhängig von Klimaüberlegungen. Hervorzuheben ist jedoch Ziff. 2.13 der Anlage 5 des UVPG. Danach ist eine SUP für Klimaschutzpläne nach § 9 KSG durchzuführen, die einen Rahmen für die Zulässigkeit von UVP-pflichtigen Vorhaben setzen.[1027]

b. *Festlegung des Untersuchungsrahmens*

Im nächsten Schritt hat die zuständige Behörde nach § 39 Abs. 1 UVPG den Untersuchungsrahmen zu bestimmen. Im Gegensatz zur UVP legt die zuständige Behörde den Rahmen hierbei für ihre eigene Prüfung fest. Es gibt kein Überordnungsverhältnis zu einem Projektträger. Die Behörde bestimmt daher selbst, unter Berücksichtigung der für die Ausarbeitung, Annahme oder Änderung relevanten Rechtsvorschriften[1028], in welcher Tiefe der Belang des Klimas für den jeweiligen Plan oder Programm ermittelt werden muss.[1029]

c. *Umweltbericht*

Die zuständige Behörde erstellt sodann einen Umweltbericht, in welchem die erheblichen Auswirkungen des Plans oder Programms ermittelt, beschrieben und bewertet werden. Bedeutsam ist, dass im Unterschied zur UVP bereits im Bericht eine vorläufige Bewertung der Auswirkungen stattfindet.[1030] Von ihrer Struktur und Anforderungen entspricht die Bewertung im Rahmen der SUP jedoch der UVP.[1031] Die gesetzlichen Anforderungen an den Umweltbericht sind sodann in § 40 Abs. 2 UVPG bestimmt. Klimarelevanz können insbesondere folgende Angaben erlangen:

1027 Vgl. § 35 Abs. 1 Nr. 2 UVPG.

1028 § 39 Abs. 2 S. 1 UVPG.

1029 Eine Übersicht über Klimaschutzaspekte, die im Rahmen einer SUP von Bedeutung sei können liefert *McGuinn u. a.*, Guidance on Integrating Climate Change and Biodiversity into Strategic Environmental Assessment 2013, S. 33.

1030 § 40 Abs. 1 S. 2, Abs. 3 UVPG.

1031 Vgl. *Peters u. a.*, [Fn. 750], § 40, Rn. 28. Vgl. dazu nochmals in diesem Kapitel Ziff. III, 7.

aa. Darstellung der Umweltziele

Nach § 40 Abs. 2 Nr. 2 UVPG hat eine Darstellung der für den Plan oder das Programm geltenden Ziele des Umweltschutzes sowie der Art, wie diese Ziele und sonstige Umwelterwägungen bei der Ausarbeitung des Plans oder Programms berücksichtigt wurden, stattzufinden.

Als Ziele des Umweltschutzes sind alle Vorgaben zu verstehen, die der Sicherung oder Verbesserung des Umweltzustandes dienen. Sie können sowohl in Form von Rechtsnormen, politischen Beschlüssen oder anderweitigen Plänen oder Programmen relevant sein.[1032] Für den Klimaschutz verweist etwa der Leitfaden des Umweltbundesamtes aus dem Jahr 2009[1033] auf die Reduktion klimaschädlicher Gase (jedoch handelt es sich hierbei um das Ziel einer Reduktion um 21 % im Zeitraum von 2008–2012).[1034]

Nunmehr sollten hier die Vorgaben des Bundes-Klimaschutzgesetzes, insbesondere die nationalen Klimaschutzziele in § 3 KSG und die zulässigen Jahresemissionen nach § 4 KSG Beachtung finden. Das Programm/der Plan hat diese Ziele darzustellen und zu beschreiben, wie und in welcher Weise sie berücksichtigt wurden.[1035]

bb. Beschreibung der Auswirkungen

Sodann hat nach § 40 Abs. 2 Nr. 5 UVPG eine Beschreibung der voraussichtlich erheblichen Auswirkungen auf die Umwelt stattzufinden. Im Umweltbericht sollten daher die absehbaren Auswirkungen auf das globale Klima beschrieben werden.[1036] Insbesondere sollte in diesem Rahmen auf die Relevanz von Treibhausgasen eingegangen werden.[1037] Wenn der Plan den Ausstoß von THG (in welcher Wiese auch immer) zulässt oder die Grundlage für eine solche Zulassungsentscheidung bildet, sollten die abzusehenden Mengen quantitativ prognostiziert werden.

1032 Vgl. *Umweltbundesamt*, Leitfaden zur Strategischen Umweltprüfung (SUP) 2009, S. 20.

1033 *Umweltbundesamt*, [Fn. 1032].

1034 *Umweltbundesamt*, ebd., S. 22.

1035 Vgl. dazu auch *McGuinn u. a.*, [Fn. 1029], S. 42.

1036 Vgl. *European Commission*, [Fn. 983], S. 82.

1037 Vgl. *Schönthaler u. a.*, [Fn. 981], S. 35f.

cc. Darstellung der Vermeidungsmaßnahmen

§ 40 Abs. 2 Nr. 6 UVPG schreibt der zuständigen Behörde vor, eine Darstellung der geplanten Maßnahmen zu erstellen, wie erhebliche nachteilige Auswirkungen auf das Klima verhindert, verringert oder ausgleichen werden können. Dabei ist abermals ein größerer Abstraktionsgrad als bei der UVP zu wählen.

Insbesondere kann die Wahl gewisser Nutzungen zu einer Verminderung der THG führen. Zu denken wäre etwa an die Bevorzugung des Eisbahnverkehrs gegenüber dem motorisierten Straßen- und Flugverkehr (relevant für eine SUP im Verkehrsbereich, wie etwa beim Bundesverkehrswegeplan). Darüber hinaus kommen eine Vielzahl von Maßnahmen in Betracht, durch die die Klimabilanz eines Plans oder Programms verbessert werden kann.[1038] Wie auch im Rahmen der UVP ist hier an den Schutz und den Ausbau natürlicher Senken zu denken.

dd. Alternativen

Schließlich ist nach § 40 Abs. 2 Nr. 8 UVPG die Wahl der geprüften Alternativen unter Klimagesichtspunkten zu erörtern.[1039] Die Variante eines Plans oder Programms, auf dessen Grundlage weniger THG ausgestoßen werden, ist hierbei positiver zu bewerten als einer Variante, die THG in erheblichem Maße zulässt.

ee. Bewertung

Die vorläufige Bewertung im Rahmen des Umweltbericht erfolgt sodann anhand der zuvor nach § 40 Abs. 2 Nr. 2 UVPG aufgefundenen Klimaziele. Der Plan/das Programm muss sich daher direkt an den Maßgaben des KSG messen lassen. Ebenfalls hat hierbei eine Gesamtbewertung der Umweltauswirkungen stattzufinden, wobei einzelne positive wie negative Auswirkungen nicht gegeneinander aufgerechnet werden dürfen.[1040] Vom Grundsatz gelten die Ausführungen zur Bewertung der Klimaauswirkungen im Rahmen der UVP.[1041]

d. Behörden- und Öffentlichkeitsbeteiligung

Wie auch beim Verfahren der UVP hat die Behörden- und Öffentlichkeitsbeteiligung[1042] ihren größten Einfluss in der Sensibilisierung der zuständigen Behörde.

1038 Einen Überblick liefert *McGuinn u. a.*, [Fn. 1029], S. 44.

1039 Vgl. *McGuinn u. a.*, ebd., S. 42, 44.

1040 *Peters u. a.*, [Fn. 750], § 40, Rn. 32; *Umweltbundesamt*, [Fn. 1032], S. 36.

1041 Siehe nochmals unter Kapitel 5 Ziff. IV, 2, lit. f.

1042 §§ 41, 42 UVPG.

Zwar wird der Umweltbericht im Rahmen der SUP von einer hoheitlichen Stelle aufgestellt, trotzdem kann es vorkommen, dass andere Behörden und auch die Öffentlichkeit zutreffender Weise auf eine unzureichende Ermittlung des Klimabelangs hinweisen und so ein Ermittlungsdefizit verhindern.

e. Abschließende Bewertung

Da durch den Verfahrensschritt der Behörden- und Öffentlichkeitsbeteiligung ggf. neue Erkenntnisse zu den Auswirkungen des Plans/Programms auf das Klima hervorgetreten sind, findet abschließend eine Überprüfung der Darstellungen und Bewertungen der zusammengetragenen Informationen statt.[1043] Insofern handelt es sich hierbei um die abschließende Bewertung der Klimaauswirkungen durch die SUP. Auch hier gelten die gleichen Maßstäbe wie im Rahmen des Umweltbericht und der UVP.

f. Berücksichtigung

Schließlich sind die Ergebnisse der SUP nach § 43 Abs. 2 UVPG bei der Aufstellung oder Änderung eines Plans oder Programms zu berücksichtigen.

Wie auch bei der UVP richtet sich der Rahmen und das Maß der Berücksichtigung nach dem für die Entscheidung einschlägigen Fachrecht.[1044] Daher ist es auch für die SUP essentiell, dass im Rahmen der letztlichen Entscheidung über einen Plan oder ein Programm Klimaschutzgesichtspunkte Eingang finden können. Regelmäßig werden die Ergebnisse sodann im Wege einer planerischen Abwägung mit anderen Belangen in Verhältnis gesetzt. Wie auch schon für die UVP und die allgemeine Abwägung gilt hier, dass Klimagesichtspunkte sowohl völlig zurücktreten können, falls andere Belange deutlich überwiegen, aber auch, dass das Klima ein bestimmender Belang der Abwägung wird. In jedem Fall muss das objektive Gewicht des Klimas in der jeweiligen Planungssituation beachtet werden. Ansonsten kann hierin ein Abwägungsfehler liegen.

4. Fazit: Klima im Verfahren der Umweltprüfung

Aus der vorangegangenen Analyse lassen sich einige zusammenfassende Erkenntnisse gewinnen. Zunächst ist festzuhalten, dass das globale Klima und damit auch der Klimaschutz einen normativen Niederschlag im UVPG im Rahmen des Schutzgutes „Klima“ hat. Insbesondere durch die Richtlinie 2014/52/

1043 § 43 Abs. 1 UVPG.

1044 *Peters u. a.*, [Fn. 750], § 43, Rn. 5.

EU wurde die Bedeutung der UVP und SUP auch für die Zwecke des Klimaschutzes hervorgehoben. Dem folgend sind nunmehr nicht nur das lokale und regionale, sondern auch die globalen Ausdehnungen des Klimas als Schutzgut anzusehen. UVP und SUP sind von ihrer grundsätzlichen Gestaltung daher als Instrument für den Klimaschutz anzusehen.

In den einzelnen Schritten einer Umweltprüfung (sowohl UVP als auch SUP) gibt es zahlreiche Ansatzpunkte, um die Auswirkungen auf das globale Klima überprüfen und beschreiben zu können. Zunächst hat hier der vom Vorhabenträger vorzulegende UVP-Bericht (Umweltbericht der zuständigen Behörde) hervorzuhebende Bedeutung. In seinem Rahmen hat eine Beschreibung der erheblichen Klimaauswirkungen des Vorhabens (Plans) stattzufinden. Dazu sind in erster Linie die mit der Realisierung und der Betriebsphase des Vorhabens (Plans) einhergehenden THG zu ermitteln und zu beschreiben. Ebenfalls hat eine Beschreibung der geplanten Maßnahmen zur Minderung sowie der geprüften Vorhabenalternativen unter Klimaschutzgesichtspunkten stattzufinden. Falls der Vorhabenträger diese Überlegungen im UVP-Bericht nicht anstellt, besteht im Rahmen der Öffentlichkeits- und Behördenbeteiligung ein mögliches Korrekturinstrument. Im besonders relevanten Verfahrensschritt der Bewertung ist festzuhalten, dass mit dem KSG ein hinreichend verbindlicher und konkreter Bewertungsmaßstab besteht. Da gerade zu diesem Schritt in der Vergangenheit immer wieder angemerkt wurde, eine Bewertung im Rahmen der UVP und SUP könne nicht stattfinden, da keine rechtlichen oder außerrechtlichen Maßstäbe zur Verfügung stünden[1045], ist die Einführung des KSG auch unter diesem Gesichtspunkt besonders zu begrüßen. Abschließend kann der Aspekt der Klimas auch im Schritt der Berücksichtigung, also in der letztlichen Zulassungsentscheidung grundsätzlich ausreichend Eingang finden. Hierbei sind vornehmlich Verfahren mit einer gewissen planerischen Gestaltungsfreiheit und Abwägung gut geeignet, Klimaschutzaspekte rechtlich zu verwerten.

Es ergibt sich mithin ein recht scharfes Bild, an welchen Stellen, wie und in welchem Maße Klimaschutz im Rahmen der UVP und SUP Einzug finden kann. Aufgrund der Maßgeblichkeit des Fachrechtes muss auch die rechtliche Implementation der Umweltprüfungen im materiellen Recht analysiert werden, um dieses Bild weiter konturieren zu können. Erst durch eine solche Zusammenschau kann evaluiert werden, ob UVP und SUP einen Beitrag zu den nationalen Klimaschutzbemühungen leisten können.[1046]

1045 Vgl. etwa *Wachter u. a.*, [Fn. 1001], 213 (220); *Appold*, in: *Hoppe u. a.*, [Fn. 647], § 2, Rn. 13; *Hamacher*, in: *Schink u. a.*, [Fn. 903], § 2, Rn. 30.

1046 Dazu unter Kapitel 7.

5. Ausblick: Einführung einer Klimaverträglichkeitsprüfung

Abschließend ist die Frage aufzuwerfen, ob die Prüfung der Auswirkungen eines Vorhabens auf das Klima und die damit einhergehenden geplanten Maßnahmen zur THG-Reduktion sowie die Alternativenprüfung im Rahmen eines gesonderten Instruments ausgegliedert werden sollte. Dem folgend könnte man eine solche Prüfung entweder als einen separaten Teil der Umweltprüfung (unter lit. a) oder als eigene Klimaverträglichkeitsprüfung, komplett losgelöst vom Verfahren der UVP/SUP (unter lit. b) ausgestalten. Im Folgenden werden beide Varianten vorgestellt und einer Bewertung unterzogen, in der auch geklärt wird, ob die Einführung einer speziellen Klimaverträglichkeitsprüfung überhaupt sinnvoll wäre (unter lit. c).

a. Einführung als Teil der UVP/SUP

Zunächst kommt die Einführung einer Klimaverträglichkeitsprüfung als „Huckepackverfahren" der UVP/SUP in Betracht.[1047] Sie könnte als ein spezieller, separater Teil des eigentlichen UVP/SUP Verfahrens ausgestaltet werden. Besteht demnach für ein Vorhaben oder ein Plan eine Pflicht zur Durchführung einer UVP/SUP, geht damit gleichzeitig die Pflicht einher, auch eine Klimaverträglichkeitsprüfung durchzuführen.

Regelungstechnisch könnte sie als neuer Teil 4 des UVPG in den §§ 47ff. anschließend an die grundlegenden Bestimmungen zur UVP und SUP eingeführt werden. Eine solche Klimaverträglichkeitsprüfung sollte sich inhaltlich und strukturell an der allgemeinen UVP und SUP orientieren, jedoch mit der speziellen Fokussierung auf die Auswirkungen auf das globale Klima bzw. den Klimaschutz.

Bei dieser Variante könnten dezidierte Vorgaben zur Durchführung der Prüfung im Hinblick auf Klimagesichtspunkte getroffen werden. Beispielsweise kann festgelegt werden, welche Arten von THG zu ermitteln sind, welche Phasen eines Vorhabens (von Bau über Betrieb bis zu Abrissarbeiten) zu untersuchen sind, welche Maßnahmen zur Minderung der THG vorgesehen sind sowie die Vorschreibung einer Alternativenprüfung unter Klimaschutzgesichtspunkten. Ebenfalls könnte ein Bewertungsmaßstab gesetzlich festschrieben werden oder das KSG als Bewertungsmaßstab ausdrückliche Anerkennung finden. Das

---

1047 So auch schon *Groß*, Regelungsdefizite der Bundesverkehrswegeplanung, VerwArch 2013, 1 (16) sowie *Sachverständigenrat für Umweltfragen*, Wege zur 100 % erneuerbaren Stromversorgung 2011, S. 260.

Ergebnis dieser Prüfung könnte dann entweder als Teilergebnis der UVP/SUP zu berücksichtigen sein, oder separat in eine Zulassungsentscheidung, beispielsweise im Rahmen einer Abwägung einfließen.

Eine vergleichbare Regelung besteht bereits in Österreich. Nach § 6 Abs. 1 lit. e) des österreichischen Gesetzes zur Umweltverträglichkeitsprüfung[1048] hat die vom Vorhabenträger vorzulegende Umweltverträglichkeitserklärung ebenfalls ein Klima- und Energiekonzept zu enthalten. In diesem Rahmen hat eine Darstellung der vom Vorhaben ausgehenden klimarelevanten THG und etwaiger Maßnahmen zur Reduktion zu erfolgen. Diese gesetzlichen Vorgaben werden durch einen ministeriellen Leitfaden weiter ausgestaltet.[1049] Zwar enthält der österreichische Ansatz deutlich weniger gesetzliche Vorgaben als der hier vorgeschlagene, nichtsdestotrotz kann er als taugliches Vorbild dienen.[1050]

b. Einführung als selbstständiges Verfahren

Ebenfalls möglich erscheint die Einführung einer Klimaprüfung losgelöst vom Verfahren der UVP oder SUP. Dies kann sowohl in einem eigenen Gesetz als auch im Rahmen des UVPG geschehen. Im Unterschied zur Variante a) ist die Prüfung jedoch nicht an das grundsätzliche Verfahren der UVP/SUP gebunden. So sollte die Klimaverträglichkeitsprüfung nach dieser Variante einen eignen Anwendungsbereich haben, der unabhängig von den Vorgaben der Anlage 1 („UVP-pflichtige Vorhaben) oder Anlage 5 („SUP-pflichtige Pläne und Programme") ist. Ebenfalls könnten hier anderweitige Prüfungsschritte als die der UVP und SUP etabliert werden.

1048 Bundesgesetz über die Prüfung der Umweltverträglichkeit (Umweltverträglichkeitsprüfungsgesetz 2000 – UVP-G 2000)

1049 Siehe *Bundesministerium für Land- und Forstwirtschaft, Umwelt und Wasserwirtschaft*, Leitfaden für das Klima- und Energiekonzept im Rahmen von UVP-Verfahren, Wien, November 2010.

1050 Es gibt indes keine empirischen Untersuchungen, ob und wenn ja, inwieweit die Einführung der Klimaverträglichkeitsprüfung in Österreich sich auf die Zulassungs- und Planungspraxis ausgewirkt hat. Auch wird in der deutschen Fachliteratur, wenn überhaupt nur pauschal auf die österreichische Praxis verwiesen. Einen Einfluss auf die deutsche Rechts- und Verwaltungswissenschaft hat der österreichische Ansatz bisher nicht erkennbar ausgeübt.

c. Bewertung und Fazit

Variante b) erscheint wenig weiterführend. Zwar würde die völlige Loslösung aus den Bahnen der UVP/SUP und damit einhergehend die Etablierung einer Klimaverträglichkeitsprüfung als eigenständiges Instrument den Wert des Klimaschutzes im Verfahren erhöhen. Hierdurch könnte die tatsächliche gesellschaftliche Bedeutung des Klimaaspekts hervorgehoben werden. Jedoch bestehen mit der UVP und SUP bereits zwei etablierte Arten von Umweltprüfungen. Die Einführung einer dritten Art ist daher nicht notwendig. Auch erscheint es wenig weiterführend, völlig andere Prüfungspunkte wie die im Rahmen einer UVP/SUP durchzuführen. Es ist nicht ersichtlich, welche Ermittlungen, die nicht bereits im Rahmen der etablierten Umweltprüfungen angestellt werden, neu eingeführt werden müssten. Aus diesen Gründen bleibt festzuhalten, dass die Einführung einer Klimaverträglichkeitsprüfung als vollständig eigenständiges Verfahren nicht zielführend ist.

Anders sieht es hingegen mit Variante a) aus. Die Ausgliederung des Klimabelangs und die damit einhergehende exklusivere Betrachtung kann gleich mehrere positive Aspekte für den Klimaschutz haben. Zunächst kann durch die eindimensionale Betrachtung die Wichtigkeit des Klimabelangs verstärkt werden.[1051] De lege lata ist das globale Klima nur ein Umweltbelang unter vielen. Die Prüfung fällt daher regelmäßig nur rudimentär aus.[1052] Durch die Heraushebung würde wohl eine faktische Stärkung im Verfahren und auch in etwaigen Abwägungsentscheidungen bewirkt werden. Zudem würde eine gesetzliche Normierung momentan bestehende Unsicherheiten ausmerzen und damit für Rechtssicherheit bezüglich der Prüfungsintensität und -struktur sorgen.

Gegen eine Ausgliederung im Wege einer Klimaverträglichkeitsprüfung, sei es wie in Variante a) oder b) spricht indes, dass das Klima als ein wesentlicher Teil der Umwelt niemals alleine stehen kann. Es ist immer abhängig von anderen Umweltmedien und wirkt sich daher wechselseitig auf diese aus. Folglich können durchaus Zweifel angebracht werden, ob es der integrativen und wechselseitigen Funktion der UVP und SUP gerecht würde, ein Umweltbelang aus dem Prüfungsgefüge auszugliedern. Diesen Bedenken könnte Abhilfe geschaffen werden, indem im Rahmen einer Klimaverträglichkeitsprüfung auch die Wechselwirkungen zu anderen Umweltmedien überprüft werden. Jedoch käme man

---

1051 Insofern überschneiden sich die positiven Aspekte von Variante a) und b).

1052 Siehe dazu die Ergebnisse der durchgeführten Falluntersuchung in Kapitel 7, Ziff. III, 3.

damit faktisch wieder zurück zu einer umfassenden Umweltprüfung im Sinne der UVP und SUP.

Abschließend lässt sich daher festhalten, dass die Umsetzung einer Klimaprüfung im Sinne der Variante a) durchaus weiterführend seien kann, da sie das Augenmerk vermehrt auf den Klimabelang lenkt. Am zielführendsten erscheint es jedoch, an der bisherigen Struktur der Umweltprüfung festzuhalten und den Belang des globalen Klimas auf andere Weise hervorzuheben, sei es durch einen Prüfungsleitfaden oder eine Verwaltungsvorschrift.

d. Prüfung der Klimawandelanpassungsfähigkeit und Klimaresilienz

Das Politikfeld der Mitigation kann entsprechend der obigen Erkenntnisse im Rahmen der UVP und SUP behandelt werden. Auch die Einführung einer Klimaverträglichkeitsprüfung bzw. die weitere Ausgestaltung der bestehenden Regelungen durch Leitfäden oder Verwaltungsvorschriften würde wohl zu einer verstärkten Beachtung des Klimaschutzbelangs in relevanten Planungs- und Zulassungsentscheidungen führen.

Inwiefern die Politikfelder der Klimawandelanpassung und der Klimaresilienz im Rahmen der UVP und SUP handhabbar sind, ist darüber hinaus ebenfalls Gegenstand der Rechtswissenschaftlichen Diskussion. In diesem Zusammenhang wird über die Zulässigkeit bzw. die Einführung eines sog. „Climate Proofings“ debattiert. Beim Climate Proofing geht es vor allem bei planungsrechtlichen Entscheidungen darum, Vorhaben und Pläne „so robust oder flexibel bzw. fehlertolerant („resilient“) auszugestalten, dass ihre Funktionsfähigkeit auch unter den veränderten Rahmenbedingungen aufrecht erhalten werden kann.“[1053] Beispielhaft geht es darum, wie eine Straße so ausgestaltet und gebaut werden kann, dass sie trotz Starkregen weiterhin befahrbar bliebt. Auch sollte in diesem Rahmen geprüft werden können, wie etwa Industrieanlagen Stürmen standhalten oder gegen Hochwasser abgesichert werden können.[1054]

De lege lata sind im Rahmen der UVP und SUP nur die Auswirkungen eines Vorhabens auf die verschiedenen Umweltgüter, wozu auch das globale Klima gehört, zu prüfen. Nicht unter das Recht der UVP/SUP fallen indes die Auswirkungen der Umwelt bzw. des Klimawandels auf das Vorhaben, denn das Vorhaben selbst ist kein Schutzgut der UVP. Daher kann im Rahmen der UVP nicht geprüft werden, ob das Vorhaben durch die Auswirkungen der Umwelt bzw. des

1053 *Schönthaler u. a.*, [Fn. 981], S. 39.
1054 Vgl. *Schönthaler u. a.*, ebd., S. 39.

Klimawandels noch nutzbar oder wirtschaftlich ist.[1055] Relevanz erlangen die Auswirkungen des Klimawandels erst dann, wenn sie sich nicht nur auf das Vorhaben, sondern auch auf andere Schutzgüter der UVP auswirken.[1056] Wird beispielsweise eine Straße in der Weise beeinträchtigt, dass sie nicht mehr benutzbar ist, ohne dass jedoch Gefahren für Menschen oder die Umwelt dadurch verursacht würden, ist dies für die UVP ohne Relevanz. Werden durch ein solches Ereignis jedoch Gefahren für Menschen hervorgerufen oder betreffen die Auswirkungen etwa eine Zufahrt zu einer störfallgefährdeten Anlage, ist dadurch auch die Störfallsicherheit betroffen, wodurch der Anwendungsbereich der UVP eröffnet wäre.[1057]

Da die Folgen der Klimastörungen bislang nicht umfassend im Rahmen der UVP/SUP untersucht werden müssen, ist die Prüfung von Anpassungsmaßnahmen und der Klimaresilienz von Vorhaben (bzw. Plänen im Rahmen der SUP) derzeit nicht geboten.[1058] Teilweise wird daher die Einführung einer Klimawandelfolgenprüfung[1059] bzw. eines „Climate Proofings" im Rahmen der UVP und SUP gefordert.[1060] Auch hierbei werden unterschiedliche Szenarien vertreten, vergleichbar der in dieser Arbeit dargestellten Möglichkeiten zur Klimaverträglichkeitsprüfung. Teilweise wird die Integration einer Klimawandelfolgenanpassungsprüfung bzw. Climate Proofing in die Bahnen der UVP und SUP gefordert.[1061] Andere Stimmen hingegen vertreten die Ansicht, dass das bekannte System der umweltrechtlichen Vorhabenprüfung, so wie momentan ausgestaltet ist, ein geeignetes Instrumentarium seien kann.[1062] UVP und SUP sind de lege lata daher keine geeigneten Instrumente, um Anpassungsmaßnahmen oder die Resilienz von Vorhaben oder Plänen zu prüfen.

1055 Vgl. m.w.N. *Köppke u. a.*, UVP-Änderungsrichtlinie 2014/52/EU und Klimawandel 2020, S. 59.

1056 M.w.N. *Köppke u. a.*, ebd., S. 58f.

1057 Vgl. *Köppke u. a.*, ebd., S. 59.

1058 So auch *Köppke u. a.*, ebd., S. 60.

1059 Vgl. etwa *Reese*, Klimaanpassung im Raumplanungsrecht, ZUR 2015, 16; *Peters*, Verwaltungsrechtliche Verfahren zur Anpassung von Vorhaben an den Klimawandel, KommJur 2017, 41.

1060 Siehe m.w.N. *Schönthaler u. a.*, [Fn. 981], S. 40ff.; *Köppke u. a.*, [Fn. 1055], S. 59ff.

1061 Zu den unterschiedlichen Stimmen siehe *Schönthaler u. a.*, [Fn. 981], S. 40.

1062 So *Schönthaler u. a.*, ebd., S. 41f. Überblicksartig siehe ebenfalls *Köppke u. a.*, [Fn. 1055], S. 60.

Kapitel 6: Die Rügemöglichkeit von Fehlern der UVP/SUP

Die Stellung, Wirkung und Funktion des Verfahrensrechts, insbesondere der UVP, wird in nicht unerheblichem Maße durch die Anerkennung gerichtlicher Rügemöglichkeiten von Verfahrensfehlern bestimmt. Solche Rügemöglichkeiten können eine Vielzahl von Folgewirkungen haben. Zum einen wird die mit der Zulassungsentscheidung befasste Behörde für die rechtlichen Anforderungen eines Verfahrens sensibilisiert. Muss sie damit rechnen, dass ein von ihr zugelassenes Vorhaben aufgrund eines Verfahrensfehlers aufgehoben oder in sonstiger Weise als nicht rechtens angesehen wird, übt dies einen gewissen Druck aus, die Verfahrensanforderungen zu beachten. Es ist daher im Sinn jeder Behörde, rechtsfehlerhafte Verwaltungsentscheidungen zu vermeiden. Durch gerichtliche Überprüfungsverfahren werden nicht nur Personal und Kosten gebunden, auch geht damit ein nicht zu negierender Ansehensverlust einher. Eine Behörde, die ständig rechtsfehlerhafte Entscheidungen produziert, wird weder von Gerichten, Rechtspraktikern, noch Bürgern wirklich ernst genommen.

Sind Verfahrensfehler rügbar, haben auch Vorhabenträger ein Interesse an einer ordnungsgemäßen Durchführung. Eine angreifbare Vorhabenzulassung stellt ein nicht unerhebliches Kostenrisiko dar, welches es aus wirtschaftlichen Gesichtspunkten zu vermeiden gilt.[1063]

Bestünde andererseits keine Möglichkeit, Fehler des Verfahrens in effektiver Weise geltend zu machen, würde dies faktisch deren Bedeutungslosigkeit zur Folge haben. Ein ordnungsgemäßes Verfahren würde mithin zur bloßen Formalität verkommen, dessen Missachtung keine Sanktionen nach sich ziehen würde.

I. Relevanz der Rügemöglichkeiten für die Zwecke des Klimaschutzes

Das Verwaltungsverfahrensrecht nimmt in der deutschen Rechtstradition keine prominente Stellung ein. Aus der Charakterisierung der Verfahrensvorschriften

---

1063 Vgl. *Führ u. a.*, Evaluation von Gebrauch und Wirkung der Verbandsklagemöglichkeiten nach dem Umwelt-Rechtsbehelfsgesetz (UmwRG) 2014, S. 93; *Fellerberg/Schiller*, in: *Landmann/Rohmer*, Umweltrecht, 86. Ergänzungslieferung 2018, UmwRG, Vorbemerkung, Rn. 11.

als in erster Linie dienend ergibt sich eine nicht zu verkennende Geringschätzung. Damit einher geht seit geraumer Zeit die Annahme, dass Verfahrensfehler auch im gerichtlichen Verfahren nur sehr eingeschränkt überprüft werden können. Gedacht sei an dieser Stelle etwa an die Vorschriften zur Beachtlichkeit von Fehlern bei der Aufstellung von Bauleitplänen nach § 214 BauGB, oder die allgemeinen Regeln des § 46 VwVfG und § 44 a VwGO.

Hierfür werden unterschiedliche Gründe genannt. Zum einen wird angebracht, dass ein zu weit ausufernder Rechtsschutz gegen Verfahrensfehler „zu einer nicht mehr handhabbaren Lähmung der Verwaltungstätigkeit“[1064] führen könne. In diesem Sinne trüge die Beschränkung ebendieser Möglichkeit zu einer Beschleunigung der Verwaltungstätigkeit bei. Ebenfalls wird vorgetragen, dass die dienende Funktion des Verfahrens in engem Zusammenhang mit dem Bild des Kontinuums von Verwaltungs- und gerichtlichem Verfahren steht. Ausprägung dieses Bildes sind die ausgedehnten Heilungsmöglichkeiten noch im gerichtlichen Verfahren.[1065] Die Funktionen und Gewährleistungen des Verwaltungsverfahrens würden in den gerichtlichen Prozess übertragen, sodass auch dieser den Funktionen des Verfahrens dient. Daher erschiene es wenig sinnvoll, wenn eine Entscheidung aufgrund eines Fehlers im Verwaltungsverfahren aufgehoben würde, obwohl die Nachholung dieser Schritte im gerichtlichen Verfahren noch möglich ist und daher an dessen Stelle treten kann.[1066]

Diese Herabwürdigung verkennt jedoch, dass dem Verfahren und insbesondere der UVP und SUP ein entscheidender Beitrag zur Erzeugung eines „sachrichtigen“ Ergebnisses zukommt.[1067] Wie bereits dargestellt, gibt es im Umweltrecht regelmäßig nicht das eine richtige Ergebnis. Vielmehr muss in komplexen, planungsrechtlichen Verfahren ein Ausgleich zwischen allen berührten Belangen hergestellt werden. Das Verfahren dient in diesem Prozess der Verarbeitung aller Informationen und somit der Ermöglichung eines abgewogenen Ergebnisses.[1068]

Den Rüge- und Klagemöglichkeiten kommt daher besondere Bedeutung zu. Ihnen kann in gewisser Weise eine „disziplinierende Vorwirkung“[1069] auf das

---

1064 *Wegener*, in: *Faßbender/Köck (Hrsg.)*, Querschnittsprobleme des Umwelt- und Planungsrechts – Rechtsschutz und Umweltprüfungen, 2019, S. 88.

1065 Siehe dazu noch in diesem Kapitel unter Ziff. II, 2, lit. e.

1066 Vgl. m.w.N. *Saurer*, Heilung von Verfahrensfehlern in umweltrechtlichen Zulassungsverfahren, NVwZ 2020, 1137 (1138).

1067 Vgl. *Wegener*, [Fn. 1064], S. 88.

1068 Siehe dazu nochmals Kapitel 4, Ziff. II, 3.

1069 *Fellenberg/Schiller*, in: *Landmann/Rohmer*, [Fn. 382], 86. Ergänzungslieferung 2018, UmwRG, Vorbemerkung, Rn. 11.

Verwaltungsverfahren zugesprochen werden, die darin besteht, dass die Durchführung eines ordnungsgemäßen Verfahrens gleichermaßen im Interesse der Behörde und des Vorhabenträgers steht. Als Rückkoppelung führt dies zu einer besseren Anwendung des Umweltverfahrensrechts und somit zu einer faktischen Stärkung der Umweltbelange und auch des Klimaschutzes.[1070]

Über die disziplinierende Vorwirkung hinaus wäre dem Klimaschutz auch bei erfolgreichen Klageverfahren gedient. Wäre es möglich, dass eine mangelhafte Ermittlung, Beschreibung, Bewertung oder Berücksichtigung der Klimaschutzbelange im fachrechtlichen Verfahren oder der UVP zu erfolgreichen Klagen führen könnte, so würde dies unabhängig vom letztlichen Schicksal des Projekts auch rechtspolitisches Gehör finden. Als Folge würde dies in erheblichem Maße dazu beitragen, dass der Klimaschutz in umweltrelevanten Verfahren als beachtlicher Belang wahrgenommen wird.[1071]

II. Struktur der Rügemöglichkeiten

1. Allgemeine Klagemöglichkeiten gegen Verfahrensfehler

Welche Möglichkeiten bestehen nun, Fehler im Verfahren gerichtlich geltend zu machen und welche Voraussetzungen und Besonderheiten sind hierbei zu beachten?

Grundsätzlich handelt es sich bei Verfahrensfehlern in umweltrechtlichen Verwaltungsentscheidungen um eine Überschneidung zweier Bereiche, die eine gewisse Sonderstellung im System der verwaltungsrechtlichen Rechtsschutzmöglichkeiten einnehmen. Zum einen handelt es sich um das Umweltrecht, welches auch in prozessrechtlichen Fragen in besonderem Maße von europäischen Einflüssen geprägt ist.[1072] Zum anderen stellt die Einordnung des Verfahrensrechts und dessen Fehlern eine besondere gerichtliche Herausforderung dar.

Umweltrechtliche Verfahrensfehler müssen grundsätzlich im Rahmen der allgemeinen Regeln der deutschen Verwaltungsgerichtsordnung geltend gemacht werden. Für den Individualrechtsschutz gilt hierbei das Dogma der

1070 In diese Richtung auch *Bunge*, Die Verbandsklage im Umweltrecht, JuS 2020, 740 (744).

1071 So auch *Kment*, [Fn. 572], 1537 (1544).

1072 Siehe beispielhaft *Steinbeiß-Winkelmann*, Europäisierung des Verwaltungsrechtsschutzes: Anmerkungen zu einer „unendlichen Geschichte", NJW 2010, 1233; *Schlacke*, Zur fortschreitenden Europäisierung des (Umwelt-)Rechtsschutzes, NVwZ 2014, 11.

Verletztenklage. Der Kläger hat mithin darzulegen, dass er durch eine dem Staat zuzurechnende Handlung oder Unterlassung in seinen subjektiven Rechten verletzt ist (§ 42 Abs. 2, 113 Abs. 1 und Abs. 5 VwGO).[1073]

Im Falle eines (belastenden) Verwaltungsaktes ist der Adressat der Verfügung daher grundsätzlich berechtigt, den ihn betreffenden Verwaltungsakt gerichtlich überprüfen zu lassen.[1074] Nicht so eindeutig stellt sich die Situation dar, wenn nicht der Adressat, sondern ein Dritter sich gegen einen an einen anderen gerichteten Verwaltungsakt wendet. In einem solchen Fall ist es zunächst nach § 42 Abs. 2 VwGO notwendig, dass der Dritte geltend macht, durch den Verwaltungsakt, seine Ablehnung oder ein Unterlassen möglichweise in einem eigenen, subjektiven öffentlichen Recht verletzt zu sein. Ob ein in Frage stehendes Recht dem Kläger auch ein subjektives, einklagbares Recht zuweist, bestimmt sich maßgeblich nach der sog. Schutznormtheorie. Demnach hängt die Anerkennung einer subjektiv öffentlichen Rechtsposition davon ab, ob die fragliche Norm nicht nur Interessen der Allgemeinheit, sondern zumindest auch Individualinteressen, insbesondere die des Klagenden schützen soll.[1075] Lässt sich der geschützte Personenkreis nicht eindeutig dem Wortlaut der Norm entnehmen, so ist er mittels Auslegung zu ermitteln.[1076]

Bei der Einklagbarkeit von Verfahrensrechten wird eine Unterscheidung vorgenommen. Sie werden grundsätzlich in relative, absolute und rein objektive Verfahrensrechte eingeteilt. Von dieser Einteilung hängt sodann auch die Möglichkeit ihrer gerichtlichen Überprüfbarkeit ab.

Ein subjektiv öffentliches Recht kann sich nicht aus einer rein objektiven Verfahrensnorm ergeben. Eine solche Norm soll keine Rechtspositionen des Einzelnen begründen oder stärken, sondern vielmehr nur dem öffentlichen Interesse dienen, indem es das Verfahren organisiert.[1077]

Absolute Verfahrensrechte hingegen sind solche Rechte, die einem Betroffenen unabhängig von einer materiellen Rechtsposition eine eigene, selbstständig durchsetzbare Rechtsposition vermitteln. Hierbei kommt es nicht darauf

---

1073 Vgl. etwa *Kloepfer*, [Fn. 6], S. 718f.

1074 Vgl. *Kahl/Gärditz*, Umweltrecht 2019, S. 176. Zur Adressatentheorie siehe etwa *Wahl/Schütz*, in: *Schoch u. a.*, VwGO Kommentar 2020, § 42, Rn. 70.

1075 Vgl. etwa *Sodan*, in: *Sodan/Ziekow*, VwGO Kommentar 2018, § 42, Rn. 388; *Kloepfer*, [Fn. 6], S. 720.

1076 Ebd.

1077 Vgl. BVerwG, Urt. v. 22.02.1980 – 4 C 24/77, NJW 1981, 239 (240); *Wahl/Schütz*, in: *Schoch u. a.*, [Fn. 1074], § 42, Rn. 77; *Emmenegger*, in: *Mann u. a.*, Verwaltungsverfahrensgesetz 2019, § 46, Rn. 38.

an, dass der Verfahrensfehler nach § 46 VwVfG kausal für das Ergebnis ist.[1078] Die Rechtsprechung verhält sich bei der Anerkennung solcher absoluten Verfahrensrechte jedoch äußerst zurückhaltend. Als anerkannt können mittlerweile u. a. gelten: das Beteiligungsrecht anerkannter Naturschutzverbände nach § 63 BNatSchG[1079], das Einvernehmenserfordernis der Gemeinde bei der Erteilung einer Baugenehmigung nach § 36 Abs. 1 S. 1 BauGB[1080], das Beteiligungsrecht der Gemeinde beim luftrechtlichen Zulassungsverfahren nach § 6 LuftVG[1081] sowie einige in § 4 Abs. 1 UmwRG geregelte Verfahrensvorschriften[1082].

Eine Zwischenstellung nehmen die sog. relativen Verfahrensrechte ein. In diesem Fall vermittelt das Verfahren gerade keine eigenständige Rechtsposition. Vielmehr muss ein solches relatives Verfahrensrecht dazu dienen, eine materielle Rechtsposition des Klagenden besser durchzusetzen.[1083] Ein klagender Dritter[1084] muss daher die bestehende materielle Rechtsposition, die durch das Verfahrensrecht geschützt werden soll, eigenständig begründen.[1085] Auch bei der Anerkennung relativer Verfahrensfehlern verhält sich die Rechtsprechung sehr zurückhaltend. Bejaht wurde eine drittschützende Qualität etwa beim atomrechtlichen Genehmigungsverfahren[1086] oder dem förmlichen immissionsschutzrechtlichen

1078 Vgl. BVerwG, Urt. v. 12.11.1997 – 11 A 49/96, BVerwGE 105, 348 (354), NVwZ 1998, 397 (398); *Emmenegger*, in: *Mann u. a.*, [Fn. 687], § 46, Rn. 111; *Dolde*, Verwaltungsverfahren und Deregulierung, NVwZ 2006, 857 (858); *Held*, Individualrechtsschutz bei fehlerhaftem Verwaltungsverfahren, NVwZ 2012, 461 (464).

1079 Zur Vorgängerregelung des § 29 BNatSchG a.F. siehe BVerwG, Urt. v. 31.10.1990 – 4 C 7/88, BVerwGE 87, 62; NVwZ 1991, 162 (164); vgl. dazu ebenfalls *Kahl/Gärditz*, [Fn. 1], S. 179; *Held*, [Fn. 513], 461 (464).

1080 Vgl. *Held*, [Fn. 513], 461 (464); *Emmenegger*, in: *Mann u. a.*, [Fn. 687], § 46, Rn. 113, 134.

1081 BVerwG, Urt. v. 16.12.1988 – 4 C 40/86, BVerwGE 81, 95 (106), Rn. 42, NVwZ 1989, 750 (754).

1082 Dazu sogleich unter Ziff. II, 2, lit. c.

1083 Vgl. BVerwG, Urteil vom 24.11.2011 – 9 A 24/10, BeckRS 2012, 47538, Rn. 14.

1084 Für den Adressaten eines Verwaltungsaktes, welcher grundsätzlich einen Vollüberprüfungsanspruch des angegriffenen hoheitlichen Aktes besitzt, muss zur Annahme eines relativen Verfahrensrechts nicht auch noch eine materielle Rechtsposition begründet werden. Vielmehr reicht es aus, wenn sowohl die Annahme eines objektiven als auch absoluten Verfahrensfehler ausgeschlossen ist. In einem solchen liegt in aller Regel ein relativer Verfahrensfehler vor, vgl. *Emmenegger*, in: *Mann u. a.*, [Fn. 687], § 46, Rn. 39.

1085 Vgl. *Emmenegger*, in: *Mann u. a.*, ebd., § 46, Rn. 40.

1086 BVerfG, Beschl. v. 20.12.1979 – 1 BvR 385/77, BVerfGE 53, 30 (59 f.).

Genehmigungsverfahren[1087].

2. Klagen nach Umweltrechtsbehelfsgesetz

Neue Impulse wurden durch die Einführung des Umweltrechtsbehelfsgesetzes (UmwRG)[1088] im Jahr 2006 ausgelöst. Nicht nur wurden hierdurch die Verbandsklagerechte anerkannter Umweltvereinigungen gestärkt, auch prägen die Normen das gesamte prozessuale Umweltrecht. Das UmwRG unterlag seit seiner Entstehung einem starken Entwicklungs- und Anpassungsdruck und durchlief daher eine Vielzahl von Novellen.[1089] Seit jeher prägen dabei zwei gegenläufige Maximen den Konflikt: Auf der einen Seite das progressive europäische Umweltrecht mit der Anerkennung diverser Verfahrens- und Verbandsrechte. Auf der anderen Seite das historisch gewachsene deutsche Verwaltungsprozessrecht mit einer ausdifferenzierten Dogmatik der Verletztenklage. Aus diesem Konflikt ergeben sich fortlaufend Uneinigkeiten über die Konformität des deutschen Umwelt- und Verwaltungsprozessrechts mit den europäischen Vorgaben und daraus resultierenden nationalen Fortentwicklungstendenzen.[1090]

Der Anwendungsbereich für Klagen nach dem UmwRG bestimmt sich nach seinem § 1. Erfasst sind eine Vielzahl von Vorhaben und Projekten. Die wohl bedeutsamste Kategorie stellt § 1 Abs. 1 Nr. 1 UmwRG dar. Demnach sind für alle Projekte, für die eine Pflicht zur Durchführung einer UVP besteht, die Vorgaben des UmwRG einschlägig. Die (besonderen) Zulässigkeitsvoraussetzungen einer Klage bestimmen sich sodann nach § 2 UmwRG. Hierbei ist in Rechtsbehelfe von Umweltverbänden (unter lit. a) und solche von Individualpersonen (unter lit. b) zu unterscheiden.

1087 BVerwG, Urt. v. 05.10.1990 – 7 C 55 und 56.89, BVerwGE 85, 368 (374).

1088 Gesetz über ergänzende Vorschriften zu Rechtsbehelfen in Umweltangelegenheiten nach der EG-Richtlinie 2003/35/EG, eingeführt in BGBl. I S. 2816.

1089 Einen Überblick über die Änderung bis zum Jahr 2019 liefert *Schlacke*, Aktuelles zum Umwelt-Rechtsbehelfsgesetz, NVwZ 2019, 1392 (1392f.).

1090 Siehe dazu beispielhaft aus dem Schrifttum *Kahl/Ohlendorf*, Das subjektive öffentliche Recht – Grundlagen und aktuelle Entwicklungen im nationalen Recht, JA 2010, 872; *Kahl/Ohlendorf*, Die Europäisierung des subjektiven öffentlichen Rechts, JA 2011, 41; *Franzius*, Genügt die Novelle des Umwelt-Rechtsbehelfsgesetzes den unionsrechtlichen Vorgaben?, NVwZ 2018, 219; *Gärditz*, Verwaltungsgerichtlicher Rechtsschutz im Umweltrecht, NVwZ 2014, 1.

a. *Rechtsbehelfe von Umweltverbänden*

Für Umweltverbände gilt grundsätzlich § 2 Abs. 1 UmwRG. Demnach kann ein anerkannter Umweltverband, ohne in eigenen Rechten verletzt zu sein, Rechtsbehelfe nach der VwGO gegen eine Entscheidung nach § 1 UwmRG einlegen. Zusätzlich muss die Vereinigung geltend machen, dass die ergangene Entscheidung gegen Rechtsvorschriften verstößt, die für die Entscheidung von Bedeutung sein können (§ 2 Abs. 1 Nr. 1 UmwRG). Darüber hinaus muss sie geltend machen, dass sie durch die Entscheidung in ihrem satzungsgemäßen Aufgabenbereich berührt ist, welcher die Förderung von Zielen des Umweltschutzes sein muss (§ 2 Abs. 1 Nr. 2 UmwRG). Schließlich muss sie (je nach Prüfungsgegenstand) entweder zur Beteiligung berechtigt gewesen sein (§ 2 Abs. 1 Nr. 3 a UmwRG) oder zur Beteiligung berechtigt sein, sich außerdem geäußert haben oder entgegen den geltenden Rechtsvorschriften keine Gelegenheit zur Äußerung bekommen haben (§ 2 Abs. 1 Nr. 3 b UmwRG). Für Vorhaben nach § 1 Abs. 1 S. 1 Nr. 2a bis 6 (wie etwa bei Plänen und Programmen, bei denen eine SUP durchgeführt werden muss, vgl. § 1 Abs. 1 Nr. 4 UwmRG) muss die Umweltvereinigung zudem die Verletzung umweltbezogener Rechtsvorschriften geltend machen (§ 2 Abs. 1 S. 2 UmwRG).

Für die Begründetheit von Verbandsklagen gilt die Regelung des § 2 Abs. 4 UmwRG. Im Prinzip spiegeln sich hier die Zulässigkeitsvoraussetzungen auf Begründetheitsebene wider.[1091] Rechtsbehelfe gegen die Gegenstände des § 1 Abs. 1 S. 1 Nr. 1 und 2 UmwRG sind demnach begründet, wenn sie gegen Rechtsvorschriften verstoßen, die für die Entscheidung von Bedeutung sind und der Verstoß Belange berührt, die zu den Zielen gehören, die die Vereinigung nach ihrer Satzung fördert (§ 2 Abs. 4 S. 1 Nr. 1 UmwRG). Für Gegenstände nach § 1 Abs. 1 S. 1 Nr. 2a–6 UwmRG wird gefordert, dass die Entscheidung oder deren Unterlassen gegen umweltbezogene Rechtsvorschriften verstößt, die für diese Entscheidung von Bedeutung sind und der Verstoß Belange berührt, die zu den Zielen gehören, die die Vereinigung nach ihrer Satzung fördert (§ 2 Abs. 4 S. 1 Nr. 2 UmwRG).

b. *Rechtsbehelfe von Individualklägern*

An den grundsätzlichen Voraussetzungen für Rechtsbehelfe von Individualklägern hat die Einführung des UmwRG nichts geändert. Es findet sich keine Regelung wie in § 2 UmwRG, welcher besondere Zulässigkeitsvoraussetzungen für

1091 Vgl. *Bunge*, [Fn. 1070], 740 (743).

Individualkläger stipulieren würde. Daher gilt weiterhin der Grundsatz der Verletztenklage. Individualkläger müssen mithin zunächst nach § 42 Abs. 2 VwGO die Verletzung eines subjektiv-öffentlichen Rechts geltend machen, wobei insbesondere die Schutznormtheorie zu beachten ist.[1092]

Kontrovers diskutiert wurde in diesem Rahmen die Frage, ob § 4 Abs. 3 UwmRG als eine Schutznorm anzusehen ist, was zur Folge hätte, dass Individualkläger eine Entscheidung unter Berufung auf einen Verfahrensfehler angreifen könnten.[1093] Weite Teile der Literatur und Rechtsprechung verneinen dies. § 4 Abs. 3 iVm Abs. 1 UmwRG hätten demnach nur Auswirkungen auf die Sachprüfung. Die Klagebefugnis sei unabhängig hiervon. Die Zulässigkeit eines Rechtsbehelfs bestimme sich mithin danach, ob der Individualkläger die Verletzung einer anderen subjektiv-öffentlichen Rechtsposition geltend machen kann.[1094]

Die Gegenstimmen verlangen indes, dass die betroffene Öffentlichkeit – wozu auch Individualkläger gehören – aufgrund unionrechtskonformer Handhabung einen weiten Zugang zu gerichtlichen Überprüfungsverfahren haben müsse. Dies schließe ein, dass neben der Überprüfung von Verfahrensfehlern auf Sachebene eine Verletzung der Verfahrensrechte auch den Zugang zu Gericht begründen muss. Demnach seien die Verfahrensvorschriften der UVP-Richtlinie (welche das UmwRG in erster Linie schützen und durchsetzen soll) Schutznormen iSd § 42 Abs. 2 VwGO.[1095] Individualkläger könnten sich somit zur Begründung ihrer Klagebefugnis auch auf die Verletzung von Verfahrensvorschriften nach § 4 Abs. 3 iVm Abs. 1 UmwRG berufen. Der 8. Senat des OVG Münsters, der den Normen erstmalig eine drittschützende Wirkung zugesprochen hatte, hat seine

---

1092 Vgl. *Keller*, Drittanfechtungen im Umweltrecht durch Umweltvereinigungen und Individualkläger, NVwZ 2017, 1080 (1081).

1093 Die stärkere Position dieser Kontroverse war aufgrund der Rechtsprechung des BVerwG von Anfang an die Meinung, dass § 4 Abs. 3 UmwRG nicht im Sinne der Schutznormtheorie anzusehen ist und daher keine eigene Klagebefugnis begründen kann. Auch die abweichende Rechtsprechung des OVG Münster lenkte daher später ein.

1094 Vgl. BVerwG, Urt. v. 20.12.2011 – 9 A 30/10, NVwZ 2012, 573 (574); BVerwG, Beschl. v. 27.06.2013 – 4 B 37.12, BeckRS 2013, 53008, Rn. 10 sowie m.w.N. *Keller*, [Fn. 1092], 1080 (1081).

1095 Vgl. OVG Münster, Urt. v. 25.02.2015 – 8 A 959/10, ZUR 2015, 494 (493f.); *Ziekow*, Verfahrensfehler im Umweltrecht – notwendige Nachjustierungen im deutschen Verwaltungsrecht, NuR 2014, 229 (234); *Greim*, Rechtsschutz bei Verfahrensfehlern im Umweltrecht 2013, S. 157ff.

Auffassung mittlerweile wegen entgegenstehender höchstgerichtlicher Rechtsprechung und der Rechtseinheitlichkeit aufgegeben.[1096]

Daher kann die Frage der Drittschutzwirkung der Verfahrensrechte als (vorläufig) geklärt angesehen werden. Ein Individualkläger muss also weiterhin die Verletzung einer eigenen subjektiv-öffentlichen Rechtsposition (wozu die Verfahrensrechte nicht zählen) geltend machen, um die Überprüfung einer Entscheidung zu ermöglichen.

Ist die Hürde der Zulässigkeit genommen, gelten auch für die Begründetheit grundsätzlich die allgemeinen Regeln der VwGO, sprich § 113 Abs. 1 S. 1. Demnach hebt das Gericht die Entscheidung auf, wenn der Verwaltungsakt rechtswidrig ist und der Kläger dadurch in seinen Rechten verletzt worden ist. Der Verwaltungsakt muss also aufgrund der Verletzung einer den Kläger schützenden Norm rechtswidrig sein. Ist dies nicht der Fall, so ist der Verwaltungsakt zwar objektiv rechtswidrig, eine Aufhebung kann durch den Individualkläger indes nicht verlangt werden.[1097]

c. *Verfahrensfehler*

Herausragende Bedeutung kommt schließlich § 4 UmwRG zu. Dieser regelt grundsätzlich die Überprüfbarkeit von Verfahrensfehlern. Im Rahmen der Begründetheitsprüfung solcher Fehler findet keine Unterscheidung in Verbands- und Individualklagerechte statt. Sowohl Verbände als auch Individualkläger (nach § 4 Abs. 3 UmwRG) können grundsätzlich Verfahrensfehler nach den Maßgaben des § 4 UmwRG geltend machen. Innerhalb des § 4 findet indes eine Abstufung der Verfahrensfehler statt. Unterschieden wird – entsprechend der allgemeinen Verwaltungsrechtsdogmatik – in absolute und relative Verfahrensfehler.

aa. *Absolute Verfahrensfehler*

§ 4 Abs. 1 UmwRG reglementiert die Relevanz absoluter Verfahrensfehler. Solche Fehler führen – wie bereits dargestellt – zur Aufhebung einer angegriffenen Entscheidung, ohne dass es auf die Kausalität dieses Fehlers nach § 46 VwVfG für das Ergebnis ankommt.[1098] Es handelt sich um eine spezialgesetzliche Regelung

1096 OVG Münster (8. Senat), Beschl. v. 30.01.2018 – 8 B 1060/17, BeckRS 2018, 697, Rn. 7; Zusammenfassung in *Seibert*, Die gerichtliche Kontrolle von Verfahrensvorschriften nach § 4 UmwRG, NVwZ 2019, 337 (338).

1097 Vgl. etwa *Keller*, [Fn. 1092], 1080 (1082).

1098 BVerwG, Urt. v. 21.01.2016 – 4 A 5/14, NVwZ 2017, 844, Rn. 41.

zu § 113 Abs. 1 S. 1 VwGO, sodass bei solchen Fehlern nicht eine Verletzung der eigenen Rechte maßgeblich ist, sondern vielmehr eine objektive Rechtmäßigkeitskontrolle vorgenommen wird.[1099] Insofern findet eine für das deutsche Verwaltungsprozessrecht untypische Entkoppelung der Zulässigkeits- und Begründetheitsprüfung statt.[1100]

Ein absoluter Verfahrensfehler nach § 4 Abs. 1 UmwRG kann in drei Fällen vorliegen. Nach § 4 Abs. 1 Nr. 1 UmwRG ist dies zunächst der Fall, wenn eine nach dem UVPG oder anderen Vorschriften verpflichtende UVP oder UVP-Vorprüfung nicht durchgeführt und auch nicht nachgeholt wurde. Nach Nr. 2 liegt ein absoluter Fehler auch vor, wenn eine erforderliche Öffentlichkeitsbeteiligung nach dem UVPG oder BImSchG nicht durchgeführt wurde. Schließlich kommt ein absoluter Fehler nach Nr. 3 in Betracht. Diese Norm dient als Auffangtatbestand für anderweitige schwere Verfahrensfehler.[1101] Eine Einordnung als absoluter Verfahrensfehler nach Nr. 3 kommt in Frage, wenn der Fehler nicht geheilt worden ist (§ 4 Abs. 1 Nr. 3 a) UmwRG), nach seiner Art und Schwere mit den Nummern 1 und 2 vergleichbar ist (§ 4 Abs. 1 Nr. 3 b) UmwRG) und der betroffenen Öffentlichkeit die Möglichkeit der gesetzlich vorgesehenen Beteiligung am Entscheidungsprozess genommen hat. Dabei gehört zur Beteiligung am Entscheidungsprozess auch der Zugang zu den Unterlagen, die zur Einsicht für die Öffentlichkeit auszulegen sind (§ 4 Abs. 1 Nr. 3 c) UmwRG).

Fehler nach Nr. 1 und 2 sind recht eindeutig einzuordnen. Interessant sind indes Fehler nach Nr. 3. Hierbei hat sich noch kein einheitliches Meinungsbild in Literatur und Rechtsprechung herausgearbeitet. Eine für Nr. 3 ausreichende Schwere kann nach der Rechtsprechung des EuGH jedenfalls dann angenommen

---

1099 BVerwG, Urt. v. 20.12.2011 – 9 A 30/10, NVwZ 2012, 573 (575), Rn. 21f.; *Seibert*, [Fn. 1096], 337 (338).

1100 Vgl. *Seibert*, ebd., 337 (338). In der Regel besteht die Koppelung der Zulässigkeits- und Begründetheitsprüfung durch die Normen des § 42 Abs. 2 VwGO einerseits und § 113 Abs. 1 S. 1 VwGO andererseits. Nach § 42 Abs. 2 VwGO muss der Kläger zur Begründung seiner Klagebefugnis geltend machen, dass er möglicherweise in einem subjektiven Recht verletzt ist, dass zumindest auch seine Individualinteressen schützen soll. Als Kehrseite dieses Grundsatzes ist eine (Anfechtungs-)klage begründet, wenn der Verwaltungsakt rechtswidrig und der Kläger in seinem eigenen, subjektiven Recht tatsächlich verletzt ist. Im Rahmen der Klagebefugnis muss daher zunächst das subjektive Recht identifiziert und die Möglichkeit der Verletzung dargelegt werden. Im Rahmen der Begründetheit wird sodann geprüft, ob dieses zuvor identifizierte subjektive Recht auch tatsächlich verletzt ist.

1101 *Kment*, in: *Hoppe u. a.*, [Fn. 647], § 4 UmwRG, Rn. 24.

werden, wenn der Fehler der betroffenen Öffentlichkeit eine Garantie genommen hat, die ihr nach der unionsrechtlichen Konzeption der UVP-Richtlinie einen weiten Zugang zum Beteiligungs- und Entscheidungsprozess gewährleisten soll.[1102] Dabei handelt es sich stets um eine Einzelfallprüfung.[1103] Als relevante Fehler dürften regelmäßig angesehen werden: das völlige Fehlen der Auslegung von Unterlagen nach § 19 UVPG[1104], das Fehlen der zusammenfassenden Darstellung nach § 24 UVPG oder der darauf beruhenden Bewertung nach § 25 UVPG[1105].

bb. Relative Verfahrensfehler

§ 4 Abs. 1 a UmwRG bestimmt sodann die Rügemöglichkeit relativer Verfahrensfehlern. Hierbei ist weiterhin nach § 46 VwVfG nötig, dass eine Kausalität des Fehlers für das Ergebnis besteht. Demnach ist ein Verfahrensfehler erst beachtlich, „wenn nach den Umständen des Falls die konkrete Möglichkeit besteht, dass ohne den Verfahrensfehler eine andere Entscheidung getroffen worden wäre; die nur abstrakte Möglichkeit einer anderen Entscheidung genügt danach nicht."[1106] Ist eine Aufklärung dieser Kausalitätsbeziehung indes nicht möglich, so wird nach § 4 Abs. 1a S. 2 UmwRG eine Beeinflussung vermutet.[1107] Dem Gericht kommen insofern besondere Aufklärungspflichten zu. Die Unbeachtlichkeit des Verfahrensfehlers kann mithin nur angenommen werden, wenn das Gericht die Feststellung treffen kann, dass die angegriffene Entscheidung ohne den Verfahrensfehler nicht anders lauten würde. Es hat in diesem Rahmen die vorgelegten Beweise, Akten und Planunterlagen sowie alle sonst erkennbaren oder naheliegenden Umstände zur Ermittlung heranzuziehen.[1108]

Für Individualkläger findet durch § 4 Abs. 1a UmwRG keine Modifikation der Begründetheitsprüfung statt. Denn in Abs. 1a ist keine Formulierung wie in

---

1102 *Kment*, in: *Hoppe u. a.*, ebd., § 4 UmwRG, Rn. 24; EuGH, Urt. v. 15.10.2015 – C-137/14 (Europäische Kommission/Bundesrepublik Deutschland), NVwZ 2015, 1665 (1667ff.), Rn. 33ff., 55f.

1103 BVerwG, Beschl. v. 21.06.2016 – 9 B 65/15, NVwZ 2016, 1257 (1258), Rn. 7.

1104 Vgl. *Fellenberg*, Weiter frischer Wind aus Luxemburg – Zu den Klagemöglichkeiten im Umweltrecht, NVwZ 2015, 1721 (1722).

1105 VG Hamburg, Beschl. v. 15.06.2016 – 7 E 1486/1, ZuR 2016, 497 (499ff.).

1106 BVerfG, Beschl. v. 24.10.2017 – 1 BvR 1026/13, NVwZ 2018, 573 (575), Rn. 46.

1107 BVerwG, Urt. v. 21.01.2016 – 4 A 5/14, NVwZ 2017, 844, Rn. 41; siehe ebenfalls *Seibert*, [Fn. 1096], 337 (337).

1108 BVerwG, Beschl. v. 21.06.2016 – 9 B 65/15, NVwZ 2016, 1257 (1260), Rn. 21.

Abs. 1 enthalten, nach der „die Aufhebung der Entscheidung" „verlangt werden" kann. Somit bleibt hier § 113 Abs. 1 S. 1 VwGO einschlägig.[1109]

Das Feld der relativen Verfahrensfehler nach § 4 Abs. 1a UmwRG ist sehr weit. Grundsätzlich muss kein Zusammenhang zur UVP bestehen. Rügefähig kann demnach beispielsweise auch ein Verstoß gegen Befangenheitsvorschriften nach den Verwaltungsverfahrensgesetzen der Länder sein.[1110]

cc. Verfahrensverständnis des § 4 UmwRG

Welche Fehler gelten nun als Verfahrensfehler und fallen somit in das Regelungsregime des § 4 UmwRG? Auf den ersten Blick könnte man meinen, dass eine Verletzung aller Normen der UVP oder SUP grundsätzlich als Verfahrensfehler anzusehen sind. Denn die UVP stellt genuines Verfahrensrecht dar und hat für sich genommen keinen materiellen Gehalt.[1111] Allzu eindeutig ist die Rechtslage jedoch nicht.

aaa. Ansicht des Bundesverwaltungsgerichts

Das BVerwG bezweifelt die Verfahrensqualität bestimmter Normen der UVP. So meint der 7. Senat, dass sämtliche inhaltliche und methodische Mängel der UVP keine Verfahrensfehler darstellen und deshalb weder nach § 4 Abs. 1 Nr. 3 noch Abs. 1a UwmRG rügefähig sind.[1112] Der Begriff des Verfahrens umfasse lediglich solche Normen, die die äußere Ordnung des Verfahrens, also den Verfahrensablauf selbst betreffen. Darunter falle etwa der Beginn des Verfahrens, die Beteiligung anderer Behörden und der Öffentlichkeit sowie sonstige Verfahrensschritte, wie etwa die UVP. Nicht zum Verfahren gehöre allerdings der Prozess der Willens- und Entscheidungsbildung. Dieser sei vielmehr durch materiell-rechtliche Vorgaben der Fachgesetze gesteuert und erfolge vielfach auf Grundlage von Fachgutachten.[1113] Nach Auffassung des Gerichts muss überdies innerhalb der Vorschriften der UVP eine Unterscheidung vorgenommen werden. So strukturiere die UVP durch die Ermittlung, Beschreibung und

---

1109 So jedenfalls die herrschende Ansicht, vgl. *Seibert*, [Fn. 1096], 337 (344). Zum Meinungstand siehe etwa *Fellenberg/Schiller*, in: *Landmann/Rohmer*, [Fn. 382], 92. Ergänzungslieferung 2020, § 4 UmwRG, Rn. 75.

1110 Vgl. *Fellenberg/Schiller*, in: *Landmann/Rohmer*, [Fn. 382], 92. Ergänzungslieferung 2020, § 4 UmwRG, Rn. 66.

1111 Siehe schon unter Kapitel 4, Ziff. III, 1, lit. c, cc.

1112 BVerwG, Urt. v. 28.11.2017 – 7 A 17/12, NVwZ-Beilage 2018, 29 (31), Rn. 28ff.

1113 BVerwG, Urt. v. 28.11.2017 – 7 A 17/12, NVwZ-Beilage 2018, 29 (31), Rn. 29.

Bewertung der erheblichen Auswirkungen das Verfahren im Vorfeld der letztlichen Entscheidung. Maßgeblich seien hier die Phasen der Informationsgewinnung und der Informationsverarbeitung.

Von den einzelnen Verfahrensschritten der UVP müssten jedoch die Anforderungen an ihre inhaltliche Ausgestaltung unterschieden werden. Diese würden vielmehr von den materiellrechtlichen Maßstäben der jeweiligen Fachgesetze geprägt.[1114] Daher könne eine Geltendmachung fehlerhafter Fachgutachten nicht im Rahmen des Regelungsregimes des § 4 UmwRG erfolgen.

In einem weiteren Urteil[1115] führt das BVerwG aus, dass ein Verfahrensfehler nicht vorliege, wenn „einzelne Umweltauswirkungen nicht mit einer hinreichenden Tiefe ermittelt, einzelne Angaben fehlerhaft oder Bewertungen fragwürdig sind“[1116]. Maßgeblich für die Einordnung als Verfahrensfehler sei nämlich die Anstoßfunktion der Öffentlichkeitsbeteiligung. Zur Erreichung dieses Ziels sei es erforderlich, aber auch ausreichend, dass die Öffentlichkeit frühzeitig und effektiv über ein Vorhaben informiert wird und hierzu innerhalb eines ausreichend bemessenen Zeitraums Stellung nehmen kann[1117]. Eine solche Anstoßfunktion könne schließlich nur eintreten, wenn die erforderlichen Unterlagen vollständig und ordnungsgemäß ausgelegt wurden.[1118]

Dieser Rechtsprechung folgend wäre beispielsweise eine unzureichende Ermittlung einzelner Belange in einer ansonsten ordnungsgemäß durchgeführten UVP nicht als (relativer oder absoluter) Verfahrensfehler anzusehen.[1119]

bbb. Ansicht des Oberverwaltungsgerichts Münster

Das OVG Münster führt in Widerspruch zur Rechtsprechung des BVerwG aus, dass ein Verfahrensfehler nach § 4 Abs. 1a UmwRG vorliege, wenn der Sachverhalt nicht ausreichend ermittelt wurde.[1120] Im vorliegenden Fall ging es um die Umweltverträglichkeit mehrerer Windenenergieanlagen, die als Erweiterung zu bereits bestehenden Windenergieanlagen geplant waren. Nach Ansicht

---

1114 Vgl. BVerwG, Urt. v. 28.11.2017 – 7 A 17/12, NVwZ-Beilage 2018, 29 (31), Rn. 31f.

1115 BVerwG, Beschl. v. 26.03.2020 – 3 B 24/19, NVwZ 2020, 1199.

1116 BVerwG, Beschl. v. 26.03.2020 – 3 B 24/19, NVwZ 2020, 1199 (1200), Rn. 9.

1117 So auch schon BVerwG, Urt. v. 28.11.2017 – 7 A 17/12, NVwZ-Beilage 2018, 29 (31), Rn. 35.

1118 Vgl. BVerwG, Urt. v. 28.11.2017 – 7 A 17/12, NVwZ-Beilage 2018, 29 (31), Rn. 31, 34.

1119 So die theoretische Schlussfolgerung von *Fellenberg/Schiller*, in: *Landmann/Rohmer*, [Fn. 382], 92. Ergänzungslieferung 2020, § 4 UmwRG, Rn. 67. Die Autoren geben hierzu jedoch kein Beispiel oder Fall aus der Rechtsprechung.

1120 OVG Münster, Beschl. v. 23.10.2017 – 8 B 709/17, BeckRS 2017, 130284, Rn. 30ff.

des Gerichts sei es als Verfahrensfehler anzusehen, dass insbesondere in der artenrechtlichen Untersuchung die Belastungen durch die bereits bestehenden Anlagen nicht mit in die Untersuchung aufgenommen wurde.[1121] Darüber hinaus bejaht das Gericht die Ergebniskausalität nach § 46 VwVfG, da nicht ausgeschlossen werden könne, dass eine umfassende Betrachtung zur Feststellung nachteiliger Umweltauswirkungen geführt hätte.[1122]

Das Gericht sieht also auch eine mangelhafte Sachverhaltsermittlung als einen relevanten Verfahrensfehler an, der nach § 4 Abs. 1a UmwRG rügefähig ist. Zwar könnten Zweifel an einer Übertragbarkeit dieses Ergebnisses auf andere Sachverhaltsermittlungsdefizite angebracht werden, da es in diesem Beschluss um den speziellen Fall der Auswirkung kumulierender Vorhaben ging. Nichtsdestotrotz ist festzuhalten, dass das Gericht in diesem Urteil eine andere Richtung als das Bundesverwaltungsgericht einschlägt.[1123]

Eine ähnliche Haltung lässt das Gericht in einem Beschluss vom 01.02.2019[1124] erkennen. In diesem Verfahren rügte das Gericht eine unzureichende Ermittlung der Verkehrslärmbelastung. Demnach sei in dem Verfahren nicht ausreichend in Betracht gezogen worden, dass aufgrund der Sperrung einer Straße ein verändertes Verkehrsaufkommen zu erwarten war.[1125] Da die Sperrung der Straße erst nach der Vorlage des Umweltberichts stattfand, hätte eine erneute Überprüfung der Lärmbelastung stattfinden müssen, was ebenfalls eine erneute Öffentlichkeitsbeteiligung nach § 22 UVPG zur Folge hätte haben müssen.[1126]

Bemerkenswert ist, dass das Gericht anschließend auf die Rechtsprechung des BVerwG Bezug nimmt und stipuliert, dass dieser Fehler bereits die äußere Ordnung des Verfahrens und nicht den durch materiellrechtliche Vorgaben gesteuerten Prozess der Willens- und Entscheidungsbildung betreffe. Es wäre damit noch im Stadium der Informationsgewinnung im Vorfeld der Sachentscheidung anzusiedeln, womit es sich um einen rügefähigen Verfahrensfehler handele.[1127] Daher liege in diesem Fall mit überwiegender Wahrscheinlichkeit sogar ein absoluter Verfahrensfehler nach § 4 Abs. 1 Nr. 3 UmwRG vor.[1128] Ausdrücklich

---

1121 OVG Münster, Beschl. v. 23.10.2017 – 8 B 709/17, BeckRS 2017, 130284, Rn. 32ff.
1122 OVG Münster, Beschl. v. 23.10.2017 – 8 B 709/17, BeckRS 2017, 130284, Rn. 40f.
1123 Das Urteil des BVerwG erging zudem gut einen Monat später, sodass das OVG Münster noch nicht offen gegen die Sicht des BVerwG protestierte.
1124 OVG Münster, Beschl. v. 01.02.2019 – 7 B 1360/18, BeckRS 2019, 1249.
1125 OVG Münster, Beschl. v. 01.02.2019 – 7 B 1360/18, BeckRS 2019, 1249, Rn. 7.
1126 OVG Münster, Beschl. v. 01.02.2019 – 7 B 1360/18, BeckRS 2019, 1249, Rn. 7.
1127 OVG Münster, Beschl. v. 01.02.2019 – 7 B 1360/18, BeckRS 2019, 1249, Rn. 7.
1128 OVG Münster, Beschl. v. 01.02.2019 – 7 B 1360/18, BeckRS 2019, 1249, Rn. 6.

nennt das Gericht, dass ein solcher Fehler bestehe, wenn die UVP „in einem wesentlichen Bereich nicht den Anforderungen des § 16 Abs. 1 und 3 UVPG in Verbindung mit Anlage 4 Nr. 3“[1129] genüge. Hierbei handelt es sich um gewisse Mindestinhalte des UVP-Berichts sowie weitergehenden Anforderungen nach Anlage 4 des UVPG, insbesondere eine Beschreibung des aktuellen Zustands der Umwelt und eine Übersicht über die voraussichtliche Entwicklung der Umwelt bei Nichtdurchführung des Vorhabens.

Das Gericht indiziert in dieser Entscheidung, dass ein mangelhafter UVP-Bericht in gewissen Situationen sogar einen absoluten Verfahrensfehler nach § 4 Abs. 1 Nr. 3 UmwRG darstellen kann. Eindeutig sieht es solche Fehler also nicht als inhaltliche Fehler, sondern vielmehr als Verfahrensfehler an.

ccc. Stellungnahme

Da beide Gerichte in Bezug auf den Verfahrensgedanken des § 4 UmwRG eine unterschiedliche Sichtweise vertreten, wird im Folgenden Stellung genommen und versucht, einen praktikablen Handhabungsvorschlag zu unterbreiten.

Zunächst einmal ist der Rechtsprechung des BVerwG in einigen Punkten zuzustimmen. So ist es nicht zu bezweifeln, dass das Verfahren grundsätzlich die äußere Ordnung, sprich die Informationsgewinnung und -verarbeitung betrifft. Auch kann hiervon der Prozess der behördlichen Willensbildung unterschieden werden, welcher von fachrechtlichen Vorschriften geprägt ist.

Nicht einleuchtend erscheint hingegen die Trennung der Durchführung einzelner Verfahrensschritte der UVP von den inhaltlichen Anforderungen an ebenjene Schritte, wie es das BVerwG vorsieht. So stünden etwa einige Vorschriften des UVPG für sich genommen als reines Verfahrensrecht dar, wohingegen andere Vorschriften durch ihren Bezug zu bestimmen Fachgesetzen ihren verfahrensrechtlichen Charakter völlig verlieren und daher als materiellrechtliche Vorschriften anzusehen wären. Nach dieser Ansicht würden etwa Fehler im Rahmen der Sachverhaltsermittlung nicht mehr als Verfahrensfehler anzusehen seien, da ja gerade das, was es zu ermitteln gilt, abhängig vom Fachrecht ist. Die Sachverhaltsermittlung stützt sich in großem Maße auf Fachgutachten. Was Inhalt dieser Fachgutachten sein muss, bestimmt sich vordringlich nach dem materiellen Fachrecht. Sind solche Fachgutachten fehlerhaft, liege hierin nach Ansicht des BVerwG ein ausschließlich inhaltlicher Fehler.

Die UVP soll jedoch ausweislich des BVerwG im Vorfeld der Entscheidung alle relevanten Informationen zusammenstellen und ordnen. Dies muss

1129 OVG Münster, Beschl. v. 01.02.2019 – 7 B 1360/18, BeckRS 2019, 1249, Rn. 6.

denknotwendig auch durch Fachgutachten geschehen. Diese Fachgutachten stellen aber – wie bereits erwähnt – auch die Grundlage für die fachliche Entscheidung dar. Insofern kommt ihnen ein gewisser „Doppelcharakter"[1130] zu. Zum einen stellen Fachgutachten einen Teil der Informationsgewinnung, mithin also Verfahrensrecht, zum anderen aber auch die Grundlage der Fachentscheidung dar, was durch das materielle Recht bestimmt wird. Die relevanten Informationen für eine Entscheidung in Form von Fachgutachten und sonstiger Sachverhaltsermittlung stellen also zeitgleich einen Teil des Verfahrens und einen Teil der materiellen Entscheidung dar. Es erscheint daher als zu weitgehend, wenn den Vorschriften der Sachverhaltsermittlung – welche den wesentlichen Teil der UVP darstellen – völlig ihre Verfahrensqualität abgesprochen wird.[1131]

Dieses Ergebnis wird durch eine unionsrechtskonforme Auslegung der Vorschriften unterstützt. Auf Grundlage der UVP-Richtlinien und der Richtlinie zum UmwRG ist der wesentliche verfahrensrechtliche Aspekt der UVP ihre Anstoßfunktion für die Öffentlichkeitsbeteiligung. Demnach ist insbesondere zu überprüfen, ob der geltend gemachte „Fehler der betroffenen Öffentlichkeit eine der Garantien genommen hat, die geschaffen wurden, um ihr im Einklang mit den Zielen der Richtlinie 85/337/EWG Zugang zu Informationen und die Beteiligung am Entscheidungsprozess zu ermöglichen."[1132]

Das OVG Münster führt dazu aus, dass infolge dessen „bestimmte (inhaltliche) Garantien eingehalten werden müssen, um die Voraussetzung für einen Zugang zu Informationen sowie eine (ausreichende) Beteiligung am Entscheidungsprozess zu schaffen. Die Garantien können etwa darin bestehen, dass bestimmte grundlegende Anforderungen an die Umweltverträglichkeitsprüfung eingehalten werden, damit der Beteiligte eine hinreichende Grundlage für seine Beteiligung hat."[1133] Relativierend fügt es hinzu, „dass es für einen Aufhebungsanspruch regelmäßig nicht genügt, wenn lediglich einzelne Aspekte der Umweltverträglichkeitsprüfung nicht mit einer hinreichenden Tiefe ermittelt, einzelne Angaben fehlerhaft, Unterlagen unzureichend oder Bewertungen fragwürdig sind. Die Öffentlichkeitsbeteiligung dient gerade dazu, derartige Fehler oder Unzulänglichkeiten der Gutachten oder der zu Grunde liegenden Untersuchungen aufzuspüren und gegebenenfalls Einwendungen zu erheben, damit

---

1130 *Seibert*, [Fn. 1096], 337 (339).

1131 Im Ergebnis so auch *Seibert*, ebd., 337 (339).

1132 EuGH, Urt. v. 07.11.2013 – C-72/12, Altrip, NVwZ 2014, 49 (49).

1133 OVG Münster, Beschl. v. 01.02.2019 – 7 B 1360/18, BeckRS 2019, 1249, Rn. 7; zustimmend auch *Saurer*, [Fn. 1066], 1137 (1140).

die Defizite behoben werden. Sie wäre nach ihrem Sinn und Zweck entbehrlich, wenn eine in jeder Hinsicht fehlerfreie Umweltverträglichkeitsprüfung Voraussetzung für eine rechtmäßige Öffentlichkeitsbeteiligung wäre."[1134]

Es lässt sich also der Ansicht des OVG Münsters folgend festhalten, dass auch bestimmte Fehler der Sachverhaltsermittlung als Verfahrensfehler iSd § 4 UmwRG anzusehen und damit grundsätzlich rügefähig sind. Ob ein Verfahrensfehler letztlich vorliegt muss sich indes nach dem jeweiligen Einzelfall bestimmen. Selbst wenn man der Ansicht des BVerwG folgend eine Anstoßfunktion der betroffenen Öffentlichkeit als maßgebliches Kriterium ansehen würde, so muss man feststellen, dass eine völlig ausgebliebene Ermittlung eines wesentlichen Belangs beachtlich ist. Denn wenn ein wesentlicher Aspekt nicht ermittelt und mithin auch nicht an die Öffentlichkeit getragen wird, so kann sich diese auch kein Bild darüber machen. Der Anstoßfunktion würde also nicht genüge getan.

d. *Fehlerhafte Ermittlung des Klimabelangs*

Aus dieser Analyse lassen sich einige Aspekte für die Rügefähig von Fehlern bei der Bearbeitung des Klimabelangs ziehen. Das globale Klima stellt ein rechtlich zu beachtendes Schutzgut der UVP dar.[1135] Soweit nach dem jeweiligen Vorhaben von Relevanz,[1136] ist es als Aspekt im Rahmen der UVP zu behandeln. Hierzu müssen jedenfalls Ermittlungen angestellt werden, welche Auswirkungen das Vorhaben auf das globale Klima hat. Insbesondere muss der Ausstoß der THG-Emissionen aufgeführt werden. Bei einigen Vorhaben können fachliche Gutachten relevant werden, etwa wenn man zunächst ein zu erwartendes Verkehrsaufkommen abschätzen muss und erst auf Grundlage dessen die damit einhergehenden THG-Emissionen abgeschätzt werden können.

Wird der Aspekt des globalen Klimas (soweit relevant) im Rahmen der UVP erst gar nicht behandelt, ist hierin ein Verstoß gegen die Mindestanforderungen der UVP zu sehen, die darüber hinaus der Öffentlichkeit die Chance nehmen, sich über die Klimaauswirkungen des Vorhabens zu informieren. Dieser Fehler

---

1134 OVG Münster, Beschl. v. 01.02.2019 – 7 B 1360/18, BeckRS 2019, 1249, Rn. 7.

1135 Siehe bereits unter Kapitel 5, Ziff. IV.

1136 Dies wird oftmals das Einfallstor für entgegenstehende Überlegungen sein. Man könnte argumentieren, dass im einschlägigen Verfahren das globale Klima nicht von Relevanz ist und daher auch im Rahmen der UVP nicht weiter behandelt werden muss. Hiergegen ließe sich argumentieren, dass mit Einführung des § 13 Abs. 1 KSG eine Berücksichtigung in einer Vielzahl von Verfahren nun ausdrücklich vorgeschrieben ist.

kann entweder als relativer Verfahrensfehler nach § 4 Abs. 1a UmwRG oder sogar als absoluter Verfahrensfehler nach § 4 Abs. 1 Nr. 3 UmwRG[1137] gerügt werden.[1138]

Weniger eindeutig ist die Lage, wenn der Aspekt des Klimas nur rudimentär oder wenig tiefgreifend bearbeitet wurde. Auch wenn bezüglich der Tiefe, Detailliertheit bzw. an den dazu vorgebrachten Fachgutachten Zweifel bestehen, wird man nur schwerlich einen nach § 4 UmwRG beachtlichen Verfahrensfehler annehmen können. Vielmehr muss man hierbei davon ausgehen, dass der unionsrechtlich geforderten Anstoßfunktion durch die (wenn auch als unzureichend erscheinende) Ermittlung genüge getan ist.[1139]

Scheidet eine Rügemöglichkeit als Verfahrensfehler nach § 4 UmwRG aus, so muss eine unzureichende Ermittlung des Klimabelangs als inhaltlicher Fehler behandelt und gerügt werden. Hierbei hat abermals eine Unterscheidung der Rügemöglichkeiten von Individualklägern und Umweltverbänden zu erfolgen.

Für Individualkläger gilt insofern folgendes: Ist ein Fehler nicht als Verfahrensfehler iSd § 4 UmwRG einzuordnen, ist die spezialgesetzliche Materie des UmwRG für ihn nicht anwendbar. Die Klagemöglichkeit richtet sich daher nach den allgemeinen Voraussetzungen der VwGO. Dem Individualkläger steht es mithin zu, beispielsweise eine Anfechtungsklage nach § 42 Abs. 1 Alt. 1 VwGO zu erheben. Erforderlich ist dann zur Begründung der Klagebefugnis die Geltendmachung, dass der Kläger möglicherweise in einem eigenen subjektiv-öffentlichen Recht verletzt ist. Ein solches Recht kann sich bei planerischen Entscheidungen im Umweltrecht aus dem Abwägungsgebot ergeben. Das Abwägungsgebot gibt einem planbetroffenen Klagenden jedoch nur ein subjektiv-öffentliches Recht auf gerechte Abwägung der eigenen Belange.[1140] Belange, die lediglich im öffentlichen Interesse stehen, können kein subjektiv-öffentliches Recht begründen.[1141] Obwohl der Belang des globalen Klimas für jedermann eine individuelle Bedeutung hat,[1142] wird ihm im Gemenge der Abwägungsbelange, soweit ersichtlich,

---

1137 Wie es etwa das OVG Münster in seinem Beschluss vom 01.02.2019 getan hatte.

1138 So auch OVG Berlin-Brandenburg, Urt. v. 12.03.2020 – OVG 11 A 7.18, BeckRS 2020, 3525, Rn. 92.

1139 So ebenfalls OVG Berlin-Brandenburg, Urt. v. 12.03.2020 – OVG 11 A 7.18, BeckRS 2020, 3525, Rn. 91, 93.

1140 Grundlegend: BVerwG, Urt. v. 14.02.1975 – IV C 21/74, NJW 1975, 1373 (1376); siehe ebenfalls *Wahl/Schütz*, in: *Schoch u. a.*, [Fn. 1074], § 42 Abs. 2, Rn. 252.

1141 *Wahl/Schütz*, in: *Schoch u. a.*, ebd., § 42 Abs. 2, Rn. 252.

1142 Siehe etwa die Ausführungen zum grundrechtlichen Anspruch auf Schutz vor den negativen Auswirkungen des Klimawandels in Kapitel 3, Ziff. III, lit. 1, bb.

kein individualschützender Charakter zuerkannt. Einem Individualkläger ist es daher verwehrt, eine fehlerhafte Ermittlung oder Berücksichtigung des Klimaschutzbelanges im Rahmen der Abwägung geltend zu machen.

Anders sieht die Situation hingegen für Umweltverbände aus: Für sie gilt, auch wenn der Fehler nicht als Verfahrensfehler iSd § 4 einzuordnen ist, grundsätzlich weiterhin das spezialgesetzliche Regime des UmwRG. Auch Umweltverbände können eine Verletzung des Abwägungsgebotes einklagen. Sie sind indes nicht daran gebunden, dass für sie nur eine Verletzung subjektiv-öffentlicher Rechte von Bedeutung ist. Vielmehr können sie auch Verletzungen mit der Behauptung geltend machen, der Abwägungsfehler sei für die Entscheidung von Bedeutung. Ob eine Fehlgewichtung des Klimabelangs oder eine Abwägungsdisproportionalität für das Ergebnis beispielsweise einer Planfeststellung einer Autobahn von Bedeutung ist, wurde bis jetzt nur äußerst unzureichend diskutiert. Der Bayrische Verwaltungsgerichtshof führte hierzu in einem Urteil aus dem Jahr 2014[1143] betreffend den Bau einer dritten Start- und Landebahn des Flughafens München aus, dass internationale Klimaveränderungen nicht Gegenstand der Zulassungsentscheidung eines Einzelvorhaben seien müssten. Vielmehr handele es sich hierbei um einen die Umwelt insgesamt betreffenden öffentlichen Belang.[1144] Ob diese Ansicht auch nach der Novellierung des UVPG 2017, der Einführung des § 13 Abs. 1 S. 1 KSG und des Klimaschutz-Beschlusses des BVerfG aufrecht gehalten werden kann, erscheint äußerst zweifelhaft.

Abschließend ist zu fordern, dass – insbesondere im Hinblick auf die immer größere Bedeutung des Klimaschutzbelangs nicht nur in der öffentlichen, sondern auch in der rechtswissenschaftlichen Debatte – der Klimaschutzbelang im Rahmen der Abwägung ein größeres Gewicht erlangt.[1145] Es erscheint daher durchaus plausibel, dass in Zukunft Planungsentscheidung aufgrund einer fehlerhaften Abwägung des Klimabelangs erfolgreich angegriffen werden.

Zusammenfassend kann Folgendes festgehalten werden: Wenn in einem Verfahren der Klimabelang, obwohl tatsächlich von Relevanz, im Rahmen der UVP überhaupt nicht ermittelt wird, handelt es sich hierbei um einen Verfahrensfehler iSd § 4 UmwRG, der sowohl von Individualklägern als auch von Umweltverbänden geltend gemacht werden kann. Wurde der Belang hingegen behandelt, liegt grundsätzlich kein Verfahrensfehler vor. In diesem Fall können lediglich

---

1143 BayVGH, Urt. v. 19.02.2014 – 8 A11.40040.

1144 BayVGH, Urt. v. 19.02.2014 – 8 A11.40040 – juris, Rn. 879.

1145 Siehe hierzu bereits die Ausführungen zu Kapitel 4, Ziff. III, 4.

Umweltverbände einen Abwägungsfehler geltend machen. Individualklägern ist diese Möglichkeit verwehrt.

e. Relativierung durch Heilungsmöglichkeiten

Die „disziplinierende Vorwirkung" der Rügemöglichkeiten auf das Verfahren gilt indes nicht uneingeschränkt. Eine nicht unerhebliche Einschränkung erfährt sie durch die in umweltrechtlichen Verfahren sehr ausgeprägten Heilungsmöglichkeiten.

aa. Struktur der Heilungsmöglichkeiten

Im Fachplanungsrecht besteht bereits seit einiger Zeit die Möglichkeit, Fehler im Planfeststellungsverfahren nach § 75 Abs. 1a S. 2 VwVfG durch Planergänzung oder ein ergänzendes Verfahren zu heilen. Zunächst muss es sich jedoch um einen erheblichen Mangel handeln. Ein solcher ist nach § 75 Abs. 1a S. 1 VwVfG gegeben, wenn er offensichtlich und auf das Abwägungsergebnis von Einfluss war. Ist dies der Fall, so kommen sowohl eine Planergänzung als auch ein ergänzendes Verfahren zur Heilung des erheblichen Mangels in Betracht. Trotz der sprachlichen Ähnlichkeit handelt es sich um zwei unterschiedliche Vorgehensweisen. Bei der Planergänzung wird zu einem bereits bestehenden Beschluss eine weitere Regelung in Ergänzung getroffen. Es werden somit Fehler im Abwägungsergebnis behoben. Die ursprüngliche Klage gegen die Entscheidung wird zurückgewiesen und die zuständige Behörde gleichzeitig verpflichtet, eine gewisse ergänzende Regelung zu treffen.[1146]

Bei einem ergänzenden Verfahren geht es indes um die Behebung von Fehlern im Abwägungsvorgang. Dazu werden in einem eigenen Verfahren die fehlerhaften oder unvollständigen Belange erneut ermittelt und eine neue Abwägungsentscheidung getroffen, bzw. die fehlerhaften Verfahrensabschnitte erneut durchgeführt.[1147] Die angegriffene Entscheidung wird in diesem Fall für rechtswidrig und nicht vollziehbar erklärt. Bis zur Heilung des Fehlers im ergänzenden Verfahren ist die Genehmigung schwebend unwirksam.[1148]

Die Vorschrift macht deutlich, dass vom Gesetzgeber primär eine Planerhaltung angestrebt ist. Abweichend zu § 113 Abs. 1 S. 1 VwGO stipuliert das Gesetz,

---

1146 Vgl. *Seibert*, Die Fehlerbehebung durch ergänzendes Verfahren nach dem UmwRG, NVwZ 2018, 97 (99).

1147 Vgl. etwa *Neumann/Külpmann*, in: *Stelkens u. a.*, Verwaltungsverfahrensgesetz Kommentar 2018, § 75, Rn. 43a, 50f.; *Seibert*, [Fn. 1146], 97 (98ff.).

1148 Vgl. *Seibert*, [Fn. 1146], 97 (99f.).

dass ein Mangel bei der Abwägung oder im Verfahren nur zur Aufhebung einer Entscheidung führt, wenn er nicht durch die Planerhaltungsinstrumente (Planergänzung und ergänzendes Verfahren) geheilt wurde.[1149]

Anlehnend an die Vorschrift des § 75 Abs. 1a S. 2 VwVfG wurde mit der UmwRG-Novelle 2017 eine vergleichbare Regelung in § 4 Abs. 1b S. 1 UmwRG eingeführt.[1150] Im Prinzip wurden die weitreichenden Heilungsmöglichkeiten des Planfeststellungsverfahrens auf eine Vielzahl anderer Zulassungsverfahren erweitert.[1151]

Die Heilungsmöglichkeiten haben jedoch auch Grenzen. Ausgeschlossen ist die Heilung eines Fehlers, der den gesamten Charakter bzw. die Identität des Vorhabens verändert.[1152] Es muss daher möglich sein, „dass die Planfeststellungsbehörde nach erneuter Abwägung an der getroffenen Entscheidung festhält und hierzu im Rahmen ihres planerischen Ermessens auch berechtigt ist, bei denen sie also nicht von vornherein darauf verwiesen ist, den Planfeststellungsbeschluss aufzuheben oder zu ändern.„[1153] Ausgeschlossen ist daher die Behebung eines Fehlers, der von solcher Art und Schwere ist, dass er die Planung als Ganzes von vornherein in Frage stellt.[1154] Eine Heilung ist auch noch während des gerichtlichen Verfahrens möglich, wie bereits § 4 Abs. 1b S. 3 UmwRG zeigt. Demnach kann das Gericht anordnen, dass die Verhandlung bis zur Heilung des gerügten Fehlers ausgesetzt wird.

bb. Auswirkungen auf das Verfahren

Die Möglichkeit der Heilung von verfahrens- und sogar materiellrechtlichen Fehlern bis weit in das gerichtliche Verfahren hinein kann dazu verleiten, dass Behörden das verfahrensrechtlich vorgegebene Prüfprogramm weniger sorgfältig durchführen.[1155] Damit einher geht eine Abschwächung der Vorwirkung der Rügemöglichkeiten auf das Verfahren. Dies führt letztlich abermals zu einem Bedeutungsverlust der Verfahrensvorschriften hin zu einer primär dienenden Funktion.

1149 *Neumann/Külpmann*, in: *Stelkens u. a.*, [Fn. 522], § 75, Rn. 43.

1150 Die Gesetzesbegründung in BT-Drs. 18/12146, S. 16 spricht daher von einer „Parallelregelung".

1151 Wie etwa die immissionsschutzrechtliche Genehmigung, die Baugenehmigung oder die wasserrechtliche Erlaubnis, vgl. dazu *Seibert*, [Fn. 1146], 97 (97).

1152 *Saurer*, [Fn. 1066], 1137 (1142).

1153 BVerwG, Urt. v. 19.02.2015 – 7 C 10/12, BeckRS 2015, 46076 Rn. 45.

1154 BVerwG, Urt. v. 19.02.2015 – 7 C 10/12, BeckRS 2015, 46076 Rn. 45.

1155 So auch *Seibert*, [Fn. 1146], 97 (104); *Saurer*, [Fn. 1066], 1137 (1138).

Für den Belang des Klimaschutzes können sich daraus ebenfalls Auswirkungen ergeben. Wurde der Belang des Klimas beispielsweise im Rahmen eines Planfeststellungsverfahrens für eine Bundesautobahn nicht ausreichend oder überhaupt nicht ermittelt, führt dies nicht zwangsläufig zur Aufhebung der Entscheidung. Vielmehr ist es nicht ausgeschlossen, dass eine mangelhafte Ermittlung etwa durch ein ergänzendes Verfahren nachgeholt wird. Ob eine nachträgliche Heilung des Klimaschutzbelangs auch möglich ist, wird vom jeweiligen Einzelfall abhängen, erscheint jedoch denkbar. Weder Verwaltung noch Rechtsprechung haben dem Belang des globalen Klimas in Entscheidungen bisher eine nennenswerte Rolle eingeräumt. Daher erschien es lange Zeit abwegig anzunehmen, dass das Ausbleiben der Ermittlung des globalen Klimas als ein so gravierender Fehler angesehen wird, als dass er nicht nachträglich geheilt werden könnte. Vielmehr erschien es naheliegend, dass entweder die Relevanz des globalen Klimabelangs für das Ergebnis verneint würde oder eine nachträgliche Anordnung angebracht sei, sodass gewisse Maßnahmen zur Reduktion von THG getroffen werden müssten.

Die Einführung des § 13 Abs. 1 S. 1 KSG insbesondere in Verbindung mit dem Klimaschutz-Beschluss des BVerfG wird sich jedoch voraussichtlich auch auf dieses Problemfeld auswirken. Sowohl Verwaltung als auch Rechtsprechung werden dem Klimaschutzbelang in Zukunft eine größere Rolle zugestehen müssen. Ob eine nachträgliche Heilung oder Anordnungen zukünftig ausreichen wird, um dem Klimaschutzbelang ausreichend Rechnung zu tragen, kann zur Zeit nur schwerlich abgesehen werden. Es ist jedoch im Bereich des Möglichen, dass Gerichte den Klimaschutzbelang durch ein Vorhaben in solch gravierender Weise beeinträchtigt sehen, dass eine nachträgliche Heilung nicht mehr möglich ist und das Vorhaben daher in Gänze scheitern muss.

Nichtsdestotrotz schränkt die Möglichkeit der Heilung die Rügefähigkeit des Klimaschutzbelangs grundsätzlich ein. Welche Bedeutung die Heilungsmöglichkeiten für den Klimaschutzbelang in der Verwaltung und Rechtsprechung erlangen werden, muss sich indes noch zeigen. Trotz dieser Einschränkung wird man es letztlich auch als Erfolg verbuchen können, wenn künftig Verwaltungsentscheidungen wegen einer nicht ausreichenden Behandlung des Klimaschutzbelangs eine metaphorische zweite Runde drehen müssen.

Kapitel 7: Klimaschutz bei der Planung von Bundesautobahnen

Wie in den vorangehenden Abschnitten dieser Arbeit aufgezeigt, ist das Verfahrensrecht und insbesondere auch die UVP und SUP abhängig vom materiellen Fachrecht. UVP, SUP und das Verfahrensrecht im Allgemeinen können daher nur einen effektiven Beitrag zu den nationalen Klimaschutzbemühungen leisten, wenn sie in geeignetes materielles Fachrecht eingebettet sind. Im letzten Teil dieser Arbeit wird daher beispielhaft der Regelungskomplex für die Planung von Bundesautobahnen auf seine Verflechtung von materiellen und verfahrensrechtlichen Anforderungen untersucht.

Bundesautobahnen stellen einen wesentlichen Teil der bundesweiten Verkehrsinfrastruktur dar. Der auf ihnen stattfindende Straßenverkehr emittiert zudem in nicht unerheblicher Weise THG. Daher bietet sich die Betrachtung dieses Komplexes unter Klimaschutzgesichtspunkten besonders an (siehe unter Ziff. I). Ebenfalls wird beleuchtet, welche anderen Klimaschutzinstrumente im Verkehrsbereich bestehen (Unter Ziff. II). Sodann werden die Verfahrensschritte der Planung inklusive ihrer materiellrechtlichen Anforderungen dargestellt (unter Ziff. III, 1). Daran anschließend wird analysiert, an welchen Stellen dieser Schritte Klimaschutzgesichtspunkte angebracht werden können (unter Ziff. III, 2). Im letzten Schritt werden bisher ergangene Planungsdokumente und -entscheidungen auf die zuvor herausgearbeiteten normativen Vorgaben untersucht (unter Ziff. III, 3).

I. Klimarelevanz des Verkehrs auf Bundesautobahnen

Klimaschutz ist eine gesamtgesellschaftliche Aufgabe. Die Überbrückung von Entfernungen kann gewissermaßen als das Schmiermittel der modernen, globalisierten Zivilisation angesehen werden. Der Verkehrssektor betrifft daher eine Vielzahl unterschiedlicher Lebensbereiche. Persönlich ist es für jeden Menschen erforderlich, von Zeit zu Zeit kürzere und längere Strecken zurückzulegen. Auch das derzeitige Arbeitsleben würde ohne eine vernetzte und ausgebaute Infrastruktur nicht funktionieren. Schließlich müssen in einer globalisierten Welt Güter jeglicher Art über den gesamten Globus verteilt werden.

Dem Verkehr kommt daher auch unter Klimaschutzgesichtspunkten eine immense Bedeutung zu. So waren 2016 etwa 18 % der nationalen THG-Emissionen dem Verkehr zuzurechnen, wobei indirekte Emissionen wie etwa der Strom für den Bahnverkehr und die Emissionen des internationalen Luft- und Schiffverkehrs nicht einmal berücksichtigt sind. Von diesen direkten Emissionen verursacht 95 % der Straßenverkehr.[1156] Im Vergleich mit anderen Verkehrsträgern hat der PKW-Verkehr (wie auch der Luftverkehr) eine deutlich schlechtere Emissions-Bilanz je Verkehrsleistungseinheit (hierbei handelt es sich um das Produkt aus dem jährlichen Verkehrsaufkommen reisender Personen in ihrer Anzahl (Pkm) oder transportierter Güter in Tonnen (tkm) mit der Länge der zurückgelegten Strecke in km)[1157].

Fast alle klimarelevanten Sektoren konnten in der Vergangenheit einen beständigen Rückgang der THG verzeichnen. Nur der Verkehrssektor stellt in diesem Zusammenhang ein Sorgenkind der nationalen Klimapolitik dar. Trotz gestiegener Effizienz der Verbrennungsmotoren und den damit einhergehenden Einsparungen pro zurückgelegtem Kilometer kann weiterhin kein Rückgang der Gesamtemissionen des Verkehrs verzeichnet werden. Ganz im Gegenteil wurde mit 166 Mio. t. CO_2eq im Jahr 2016 sogar eine Zunahme der Emissionen im Vergleich zu 1990 (163 Mio. t. CO^2eq) verzeichnet. Grund hierfür ist die stetige Zunahme des Personen- und Gütergesamtverkehrs sowie die Steigerung der Motorenleistung und des Gewichts neu zugelassener PKW.[1158]

Das Bundes-Klimaschutzgesetz gibt für den Verkehrssektor einen stetigen Minderungspfad vor, indem nach § 4 Abs. 1 iVm Anlage 2 KSG jährliche Jahresemissionsmengen zugelassen werden. Bis 2030 ist eine sukzessive Minderung auf 85 Mio. t CO_2eq vorgesehen. Nach aktuellen Prognosen wird sich die anvisierte Minderung auch bei tatsächlicher Entwicklung des geplanten E-Mobilitätsausbaus und LKW-Maut nur auf etwa 154 Mio. t CO_2eq im Jahr 2030 belaufen. Es bleibt mithin eine Lücke von ungefähr 69 Mio. t CO_2eq, die nach aktuellen Vorhersagen alleine für das Jahr 2030 zu viel emittiert werden.[1159] Dabei werden nicht einmal die überschüssigen Emissionen aus den Jahren zuvor mitberücksichtigt. Noch problematischer erscheint eine solche Prognose, da ebenfalls nicht mit einer Abnahme des Verkehrsaufkommens, sondern im Gegenteil mit einer Zunahme des motorisierten Verkehrs um 12,9 % bis 2030 gerechnet wird.[1160] Eine solche Rechnung führt vor Augen, dass im Verkehrsbereich kein

1156 *Hornberg u. a.*, Umsteuern erforderlich: Klimaschutz im Verkehrssektor 2018, S. 61.

1157 Vgl. *Hornberg u. a.*, ebd., S. 65f.

1158 Vgl. dazu *Hornberg u. a.*, ebd., S. 61.

1159 Vgl. *Hendzlik u. a.*, Kein Grund zur Lücke 2019, S. 6. Die Autoren legten ihren Ausführungen indes noch die Zielvorgaben des KSG in der Fassung von 2019 zugrunde. Der Zielwert für das Jahr 2030 betrug hierbei 95 Mio t CO_2eq.

1160 *Hornberg u. a.*, [Fn. 1156], S. 78.

Instrument ungenutzt bleiben sollte, um bestehende Minderungspotentiale auszuschöpfen. Dieses Problem adressierend verspricht das Vorwort des angesehenen Handbuchs Straßenrecht, dass es allen Straßenbauern wichtig sei, das Thema „Klimakatastrophe" sehr ernst zu nehmen.[1161]

Die Brisanz des motorisierten Straßenverkehrs für den Klimaschutz wird zunehmend auch durch Stimmen aus der Politik verstärkt. So forderte der Vorsitzende der Bundestagsfraktion Bündnis 90/Die Grünen, Anton Hofreiter in einem Interview mit der Süddeutschen Zeitung, dass „die Planungen für Autobahnen und Bundesstraßen […] grundsätzlich auf die Einhaltung der Klimaziele, Notwendigkeit und die Wirtschaftlichkeit überprüft werden [müssen]"[1162] Die Parteivorsitzende der Grünen, Annalena Baerbock sprach sich in diesem Zusammenhang ebenfalls für eine veränderte Verkehrspolitik aus.[1163] Darüber hinaus sehen auch Personen aus der Wissenschaft den Klimabelang in der Verkehrsplanung deutlich unterrepräsentiert. So sagte etwa Gernot Liedtke, Professor und Abteilungsleiter am Institut für Verkehrsforschung des Deutschen Luft- und Raumfahrtzentrums in Berlin, in einem Interview mit der Süddeutschen Zeitung, „dass der Klimaschutz bei der Verkehrsplanung heute noch nicht die Priorität hat, die er angesichts der gesellschaftlichen Debatte und des fortschreitenden Klimawandels haben sollte."[1164]

II. Klimaschutzinstrumente im Verkehrsbereich

1. Überblick

Wie im allgemeinen Klimaschutzrecht besteht auch im Verkehrssektor ein ausgeprägter Instrumentenmix. In erster Linie wird eine Treibhausgasreduktion durch die Umstellung des Verkehrs auf alternative Antriebsarten angestrebt. Hierbei liegt das größte Augenmerk auf dem Ausbau der Elektromobilität. Für das Gelingen der Verkehrswende muss der Ausbau jedoch Hand in Hand gehen mit dem vollständig Umstieg der Stromversorgung auf erneuerbare Energien.[1165]

1161 Siehe *Herber*, in: *Kodal*, Straßenrecht 2021, Vorwort, S. 9.

1162 Süddeutsche Zeitung, 04.10.2020, Grünen-Spitze fordert Stopp für neue Autobahnen und Bundesstraßen, einsehbar unter www.sz.de/1.5053272.

1163 Ebd.

1164 Süddeutsche Zeitung, 13.10.2020, In Deutschland herrscht ein Straßenkampf, einsehbar unter https://www.sueddeutsche.de/politik/verkehrspolitik-autobahn-deutsche-bahn-1.5063358.

1165 Vgl. auch *Hornberg u. a.*, [Fn. 1156], S. 77.

Andernfalls würden zwar elektrisch betriebene PKW und LKW die Straßen befahren, der sie betreibende Strom jedoch weiterhin aus stark emittierenden Quellen stammen, womit das Problem lediglich verlagert werden würde.

Ebenfalls etabliert ist das Instrument der CO_2-Flottengrenzwerte für PKW und leichte Nutzfahrzeuge nach der Verordnung (EU) 2019/631[1166]. Durch die Begrenzung der CO_2-Emissionen je gefahrenem Kilometer sollen die Hersteller dazu verpflichtet werden, ihre Fahrzeuge stetig effizienter zu konstruieren. Für den Zeitraum von 2021 bis 2024 ist ein Grenzwert von 95 g CO_2/km vorgesehen. Auch für schwere Nutzfahrzeuge gilt ab 2025 eine Begrenzung der Emissionen. Demnach sollen ab 2025 die Emissionen um 15 % gegenüber 2019 sinken. Ab 2030 ist eine Minderung von 30 % vorgesehen.[1167]

Als weiteres Beispiel ist das 2021 eingeführte System eines nationalen Emissionshandelssystems mit Brennstoffen zu nennen.[1168] Die Emissionen aus der Verbrennung von Treibstoffen waren vom europäischen Emissionshandel (EU-ETS) bislang nicht erfasst. Hierunter fielen lediglich die Emissionen aus Industrie und Stromerzeugung. Durch Einführung des neuen Handelssystems wird nunmehr auch der Verkehrssektor den Mechanismen des Marktes unterworfen. Anknüpfungspunkt ist jedoch nicht wie beim EU-ETS der Emittent der Emissionen (das wäre jeder Betreiber eines Kraftfahrzeugs), sondern nach § 2 Abs. 2 iVm § 3 Nr. 3 BEHG der Inverkehrbringer des Brennstoffs wie etwa Gaslieferanten oder Unternehmen der Mineralölwirtschaft.[1169] Dieser muss für das Inverkehrbringen von Benzin, Diesel, Heizöl, Flüssiggas, Erdgas und Kohle ein Zertifikat erwerben. Der Preis für das Zertifikat soll schließlich an den Endverbraucher durch steigende Preise der Brennstoffe weitergegeben werden. Auf diese Weise erhofft sich der Gesetzgeber einen finanziellen Anreiz zur Emissionsminderung.[1170]

1166 Verordnung (EU) 2019/631 des Europäischen Parlaments und des Rates vom 17. April 2019 zur Festsetzung von CO_2-Emissionsnormen für neue Personenkraftwagen und für neue leichte Nutzfahrzeuge und zur Aufhebung der Verordnungen (EG) Nr. 443/2009 und (EU) Nr. 510/2011.

1167 Vgl. Verordnung des Europäischen Parlaments und des Rates zur Festlegung von CO_2-Emissionsnormen für neue schwere Nutzfahrzeuge und zur Änderung der Verordnungen (EG) Nr. 595/2009 und (EU) 2018/956 des Europäischen Parlaments und des Rates sowie der Richtlinie 96/53/EG des Rates, 2018/0143 (COD).

1168 Vgl. Brennstoffemissionshandelsgesetz (BEHG) vom 12. Dezember 2019, BGBl. I S. 2728.

1169 Vgl. *Umweltbundesamt*, Nationales Emissionshandelssystem, Hintergrundpapier 2020, S. 4.

1170 Vgl. *Umweltbundesamt*, ebd., S. 4.

In der Diskussion ist schließlich die Einführung von Geschwindigkeitsbegrenzungen auf Bundesautobahnen (Schlagwort Tempolimit). Einer aktuellen Studie zufolge würde ein Tempolimit von 130 km/h auf Bundesautobahn zu einer jährlichen Reduktion von 1,9 Mio. t CO_2-Aquivalent, eine Beschränkung auf 120 km/h zu einer Reduktion von 2,6 Mio. t CO_2-Aquivalent und eine Beschränkung auf 100 km/h zu einer Reduktion von sogar 5,4 Mio. t CO_2-Aquivalent führen.[1171] Es wäre mithin ein äußerst wirksames Instrument, welches zudem nur wenig Kosten und Planungsarbeit erfordern würde. Stand jetzt sind solche Beschränkungen aufgrund des starken Widerstands aus Gesellschaft und Wirtschaft nur schwer zu verwirklichen. Über die Gründe dieses Widerstands kann indes nur gemutmaßt werden. Einen großen Einfluss auf diese Debatte dürfte die liberale Grundeinstellung großer Teile der deutschen Gesellschaft nehmen. Autofahren ohne Geschwindigkeitsbegrenzung wird vielfach als Ausprägung der allgemeinen Handlungsfreiheit angesehen.[1172] Eine Begrenzung dieser Freiheiten könne dieser Auffassung folgend daher nur schwer gerechtfertigt werden. Ebenfalls dürfte wohl der Wirtschaftsstandort Deutschland, vormalig die hier angesiedelten Automobilunternehmen, eine nicht zu verkennende Rolle spielen. Tatsächliche wirtschaftliche Einbußen durch die Verlängerung von Transportzeiten in Folge einer Geschwindigkeitsbegrenzung sind indes wohl nicht zu erwarten. Denn für LKW mit einer Gesamtmasse von 3,5 bis 7,5 t gilt nach § 3 Abs. 3 Nr. 2 lit. a, aa der Straßenverkehrsordnung (StVO) ohnehin eine Geschwindigkeitsbegrenzung von 80 km/h außerhalb geschlossener Ortschaften. Es sind daher grundsätzlich keine längeren Transportzeiten durch die Einführung eines Tempolimits zu erwarten. Welche Auswirkungen ein Tempolimit zudem für den Absatzmarkt für PKW haben wird, kann momentan nicht abgeschätzt werden.

2. Planungsansätze

Herauszuhebende Bedeutung kommt sodann diversen planungsrechtlichen Instrumentarien zu. Zu nennen sind in diesem Rahmen das Städtebaurecht (unter lit. a), die Raumordnung (unter lit. b) sowie das Fachplanungsrecht, insbesondere die Verkehrswegeplanung (dazu unter lit. c).

1171 *Lange*, Klimaschutz durch Tempolimit 2020, S. 10.

1172 Vgl. etwa den Artikel in der Süddeutschen Zeitung vom 10.11.2016 „Autofahrer klagt gegen Tempolimit – und scheitert", einsehbar unter https://www.sueddeutsche.de/auto/blitzer-a2-autofahrer-klagt-gegen-tempolimit-und-scheitert-1.3240693.

a. *Städtebaurecht*

Das Städtebaurecht steht schon länger im Blickpunkt der rechtswissenschaftlichen Diskussion zum Klimaschutz.[1173] Als Mitursache des starken Verkehrsaufkommens wird zunehmend die Prämisse der Städtebaupolitik der 70er Jahre des 20. Jahrhunderts angesehen. Demnach wurde grundsätzlich eine räumliche Trennung der unterschiedlichen Lebensbereiche und Nutzungen wie etwa Wohnen und Arbeiten angestrebt. Diese Trennung führte zwangsläufig zu einem Anstieg des Verkehrsaufkommens.[1174] In diesem Zusammenhang ist auch die Städtebaurechtsnovelle 2017[1175] zu sehen, die zu einer Stärkung der Innenstädte führen sollte.[1176] Durch die Einführung der neuen Gebietskategorie „Urbane Gebiete“ in § 6a der BauNVO soll durch die Ermöglichung einer nutzungsgemischten „Stadt der kurzen Wege“[1177] ebendiesem Problem entgegengewirkt werden.[1178]

Den Klimaschutz ausdrücklich im Rahmen der Bauleitplanung etablieren sollte schon die Verabschiedung des Gesetzes zur Förderung des Klimaschutzes bei der Entwicklung in den Städten und Gemeinden vom 22.07.2011[1179].[1180] Dazu wurde in § 1 Abs. 5 S. 2 BauGB eine Klimaschutzklausel eingeführt, wonach die Bauleitpläne nunmehr auch den Klimaschutz fördern sollen. Darüber hinaus

---

1173 Vgl. etwa *Ahlhelm u. a.*, Klimaschutz in der räumlichen Planung 2013; *Schink*, Kommunale Erklärungen zum Klimanotstand – rechtlich betrachtet, UPR 2020, 201. Für den Bereich des besonderen Städtebaurechts siehe etwa *Mitschang*, Klimaschutz und Klimaanpassung im Besonderen Städtebaurecht, ZfBR 2020, 613.

1174 Vgl. *Rodi*, in: *Durner (Hrsg.)*, Grundfragen des straßenrechtlichen Nutzungsregimes – Straßenrecht im Zeichen des Klimawandels, 2018, S. 49.

1175 Gesetz zur Umsetzung der Richtlinie 2014/52/EU im Städtebaurecht und zur Stärkung des neuen Zusammenlebens in der Stadt vom 4. Mai 2017, BGBl. I 2017, S. 1057.

1176 Siehe dazu *Battis u. a.*, Das Gesetz zur Umsetzung der Richtlinie 2014/52/EU im Städtebaurecht und zur Stärkung des neuen Zusammenlebens in der Stadt (BauGB-Novelle 2017), NVwZ 2017, 817.

1177 So der Gesetzesentwurf der Bundesregierung, BT-Drs. 18/10942, S. 32.

1178 Siehe weiterführend auch *Fleischhauer*, in: *Birkmann/Vollmer/Schanze (Hrsg.)*, Raumentwicklung im Klimawandel: Herausforderungen für die räumliche Planung 2013, S. 96; *Kümper*, Integrative Steuerung in der Energie- und Verkehrswende durch städtebauliche Instrumente: Stand und Fortentwicklung, ZUR 2021, 33.

1179 BGBl. I 2011, S. 1509.

1180 Für Einzelheiten siehe etwa *Battis u. a.*, Gesetz zur Förderung des Klimaschutzes bei der Entwicklung in den Städten und Gemeinden in Kraft getreten, NVwZ 2011, 897.

sind die Erfordernisse des Klimaschutzes nach § 1a Abs. 5 BauGB in der bauleitplanerischen Abwägung zu berücksichtigen.[1181]

b. *Raumordnung*

Auch der Beitrag der Raumordnung zu den nationalen Klimaschutzbemühungen wird seit einiger Zeit ausgelotet.[1182] Unter Raumordnung versteht man die Sicherung, Ordnung und Entwicklung des Gesamtraums der Bundesrepublik Deutschland und ihrer Teilräume durch Raumordnungspläne, raumordnerische Zusammenarbeit und Abstimmung raumbedeutsamer Planungen und Maßnahmen.[1183] In diesem Rahmen sind die unterschiedlichen Anforderungen an den Raum aufeinander abzustimmen und die jeweils auftretenden Konflikte zu lösen sowie Vorsorge zu treffen für die einzelnen Nutzungen und Funktionen des Raums.[1184] Dabei soll die Raumordnung etwaige Fachplanungen nicht ersetzen, sie stellt vielmehr eine überfachliche Gesamtplanung des zu ordnenden Raums dar.[1185]

Nach § 2 Abs. 2 Nr. 6 S. 7 ROG können Klimaschutzgesichtspunkte als Grundzüge der Planung von Bedeutung sein. Demnach soll den räumlichen Erfordernissen des Klimaschutzes Rechnung zu tragen sein „sowohl durch Maßnahmen, die dem Klimawandel entgegenwirken, als auch durch solche, die der Anpassung an den Klimawandel dienen. Dabei sind die räumlichen Voraussetzungen für den Ausbau der erneuerbaren Energien, für eine sparsame Energienutzung sowie für den Erhalt und die Entwicklung natürlicher Senken für klimaschädliche Stoffe und für die Einlagerung dieser Stoffe zu schaffen."[1186] Relevanz für

---

1181 Vgl. *Battis u. a.*, ebd., 897 (898f.).

1182 Vgl. allgemein dazu etwa *Wagner*, Klimaschutz durch Raumordnung 2018; *Sauthoff*, Klimaschutz in der Raumordnung, ZUR 2021, 140; *Ahlhelm u. a.*, [Fn. 1173]; *Klinger/Wegener*, Klimaschutzziele in der Raumordnung, NVwZ 2011, 905; *Reese*, Klimaanpassung im Raumplanungsrecht, ZUR 2015, 16; *Saurer*, Klimaschutzziele und Abwägungsentscheidungen in der raumbezogenen Planung, EurUP 2018, 183; *Fleischhauer*, [Fn. 1178], S. 90ff.

1183 So § 1 Abs. 1 S. 1 ROG.

1184 § 1 Abs. 1 S. 2 ROG; vgl. auch *Wagner*, Klimaschutz durch Raumordnung, NuR 2019, 159 (160).

1185 Vgl. *Stüer/Hönig*, in: *Ziekow (Hrsg.)*, Bewertung von Fluglärm – Regionalplanung – Planfeststellungsverfahren: Vorträge auf den Vierten Speyerer Planungsrechtstagen und dem Speyerer Luftverkehrsrechtstag vom 13. bis 15. März 2002 an der Deutschen Hochschule für Verwaltungswissenschaften Speyer 2003, S. 229.

1186 § 2 Abs. 2 Nr. 6 S. 7 ROG

den Verkehrssektor hat insbesondere § 2 Abs. 2 Nr. 3 S. 5 ROG. Demnach sind durch die Raumordnung die örtlichen Voraussetzungen für nachhaltige Mobilität und ein integriertes Verkehrssystem zu schaffen. Auch § 2 Abs. 2 Nr. 3 S. 9 ROG hebt den Grundsatz hervor, dass Raumstrukturen so zu gestalten sind, dass die Verkehrsbelastung verringert und zusätzlicher Verkehr vermieden wird.[1187] Diese Grundsätze der Planung geben Aussagen zur Entwicklung, Ordnung und Sicherung des Raums und sollen als Vorgaben für nachfolgende Abwägungs- und Ermessenentscheidungen dienen.[1188]

Um für die Zwecke des Klimaschutzes operationalisierbar zu sein, muss es sich bei der einschlägigen Planung um einen raumbedeutenden Sachverhalt handeln, in dessen Rahmen klimaschützende Maßnahmen Niederschlag finden können und sollen.[1189] In der Raumordnung bieten sich mehrere Optionen an, um Klimaschutz effektiv zu betreiben. Zu nennen sind insbesondere „gebietsbezogene Emissionsminderungsvorgaben"[1190], „Freiraumstrukturen für Wälder und Grünzüge"[1191], eine „kontingentierende Standortplanung für konventionelle Kraftwerke"[1192], die „Gewährleistung der Infrastruktur für erneuerbare Energie"[1193], worunter etwaige Mengenvorgaben, die Standortplanung aber auch der Netzausbau fallen sowie die „Schaffung einer emissionsarmen Siedlungs- und Verkehrsinfrastruktur"[1194]. Letzter Punkt schafft in gewisser Weise die Verbindung zum Baurecht aber auch zum verkehrsinfrastrukturbezogenen Fachplanungsrecht. Denn die Raumordnung ist keineswegs getrennt von feingliedrigeren Planungsstrukturen zu sehen. Vielmehr bildet sie regelmäßig die Grundlage bzw. den Rahmen der weiteren Planungen und Zulassungsentscheidungen.

1187 Vgl. ebenfalls *Groß*, in: *Böhm/Schmehl (Hrsg.)*, Verfassung – Verwaltung – Umwelt 2010, S. 43.

1188 § 3 Abs. 1 Nr. 3 ROG.

1189 Vgl. *Wagner*, [Fn. 1184], 159 (160).

1190 *Wagner*, [Fn. 698], S. 223ff.; *Wagner*, [Fn. 1184], 159 (161).

1191 *Saurer*, [Fn. 701], 183 (185).

1192 *Wagner*, [Fn. 698], S. 259ff.; *Wagner*, [Fn. 1184], 159 (161).

1193 *Wagner*, [Fn. 698], S. 306ff.; *Wagner*, [Fn. 1184], 159 (161ff.); *Saurer*, [Fn. 701], 183 (185).

1194 *Wagner*, [Fn. 698], S. 501ff., 517ff.; *Wagner*, [Fn. 1184], 159 (163). Zum inhaltlich sehr verbundenen Problemfeld der Verkehrswende siehe *Grotefels*, Integrative Steuerung in der Energie- und Verkehrswende durch Raumordnung, insbesondere Regionalplanung: Stand und Fortentwicklung, ZUR 2021, 25.

c. *Fachplanungsrecht der Verkehrsinfrastruktur*

Das fachplanungsrechtliche Regime stellt grundsätzlich den letzten Abschnitt der Verkehrsinfrastrukturplanung dar.[1195] Wie alle Planungsentscheidungen wird auch das Fachplanungsrecht maßgeblich durch das Abwägungsgebot geprägt. Im Unterschied zum Städtebau- und insbesondere zum Raumordnungsrecht verfolgt das Fachplanungsrecht jedoch ein anderweitiges Fachinteresse.[1196] Das einschlägige Fachinteresse bestimmt sodann auch den Rahmen der durch die Abwägung zu behandelnden und auszugleichenden Belange. Sind bei der Raumordnung vorrangig Belange mit regionaler und raumbezogener Bedeutung zu berücksichtigten[1197], bestimmt sich der Abwägungsrahmen beim Städtebaurecht durch einen städtebaulichen Bezug. Für das Fachplanungsrecht wird der Rahmen durch das jeweilige Fachinteresse gesteckt.[1198] Vielfach wird als Abgrenzung der unterschiedlichen Regelungsbereiche daher das Konzept der Überfachlichkeit für die Raumordnung und der Fachlichkeit für die Fachplanung genutzt.[1199] Welche Belange als überfachlich oder fachlich zu identifizieren sind, kann sich im Einzelfall jedoch als äußerst schwierig darstellen.[1200]

Für die Planung der Verkehrsinfrastruktur sind, je nach Verkehrsträger, verschiedene rechtliche Materien einschlägig. Die Planung von Eisenbahnen bestimmt sich beispielsweise nach dem Allgemeinen Eisenbahngesetz (AEG). Gemäß § 18 Abs. 1 AEG dürfen die Betriebsanlagen einer Eisenbahn nur gebaut oder geändert werden, wenn der Plan vorher festgestellt ist. Bei dieser Planfeststellung sind die vom Vorhaben berührten öffentlichen und privaten Belange einschließlich der Umweltverträglichkeit im Rahmen der Abwägung zu berücksichtigen. Die gleiche Formulierung findet sich für die Planung von Flughäfen in § 8 Abs. 1 S. 1, 2 LuftVG und Bundesfernstraßen in § 17 Abs. 1 S. 4 FStrG.

1195 Zur schwierigen Abgrenzung der Kompetenzen und Bindungswirkungen bei der Planung von Verkehrsinfrastrukturvorhaben vgl. *Deutsch*, Infrastrukturvorhaben zwischen Raumordnung, Bauleitplanung und Fachplanung, ZUR 2021, 67 (70ff.).

1196 Vgl. *Stüer/Hönig*, [Fn. 1185], S. 229; Zur Abgrenzung von Städtebaurecht und Fachplanungsrecht vgl. *Stüer*, Handbuch des Bau- und Fachplanungsrechts 2015, Rn. 3629f.

1197 Zum Abwägungsgebot im Rahmen der Raumordnung vgl. *Sauthoff*, [Fn. 1182], 140 (143f.).

1198 Vgl. dazu sowie zur Abgrenzung von Fachplanung und Raumordnung *Stüer/Hönig*, [Fn. 1185], S. 230.

1199 Vgl. *Stüer*, [Fn. 588], Rn. 3653.

1200 So auch *Stüer/Hönig*, [Fn. 1185], S. 226.

Auch für den Gewässerausbau finden sich ähnliche Regelungen in § 68 WHG. Der fachliche Bezug der Belange wird durch den Passus sichergestellt, dass die öffentlichen und privaten Belange vom Vorhaben „berührt" werden müssen.

d. Handlungsoptionen Klimaschutz

Welche klimaschützenden Handlungsoptionen bieten nun diese Planungsinstrumente für den Verkehrsbereich? In erster Linie geht es bei allen planungsrechtlichen Ansätzen darum, Verkehr zu vermindern, zu verlagern und im besten Falle zu vermeiden.[1201] Das Konzept der Vermeidung zielt darauf ab, dass zusätzlicher und bereits bestehender Verkehr nicht stattfindet. Nicht stattfindender Verkehr verursacht keine Emissionen. Die Verminderung des Verkehrs zielt in die gleiche Richtung wie eine gänzliche Vermeidung. Je weniger Verkehr stattfindet, desto weniger THG werden hierdurch emittiert. Beide Aspekte beabsichtigen mithin, die absolute Anzahl an motorisiert gefahrenen Kilometern zu reduzieren.[1202] Die Verlagerung des Verkehrs hingegen meint einen Wechsel der Mobilität weg von stark emittierenden Verkehrsträgern auf klimafreundlichere. Angestrebt wird insbesondere die Verlagerung des Verkehrs von der Straße auf die Schiene und aus der Luft auf das Wasser.[1203] Zusammenfassend könnte man festhalten, dass einerseits eine Veränderung des Fortbewegungsmodus und andererseits eine Reduzierung der Wegstrecke angestrebt sind.[1204]

Ebenfalls von Relevanz für den Klimaschutz bei der Verkehrsplanung ist der Schutz natürlicher Kohlenstoffsenken.[1205] Da beim Neubau einer Bundesautobahn zwangsläufig bestimmte Flächen einer anderen Nutzung zugeführt werden, ist insbesondere der Schutz von Wäldern und Mooren von maßgeblicher Bedeutung. Verkehrswege sind daher so zu planen und anzulegen, dass natürlichen Senken so wenig wie möglich beeinträchtigt werden.

1201 Vgl. *Becker u. a.*, Postfossile Mobilität und Raumentwicklung 2011, S. 7ff.; *Böhler/Bongardt*, Sorgenkind Verkehr – Maßnahmen zum Klimaschutz, APuZ 2007, 15 (17); *Hornberg u. a.*, [Fn. 1156], S. 77f.; *Rodi*, [Fn. 1174], S. 45f.; *Wagner*, [Fn. 698], S. 37; *Bundesministerium für Umwelt, Naturschutz, Bau und Reaktorsicherheit*, Klimaschutzplan 2050, 2016, S. 55.

1202 Vgl. *Rodi*, [Fn. 1174], S. 45; *Hornberg u. a.*, [Fn. 1156], S. 77.

1203 Vgl. *Rodi*, [Fn. 1174], S. 46; siehe ebenfalls *Bundesministerium für Umwelt, Naturschutz, Bau und Reaktorsicherheit*, [Fn. 118], S. 50ff.; *Hornberg u. a.*, [Fn. 1156], S. 77.

1204 So *Wagner*, [Fn. 698], S. 37.

1205 Vgl. *Fleischhauer*, [Fn. 1178], S. 108ff.

Wie diese Leitbilder in der jeweiligen Planungssituation umgesetzt werden können, bestimmt sich einzelfallabhängig nach der Planungsstufe und dem einschlägigen Fachrecht (für den Bau von Bundesautobahnen siehe sogleich unter Ziff. III, 2) Zur Verwirklichung müssen neben dem Fachplanungsrecht auch andere Planungsansätze wie das Raumordnungsrecht und das Städtebaurecht beitragen. Nur wenn alle Planungsstufen miteinander abgestimmt sind, können klimaschützende Maßnahmen erfolgreich greifen.[1206]

e. *Verkehrsinduzierende Wirkung neuer Straßen*

Die Klimarelevanz der Planung von Bundesautobahnen und somit auch das Leitbild der Verminderung, Verlagerung und Vermeidung von Verkehr wird durch eine verkehrswissenschaftliche Besonderheit bei der Erweiterung des Straßenverkehrsnetzes unterstrichen. Hierbei handelt es sich um die sogenannte verkehrsinduzierende Wirkung neuer Straßen. Ganz grundsätzlich beschreibt dies einen Effekt, der besagt, dass mit dem Ausbau verkehrsbedeutsamer Straßen proportional eine Zunahme an Verkehr einhergeht.[1207]

Dieser Aspekt tritt jedoch oftmals in Widerspruch zu einem vorgetragenen Dogma der Verkehrsplanung. Denn der Neubau der meisten Straßen wird regelmäßig mit einem verkehrlichen Bedürfnis gerechtfertigt. Ebenfalls wird vorgetragen, dass ein Neubau das bestehende Verkehrssystem entlasten und Staus verhindern werde, wodurch verkehrsbezogene Emissionen gemindert würden.

Entgegen dieser Rechtfertigung besagt jedoch der Effekt der verkehrsinduzierenden Wirkung, dass der Straßenneubau grundsätzlich ein mehr an Verkehr und daher auch eine Zunahme an verkehrsbedingten Emissionen erwarten lässt.[1208] Unter reinen Klimagesichtspunkten spricht dieses Phänomen also gegen den Neubau von Bundesautobahnen.

1206 Vgl. *Becker u. a.*, [Fn. 1201], S. 14.

1207 Vgl. etwa *Duranton/Turner*, The Fundamental Law of Road Congestion: Evidence from US Cities, American Economic Review 2011, 2616 (2645) welche im Rahmen ihrer Studie die Auswirkung von Interstate Highways der USA untersuchten. Diese sind grundsätzlich mit den Bundesautobahnen der Bundesrepublik Deutschland vergleichbar. Vgl. auch *Milam u. a.*, Closing the Induced Vehicle Travel Gap Between Research and Practice, Transportation Research Record 2017, 10 (10, 15); *Herz*, Inwieweit induzieren neue Straßen zusätzlichen Verkehr?, Seminarbericht / Gesellschaft für Regionalforschung, Deutschsprachige Gruppe der Regional Science Association 1991, 51.

1208 So auch *Milam u. a.*, [Fn. 1207], 10 (15); *Böhler/Bongardt*, [Fn. 11], 15 (17).

Welche Effekte ein Neubau im Einzelfall hat, ist indes keine ausschließlich rechtliche Frage, die im Rahmen dieser Abhandlung beantwortet werden kann. Vielmehr handelt es sich hierbei um verkehrswissenschaftliche Aspekte, deren rechtliche Verwertbarkeit regelmäßig erst durch fachliche Gutachten erarbeitet werden muss. Solche Gutachten unterliegen indes nur einer beschränkt gerichtlichen Kontrolle. Die Überprüfung umfasst lediglich die Wahl einer geeigneten fachlichen Methode, die ordnungsgemäße Ermittlung des zugrunde liegenden Sachverhaltes und die ausreichende Begründung des Ergebnisses.[1209]

Aus diesen Gründen sieht auch das Bundesverwaltungsgericht den induzierten Verkehr in den Grundlagen des Bundesverkehrswegeplans als ausreichend berücksichtigt an. Es bestehe kein methodischer Fehler bei der Berechnung und Bewertung des induzierten Verkehrs, weshalb die auf der Verkehrsprognose fußende Behandlung der Immissionsschutzbelange der Wohnbevölkerung im einschlägigen Fall nicht zu beanstanden sei.[1210]

III. Die Planung von Bundesautobahnen

Der Fokus dieses Kapitels liegt, anschließend an die obigen Ausführungen, auf dem Planungsregime von Bundesautobahnen als einem Teil der planungsrechtlichen Instrumente im Verkehrsbereich. Hierbei handelt es sich nicht ausschließlich um fachplanungsrechtliche Entscheidungen. Zur Planungskaskade gehören ebenso Entscheidungen auf Bundes- und Regionalebene. Maßgebliches Regelwerk ist das Bundesfernstraßengesetz (FStrG), welches die Planung von Bundesstraßen des Fernverkehrs steuert. Unter Bundesstraßen des Fernverkehrs fallen sowohl Bundesautobahnen als auch Bundesstraßen mit den Ortsdurchfahrten.[1211] Bundesautobahnen werden nach § 1 Abs. 3 FStrG definiert als „Bundesfernstraßen, die nur für den Schnellverkehr mit Kraftfahrzeugen bestimmt und so angelegt sind, dass sie frei von höhengleichen Kreuzungen und für Zu- und Abfahrt mit besonderen Anschlussstellen ausgestattet sind. Sie sollen getrennte Fahrbahnen für den Richtungsverkehr haben."

1209 Vgl. BVerwG, Urt. v. 27.10.1998 – 11 A 1–97, NVwZ 1999, 644 (645f.); BVerwG, Urt. v. 20.01.2010 – 9 A 22/08, NVwZ 2010, 1151 (1152).

1210 Vgl. BVerwG, Urt. v. 09.06.2010 – 9 A 20/08, NVwZ 2011, 177 (180 Rn. 72ff.).

1211 § 1 Abs. 2 FStrG; Zu den unterschiedlichen Straßenklassen siehe etwa *Sauthoff*, in: *Rodi (Hrsg.)*, Anspruchsvoller Umweltschutz in der Fach- und Raumplanung: Planungskaskaden bei Großvorhaben 2012, S. 123f.

1. Verfahrensschritte der Planung von Bundesautobahnen

Da es sich bei Bundesautobahnen nicht um Gemeindestraßen, sondern vielmehr um ein überregionales, bundesweites Verkehrsnetz handelt, sind bei deren Planung auch unterschiedliche hoheitliche Ebenen miteinbezogen.[1212] Die Planung erstreckt sich von ersten Planungsansätzen auf europäischer Ebene (unter lit. a) über eine bundesweite Koordinierung (unter lit. b und c) weiter über die Schritte des Raumordnungsverfahrens (unter lit. d) und des Linienbestimmungsverfahrens (unter lit. e) bis zum letztlichen Zulassungsakt durch die zuständige Planfeststellungsbehörde (unter lit. f).

a. Transeuropäisches Verkehrsnetz

Schon auf europäischer Ebene gibt es einen ersten Planungsansatz in Bezug auf den Ausbau des Fernstraßennetzes. Die Verordnung (EU) Nr. 1315/2013[1213] bestimmt Leitlinien zur Priorisierung des Ausbaus des transeuropäischen Verkehrsnetzes[1214] und benennt Vorhaben, die von gemeinsamem Interesse sind.[1215] Dabei nimmt die Verordnung einen verkehrsträgerübergreifenden Blick ein. Auf Grundlage des transeuropäischen Netzes kann eine finanzielle Förderung bestimmter Projekte erfolgen. Die nationale Planungspraxis der Verkehrsinfrastruktur wird durch die europäischen Vorhaben jedoch nicht unmittelbar gebunden.[1216] Es verbleibt grundsätzlich weiterhin im Aufgaben- und

1212 Zur Abgrenzung der verschiedenen Straßenklassen vgl. etwa *Ziekow*, Handbuch des Fachplanungsrechts 2014, S. 382ff.; *Sauthoff*, [Fn. 1211], S. 122ff.

1213 Verordnung (EU) Nr. 1315/2013 des Europäischen Parlaments und des Rates vom 11. Dezember 2013 über Leitlinien der Union für den Aufbau eines transeuropäischen Verkehrsnetzes und zur Aufhebung des Beschlusses Nr. 661/2010/EU.

1214 Vgl. Art. 1 Abs. 1 sowie Erwägungsgrund 28 der Verordnung (EU) Nr. 1315/2013.

1215 § 1 Abs. 2 Verordnung (EU) Nr. 1315/2013; Zur Vorgängerentscheidung Nr. 1692/96/EG des Europäischen Parlaments und des Rates vom 23. Juli 1996 über gemeinschaftliche Leitlinien für den Aufbau eines transeuropäischen Verkehrsnetzes vgl. *Durner*, Konflikte räumlicher Planungen, S. 519.

1216 Vgl. BVerwG, Beschl. v. 27.11.2018 – 9 A 10.17, juris, Rn. 36. Davon zu unterscheiden sind gewisse Verbindlichkeiten, die europäischen Vorgaben im Bundesverkehrswegeplan zu berücksichtigen. Auch im Rahmen der planfeststellungsrechtlichen Abwägung kann das Vorhandensein einer Straße im transeuropäischen Verkehrsnetz von Bedeutung sein. Vgl. dazu *Ziekow*, [Fn. 580], S. 384; siehe ebenfalls *Köck u. a.*, Das Instrument der Bedarfsplanung – Rechtliche Möglichkeiten für und verfahrensrechtliche Anforderungen an ein Instrument für mehr Umweltschutz 2017, S. 179; *Groß*, Regelungsdefizite der Bundesverkehrswegeplanung, VerwArch 2013, 1

Kompetenzbereich der Mitgliedsstaaten, die einzelnen Verkehrsvorhaben zu planen und zu errichten.[1217] Vielmehr soll durch die Schaffung eines europäischen Netzwerkes eine stärkere Zusammenarbeit gefördert und somit bestehende Unzulänglichkeiten der unionsweiten Verkehrsinfrastruktur beseitigt werden.[1218]

Die Verordnung nimmt zudem ausdrücklich Bezug auf den Klimaschutz und führt in Erwägungsgrund 22 aus: „Vorhaben von gemeinsamem Interesse, bei denen eine Unionsfinanzierung angestrebt wird, sollten einer auf einer anerkannten Methodik basierenden sozioökonomischen Kosten-Nutzen-Analyse unterzogen werden, die die einschlägigen sozialen, wirtschaftlichen, klimabezogenen und ökologischen Vorteile und Kosten berücksichtigt. Die Analyse der klima- und umweltbezogenen Kosten und Vorteile sollte auf die im Rahmen der Richtlinie 2011/92/EU des Europäischen Parlaments und des Rates (6) durchgeführte Umweltverträglichkeitsprüfung gestützt werden.“[1219] Weiter heißt es in Erwägungsgrund 23: „Um zu den auf das Klima bezogenen Reduzierungszielen des Verkehrsweißbuchs, nämlich eine Verringerung der Treibhausgasemissionen bis 2050 unter den Stand von 1990, beizutragen, müssen die Treibhausgasauswirkungen von Vorhaben von gemeinsamem Interesse in der Form neuer, erweiterter oder ausgebauter Verkehrsinfrastrukturen geprüft werden.“[1220] In den Erwägungsgründen der Verordnung lässt sich die Intention des Unionsgesetzesgebers erkennen, insbesondere die Umweltverträglichkeitsprüfung als Instrument zum Klimaschutz beim Verkehrsnetzausbau anzuwenden.

b. *Bundesverkehrswegeplan*

Seinen eigentlichen Beginn nimmt die Planungskaskade auf nationaler Ebene mit dem Bundesverkehrswegeplan (BVWP).[1221] Dessen aktuelle Fassung

---

(11); *Milstein*, Die Bedeutung der transeuropäischen Netze für das materielle Fachplanungsrecht. Europäische Infrastrukturpolitik im Spannungsfeld von Effektivität und Subsidarität, UPR 2020, 241.

1217 Vgl. *Epiney u. a.*, in: *Dauses/Ludwigs (Hrsg.),* Handbuch des EU-Wirtschaftsrechts 2020, Verkehrsrecht, Rn. 441; *Köck u. a.*, [Fn. 1216], S. 178f. geht ebenfalls auf die primärrechtlichen Grundlagen des Unionsrechts ein.

1218 Vgl. *Epiney u. a.*, [Fn. 1217], Rn. 442. Siehe weiterführend auch *Herber*, in: *Kodal*, [Fn. 12], Kap. 2, Rn. 61ff.

1219 Verordnung (EU) Nr. 1315/2013, Erwägungsgrund 22.

1220 Verordnung (EU) Nr. 1315/2013, Erwägungsgrund 23.

1221 Siehe *Bundesministerium für Verkehr und digitale Infrastruktur*, Bundesverkehrswegeplan 2030 2016.

umfasst den Zeitraum von 2016 bis 2030[1222] und bestimmt die anfallenden Investitionen für Erhaltungs- und Ersatzmaßnahmen sowie den Aus- und Neubau verschiedener Verkehrsprojekte des Verkehrsnetzes. Dabei nimmt er die Verkehrsträger Straße, Schiene und Wasserstraße in den Blick. Eine bundeseinheitliche Koordinierung solch großer Infrastrukturvorhaben ist unerlässlich, da ihre Finanzierung einen nicht unerheblichen Teil des Bundeshaushalts darstellt und die Vergabe der Mittel daher gesetzlichen Regeln unterliegt. Der BVWP 2030 umfasst insgesamt ca. 1000 Projekte mit einem Investitionsvolumen von 269,6 Milliarden Euro, wobei 132,8 Milliarden Euro für Bundesfernstraßen veranschlagt sind.[1223]

Als Basis des BVWP 2030 dient eine Verkehrsprognose mit dem Bezugsjahr 2030.[1224] Im Vergleich zu 2010 wird demnach ein deutlicher Verkehrszuwachs von 38 % im Güterverkehr und 13 % im Personenverkehr erwartet.[1225] Aufbauend auf der Verkehrsprognose „sucht der BVWP innerhalb dieser Rahmenbedingungen nach Lösungen für die infrastrukturellen Herausforderungen."[1226] Erarbeitet wird der Plan durch das Bundesministerium für Verkehr und digitale Infrastruktur mit gutachterlicher Unterstützung auf Grundlage von übermittelten Projektvorschlägen.[1227] Dabei folgt das Verfahren zur Schaffung des BVWP kaum gesetzlichen Anforderungen. Grundsätzlich kann jedoch eine Unterteilung in fünf Schritte vorgenommen werden (Konzeptphase, Prognosephase, Bewertungsphase, Beteiligungsphase, Beschlussphase).[1228] Der einzig gesetzlich vorgesehene Verfahrensschritt ist gemäß Ziff. 1.1 der Anlage 1 des UVPG die Durchführung einer SUP (dazu ausführlich unter Ziff. III, 2, lit. a).[1229]

Geleitet wird die Planung durch übergeordnete Ziele, welche im Wege unterschiedlicher Strategien umgesetzt werden sollen. Als übergeordnete Ziele gelten: die Ermöglichung von Mobilität im Personenverkehr; die Sicherstellung

---

1222 Im Folgenden: BVWP 2030.

1223 *Herber*, in: *Kodal*, [Fn. 12], S. 8.

1224 Weiterführend zur durchgeführten Verkehrsprognose vgl. *Bundesministerium für Verkehr und digitale Infrastruktur*, [Fn. 1221], S. 54ff.

1225 *Bundesministerium für Verkehr und digitale Infrastruktur*, ebd., S. 53.

1226 *Bundesministerium für Verkehr und digitale Infrastruktur*, ebd., S. 8.

1227 Projektideen konnten vorgebracht werden von Ländern, Abgeordneten, Eisenbahn- und Infrastrukturunternehmen, Bürgern, Verbänden sowie dem Bund selber. Vgl. *Bundesministerium für Verkehr und digitale Infrastruktur*, ebd., S. 3.

1228 Vgl. *Köck u. a.*, [Fn. 1216], S. 184; *Groß*, [Fn. 1047], 1 (2f.).

1229 Lange war das Erfordernis einer SUP für den BVWP umstritten. Vgl. dazu *Springe*, in: *Kodal*, [Fn. 12], Kap. 33, Rn. 54f.

der Güterversorgung sowie die Erhöhung der Wettbewerbsfähigkeit von Unternehmen; die Erhöhung der Verkehrssicherheit; die Reduktion der Emissionen von Schadstoffen und Treibhausgasen; die Begrenzung der Inanspruchnahme von Natur und Landschaft und letztlich die Verbesserung der Lebensqualität einschließlich der Lärmsituation in Regionen und Städten.[1230] Diese Ziele wurden jedoch nicht quantifiziert, sprich einem bestimmten Zielerreichungsniveau zugeordnet. Daher sind sie auch nicht als Planziele anzusehen, an denen sich der Plan letztlich messen lassen muss.[1231]

Das wichtigste Bewertungsinstrument zur Umsetzung dieser Ziele stellt eine Kosten-Nutzen-Analyse dar. Hierbei werden die Investitionskosten eines Vorhabens mit allen Auswirkungen verglichen, die in einen monetären Wert umgerechnet werden können.[1232] Ergänzend dazu werden umwelt- und naturschutzfachliche sowie raumordnerische und städtebauliche Bewertungsmethoden angewandt.[1233]

Aufgrund des Erlasses in Form eines Kabinettsbeschlusses hat der Plan weder Gesetzescharakter, noch stellt er einen verbindlichen Finanzierungsakt dar.[1234] Vielmehr setzt er den Investitionsbedarf für das Verkehrsnetz der nächsten 10–15 Jahre fest.[1235] Trotz seiner fehlenden Verbindlichkeit stellt er den wichtigsten Schritt der Verkehrsplanung auf Bundesebene dar.[1236] Ihm kommt daher eine Art „faktische Vorwirkung"[1237] für die späteren Planungsebenen zu.[1238]

Speziell für den Verkehrsträger Straße stellt der BVWP den Bedarf für die Erweiterung und den Neubau von Bundesautobahnen und Bundesstraßen (einschließlich der Ortsumgehungen) fest.[1239] Hierbei erfolgt eine Priorisierung in

---

1230 Vgl. *Bundesministerium für Verkehr und digitale Infrastruktur*, [Fn. 1221], S. 6.

1231 Vgl. *Köck u. a.*, [Fn. 1216], S. 184.

1232 Vgl. *Bundesministerium für Verkehr und digitale Infrastruktur*, [Fn. 1221], S. 59.

1233 *Bundesministerium für Verkehr und digitale Infrastruktur*, ebd., S. 3, 9.

1234 *Köck u. a.*, [Fn. 1216], S. 179 nennt ihn aufgrund seiner fehlenden Bindungswirkung und Justizibialität ein „Politikum".

1235 Vgl. *Köck u. a.*, ebd., S. 182; siehe ebenfalls *Groß*, [Fn 1047], 1 (2); *Langstädtler*, Effektiver Umweltrechtsschutz in Planungskaskaden untersucht für die Planungsverfahren des FStrG, NABEG und StandAG 2021, S. 218.

1236 So jedenfalls *Bundesministerium für Verkehr und digitale Infrastruktur*, [Fn. 1221], S. 7.

1237 *Langstädtler*, [Fn. 1235], S. 219.

1238 Vgl. *Wulfhorst*, Der Bundesverkehrswegeplan und die Beteiligung der Öffentlichkeit, DVBl 2012, 466 (467).

1239 Vgl. *Sauthoff*, [Fn. 1211], S. 129f.

die Stufen „vordringlicher Bedarf", „vordringlicher Bedarf zur Engpassbeseitigung" und „weiterer Bedarf" sowie „weiterer Bedarf mit Planungsrecht".

c. *Bedarfsplan*

Auf Grundlage des Bundesverkehrswegeplans wird der Bedarfsplan für Bundesfernstraßen als Anlage des Fernstraßenausbaugesetzes (FStrAbG) vom Bundestag beschlossen.[1240] Er stellt somit die Basis des weiteren Planungsgeschehens für alle Bundesfernstraßen dar. Der BVWP kann in diesem Zusammenhang als eine Art Entwurf für den Bedarfsplan gesehen werden, denn regelmäßig finden im Bedarfsplan keine Änderungen mehr gegenüber dem BVWP statt.[1241] Nach Ablauf von fünf Jahren hat das Bundesministerium für Verkehr und digitale Infrastruktur zu entscheiden, ob eine Anpassung des Bedarfsplans an die tatsächliche Verkehrsentwicklung stattzufinden hat. Dabei sind abermals die durch die Bedarfsplanung berührten Belange, insbesondere die Raumordnung, der Umweltschutz und der Städtebau einzubeziehen. Diese Anpassung hat ebenfalls durch Gesetz zu erfolgen.[1242] Haushaltsrechtlich wird der Plan durch zwei weitere Schritte fortgeführt. Zum einen stellt das Bundesministerium für Verkehr und digitale Infrastruktur sogenannte Fünfjahrespläne nach § 5 FStrAbG auf. Diese bilden sodann den Rahmen für die Aufstellung der Straßenbaupläne nach Artikel 3 des Straßenbaufinanzierungsgesetzes.[1243]

Auch der Bedarfsplan als linienführende Infrastrukturmaßnahme unterliegt grundsätzlich dem aus dem Rechtsstaatsprinzip fließenden Abwägungsgebot.[1244] Das BVerfG hat hierzu bei der Entscheidung zur Südumfahrung Stendal festgestellt: „Bei einer Planungsentscheidung der vorliegenden Art ist dem Gesetzgeber eine Gestaltungsbefugnis und damit die Kompetenz eingeräumt, die erforderliche Abwägung der verschiedenen Belange selbst vorzunehmen. Das Bundesverfassungsgericht kann nicht seine eigene Abwägung an die Stelle derjenigen des Gesetzgebers setzen; es hat nur zu prüfen, ob sich diese in den verfassungsrechtlich vorgezeichneten Grenzen hält. Hierfür ist maßgebend, daß der Gesetzgeber sich davon hat leiten lassen, den für die Regelung erheblichen Sachverhalt zutreffend und vollständig zu ermitteln, anhand dieses

---

1240 Vgl. § 1 Abs. 1 S. 2 FStrAbG; zur Zulässigkeit der Bedarfsplanung im Allgemeinen *Durner*, [Fn. 1215], S. 426ff.

1241 Vgl. *Köck u. a.*, [Fn. 1216], S. 180.

1242 Vgl. § 4 FStrAbG.

1243 Siehe dazu *Springe*, in: *Kodal*, [Fn. 12], Kap. 7, Rn. 25.

1244 Vgl. *Sauthoff*, [Fn. 1211], S. 144; *Durner*, [Fn. 1215], S. 301ff.

Sachverhalts alle sachlich beteiligten Belange und Interessen der Entscheidung zugrunde zu legen sowie umfassend und in nachvollziehbarer Weise gegeneinander abzuwägen."[1245]

Dem Bedarfsplan kommt zudem eine herausragende Bedeutung für die folgenden Planungsstufen zu. Zunächst manifestiert er den durch den BVWP herausgearbeiteten Bedarf in gesetzlicher Form. Dieser festgestellte Bedarf ist sodann gemäß § 1 Abs. 2 S. 2 FStrAbG für die Linienbestimmung nach § 16 FStrG und die Planfeststellung nach § 17 FStrG verbindlich. Die Bindungswirkung beschreibt das Bundesverwaltungsrecht mit folgenden Worten: „Mit der Aufnahme von Bau- und Ausbauvorhaben in den Bedarfsplan für die Bundesfernstraßen konkretisiert der Bundesgesetzgeber mit bindender Wirkung auch für die Verwaltungsgerichte die sog. Planrechtfertigung."[1246] Daher kann in nachfolgenden Verfahren, sei es exekutiver oder judikativer Art, grundsätzlich nicht bezweifelt werden, dass ein Verkehrsbedarf besteht.[1247] Die Bindungswirkung erstreckt sich zudem auf die festgestellte Netzverknüpfung bestimmter Straßen[1248], sowie die vorgesehenen Dimensionierungen wie etwa die Anzahl der Spuren oder ob es sich um eine Fernstraße oder Autobahn handelt.[1249] Eine gerichtliche Überprüfung ist ausschließlich im Rahmen eines Vorlageverfahrens zum Bundesverfassungsgericht nach Art. 100 Abs. 1 GG mit der Begründung möglich, dass eine evident unsachliche Entscheidung zur Verfassungswidrigkeit des Bedarfsplans führt.[1250] Die gesetzliche Feststellung des Bedarfs durch den Gesetzgeber führt jedoch nicht dazu, dass ein im Bedarfsplan aufgenommenes Vorhaben unter allen Umständen zugelassen werden muss. Vielmehr muss es weiterhin möglich sein, dass ein solches Vorhaben in den nachfolgenden Schritten aufgrund entgegenstehender öffentlicher oder privater Gründe scheitern bzw. angepasst werden kann.[1251] Auch europarechtliche Gründe versagen

---

1245 BVerfG, Beschl. v. 17.06.1996 – 2 BvF 2/93, BVerfGE 95, 1 (22f.).

1246 BVerwG, Urt. v. 08.06.1995 – 4 C 4/94, NVwZ 1996, 381 (383)

1247 BVerwG, Urt. v. 22.01.2004 – 4 A 32/02, BVerwGE 120, 87 (100); BVerwG, Beschl. v. 16.01.2007 – 9 B 14/06, NVwZ 2007, 462; BVerwG, Urt. v. 17.01.2007 – 9 A 20/05, NVwZ 2007, 1054 (1057); BVerwG, Urt. v. 09.06.2010 – 9 A 20/08, NVwZ 2011, 177. Siehe dazu ebenfalls *Köck u. a.*, [Fn. 1216], S. 188.

1248 BVerwG, Urt. v. 12.12.1996 – 4 C 29/94, BVerwGE 102, 331 (343f.), NVwZ 1997, 908 (911).

1249 BVerwG, Urt. v. 21.03.1996 – 4 C 19/94, BVerwGE 100, 370, NVwZ 1996, 1016 (1020f.). Vgl. ebenfalls *Sauthoff*, [Fn. 1211], S. 147f.

1250 M.w.N. *Groß*, [Fn. 1047], 1 (5).

1251 Vgl. BVerwG, Urt. v. 10.04.1997, BVerwGE 104, 236 (250).

eine abschließende Zulassungsentscheidung auf Bundesebene. Denn ein solches Vorgehen verstieße sowohl gegen die UVP-Richtlinie als auch gegen die FFH-Richtlinie.[1252]

Im Rahmen der Abwägung auf den folgenden Stufen können daher öffentliche oder private Belange bestehen, die den gesetzlich festgestellten Bedarf überwiegen.[1253] Demzufolge müssen auch Umweltbelange, ebenfalls solche des Klimaschutzes, den festgestellten Bedarf überwinden können. Darin liegt kein Verstoß gegen die Rechtsprechung des BVerwG, da Behörden und Gerichte sich ja weiterhin an den festgestellten Bedarf im Sinne der Planrechtfertigung und als abwägungsbeachtlichen Belang halten. Dennoch können sich diese Stellen, im Rahmen der ihnen zustehenden Kompetenz, für das Überwiegen eines dem Bedarf entgegenstehenden Belangs entscheiden.

d. Raumordnungsverfahren

Nach § 15 Abs. 1 Raumordnungsgesetz (ROG) iVm § 1 S. 2 Nr. 8 Raumordnungsverordnung (RoV) ist für den Bau von Bundesfernstraßen ein Raumordnungsverfahren vorgesehen, sofern sie eines nach § 16 FStrG durchzuführenden Linienbestimmungsverfahrens bedürfen, was für den Bau von Bundesautobahnen grundsätzlich der Fall ist. Hierbei prüft die für Raumordnung zuständige Landesbehörde in einem gesonderten Verfahren die Raumverträglichkeit der Bundesautobahnen. Insbesondere werden dabei die raumbedeutsamen Auswirkungen des Vorhabens sowie die Übereinstimmung mit den Erfordernissen der Raumordnung und die Abstimmung mit anderen raumbedeutsamen Planungen und Maßnahmen unter überörtlichen Gesichtspunkten geprüft.

1252 Vgl. *Groß*, [Fn. 1047], 1 (20). Zur umstritten Frage der Zulässigkeit von Legalplanungen wie etwa dem Maßnahmengesetzvorbereitungsgesetz vom 22.03.2020 siehe etwa *Wegener*, Verkehrsinfrastrukturgenehmigungen durch Gesetz und ohne fachgerichtlichen Rechtsschutz? Verfassungs-, völker- und europarechtliche Anforderungen an die Maßnahmegesetzgebung im Verkehrsbereich, ZUR 2020, 195; *Von Weschpfennig*, Renaissance der Legalplanung? Verfassungs- und europarechtliche Fragen anlässlich des Maßnahmengesetzvorbereitungsgesetzes vom 22. März 2020, AöR 2020, 438; *Groß*, Rechtsschutz gegen Maßnahmengesetze im Verkehrsbereich, JZ 2020, 76; *Groß*, Beschleunigungsgesetzgebung – Rückblick und Ausblick, ZUR 2021, 75 (78f.).

1253 BVerwG, Urt. v. 21.03.1996 – 4 C 19/94, BVerwGE 100, 370, NVwZ 1996, 1016 (1020f.). Siehe ebenfalls *Hoppe u. a.*, Rechtsschutz bei der Planung von Verkehrsanlagen und anderen Infrastrukturvorhaben 2011, S. 17.

Das Raumordnungsverfahren ist als Abstimmungsverfahren eigener Art anzusehen,[1254] was im rechtlichen Sinne wie eine gutachterliche Äußerung wirkt, der daher auch keine unmittelbare Rechtswirkung außerhalb der Verwaltung zukommt.[1255]

e. *Linienbestimmungsverfahren*

Vor dem letztlichen Zulassungsakt durch Planfeststellung ist ein sogenanntes Linienbestimmungsverfahren durchzuführen. Dazu bestimmt das Fernstraßen-Bundesamt gemäß § 16 Abs. 1 FStrG im Benehmen mit den Landesplanungsbehörden der beteiligten Länder die Planung und Linienführung der Bundesfernstraßen. Im Rahmen dieses Verfahrens werden die Anfangs- und Endpunkte sowie der grundsätzliche Verlauf der Bundesautobahn festgelegt. Ebenfalls wird dabei die Lage der Trasse zu möglicherweise beeinträchtigten schützenswerten Flächen, wie etwa Gebieten nach § 50 BImSchG oder naturschutzrechtlichen Schutzgebieten bestimmt.[1256] Wie auch schon der BVWP und der Bedarfsplan auf Bundesebene unterliegt das Linienbestimmungsverfahren gemäß § 16 Abs. 2 FStrG dem Abwägungsgebot. Dabei sind zunächst die gesetzlich festgeschriebenen öffentlichen Belange zu berücksichtigen, wozu ausdrücklich auch die Umweltverträglichkeit des Vorhabens sowie das Ergebnis des Raumordnungsverfahrens gehören. Daneben sind ebenfalls private Belange in Rechnung zu stellen, soweit sie nach dem Planungsstand bereits zu erkennen sind und eine Beeinträchtigung durch die nachfolgende Planfeststellung nicht mehr beseitigt werden kann.[1257]

Im Rahmen der Abwägung sind auch etwaige in Betracht kommende Planungsalternativen zu prüfen. Dies verpflichtet zur Untersuchung und zum Vergleich aller ernsthaft in Betracht kommender Alternativen. Es dürfen jedoch solche Alternativen ausscheiden, die aufgrund der Grobanalyse im Rahmen des Linienbestimmungsverfahrens als weniger geeignet erscheinen.[1258] Wie bereits ausgeführt ist mit der Aufnahme eines Vorhabens in den Bedarfsplan noch nicht abschließend über die Zulässigkeit und Durchführbarkeit eines Vorhabens

---

1254 *Sauthoff*, [Fn. 1211], S. 153.

1255 Vgl. BVerwG, Beschl. v. 04.06.2008 – 4 BN 12.08, BauR 2008, 1415 sowie *Ziekow*, [Fn. 580], S. 388f.; m.w.N. *Deutsch*, [Fn. 1195], 67 (68).

1256 Vgl. etwa *Ziekow*, [Fn. 580], S. 389; *Sauthoff*, [Fn. 1211], S. 157.

1257 Vgl. *Ziekow*, [Fn. 580], S. 389; *Hoppe u. a.*, [Fn. 583], S. 148.

1258 Vgl. BVerwG, Urt. v. 03.03.2011, 9 A 8/10, BVerwGE 139, 150, NVwZ 2011, 1256 (1263).

entschieden. Vielmehr soll hierbei zunächst über die Bauwürdigkeit und Dringlichkeit der untersuchten Projekte aus gesamtwirtschaftlicher und verkehrlicher Sicht entschieden werden. Die Bedarfsplanung ist daher regelmäßig nicht das geeignete Verfahren, um über alle berührten Belange des Vorhabens, insbesondere über örtliche Belange des Umweltschutzes und andere ökologische Gesichtspunkte zu entscheiden. Diese Prüfung ist grundsätzlich den nachfolgenden Ebenen überlassen. Daher muss im Verfahren der Linienbestimmung geprüft werden, ob dem Projekt unüberwindbare Belange entgegenstehen, die dazu nötigen, von der Planung abzulassen.[1259]

Die Linienbestimmung dient grundsätzlich zur Vorbereitung der Planfeststellung. In diesem Rahmen kommt ihr ebenso wie dem Raumordnungsverfahren eine nur verwaltungsinterne Wirkung zu.[1260] Daher ist die Festlegung der Linienführung grundsätzlich nur für die Planfeststellungsbehörde verbindlich. Übernimmt sie eine defizitäre Linienbestimmung, wird der Fehler in das Planfeststellungsverfahren übertragen.[1261] Ihrerseits ist die Linienbestimmung an den Bedarfsplan gebunden, soweit dieser Aussagen zur Linienführung oder Streckencharakteristika enthält.[1262]

f. Planfeststellungsverfahren

Das durch die vorherigen Planungsstufen immer weiter konkretisierte Vorhaben wird auf der letzten Stufe der Planfeststellung abschließend und verbindlich festgelegt.[1263] Grundsätzlich darf eine Bundesfernstraße nach § 17 Abs. 1 FStrG nur gebaut oder geändert werden, wenn der Plan vorher festgestellt ist.[1264]

1259 BVerwG, Urt. v. 10.04.1997 – 4 C 5/96, BVerwGE 104, 236ff., NVwZ 1998, 508 (512); siehe ebenfalls *Hoppe u. a.*, [Fn. 583], S. 149f.

1260 *Hoppe u. a.*, ebd., S. 20.

1261 BVerwG, Urt. v. 10.04.1997 – 4 C 5/96, BVerwGE 104, 236, Leitsatz 4, NVwZ 1998, 508 (512).

1262 *Springe*, in: *Kodal*, [Fn. 12], Kap. 34, Rn. 10.

1263 Aufgrund der durch Gesetzgebung, Literatur und Rechtsprechung äußerst ausdifferenzierten Regelungen zum Planfeststellungsverfahren kann im Rahmen dieser Arbeit nur ein Überblick über die wesentlichen Merkmale stattfinden. Weiterführend zur bundesfernstraßenrechtlichen Planfeststellung siehe etwa *Springe* in: *Kodal*, ebd., Kap. 35; *Stüer*, [Fn. 588], Rn. 3729ff.

1264 Neben dem Planfeststellungsverfahren bestehen noch weitere Zulassungsentscheidungen für den Bau oder die Änderung einer Bundesfernstraße. Zu nennen sind hier die Plangenehmigung nach § 17b Abs. 1 FStrG iVm. § 74 Abs. 6 VwVfG, das Abstimmungsverfahren für Fälle von unwesentlicher Bedeutung nach § 17 Abs. 1 iVm. § 74 Abs. 7 VwVfG sowie die Zulassung im Rahmen eines Bebauungsplans

Dabei sind die von dem Vorhaben berührten öffentlichen und privaten Belange sowie die Umweltverträglichkeit im Rahmen der Abwägung zu berücksichtigen. Zweck des Verfahrens ist mithin die Überprüfung der Vereinbarkeit der Bundesautobahn mit allen berührten öffentlichen und privaten Belangen sowie die Zulassung des Vorhabens.[1265]

Kennzeichnend für die Planfeststellung ist ihre weitreichende Rechtswirkung. Wie erwähnt wird durch den Planfeststellungsbeschluss zunächst festgestellt, dass das Vorhaben in öffentlich-rechtlicher Hinsicht zulässig ist. Daher kann das Vorhaben, so wie es von der zuständigen Behörde im Plan festgestellt wurde, ausgeführt werden (Zulassungswirkung). Daneben tritt die ebenfalls maßgebende Konzentrationswirkung. Demnach bedarf das Vorhaben neben der Planfeststellungsentscheidung keiner weiteren behördlichen Genehmigungen oder Zulassungsentscheidungen. Es ergeht eine einheitliche sowie umfassende Entscheidung durch einen einzigen Zulassungsakt.[1266]

Verfahrensrechtlich bestimmt § 17 Abs. 1 S. 5 FStrG, dass die Vorschriften der §§ 72–78 VwVfG nach Maßgabe des FStrG einschlägig sind. Ergänzend zu den allgemeinen Regeln des VwVfG treten daher die Regelungen der §§ 17a ff. FStrG hinzu. Hervorzuheben ist zunächst das Anhörungsverfahren nach § 73 VwVfG iVm § 17a FStrG. Im Aufstellungsverfahren sind mithin sowohl Behörden, deren Aufgabenbereich durch das Vorhaben berührt werden, als auch jeder, dessen Belange durch das Vorhaben berührt wird, zu beteiligen.[1267] Der Beteiligung der Betroffenen ist die Einbeziehung anerkannter Verbände des Natur- und Umweltschutzes gleichgestellt.[1268] Ebenfalls von herausragender Relevanz ist das Erfordernis zur Durchführung einer UVP (dazu unter Ziff. III, 2, lit. e).

Die bundesfernstraßenrechtliche Planfeststellung unterliegt zudem bestimmten materiellrechtlichen Vorgaben. Zunächst ergeben sich Anforderungen aus dem Gebot der Planrechtfertigung. Danach bedarf jede Fachplanung einer Rechtfertigung, insbesondere, wenn die Planung die Voraussetzung für Eigentumseingriffe darstellt.[1269] Das BVerwG hatte diesen Grundsatz ursprünglich

---

nach § 17b Abs. 2 FStrG. Ein Vergleich der unterschiedlichen Verfahren findet sich in *Stüer*, [Fn. 588], Rn. 3729.

1265 Vgl. *Springe*, in: *Kodal*, [Fn. 12], Kap. 35, Rn. 2.

1266 Siehe *Springe*, in: *Kodal*, ebd., Kap. 35, Rn. 100f.

1267 Für Einzelheiten siehe etwa *Stüer*, [Fn. 588], Rn. 3731.

1268 Vgl. *Ziekow*, [Fn. 580], S. 395f.

1269 BVerwG, Urt. v. 14.02.1975 – IV C 21/74, BVerwGE 48, 56, NJW 1975, 1373 (1374f.); *De Witt*, Planrechtfertigung, LKV 2006, 5 (5).

für die Bauleitplanung entwickelt[1270] und anschließend auf das straßenrechtliche Fachplanungsrecht ausgeweitet. Diese vom Gericht aufgestellten Grundsätze haben für die Planfeststellung weiterhin Geltung. Folglich ergibt sich die „Rechtfertigung einer straßenrechtlichen Planung [...] als rechtliches Erfordernis in sinngemäßer Übereinstimmung mit demselben Erfordernis bei der Bauleitplanung nach dem BBauG aus der Erwägung, daß eine hoheitliche Planung ihre Rechtfertigung nicht etwa schon in sich selbst trägt, sondern im Hinblick auf die von ihr ausgehenden Einwirkungen auf Rechte Dritter für die jeweils konkrete Planungsmaßnahme rechtfertigungsbedürftig ist. In diesem Sinne findet eine bestimmte straßenrechtliche Planung ihre Rechtfertigung darin, daß für das mit ihr beabsichtigte Vorhaben nach Maßgabe der vom FStrG allgemein verfolgten Ziele ein Bedürfnis besteht, die mit ihr geplante Maßnahme unter diesem Blickwinkel also objektiv erforderlich ist. Ebenso wie für die Aufstellung eines Bauleitplanes nach dem BBauG Raum nur dann sein kann, wenn sie den Anforderungen des § 1 I BBauG entsprechend zur Ordnung der städtebaulichen Entwicklung in Beziehung steht und gemäß § 2 I BBauG nach der planerischen Konzeption der zur Planung berufenen Gemeinde erforderlich ist, hat auch eine straßenrechtliche Planung nach dem FStrG demnach Bestand nur dann, wenn sie auf die Verwirklichung der mit dem Gesetz generell verfolgten öffentlichen Belange ausgerichtet und – bezogen auf das konkrete Planungsvorhaben – erforderlich ist."[1271] Zusammenfassend lässt sich festhalten, dass die Planrechtfertigung gegeben ist, wenn das Vorhaben gemessen an den gesetzlichen Zielbestimmungen vernünftigerweise geboten und objektiv erforderlich ist.[1272]

Für die fernstraßenrechtliche Planfeststellung wird die Planrechtfertigung im Rahmen des Bedarfsplans auf Bundesebene gesetzlich festgeschrieben.[1273] Denn nach § 1 Abs. 2 S. 1 FStrAbG entsprechen die im Bedarfsplan aufgenommenen Vorhaben den Zielsetzungen des § 1 Abs. 1 FStrG, welcher bestimmt, dass Bundesfernstraßen öffentliche Straßen sind, die ein zusammenhängendes Verkehrsnetz bilden und einem weiträumigen Verkehr dienen. Damit sind sie nach den Maßstäben des BVerwG vernünftigerweise geboten. Die Festlegung des Bedarfs

1270 Siehe BVerwG, Urt. v. 05.07.1974 – IV C 50/72, BVerwGE 34, 301, 305, NJW 1975, 70.

1271 BVerwG, Urt. v. 14.02.1975 – IV C 21/74, BVerwGE 48, 56, NJW 1975, 1373 (1374f.).

1272 Vgl. *Stüer*, [Fn. 588], Rn. 4923f. *Langstädtler*, [Fn. 1235], S. 251; *De Witt*, [Fn. 1269], 5 (6).

1273 BVerwG, Urt. v. 08.06.1995 – 4 C 4/94, BVerwGE 98, 339, NVwZ 1996, 381; *Stüer*, [Fn. 588], Rn. 4923.

ist für die Planfeststellung verbindlich, woran grundsätzlich auch die Gerichte gebunden sind.[1274]

Die Planfeststellungsbehörde ist zudem in ihrem Planungsermessen nicht vollständig frei. Sie unterliegt abgesehen von der Bedarfsfeststellung durch den Bedarfsplan weiteren Bindungswirkungen durch die vorgeschalteten Ebenen der Planung. Diese Bindung gilt jedoch nur im Innenverhältnis, ähnlich einer fachaufsichtlichen Weisung.[1275] Im Außenverhältnis ist die Planfeststellungsbehörde in ihrer Gestaltungsfreiheit unbeschränkt. Gegenüber außerhalb der Verwaltung stehenden Bürgern und Vereinigungen macht sich die Planfeststellungsbehörde die Ergebnisse und Begründungen der vorangegangenen Planungsebenen daher zu eigen und stellt die verantwortliche hoheitliche Stelle dar.[1276]

Der bundesweite Bedarfsplan bindet die Planfeststellungsbehörde entsprechend seiner Aussagekraft zunächst an die Erforderlichkeit der Planung im Sinne der Planrechtfertigung. Zudem entfaltet er Bindungswirkung bezüglich der Einstufung der Straßenart, sei es eine Bundesautobahn oder eine Bundestraße mit Ortsdurchfahrt. Schließlich ist auch die grobe Festlegung der Linienführung, wie sie im Bedarfsplan getroffen wird, verbindlich.[1277]

Eine verwaltungsinterne Bindung entfaltet auch die Bestimmung der Linienführung nach § 16 Abs. 1 FStrG. Die Planfeststellungsbehörde ist im Rahmen der Abwägung grundsätzlich an diese Festlegung gebunden. Will sie eine abweichende Trasse wählen, muss sie grundsätzlich eine Änderung der Linienbestimmung durch das Bundesministerium für Verkehr und digitale Infrastruktur erwirken.[1278] Da die Planfeststellungsbehörde zudem die nach außen wirkende Entscheidung im Wege des Planfeststellungsbeschlusses trifft und die vorherige Linienbestimmung nur verwaltungsintern wirkt, muss die Planfeststellungsbehörde die Wahl der Linienführung in ihrem Beschluss begründen.[1279]

Das Ergebnis des Raumordnungsverfahrens entfaltet keine Bindungswirkung wie der Bedarfsplan oder das Linienbestimmungsverfahren. Vielmehr stellt es ein nach § 3 Abs. 1 Nr. 4 ROG zu beachtendes sonstiges Erfordernis

---

1274 *Springe*, in: *Kodal*, [Fn. 12], Kap. 35, Rn. 136.

1275 Vgl. *Springe*, in: *Kodal*, ebd., Kap. 35, Rn. 130.

1276 Vgl. *Springe*, in: *Kodal*, ebd., Kap. 35, Rn. 130.

1277 Siehe dazu schon unter Kapitel 7, Ziff. III, 1, lit. c, sowie *Springe*, in: *Kodal*, ebd., Kap. 35, Rn. 131.

1278 Eine Abweichung von wenigen hundert Metern könne auch ohne eine Zustimmung des BMVI erfolgen. So jedenfalls *Langstädtler*, [Fn. 1235], S. 252.

1279 Vgl. dazu *Springe*, in: *Kodal*, [Fn. 12], Kap. 35, Rn. 132.

der Raumordnung dar, welches im Rahmen der Abwägung zu berücksichtigen ist.[1280]

Auch für die Planfeststellung ist die Abwägung gemäß § 17 Abs. 1 S. 4 FStrG das zentrale verfahrensrechtliche Element. Bis auf wenige Besonderheiten gelten hier die grundsätzlichen Ausführungen.[1281] Zusätzlich zur Planrechtfertigung als besonderem Zulässigkeitserfordernis muss in diesem Rahmen ein Interessenausgleich zwischen allen öffentlichen und privaten Belangen hergestellt werden. Dabei kann eine Vorhabenzulassung nur erfolgen, wenn die Gründe, die für eine Bundesautobahn streiten, die entgegengesetzten öffentlichen und privaten Belange überwiegen. Der gesetzlich festgestellte Bedarf stellt hierbei nur einen Grund dar, der für das Vorhaben spricht. Er kann mithin im Rahmen der Abwägung unterliegen.[1282] Ein weiterer wichtiger Grund, der regelmäßig für den Bau eines Straßenvorhabens spricht, ist die Verbesserung der Verkehrsverhältnisse.[1283] Ebenfalls müssen die straßenrechtlichen Planziele und Planungsleitsätze wie etwa § 1 Abs. 3 S. 1 FStrG (Verbot von höhengleichen Kreuzungen) und § 13 BNatSchG (Grundsatz der Vermeidung und Verminderung von unvermeidbaren Eingriffen in Natur und Landschaft) beachtet werden.[1284]

Bezüglich der übrigen abwägungsbeachtlichen Belange gibt es keinen ausdrücklich normierten Katalog, wie es etwa für die Bauleitplanung in § 1 Abs. 6 BauGB der Fall ist. Nichtsdestotrotz kann der baurechtliche Katalog als Orientierung herangezogen werden.[1285] Eine Begrenzung auf diese Belange ist jedoch nicht statthaft, denn, wie im allgemeinen Teil ausgeführt wurde, muss in die Abwägung eingestellt werden, was nach Lage der Dinge zu berücksichtigen ist. Daher können durch die fortlaufende Weiterentwicklung des öffentlichen Lebens neue Belange auftreten, die künftig Abwägungsrelevanz erhalten müssen oder aber Belange bestehen, die bereits vorlagen, nunmehr jedoch mit einer größeren Intensivität in der Abwägung behandelt werden müssen.[1286]

Wie schon auf der Ebene der Linienbestimmung muss auch im Rahmen der Planfeststellung über etwaige in Betracht kommende Alternativen sowie die

---

1280 So *Springe*, in: *Kodal*, ebd., Kap. 35, Rn. 134.

1281 Siehe unter Kapitel 4, Ziff. III.

1282 M.w.N. BVerwG, Urt. v. 18.06.1997 – 4 C 3/95, NVwZ-RR 1998, 292 (293); vgl. auch *Springe*, in: *Kodal*, [Fn. 12], Kap. 35, Rn. 131. Ebenfalls *Ziekow*, [Fn. 580], S. 402f.; *Langstädtler*, [Fn. 1235], S. 255.

1283 M.w.N. *Ziekow*, [Fn. 580], S. 402f.

1284 Vgl. *Springe*, in: *Kodal*, [Fn. 12], Kap. 35, Rn. 144f., 153.

1285 So *Springe*, in: *Kodal*, ebd., Kap. 35, Rn. 152.

1286 Vgl. *Springe*, in: *Kodal*, ebd., Kap. 35, Rn. 154.

Nullvariante abwägend entschieden werden.[1287] Im Planfeststellungsverfahren können Belange hervortreten, die in der vergleichsweise grobmaschigeren Planung der Linienbestimmung noch keine Berücksichtigung gefunden haben und daher erst auf Ebene der Planfeststellung die ernsthafte Prüfung der Nullvariante erfordern. Daher können auch erst im Planfeststellungsverfahren Belange offenkundig werden, die eine Zulassung des Projekts letztlich verhindern.

g. *Einflussfaktoren*

Abschließend stellt sich daher die Frage, welche Ebene den größten Einfluss auf die Planung von Bundesautobahnen nehmen kann. Grundsätzlich ist die Ebene des BVWP bzw. des Bedarfsplanes die entscheidende Weichenstellung der nationalen Infrastruktur. So werden im Rahmen des BVWP die Investitionen sowohl für Neu- als auch für Ausbauvorhaben diverser Verkehrsträger entschieden. Der Bedarfsplan gießt diesen Plan der Bundesregierung durch ein parlamentarisches Verfahren in Gesetzesform. Maßgeblicher Einflussfaktor ist daher zunächst die Bundesregierung, da sie den BVWP in Form eines Kabinettsbeschlusses fasst. Hierbei ist sie de lege lata an keine gesetzlichen Vorgaben außer die Durchführung einer SUP gebunden. Sie entscheidet daher grundsätzlich nach programmatischen Überlegungen, wie und in welcher Form Investitionen in die unterschiedlichen Verkehrsträger getätigt werden.

Ebenfalls Einfluss kann im Rahmen des Gesetzgebungsverfahrens für den Bedarfsplan ausgeübt werden. Die Parteien des Bundestages können daher grundsätzlich die Verabschiedung des Bedarfsplans mit ihren parlamentarischen Mitteln beeinflussen. Möglich sind in diesem Rahmen auch Änderungen der Vorgaben des BVWP, welcher für den Bedarfsplan gewissermaßen als Entwurf dient. Erst der Bedarfsplan stellt den Bedarf für die nachfolgenden Planungsstufen gesetzlich fest. Bislang hielt sich der Bedarfsplan jedoch grundsätzlich an den Maßgaben des BVWP.

Theoretisch möglich ist zudem, dass die Planfeststellungsbehörde den Belang des globalen Klimas im Rahmen der Abwägung so hoch gewichtet, dass sie von der Ausführung des Plans und daher auch dem Bau der Bundesautobahn absieht. Aufgrund der bislang äußerst zurückhaltenden Handhabung des Klimaschutzes erscheint diese Möglichkeit jedoch eher unwahrscheinlich.

1287 BVerwG, Urt. v. 10.04.1997 – 4 C 5/96, BVerwGE 104, 236ff., NVwZ 1998, 508 (512).

2. Klimaschutz im Verfahren der Planung von Bundesautobahnen

Anschließend an die Erörterung des allgemeinen Verfahrens der Bundesautobahnplanung kann nunmehr untersucht werden, in welchen Verfahrensabschnitten und an welchen Stellen dieser Verfahren Klimaschutzüberlegung angebracht bzw. berücksichtigt werden können. Dabei müssen sowohl die materiellrechtlichen Vorgaben als auch die verfahrensrechtlichen Bestimmungen der einzelnen Schritte beleuchtet werden. Zunächst werden hierbei nur die gesetzlichen Bestimmungen in den Blick genommen. In diesem ersten Schritt gilt es daher abstrakt festzustellen, welche rechtlichen Anknüpfungspunkte und Möglichkeiten es gibt (unter lit. a bis e). In der daran anschließenden Falluntersuchung kann sodann in den Blick genommen werden, ob sich die aufgefundenen Ergebnisse auch in der Planungs- und Verwaltungspraxis wiederfinden lassen (unter Ziff. 3).

Besonderes Augenmerk im ersten Schritt liegt auf etwaigen durchzuführenden Umweltprüfungen. Dabei ist zu beachten, dass gemäß § 39 Abs. 3 UVPG zur Vermeidung von Mehrfachprüfungen bei der Feststellung des Untersuchungsrahmens bestimmt werden soll, auf welcher Stufe bestimmte Umweltauswirkungen schwerpunktmäßig geprüft werden. In den nachfolgenden Planungsschritten ist eine dort durchzuführende Umweltprüfung dann auf zusätzliche und andere erhebliche Umweltauswirkungen sowie auf die erforderliche Aktualisierung und Vertiefung zu beschränken.

Bei der Betrachtung von Klimaschutzüberlegungen in Bezug auf Bundesautobahnen sind insbesondere drei Blickpunkte maßgeblich. Zum einen sollten im Rahmen einer SUP oder UVP die Klimaauswirkungen während der Bauphase betrachtet werden. Hierbei können sowohl die Art der verwendeten Gerätschaften als auch die eingesetzten Baustoffe von Bedeutung sein. Ebenfalls können hierbei die Auswirkungen des Bauvorhabens auf natürliche Kohlenstoffsenken betrachtet werden. Von hervorzuhebender Bedeutung ist der auf einer Bundesautobahn stattfinde Straßenverkehr. Dieser Straßenverkehr wird auf absehbare Zeit in großem Maße mit dem Ausstoß von THG einhergehen. Auch wenn der Anteil elektrisch betriebener PKW und LKW in den nächsten Jahren zunehmen wird, bleibt ein Großteil der zugelassenen Fahrzeuge weiterhin mit einem Verbrennungsmotor ausgestattet. Es ist daher nicht ersichtlich, dass in den kommenden Jahren eine völlige Dekarbonisierung stattfinden wird, wodurch der Straßenverkehr auf Bundesautobahnen keine oder nur sehr geringe Klimarelevanz bekommen würde.

Das Bundes-Klimaschutzgesetz wird auch auf die Planung von Bundesautobahnen Einfluss nehmen. Wie bereits dargestellt besteht nach § 13 Abs. 1 S. 1 KSG die Pflicht für Träger öffentlicher Aufgaben bei ihren Planungen und Entscheidungen den Zweck des Klimaschutzgesetzes und die zu seiner Erfüllung festgelegten Ziele zu berücksichtigen. Diese Berücksichtigungspflicht umfasst sowohl Entscheidungen mit Außenwirkung, wie etwa den Planfeststellungsbeschluss, als auch Entscheidungen ohne Außenwirkung, wie etwa den BVWP, das Raumordnungsverfahren oder das Linienbestimmungsverfahren. Sie soll insbesondere dort gelten, wo den zuständigen Stellen Planungsaufgaben zugesprochen werden. § 13 KSG soll daher ausweislich der Gesetzesbegründung die bestehenden Lücken in Fachgesetzen schließen, in denen der Klimaschutzgesichtspunkt nicht ausdrücklich im Fachrecht verankert ist.[1288] Auf allen Stufen der Bundesautobahnplanung handeln Träger öffentlicher Aufgaben. Der Aspekt des Klimaschutzes ist jedoch in keinem der einschlägigen Planungsgesetze ausdrücklich normiert. Aus diesem Grund kommt in diesen Verfahren § 13 Abs. 1 S. 1 KSG zum Tragen. Daher sind auf allen Stufen der Planung Klimaschutzgesichtspunkte zu berücksichtigen.[1289] Eine Entscheidung, die die Auswirkungen des einschlägigen Plans oder Vorhabens auf das globale Klima völlig außer Acht lässt, dürfte daher nicht mit § 13 Abs. 1 S. 1 KSG vereinbar sein.[1290]

Vorweg ist darauf hinzuweisen, dass kaum einschlägige Fachliteratur vorhanden ist, wie und in welchem Maße Klimaschutzüberlegungen im Verfahren der Bundesautobahnplanung (abgesehen vom Bundesverkehrswegeplan) zu berücksichtigen sind.[1291] Die meisten hier angestellten Überlegungen sind daher das Ergebnis der theoretischen Vorarbeiten im Rahmen der Ausführungen zur Umweltprüfung und der vorstehenden Abschnitte. Diese Überlegungen werden jedoch, wie sich im weiteren Fortgang zeigen wird, durch die Rechtsprechung des BVerwG gestützt.

1288 Vgl. BT-Drs. 19/14337, S. 36.

1289 So auch *Verheyen/Schayani*, Der globale Klimawandel als Hindernis bei der Vorhabengenehmigung, Entscheidungsbesprechung zum Urteil „Heathrow Airport" und Einordnung in die internationale Rechtsprechung, ZUR 2020, 412 (418f.).

1290 So ausdrücklich auch für die Planung von Bundesautobahnen *Schlacke*, Bundes-Klimaschutzgesetz: Klimaschutzziele und -pläne als Herausforderung des Verwaltungsrechts, EurUP 2020, 338 (343).

1291 Dies bemängelte auch schon *Groß*, in: *Böhm/Schmehl (Hrsg.),* Verfassung – Verwaltung – Umwelt 2010, S. 40. Siehe in neuerer Zeit lediglich *Verheyen/Schayani*, [Fn. 1023], 412 (415ff.).

a. *Bundesverkehrswegeplan*

Die Aufstellung des BVWP erfolgt nur in sehr begrenztem Maße nach gesetzlichen Anforderungen. Es gibt kein Gesetz oder auch nur Abschnitte eines Gesetzes, die ausdrückliche verfahrens- oder materiellrechtliche Anforderungen an die Aufstellung des Plans stellen.[1292] Vielmehr hat sich für seine Erarbeitung eine gewisse Praxis etabliert, die aufgrund ihrer fehlenden gesetzlichen Grundlage jederzeit geändert werden kann und deren Intransparenz daher auf deutliche Kritik gestoßen ist.[1293]

Die einzige verfahrensrechtliche Anforderung zum BVWP findet sich in § 35 Abs. 1 Nr. 1 iVm. Ziff. 1.1 der Anlage 5 des UVPG. Danach ist für Verkehrspläne auf Bundesebene (einschließlich der Bedarfspläne nach einem Verkehrswegeausbaugesetz des Bundes) eine obligatorische Umweltprüfung durchzuführen. Der BVWP stellt einen solchen Plan dar.[1294] Daher besteht als verfahrensrechtliche Anforderung die Pflicht zur Durchführung einer SUP. Aus dieser SUP-Pflicht ergeben sich mittelbar weitere Anforderungen wie etwa die Beteiligung von Öffentlichkeit und Behörden.

Weitere Konkretisierung erfährt diese Pflicht in § 53 Abs. 2 UVPG. Demnach sollen bei der Erstellung des Umweltberichts für Verkehrswegeplanungen auf Bundesebene nach Nummer 1.1 der Anlage 5 (wozu der BVWP gehört) die in Betracht kommenden vernünftigen Alternativen, die die Ziele und den geographischen Anwendungsbereich des Plans oder Programms berücksichtigen, insbesondere alternative Verkehrsnetze und alternative Verkehrsträger ermittelt, beschrieben und bewertet werden. Die Alternativenprüfung auch in Bezug auf das Verkehrsnetz und den Verkehrsträger soll dazu dienen, die SUP weg von der Projektebene hin zu einer Netz- und Konzeptebene zu verlagern.[1295] Daher ist im Rahmen der SUP zu erörtern, ob die Möglichkeiten zur Vermeidung

1292 Vgl. *Groß*, [Fn. 1047], 1 (2).

1293 Vgl. *Köppel u. a.*, Anforderungen der SUP-Richtlinie an Bundesverkehrswegeplanung und Verkehrsentwicklungsplanung der Länder 2013, S. 35ff.; *Köppel u. a.*, Strategische Umweltprüfung und (neuartige) Pläne und Programme auf Bundesebene – Methoden, Verfahren und Rechtsgrundlagen 2018, S. 79ff.; *Groß*, [Fn. 1047], 1 (3). Auf das Verfahren zur Aufstellung des BVWP und die Verbindung zum Klimaschutz wird im Rahmen der Falluntersuchung eingegangen.

1294 *Hünnekens*, in: *Hoppe u. a.*, Gesetz über die Umweltverträglichkeitsprüfung (UVPG), Umwelt-Rechtsbehelfgesetz (UmwRG) 2018, § 53, Rn. 13; *Sauthoff*, [Fn. 1211], S. 131; *Groß*, [Fn. 1047], 1 (3).

1295 *Hünnekens*, in: *Hoppe u. a.*, [Fn. 647], § 53, Rn. 24.

umweltbelastenden Verkehrs ausgeschöpft sind, ob für den Plan Möglichkeiten bestehen, den Verkehr auf weniger umweltbelastende Verkehrsträger umzulagern, ob etwaige Standort- und Trassenalternativen bestehen und ob es technische Alternativen zur Projektausführung gibt. Schließlich muss auch gefragt werden, ob von der Verkehrswegeplanung im Sinne einer Nullvariante komplett abgesehen werden muss.[1296]

Aus diesen Gründen bietet insbesondere die Alternativenprüfung einen tauglichen Ansatzpunkt, um die Handlungsoptionen der Verminderung, Vermeidung und Verlagerung des Verkehrs tiefgreifender zu untersuchen, um in dieser Weise einen Beitrag zu den Klimaschutzbemühungen zu leisten.[1297]

Materiellrechtlich ergibt sich aus der SUP-Pflicht ebenfalls die Berücksichtigungspflicht der Ergebnisse der SUP im Verfahren zur Aufstellung oder Änderung des Plans.[1298] Da jedoch keine ausdrücklich festgeschriebenen materiellrechtlichen Anforderungen an den BVWP bestehen und sich die Ermittlungstiefe und Reichweite der SUP maßgeblich nach dem einschlägigen Fachrecht bestimmen, ist nicht gesetzlich vorgeschrieben, welche Belange im Rahmen der SUP zu beleuchten sind. Für den BVWP gilt jedoch grundsätzlich ebenfalls das aus dem Rechtsstaatsprinzip fließende Abwägungsgebot, da der BVWP im Prinzip die Vorarbeit für den gesetzlichen Bedarfsplan darstellt und dieser als staatliche Planung ebenfalls dem Abwägungsgebot genügen muss.[1299] Das Abwägungsgebot wiederum verlangt, dass der BVWP alle Belange berücksichtigt, die nach Lage der Dinge einzustellen sind. Als die maßgebliche Weichenstellung auf Bundesebene für den gesamten Verkehrsinfrastrukturbereich kommt dem BVWP, wie im Abschnitt über die Klimarelevanz des Verkehrs gezeigt, eine erhebliche Bedeutung für die nationalen Klimaschutzbemühungen zu. Nach Lage der Dinge sind daher die Auswirkungen des Plans auf das globale Klima in die Abwägung einzustellen.[1300] Dieses Ergebnis wird abermals durch § 13 Abs. 1 S. 1 KSG gestützt. Da Klimaschutzüberlegungen in die Abwägung zur Aufstellung des BVWP einzustellen sind, ist auch der Anwendungsbereich der SUP für diesen Belang eröffnet. Daher müssen im Rahmen der SUP die

1296 So *Hünnekens*, in: *Hoppe u. a.*, ebd., § 53, Rn. 5.

1297 In diese Richtung auch *Groß*, [Fn. 1047], 1 (18).

1298 § 43 Abs. 2 UVPG.

1299 Vgl. *Sauthoff*, [Fn. 1211], S. 138.

1300 So wohl auch *Saurer*, Klimaschutzziele und Abwägungsentscheidungen in der raumbezogenen Planung, EurUP 2018, 183 (187).

Auswirkungen des Plans auf das globale Klima ermittelt, bewertet und schließlich auch berücksichtigt werden.

Der BVWP überprüft zudem nicht lediglich einzelne Verkehrsprojekte, sondern nimmt einen netzübergreifenden Blick ein. Die volle Intensität der Klimagase tritt nicht durch den Ausstoß auf Grundlage eines einzelnen Vorhabens zu Tage. Vielmehr ist die grundsätzliche Entscheidung für die Art der Verkehrsträger und damit auch für das infrastrukturelle Netz im Allgemeinen die maßgebliche Weichenstellung für effektiven Klimaschutz. Die SUP im Rahmen des BVWP kann hierbei diese weite Betrachtungslinse einnehmen und überlässt feingliedrigere Auswirkungen den nachfolgenden Planungsstufen.

Mit den ausdifferenzierten Regeln in Bezug auf die Alternativenprüfung im Rahmen der SUP ist zudem gesetzlich vorgeschrieben, dass verschiedene Alternativen der Gesamtplanung des Verkehrsnetzes unter Umwelt- und insbesondere Klimagesichtspunkten zu prüfen sind. Da der BVWP als Grundlage für den Bedarfsplan dient, welcher wiederum den Bedarf für die anschließenden Planungsstufen gesetzlich festlegt, stellt der BVWP eine notwendige Stellschraube für alle verkehrsinfrastrukturellen Klimaschutzüberlegungen dar.[1301] In der SUP besteht zudem ein effektives Instrument, mit dem die Auswirkungen des gesamten Netzes auf ihre Klimaverträglichkeit überprüft werden können.

b. Bedarfsplan

Auch der Bedarfsplan unterliegt als linienführende Infrastrukturmaßnahme dem Abwägungsgebot. Ebenso wie für den BVWP sind daher die Belange einzustellen, die nach Lage der Dinge zu berücksichtigen sind. Dazu muss (spätestens seit Einführung des § 13 Abs. 1 S. 1 KSG) abermals der Klimaschutzbelang zählen. Wie auch schon im Rahmen des BVWP muss für die Aufstellung des Bedarfsplans gemäß § 35 Abs. 1 Nr. 1 iVm. Ziff. 1.1 der Anlage 5 des UVPG grundsätzlich eine SUP durchgeführt werden. Einschränkend bestimmt jedoch § 53 Abs. 1 UVPG, dass bei Bedarfsplänen nach Nummer 1.1 der Anlage 5 eine SUP nur für solche erheblichen Umweltauswirkungen erforderlich ist, die nicht bereits Gegenstand einer SUP im Verfahren zur Aufstellung oder Änderung von anderen Plänen und Programmen nach Nummer 1.1 der Anlage 5 waren. Vereinfacht ausgedrückt ist eine SUP für den Bedarfsplan nur für solche erhebliche Umweltauswirkungen notwendig, die nicht schon Gegenstand der SUP im Rahmen der Aufstellung des BVWP waren. Da der Bedarfsplan regelmäßig nicht

1301 So auch *Groß*, [Fn. 1047], 1 (16).

von den Festlegungen des BVWP abweicht, ist eine SUP hier nur in Ausnahmefällen durchzuführen.[1302]

Aufgrund der nur in Ausnahmefällen bestehenden SUP-Pflicht für Bedarfspläne ist diese Ebene nur eingeschränkt dazu geeignet, Klimaschutzüberlegungen anzubringen. Vielmehr werden im Bedarfsplan regelmäßig die Vorstellungen und Festlegungen des BVWP übernommen. Die im BVWP untersuchten Auswirkungen auf das Klima schlagen insofern auch auf den Bedarfsplan durch. Dies unterstreicht abermals die Wichtigkeit der Stufe des BVWP für die Prüfung der Klimaverträglichkeit.

Eine SUP kann jedoch auch beim Bedarfsplan erforderlich sein, wenn eine Überprüfung des Plans nach § 4 FStrAbG stattfinden soll und der Bedarfsplan daher anzupassen ist. Für alle zusätzlichen oder veränderten Umweltauswirkungen ist die Durchführung einer SUP obligatorisch. In diesem Rahmen müssten dann auch die Auswirkungen auf das globale Klima untersucht werden.

c. *Raumordnungsverfahren*

Auf der Ebene des Raumordnungsverfahrens werden erstmalig die Umweltauswirkungen eines einzelnen Vorhabens, sprich einer einzelnen Bundesautobahn untersucht. Im Rahmen des BVWP und des Bedarfsplans fand im Gegensatz dazu vorrangig noch eine Untersuchung der Auswirkungen des gesamten Verkehrsnetzes statt. Betrachtet wurden daher die kumulativen Auswirkungen aller geplanten Vorhaben. In dem nach § 15 Abs. 1 ROG iVm § 1 S. 2 Nr. 8 RoV durchzuführenden Raumordnungsverfahren ist sodann gemäß § 49 Abs. 1 UVPG erstmalig eine UVP durchzuführen. Betrachtet wird von nun an jedes einzelne Vorhaben gesondert. Dabei wird die Umweltverträglichkeit der Bundeautobahn nach dem einschlägigen Planungsstand analysiert. In diesem Rahmen sind insbesondere alle ernsthaft in Betracht kommenden Standortalternativen nach § 15 Abs. 1 S. 3 ROG zu untersuchen.[1303]

Beim Raumordnungsverfahren geht es in erster Linie um die Überprüfung der Raumverträglichkeit einer Bundesautobahn. Da die Lage der Trasse im Raum, wie sich gleich zeigen wird, Auswirkungen auf das globale Klima haben kann, sind auch auf dieser Planungsstufe die Auswirkungen der geplanten Bundesautobahn diesbezüglich zu untersuchen.

1302 Vgl. *Hünnekens*, in: *Hoppe u. a.*, [Fn. 647], § 53, Rn. 21. Siehe ebenfalls BVerwG, Urt. v. 11.07.2019 – 9 A 13/18, NVwZ 2020, 788 (794 Rn. 66).

1303 Zu den Besonderheiten der UVP im Rahmen des Raumordnungsverfahrens siehe *Wagner*, in: *Hoppe u. a.*, ebd. § 49, Rn. 81.

Die Schärfung der Betrachtungslinse auf jeweils nur ein Vorhaben im Vergleich zum gesamten Verkehrsnetz bietet sowohl Möglichkeiten als auch Einschränkungen in Bezug auf den Klimaschutz.

Auf der einen Seite wird durch den auf einer Bundesautobahn bzw. einem geplanten Abschnitt ermöglichten Betrieb nur eine beschränkte Menge an THG emittiert. Unter dem ausschließlichen Gesichtspunkt des Ausstoßes von Klimagasen ist die Betrachtung einer einzelnen Bundesautobahn somit nur beschränkt für die Zwecke des Klimaschutzes geeignet. Daher könnte das Argument angebracht werden, dass die Auswirkungen eines einzelnen Vorhabens auf das globale Klima zu vernachlässigen sind und die Betrachtung somit nicht weiterführt. Zwar ist die Annahme richtig, dass nur ein geringer kausaler Zusammenhang zwischen den THG, welche auf einem einzelnen Autobahnabschnitt emittiert werden, und den globalen Klimastörungen gezogen werden kann. Ein solches Argument darf jedoch, wie bereits in den Ausführungen zu den grundrechtlichen Schutzpflichten gezeigt, keine Rechtfertigung dafür sein, sich nicht mit den negativen Auswirkungen eines einzelnen Vorhabens auseinanderzusetzen.

Auf der anderen Seite können erst auf dieser Stufe die Lage der Autobahn im Raum und mithin die raumbedeutsamen Auswirkungen geprüft werden. Darunter fällt vordringlich die Lage der Trasse zu vorhandenen Siedlungsbereichen, was Auswirkungen auf die Länge der Wegstrecken haben kann und daher potentiell zur Reduzierung der zurückzulegenden Strecken beiträgt. Hierdurch wäre der Handlungsoption der Verminderung von zusätzlichem Verkehr gedient.

Außerdem kann im Rahmen des Raumordnungsverfahrens erstmals die Klimarelevanz etwaiger natürlicher Kohlenstoffsenken, insbesondere von Mooren und Wälder ermittelt werden. Daher ist in die Untersuchung einzustellen, ob durch das Vorhaben natürliche Senken beeinträchtigt werden. Muss aufgrund des Baus einer Autobahn beispielsweise ein Wald abgeholzt oder ein Moor trockengelegt werden, kann sich dies negativ auf die Klimabilanz des gesamten Streckenabschnitts auszuwirken.

Unter Berücksichtigung der vorgenannten Aspekte kommt abermals der Alternativenprüfung eine hervorzuhebende Bedeutung zu. Dabei sind solche Streckenalternativen unter Klimaschutzgesichtspunkten positiv zu werten, die zu einer Verkürzung der Wegstrecken beitragen und natürliche Kohlenstoffsenken möglichst wenig beeinträchtigen.

d. Linienbestimmungsverfahren

Nach § 47 Abs. 1 UVPG iVm § 16 Abs. 2 S. 1 FStrG ist für die Linienbestimmung ebenfalls eine UVP gemäß dem jeweiligen Planungsstand des Vorhabens durchzuführen. Hierbei sind abermals alle in Betracht kommenden Trassenvarianten zu prüfen. Nach § 16 Abs. 2 FStrG sind bei der Bestimmung der Linienführung die von dem Vorhaben berührten öffentlichen Belange einschließlich der Umweltverträglichkeit und des Ergebnisses des Raumordnungsverfahrens im Rahmen der Abwägung zu berücksichtigen. Grundsätzlich ist daher abermals maßgeblich, was nach Lage der Dinge berücksichtigt werden muss. Der Verweis auf die öffentlichen Belange und die Umweltverträglichkeit schließt daher den globalen Klimaschutzbelang nicht per se aus. Vielmehr sind die Begriffe durch ihre Offenheit prädestiniert dafür, sich den wandelnden Umständen des Einzelfalls und auch der Gesellschaft anzupassen. Wie bereits in den Ausführungen zum Linienbestimmungsverfahren gezeigt, kann die Lage der Trasse im Raum und somit auch die Linienbestimmung, Auswirkungen auf das globale Klima haben. Das globale Klima dürfte daher als nach Lage der Dinge einschlägiger Belang anzusehen sein, womit es im Rahmen der Abwägung grundsätzlich zu beachten ist.

Eine UVP im Verfahren der Linienbestimmung ist indes oftmals entbehrlich. Nach § 47 Abs. 2 UVPG ist nämlich keine UVP notwendig, wenn in einem Raumordnungsverfahren die Umweltverträglichkeit bereits geprüft wurde und hierbei alle ernsthaft in Betracht kommenden Trassenvarianten einbezogen wurden. § 47 Abs. 2 UVPG ist daher Ausdruck des Grundsatzes der Vermeidung von Doppelprüfungen.

Für die Ermittlung der Umweltauswirkungen im Rahmen der UVP des Linienbestimmungsverfahrens und des Raumordnungsverfahrens gibt es in der Verwaltungspraxis leichte Modifikationen vom allgemeinen Aufbau der UVP, wie er in Kapitel 5, Ziff. III darstellt wurde. Grundsätzlich verläuft die Ermittlung der Umweltauswirkungen in drei Schritten. Zunächst ist eine Planungsraumanalyse durchzuführen. Hierbei wird der Raum untersucht, in dem die durch den Bedarfsplan vorgegebene Trasse liegen soll. Insbesondere werden Teilbereiche mit einem erhöhten Konfliktpotential (wie etwa nach BNatSchG geschützte Gebiete) aussortiert und somit ein grober Trassenkorridor gebildet. Im nächsten Schritt wird eine vertiefte Raumanalyse durchgeführt, bei der der Bestand der Umwelt erfasst und bewertet wird. Letztlich wird eine Auswirkungsprognose der untersuchten Alternativen unternommen.[1304]

Grundsätzlich stellt die Prüfung der Linienalternativen die zentrale Aufgabe der UVP auf Ebene des Raumordnungsverfahrens und Linienbestimmung

1304 Vgl. dazu *Springe*, in: *Kodal*, [Fn. 12], Kap. 34, Rn. 26.

dar.[1305] Hierin besteht auch das besondere Potential dieser Stufen. Denn die Lage einer Trasse kann durchaus Auswirkungen auf für das Klimasystem relevante Faktoren haben.[1306] In diesem Hinblick gelten aufgrund der Überschneidung zum Raumordnungsverfahren die dort gemachten Ausführungen.

e. *Planfeststellungsverfahren*

Im letztlichen Zulassungsverfahren durch Planfeststellung besteht schließlich abermals die Pflicht zur Durchführung einer UVP. Denn gemäß § 17 Abs. 1 S. 4 FStrG sind im Rahmen der planfeststellenden Abwägung alle vom Vorhaben berührten öffentlichen und privaten Belange einschließlich der Umweltverträglichkeit zu berücksichtigen. Nach § 6 iVm Ziff. 14.3 der Anlage 1 UVPG besteht eine unbedingte UVP-Pflicht für den Bau einer Bundesautobahn oder einer sonstigen Bundesstraße, wenn diese eine Schnellstraße im Sinne der Begriffsbestimmung des Europäischen Übereinkommens über die Hauptstraßen des internationalen Verkehrs vom 15. November 1975 ist. Nach Ziff. 14.4 und 14.5 Anlage 1 UVPG besteht ebenfalls eine unbedingte UVP-Pflicht beim Bau einer neuen vier- oder mehrstreifigen Bundesstraße, wenn diese neue Straße eine durchgehende Länge von 5 km oder mehr aufweist und beim Bau einer vier- oder mehrstreifigen Bundesstraße durch Verlegung und/oder Ausbau einer bestehenden Bundesstraße, wenn dieser geänderte Bundesstraßenabschnitt eine durchgehende Länge von 10 km oder mehr aufweist. Mithin besteht für die meisten Neubauvorhaben und wesentliche Änderungsvorhaben einer Bundesautobahn die Pflicht zur Durchführung einer UVP.

Auf der Stufe der Planfeststellung findet in Rahmen der UVP eine weitere Verfeinerung der Betrachtung aller Umweltauswirkungen statt.[1307] Wurden im Raumordnungs- und Linienbestimmungsverfahren grobmaschigere Umweltauswirkungen betrachtet, sind in diesem letzten Schritt die verbliebenen kleinräumigen Auswirkungen der Straße, die vom konkreten Streckenverlauf abhängen, zu betrachten.[1308] Aufgrund des abschließenden Charakters des Planfeststellungsbeschlusses sind auf dieser Stufe zudem alle Umweltauswirkungen

1305 *Springe*, in: *Kodal*, ebd., Kap. 34, Rn. 64. Siehe ebenfalls *Wagner*, in: *Hoppe u. a.*, [Fn. 647] § 47, Rn. 37.

1306 Zur Beeinflussung etwa der Trassenführung aufgrund des Klimaschutzaspektes vgl. *Saurer*, [Fn. 701], 183 (187).

1307 Vgl. *Springe*, in: *Kodal*, [Fn. 12], Kap. 32, Rn. 66.

1308 Vgl. *Springe*, in: *Kodal*, ebd., Kap. 32, Rn. 67.

des Vorhabens, inklusiver solcher, die in den vorherigen Planungsschritten geprüft wurden, zusammenzufassen.[1309]

Die Planfeststellungsbehörde unterliegt im Zulassungsverfahren, wie bereits gesehen, der Bindung durch die vorherigen Stufen der Planung. Daher ist sie bezüglich der Anzahl der Spuren an den Bedarfsplan[1310] und im Hinblick auf die Trassenführung an die Linienbestimmung[1311] gebunden. Aufgrund dieser Bindungswirkung können im Planfeststellungsverfahren nur noch sehr feingliedrige Auswirkungen der noch ernsthaft in Betracht kommenden Trassenvarianten im Rahmen der UVP geprüft werden. Da sowohl der Ausstoß der Treibhausgase als auch die Beeinträchtigung etwaiger natürlicher Kohlenstoffsenken wohl schon auf einer vorherigen Stufe der Planung untersucht wurden, erlangt die UVP auf dieser Stufe eher keine eigene Bedeutung für den Klimaschutz.

Nichtsdestotrotz entscheidet sich erst im Planfeststellungsverfahren abschließend, ob das Vorhaben zugelassen wird, oder ob ihm solch gravierende Belange entgegenstehen, dass von der Planung vollends abgesehen werden muss. Wie auch schon im Linienbestimmungsverfahren sollte der globale Klimaschutz grundsätzlichen einen Belang darstellen, der nach Lage der Dinge bei der Planung von Bundesautobahnen in der Abwägung zu berücksichtigen ist. Es ist daher materiellrechtlich möglich, wenn nicht sogar geboten, die Auswirkungen des Vorhabens auf das globale Klima einzubeziehen. Theoretisch stellt der Klimaschutzbelang daher einen dem Verkehrsbedürfnis entgegenstehenden öffentlichen Belang dar.[1312] Ebenfalls kommt hinzu, dass die letztliche Zulassungsentscheidung über alle relevanten Umweltauswirkungen des Vorhabens

---

1309 Vgl. *Ziekow*, [Fn. 580], S. 394.

1310 *Springe*, in: *Kodal*, [Fn. 12], Kap. 33, Rn. 64.

1311 *Springe*, in: *Kodal*, ebd., Kap. 35, Rn. 132.

1312 So auch *Köppke u. a.*, UVP-Änderungsrichtlinie 2014/52/EU und Klimawandel 2020, S. 96ff. Anders hingegen noch VGH München, Urt. v. 19.02.2014 – 8 A 11.40040 –, juris. Bei diesem Urteil ging es indes um den Bau der dritten Start-Landebahn des Verkehrsflughafens München. In Rn. 879 führt das Gericht hierzu aus, „dass der Klimaschutz einen die Umwelt insgesamt betreffenden öffentlichen Belang darstellt, der nicht im Rahmen eines Einzelvorhabens bewältigt werden kann. Die Umsetzung klimapolitischer Erwägungen ist deshalb nach rechtlich zutreffender Auffassung des Beklagten nicht Gegenstand des Prüf- bzw. Abwägungsprogramms in einem – wie vorliegend – vorhabenbezogenen Zulassungsverfahren." Diese Ansicht muss mittlerweile durch die Änderung des UVPG im Jahr 2017 und die Einführung des KSG, insbesondere des § 13, als überholt angesehen werden. So auch *Saurer*, [Fn. 701], 183 (186); *Schlacke*, [Fn. 571], 338 (343).

Auskunft geben muss, egal auf welcher Ebene sie schwerpunktmäßig ermittelt wurden.[1313] Daher kommt dem Planfeststellungsbeschluss und insbesondere den beiliegenden Unterlagen eine hervorzuhebende Bedeutung für die anschließende Falluntersuchung zu.

Die hier vertretene Ansicht, dass auch die globalen Klimaauswirkungen einer Bundesautobahn zumindest im Verfahren der UVP geprüft werden müssen, wird durch mehrere Entscheidungen des Bundesverwaltungsgerichts gestützt.[1314] In einem Urteil vom 11.07.2019[1315] bezüglich des Planfeststellungsbeschluss für den Neubau der Bundesautobahn A 39 zwischen Wolfsburg und Lüneburg befand das Gericht, dass zwar nach dem UVPG in der Fassung vor der Novellierung im Jahr 2017 die globalen Auswirkungen einer Bundesautobahn nicht Prüfungsgegenstand der UVP waren.[1316] „Vielmehr sind erst nach § 16 III in Verbindung mit Anlage 4 Nr. 4 Buchst. b und c Doppelbuchst. gg UVPG nF im UVP-Bericht auch Auswirkungen auf das Klima in Form von Veränderungen des großräumigen Klimas, zB durch Treibhausgasemissionen, und als mögliche Ursache der Umweltauswirkungen die Anfälligkeit des Vorhabens gegenüber Folgen des Klimawandels anzugeben."[1317]

f. Zusammenfassende Erkenntnisse

Das bestehende Planungsregime für Bundesautobahnen ermöglicht es theoretisch effektiven Klimaschutz zu betreiben. Zunächst ist der Aspekt des globalen Klimas materiell aufgrund der Verankerung des Abwägungsgebots auf allen Stufen der Planung zumindest berücksichtigungsfähig.[1318] Auch § 13 Abs. 1 S. 1 KSG verpflichtet die Träger der Bundesautobahnplanungen hierzu.

Sodann besteht auf jeder Stufe die Pflicht zur Durchführung einer SUP oder UVP, in deren Rahmen die Auswirkungen einer Autobahn bzw. des Gesamtnetzes auf das globale Klima ermittelt und bewertet werden können. Die Prüfung läuft aufgrund des Abstufungsgebotes in § 39 Abs. 3 UVPG von einem netzübergreifenden grobmaschigen Blick im Rahmen der SUP des BVWP über regionale

1313 Vgl. *Ziekow*, [Fn. 580], S. 394.

1314 Vgl. BVerwG, Beschl. v. 27.11.2018 – 9 A 10.17, juris, Rn. 32f; BVerwG, Urt. v. 11.07.2019 – 9 A 13/18, NVwZ 2020, 788; BVerwG, Urt. v. 24.02.2021 – 9 A 8.20, BeckRS 2021, 8680.

1315 BVerwG, Urt. v. 11.07.2019 – 9 A 13/18, NVwZ 2020, 788.

1316 BVerwG, Urt. v. 11.07.2019 – 9 A 13/18, NVwZ 2020, 788 (790 Rn. 21b).

1317 Ebd. Siehe dazu ebenfalls *Verheyen/Schayani*, [Fn. 1023], 412 (415).

1318 Vgl. abermals *Köppke u. a.*, [Fn. 1055], S. 96ff.

und räumlich Auswirkungen im Rahmen der UVP des Raumordnungs- und des Linienbestimmungsverfahrens zu einer feingliedrigen Überprüfung in der UVP des Planfeststellungsverfahrens.

Als besonders geeignet, um Klimaschutzüberlegungen effektiv ermitteln, beschreiben und letztlich auch bewerten zu können ist die SUP zum BVWP anzusehen. In ihrem Rahmen können die Auswirkungen des gesamten Verkehrsinfrastrukturnetzes unter Klimaschutzgesichtspunkten geprüft werden. Insbesondere können hierbei auch unterschiedliche Alternativen auf ihre Klimaverträglichkeit untersucht werden.[1319]

Ebenfalls geeignet ist die UVP im Rahmen des Raumordnungs- und Linienbestimmungsverfahrens. Hierbei können die Auswirkungen eines Bundesautobahnprojekts auf natürliche Senken und ihr Beitrag zur Verkürzung der Verkehrswege ermittelt werden.

Die Überprüfung der Umweltauswirkungen auf der letzten Stufe der Planfeststellung hat für sich betrachtet keine hervorzuhebende Relevanz für den Klimaschutz. Die maßgeblichen Faktoren dürften bereits in den vorangegangenen Schritten ermittelt worden sein. Als letztliches Zulassungsverfahren muss die UVP im Planfeststellungsverfahren jedoch über alle relevanten Umweltauswirkungen Auskunft geben, wobei unbeachtlich ist, auf welcher Stufe der Planung sie ursprünglich ermittelt wurden.[1320] Zudem stellt die Planfeststellung als die letztliche Zulassungsentscheidung den entscheidenden letzten Verfahrensschritt dar. Die vorherigen Stufen hatten aufgrund ihrer beschränkten Außenwirkung vormalig verwaltungsinterne Wirkung. Ebenfalls manifestiert sich darin die Bedeutung für den Überprüfungsprozess im Rahmen der folgenden Falluntersuchung.

3. Überprüfung bisher ergangener Planungsentscheidungen

Die Erkenntnisse der vorangehenden Abschnitte ergeben das Bild, dass zumindest seit der UVPG-Novelle-2017 Klimaschutzüberlegungen im Verfahren der Planung von Bundesautobahnen Einzug finden konnten.[1321]

1319 Vgl. dazu abermals *Groß*, [Fn. 1047], 1 (16).

1320 Siehe *Springe*, in: *Kodal*, [Fn. 12], Kap. 32, Rn. 67.

1321 Man könnte, wie bereits unter Kapitel 5, Ziff. IV, 1, lit. a angedeutet, auch Argumente dafür anbringen, dass aufgrund einer richtlinienkonformen Auslegung des UVPG's das globale Klima schon seit Einführung der Richtlinie 2014/52/EU im Rahmen von SUP und UVP berücksichtigt werden musste.

Im letzten Schritt dieses Kapitels kann somit überprüft werden, ob bisherige Planungsentscheidungen, insbesondere durchgeführte SUP's und UVP's, mit den aufgefundenen Ergebnissen übereinstimmen.[1322] Schwerpunktmäßig untersucht werden daher Dokumente, die seit der UVPG-Novelle-2017 ergangen sind. Als Ausnahme hierzu wird im ersten Schritt ein Blick auf den im März 2016 ergangenen Umweltbericht zur SUP geworfen, welcher im Rahmen der Erarbeitung des BVWP 2030 durchgeführt wurde. Als maßgebliche Weichenstellung der nationalen Verkehrspolitik und daher bedeutendster Schritt zur Anbringung von Klimaschutzüberlegungen sollte die in diesem Rahmen durchgeführte SUP nicht außen vor gelassen werden.

a. SUP zum BVWP 2030

Zunächst soll die im Rahmen der Erarbeitung des BVWP 2030 durchgeführte SUP unter Klimaschutzgesichtspunkten betrachtet werden.[1323] Zu beachten ist hierbei, dass der einschlägige Umweltbericht bereits im März 2016 vorgelegt wurde.[1324] Das bedeutet, dass die Maßgaben der UVPG-Novelle-2017 noch nicht beachtet werden mussten. Andererseits galt bereits die Richtlinie 2014/52/EU, welche die erweiterten Prüfungspflichten unionsrechtlich vorschrieb. Wie bereits ausgeführt bestand trotzdem keine unbedingte Pflicht, das Schutzgut Klima im Rahmen des damals geltenden UVPG im Sinne der Richtlinie 2014/52/EU auch als globales Klima zu verstehen. Nichtsdestotrotz wird aufgrund der Wichtigkeit des BVWP ein Blick auf die Bearbeitung des Klimaschutzbelangs im Rahmen der SUP geworfen. Zunächst wird daher anhand von Zitaten beschrieben, wie der Klimaschutzbelang ermittelt und in der SUP dargestellt wurde (unter lit. aa). Anschließend werden kritische Stimmen aus der Gesellschaft

1322 In diesem Abschnitt wird keine inhaltliche Dokumentenanalyse nach einer überprüfbaren methodischen Vorgehensweise vorgenommen. Siehe dazu etwa *Baer*, Rechtssoziologie 2017, § 10.Vielmehr werden öffentlich zugängliche Planungsentscheidungen und Dokumente nach bestem Gewissen auf die Einhaltung der im Rahmen dieser Arbeit herausgearbeiteten normativen Vorgaben zum Klimaschutz untersucht. Beispiele werden daher in *kursiv* zitiert.

1323 Aufgrund der ausdifferenzierten Methodik der SUP werden im Rahmen dieser Arbeit nur die Grundzüge der Beachtung des Klimaschutzaspektes dargestellt und maßgebliche Passagen zitiert.

1324 Siehe *Bundesministerium für Verkehr und digitale Infrastruktur*, Strategische Umweltprüfung zum Bundesverkehrswegeplan 2030, Umweltbericht 2016. Einsehbar unter https://www.bmvi.de/SharedDocs/DE/Anlage/G/BVWP/bvwp-2030-umweltbericht.pdf?__blob=publicationFile.

(unter lit. bb) und die rechtliche Bewertung durch das BVerwG (unter lit. cc) beschrieben. Schließlich wird zu den vorgefundenen Ergebnissen Stellung bezogen (unter lit. dd).

Auftraggeber der SUP für den BVWP 2030 war das Bundesministerium für Verkehr und digitale Infrastruktur (BMVI). Bearbeitet wurde die Prüfung durch die Bosch & Partner GmbH, die Baader Konzept GmbH und die Gruppe Freiraumplanung.

aa. Ermittlung des Klimaschutzbelangs

Für die SUP wurde im Wege eines mehrjährigen Prozesses eine eigene Methodik durch die bearbeitenden Unternehmen erarbeitet.[1325] Betrachtet wurden schwerpunktmäßig die wesentlichen Umweltauswirkungen von Neu- und Ausbauprojekten der Verkehrsträger Straße, Schiene und Wasserstraße. Dabei wurden sowohl die anlagebedingten, als auch die betriebs- und baubedingten Projektauswirkungen untersucht. Unter den betriebsbedingten Auswirkungen weist der Bericht ausdrücklich auch die Emissionen klimarelevanter Gase aus.[1326]

Überprüft wurden sowohl Einzelprojekte, welche in den Anhängen des Umweltberichts und im Projektinformationssystem zum Bundesverkehrswegeplan 2030 (PRINS)[1327] dokumentiert sind, als auch die summarischen Auswirkungen des Gesamtplans.[1328] Für die Gesamtplanbewertung wurde die Summe der Umweltauswirkungen der Neu- und Ausbauprojekte in den Klassen des vordringlichen und weiteren Bedarfs ermittelt.[1329]

Auch unter dem UVPG in der Fassung von 2010 musste die Ermittlung, Beschreibung und Bewertung der Umweltauswirkungen im Rahmen der SUP im Hinblick auf geltende Ziele des Umweltschutzes erfolgen. In Bezug auf den Klimaschutz ist hierzu das Aktionsprogramm Klimaschutz 2020 aufgeführt, welches eine Reduktion der THG um 40 % bis 2020 im Vergleich zu 1990 vorsah sowie eine Minderung um 80–95 % bis 2050.[1330]

Als Methode für die Beschreibung und Bewertung der Umweltauswirkungen sowohl der Einzelvorhaben als auch des Gesamtplans wurde eine Kosten-Nutzen-Analyse durchgeführt. Daher wurden einige Umweltauswirkungen

1325 Siehe dazu *Bundesministerium für Verkehr und digitale Infrastruktur*, ebd., S. 8ff.
1326 *Bundesministerium für Verkehr und digitale Infrastruktur*, ebd., S. 10.
1327 Einsehbar unter https://www.bvwp-projekte.de/index.html
1328 *Bundesministerium für Verkehr und digitale Infrastruktur*, [Fn. 1324], S. 181f.
1329 *Bundesministerium für Verkehr und digitale Infrastruktur*, ebd., S. 183.
1330 *Bundesministerium für Verkehr und digitale Infrastruktur*, ebd., S. 12, 16.

monetär bewertet und einem Barwert in Mio. Euro zugewiesen. Fällt dieser Wert negativ aus, handelt es sich bei den Umweltauswirkungen um negative Nutzen, wie etwa bei zusätzlichen CO_2-Emissionen. Fällt er hingegen positiv aus, ist auch der Umweltnutzen als positiv anzusehen. Dies kann ausweislich des Umweltberichts etwa der Fall sein bei einer Verringerung von CO_2-Emissionen.[1331] Ergänzend zu diesem Kosten-Nutzen-Ansatz fand eine Bewertung von nicht-monetarisierten Belangen anhand einer Skala von fünf Stufen statt.[1332]

Als monetarisierter Belang gingen auch die CO_2-Emissionen in die Kosten-Nutzen-Analyse ein. Erfasst sind dabei *„die CO_2-Emissionen aus der prognostizierten Veränderung der Verkehrsströme im betroffenen Netz und die CO_2-Äquivalente der sog. Lebenszyklusemissionen. Unter „Lebenszyklusemissionen" werden alle THG-Emissionen verstanden, die mit den Erstinvestitionen, Reinvestitionen der Streckenunterhaltung und dem Betrieb der zu bewertenden Infrastrukturmaßnahme verbunden sind. Berücksichtigt und als CO_2-Äquivalente zusammengefasst sind sämtliche Arten von Treibhausgasen.*"[1333]

Sodann fand in Abschnitt 5 des Umweltberichts eine Beschreibung des seinerzeitigen (Stand 2016) Umweltzustandes statt. Für den Aspekt des globalen Klimas findet sich eine allgemeine Beschreibung der Zielsetzungen sowie der Emissionsquellen.[1334] Bemerkenswert ist hierbei folgender Abschnitt:

> *„Betrachtet man den Verkehrssektor, so finden sich in der Literatur je nach Berechnungsmodell unterschiedliche absolute Zahlen zur Entwicklung der CO_2-Emissionen (siehe Tab. 25). Vergleicht man die Daten mit den Gesamtemissionen in Deutschland im Jahr 2010 (etwa 950 Mio. t CO_2-eq, siehe Abb. 32), so ergibt sich daraus ein verkehrsbedingter Anteil von etwa 16 bis 20 %.*
>
> *Die Mobilität der Bevölkerung und der Transport von Gütern entwickeln sich seit vielen Jahrzehnten dynamisch, d. h. die Beförderungsleistung von Personen und Gütern steigt. Trotz der Zunahme der Verkehrsleistung sowohl im Personen- als auch im Güterverkehr zeigen die Zahlen eine stetige Abnahme der CO_2-Emissionen im Verkehrssektor. Verantwortlich für den Rückgang der CO_2-Emissionen sind sowohl Reduktionen der spezifischen Verbräuche als auch Verlagerungen zu energieeffizienten Antriebsarten. Übrige Emissionen, wie Feinstaub, Stickoxide, Kohlenmonoxid und Kohlenwasserstoffe (ohne Methan) sind ebenfalls rückläufig, was vor allem auf strengere Abgasnormen und umweltfreundlichere Fahrzeugtechnologien zurückzuführen ist.*"[1335]

1331 *Bundesministerium für Verkehr und digitale Infrastruktur*, ebd., S. 19.
1332 *Bundesministerium für Verkehr und digitale Infrastruktur*, ebd., S. 183.
1333 *Bundesministerium für Verkehr und digitale Infrastruktur*, ebd., S. 21.
1334 *Bundesministerium für Verkehr und digitale Infrastruktur*, ebd., S. 116ff.
1335 *Bundesministerium für Verkehr und digitale Infrastruktur*, ebd., S. 118.

Entgegen der weit verbreiteten Auffassung[1336], dass die THG-Emissionen des Verkehrs seit 1990 kaum gesunken sind, zeichnet der Bericht das Bild einer stetigen Abnahme der Emissionen.

Auch für die zukünftige Entwicklung des Umweltzustandes im Hinblick auf den Klimaschutz führt der Bericht pauschal die Ziele des Aktionsprogramms Klimaschutz 2020 an. Anhand der vom BMVI aufgestellten Verkehrsverflechtungsprognose 2030 wurde die Entwicklung der CO_2-Emissionen prognostiziert. Im Bericht heißt es dazu:

> *„Für die Entwicklungen der CO_2-Emissionen wird vom BMVI (2014a) eine Reduktion von insgesamt 15,4 % bis 2030 prognostiziert. Die größten Einsparungen werden für den Straßenverkehr vorhergesagt. Dem gegenüber werden für die CO_2-Emissionen des Luftverkehrs sowie der Binnenschifffahrt Zuwächse prognostiziert.“*[1337]

Durchgeführt wurde zudem eine Alternativenprüfung sowohl auf Projektebene als auch für das Gesamtnetz. Für die einzelnen Verkehrsvorhaben erfolgte diese Prüfung im Rahmen der Projektanmeldungen auf Länderebene. Die Untersuchungen der Länder sind im Projektinformationssystem PRINS öffentlich zugänglich.[1338] Zusammenfassend stellt der Bericht zum Verkehrsträger Straße fest:

> *„Die Ergebnisse der monetarisierten Umweltkriterien streuen sehr stark. Der höchste positive Umweltnutzen liegt bei 99,9 Mio. € und der niedrigste Wert liegt bei -498,8 Mio. €. Die Emissionen von CO_2 haben in der Regel den größten Einfluss auf die Nutzensumme Umwelt. Insgesamt haben 616 und damit 56 % der bewerteten Straßenprojekte einen insgesamt positiven Umweltnutzen. 482 und damit 44 % der Projekte haben einen insgesamt negativen Umweltnutzen.*
> *Von den insgesamt 819 bewerteten und in den BVWP aufgenommenen Neubauprojekten bzw. Projekten mit Neubauabschnitten wurden 160 und damit knapp 20 % mit einer hohen Umweltbetroffenheit bewertet. 402 und damit etwa die Hälfte (49 %) der Neubauprojekte haben eine mittlere Umweltbetroffenheit, die restlichen 257 Vorhaben (31 %) besitzen eine vergleichsweise geringe Umweltbetroffenheit.*
> *Von den insgesamt 254 bewerteten und in den BVWP aufgenommenen reinen Ausbauvorhaben wurden 120 Projekte (47 %) mit mittlerer Umweltbetroffenheit und 134 Projekte (53 %) mit geringer Umweltbetroffenheit bewertet.*
> *Zusammen genommen wurden In der Summe 1.073 Aus- und Neubauprojekte des Verkehrsträgers Straße bewertet und in den BVWP aufgenommen. In der Summe wurden davon 160 Projekte (15 %) mit hoher Umweltbetroffenheit und 522 Projekte (49 %) mit*

1336 Siehe dazu schon unter Kapitel 7, Ziff. I.

1337 *Bundesministerium für Verkehr und digitale Infrastruktur*, [Fn. 1324], S. 119.

1338 *Bundesministerium für Verkehr und digitale Infrastruktur*, ebd., S. 189.

mittlerer Umweltbetroffenheit bewertet. 391 Projekte (36 %) weisen eine geringe Umweltbetroffenheit auf."[1339]

Schließlich fand eine verkehrsträgerübergreifende Alternativenprüfung des Gesamtnetzes statt. Die Alternativen wurden hinsichtlich der Ziele des Plans ausgewählt. Vordergründig für die Alternativenwahl stellt der Umweltbericht auf verkehrliche Ziele ab. So soll in erster Linie die Güterversorgung sichergestellt, die Erreichbarkeit verbessert und Verkehrssicherheit erhöht werden. In einem anschließenden Satz werden ebenfalls Umweltziele als maßgeblich anerkannt.[1340] Der Umweltbericht nimmt dementsprechend drei unterschiedliche Investitionsszenarien in den Blick:

„*Szenario 1 orientiert sich an der Verkehrsleistung der Verkehrsträger in Deutschland. Verkehrsträger mit der höchsten Verkehrsleistung ist die Straße – sowohl im Personenverkehr (87 % der Personenkilometer 2014) als auch im Güterverkehr (71 % der Tonnenkilometer 2014). Entsprechend ergibt sich in diesem Szenario eine stark straßenorientierte Mittelverteilung. Szenario 2 geht von der Verteilung der Aus- und Neubaumittel im Haushalt 2016 aus und schreibt diese fort. Szenario 3 orientiert sich an der Nachhaltigkeitsstrategie, die eine Verkehrsverlagerung auf umweltverträgliche Verkehrsträger als Ziel formuliert hat. Entsprechend wurde eine Verstärkung der Investitionen in Schiene und Wasserstraße vorgesehen.*"[1341]

Bewertend führt der Bericht dazu aus:

„*Mit einer verstärkten Finanzierung von Schienen- und Wasserstraßenprojekten und somit einer Verlagerung des Verkehrs weg von der Straße (Szenario 3) können klimaschädliche Emissionen deutlich stärker reduziert werden als bei den anderen Szenarien. Über Szenario 3 könnten* CO_2*-Einsparungen in einer Größenordnung von etwa 981.500 t/a umgesetzt werden, während das straßendominierte Szenario 1 zu einer Mehrbelastung mit* CO_2 *von etwa 655.300 t/a führt. Betrachtet man dem gegenüber die Gesamtemissionen an Treibhausgasen in Deutschland (siehe Kap. 5.5.2), die in der Größenordnung von etwa 900 Mio. Tonnen liegen, handelt es sich hier aber nur um vergleichsweise kleine Mengen von weniger als 0,1 %.*"[1342]

Abschließend untersucht und bewertet der Bericht für den Entwurf des BVWP alle geplanten Projekte (sowohl Straße, Schiene als auch Wasserstraße) des vordringlichen und weiteren Bedarfs. Bezüglich der Klimarelevanz heißt es dazu:

1339 *Bundesministerium für Verkehr und digitale Infrastruktur*, ebd., S. 191f.

1340 *Bundesministerium für Verkehr und digitale Infrastruktur*, ebd., S. 138.

1341 *Bundesministerium für Verkehr und digitale Infrastruktur*, ebd., S. 139.

1342 *Bundesministerium für Verkehr und digitale Infrastruktur*, ebd., S. 141.

„Die Energie- und CO_2-Bilanz der einzelnen Verkehrsträger ist auch in der Summe aller Projekte der verschiedenen Bedarfsklassen unterschiedlich. Während bei den Verkehrsträgern Schiene und Wasserstraßen insgesamt eine Einsparung von CO_2-Emissionen stattfindet, verursacht die Summe der Straßenprojekte eine negative Bilanz, d. h. es wird mehr CO_2 freigesetzt als ohne die geplanten Straßen. In der Summe über alle Projekte ergibt sich aber eine Einsparung von etwa 325.796 Tonnen CO_2 pro Jahr. Die Größenordnung entspricht weniger als 0,1 % der jährlichen Gesamtemissionen an Treibhausgasen in Deutschland (siehe Kap. 5.5.2), die bei etwa 900 Mio. Tonnen liegt.“[1343]

bb. Kritik an der SUP

Der BVWP 2030, insbesondere aber auch die in seinem Rahmen durchgeführte SUP, hat in der Gesellschaft, vor allem aber bei Umweltverbänden, deutliche Kritik hervorgerufen. Vielfach wurde moniert, dass die vom BMVI zugelassene Frist zur Auslegung und Stellungnahmemöglichkeit von sechs Wochen aufgrund der Komplexität der Unterlagen deutlich zu kurz bemessen war.[1344] Auch die Durchführung der Alternativenprüfung wurde bemängelt. Zum einen wurde die Betrachtung von lediglich drei Investitionsalternativen als unzureichend angesehen. Aufgrund der deutlichen Fokussierung der Szenarien 1 und 2 auf den Straßenbau und den damit einhergehenden negativen Auswirkungen auf die Umwelt hätten noch mehr zielkonforme Alternativen, vergleichbar des Szenarios 3, entwickelt und in die Überprüfung einbezogen werden müssen.[1345] Ebenfalls wurde angeführt, dass zu prüfende Alternativen nicht vorrangig an Verkehrszielen ausgerichtet werden dürfen. Vielmehr müssten solche Alternativen ermittelt werden, die die für den BVWP einschlägigen Ziele, wozu gleichberechtigt auch

---

1343 *Bundesministerium für Verkehr und digitale Infrastruktur*, ebd., S. 164.

1344 Vgl. *Umweltbundesamt*, Stellungnahme des Umweltbundesamtes zum Entwurf des BVWP 2030 mit Umweltbericht 2016, S. 1. Einsehbar unter https://www.umweltbundesamt.de/sites/default/files/medien/376/dokumente/stellungnahme_des_umweltbundesamtes_zum_entwurf_des_bundesverkehrswegeplans_2030_mit_umweltbericht.pdf; *Bund für Umwelt und Naturschutz Deutschland u. a.*, Stellungnahme zum Entwurf des Bundesministeriums für Verkehr und digitale Infrastruktur für einen Bundesverkehrswegeplan 2030, 2016, S. 5. Einsehbar unter https://nrw.nabu.de/imperia/md/content/nrw/stellungnahmen/stn_nv_nrw_bvwp_2030_02052016_final.pdf; *Bund für Umwelt und Naturschutz Deutschland*, Stellungnahme des BUND Bundesverbandes zum Bundesverkehrswegeplan 2030 mit unmittelbarem Bezug zu einem oder mehreren Einzelprojekten 2016, S. 4. Einsehbar unter: https://www.bund.net/fileadmin/user_upload_bund/publikationen/mobilitaet/mobilitaet_stellungnahme_bundesverkehrswegeplan_2030.pdf

1345 *Umweltbundesamt*, [Fn. 1344], S. 6f.

Umweltziele zählen, in einen bestmöglichen Ausgleich bringen.[1346] Sodann sei der Umweltbericht bezüglich des Verhältnisses der Alternativenprüfung und der eigentlichen Entwurfsprüfung des BVWP undurchsichtig. So werden in Kapitel 7.1 zunächst die drei Investitionsszenarien auf ihre umweltfachlichen Auswirkungen untersucht. Direkt im Anschluss daran wird der der SUP zugrunde liegende Entwurf des BVWP untersucht, wobei kaum erkenntlich sei, dass dieser Entwurf nicht auf einer der drei untersuchten Alternativen beruht, sondern ein völlig neues, eigenständiges Szenario darstellt.[1347] Unter Umweltgesichtspunkten stelle sich diese Entwurfswahl zudem nur unwesentlich besser dar als das untersuchte Szenario 2.[1348]

Gerügt wurde außerdem, dass der Umweltbericht keine Aussagen darüber enthält, wie der ermittelte Ausstoß von THG im Hinblick auf die Klimaziele zu bewerten ist. Zwar wird die allgemeine Methode einer Kosten-Nutzen-Analyse für den Klimaschutzbelang nicht grundsätzlich in Frage gestellt[1349], jedoch mache der Bericht keine Angaben zum Grad, in welchem der BVWP zu den Klimazielen der Bundesregierung beiträgt.[1350]

Weil der Entwurf des BVWP 2030 11 der 12 selbst gesetzten und im Umweltbericht untersuchten Ziele nicht erreicht[1351] und eine zu starke Ausrichtung auf den Verkehrsträger Straße geplant ist, fiel die abschließende Kritik der meisten Umweltverbände und -behörden deutlich negativ aus.[1352] Das Umweltbundesamt titelte sogar in einer Pressemitteilung: „Bundesverkehrswegeplan besteht eigene Umweltprüfung nicht"[1353]

1346 *Umweltbundesamt*, ebd., S. 6; vgl. ebenfalls *Hornberg u. a.*, Umsteuern erforderlich: Klimaschutz im Verkehrssektor 2018, S. 154.

1347 *Umweltbundesamt*, [Fn. 1344], S. 2. Siehe ebenfalls *Bund für Umwelt und Naturschutz Deutschland u. a.*, [Fn. 1344], S. 24.

1348 *Umweltbundesamt*, [Fn. 1344], S. 9.

1349 Kritisch jedoch *Bund für Umwelt und Naturschutz Deutschland*, [Fn. 1344], S. 7f.

1350 *Umweltbundesamt*, [Fn. 1344], S. 5f.

1351 *Bund für Umwelt und Naturschutz Deutschland u. a.*, [Fn. 1344], S. 2; *Bund für Umwelt und Naturschutz Deutschland*, [Fn. 1344], S. 6; *Umweltbundesamt*, [Fn. 1344], S. 2; *Hornberg u. a.*, [Fn. 1156], S. 154.

1352 Vgl. nur *Bund für Umwelt und Naturschutz Deutschland u. a.*, [Fn. 1344], S. 1; *Bund für Umwelt und Naturschutz Deutschland*, [Fn. 1344], S. 3ff.

1353 Pressemitteilung des Umweltbundesamtes Nr. 18/2016, 25.04.2016, einsehbar unter https://www.umweltbundesamt.de/presse/pressemitteilungen/bundesverkehrswegeplan-besteht-eigene.

cc. Rechtliche Bewertung durch das BVerwG

Das BVerwG hat im gleichen Urteil, in dem es auch die Untersuchungspflicht des globalen Klimas im Rahmen der UVP verstärkt herausgestellt hat, zu einigen kritisierten Punkten der SUP zum BVWP Stellung genommen.[1354] Prüfungsgegenstand war die Klage einer nach § 3 UmwRG anerkannten Umweltvereinigung gegen den 7. Bauabschnitt des Neubaus der Bundesautobahn 39 zwischen Wolfsburg und Lüneburg. Die Umweltvereinigung rügte unter anderem, dass dem Neubauvorhaben die Planrechtfertigung fehle. Zwar sei es im einschlägigen Bedarfsplan als Vorhaben des vordringlichen Bedarfes aufgenommen, jedoch entfalle die Bindungswirkung des Bedarfsplans, weil er gegen die Richtlinie 2001/42/EG des Europäischen Parlaments und des Rates vom 27.06.2001 über die Prüfung der Umweltauswirkungen bestimmter Pläne und Programme (im Folgenden: SUP-Richtlinie) verstoße.[1355]

Das Gericht prüft in der Folge die Durchführung der SUP unter unionsrechtlichen Gesichtspunkten. Zunächst macht das Gericht deutlich, dass es unionrechtlich unbedenklich ist, dass die Untersuchung der Umweltauswirkungen nicht im Rahmen einer SUP bei der Aufstellung des Bedarfsplans, sondern durch SUP bei der Erarbeitung des BVWP stattgefunden hat.[1356] Obschon der Kläger eigentlich die fehlende Bindungswirkung des Bedarfsplans rügte, prüft das Gericht folgerichtig die SUP im Rahmen des BVWP.

Bezüglich der Alternativenprüfung führt das Gericht aus, dass es nicht zu beanstanden sei, dass der „Anteil der Investitionen in die Bundesfernstraßen im Vergleich zum Schienenanteil unter Umwelt- und insbesondere Klimaschutzgesichtspunkten zu hoch“[1357] ist. Diese Kritik beziehe sich ausschließlich auf die Bewertung der Alternativen und den Inhalt des BVWP. Die SUP-Richtlinie enthalte diesbezüglich keine Anforderungen.[1358] Ebenfalls sei die Kritik, dass der BVWP 2030 im Widerspruch zum Klimaschutzplan 2050 steht, weil er aufgrund zu hoher Investitionen in das Bundesfernstraßennetz und daher zu wenig zu einer Reduzierung der Treibhausgase beitrage, nicht zutreffend. Das Gericht verweist für diese Begründung auf den Klimaschutzplan 2050 selber. Demnach solle die Reduktion der THG aus dem Verkehrsbereich „nicht vorrangig durch die Verlagerung von Straßenverkehr auf andere Verkehrsträger, sondern durch

1354 Siehe BVerwG, Urt. v. 11.07.2019 – 9 A 13/18, NVwZ 2020, 788 (793 Rn. 47ff.).
1355 BVerwG, Urt. v. 11.07.2019 – 9 A 13/18, NVwZ 2020, 788 (792 Rn. 47f.).
1356 BVerwG, Urt. v. 11.07.2019 – 9 A 13/18, NVwZ 2020, 788 (794 Rn. 66).
1357 BVerwG, Urt. v. 11.07.2019 – 9 A 13/18, NVwZ 2020, 788 (795 Rn. 75).
1358 BVerwG, Urt. v. 11.07.2019 – 9 A 13/18, NVwZ 2020, 788 (795 Rn. 75).

die Kombination aus einer Effizienzsteigerung der Fahrzeuge und dem verstärkten Einsatz treibhausgasneutraler Energie erreicht werden."[1359]

Sodann sei es unionsrechtlich nicht zu beanstanden, dass für einige Umweltkriterien, insbesondere den Ausstoß von CO_2, eine Nutzen-Kosten-Analyse durchgeführt wurde. Die SUP-Richtlinie verlange, dass die erheblichen Umweltauswirkungen eines Plans oder Programms geprüft werden. Wirtschaftliche und soziale Belange hätten im Rahmen der SUP daher außen vor zu bleiben. Die Methode der Nutzen-Kosten-Analyse stehe mit diesen Anforderungen im Einklang. "Denn übernommen wurden aus der Nutzen-Kosten-Analyse ausschließlich die monetarisierten umweltbezogenen Kriterien, nicht jedoch etwaige gegenläufige verkehrliche, wirtschaftliche oder soziale Belange."[1360]

Schließlich genüge die SUP auch den Anforderungen an die Öffentlichkeitsbeteiligung. Insbesondere bezüglich der Berücksichtigungspflicht der Ergebnisse der Öffentlichkeitsbeteiligung, also den Zeitraum zwischen Eingang der Stellungnahmen und der Annahme des BVWP durch die Bundesregierung führt das Gericht aus, dass die durchgeführte Zeitspanne von drei Monaten (noch) ausreichend sei, um die 39000 Stellungnahmen in angemessener Weise berücksichtigen zu können.[1361]

dd. Stellungnahme

Da der BVWP die erste aber auch maßgebliche Weichenstellung der Verkehrsinfrastrukturplanung der Bundesrepublik Deutschland ist, hat er nicht nur aus verkehrlicher Sicht eine herausragende Bedeutung. Wie die vorangehenden Abschnitte zeigen konnten, kommt der Planung der Verkehrsinfrastruktur auch unter Klimaschutzgesichtspunkten eine große Bedeutung zu. Aus diesem Grund sind manche Ausführungen des Umweltberichts aber auch des BVerwG durchaus überraschend. Abschließend soll daher zu diesen Ausführungen Stellung bezogen werden.

Positiv festzuhalten ist zunächst, dass im Rahmen der SUP eine Untersuchung der Klimaauswirkungen der einzelnen Vorhaben, aber auch des Gesamtplans auf das globale Klima stattgefunden hat. Wie bereits gesehen bestand für solche Untersuchungen aus rein rechtlicher Sicht des UVPG wohl keine Verpflichtung. Denn erst seit der UVPG-Novelle-2017 ist das Schutzgut „Klima" in § 2 Abs. 1 Nr. 3 UVPG auch im Sinne des globalen Klimas zu verstehen.

1359 BVerwG, Urt. v. 11.07.2019 – 9 A 13/18, NVwZ 2020, 788 (795 Rn. 75).

1360 BVerwG, Urt. v. 11.07.2019 – 9 A 13/18, NVwZ 2020, 788 (795f. Rn. 77).

1361 Vgl. BVerwG, Urt. v. 11.07.2019 – 9 A 13/18, NVwZ 2020, 788 (796 Rn. 79aaa)).

Dennoch überraschen diese Ausführungen nicht. Es wäre unter einem abwägungsrechtlichen Blickpunkt schwer zu begründen, warum die Emissionen des gesamten Verkehrsnetzes der Bundesrepublik keine Auswirkungen auf das globale Klima haben sollten. Da der BVWP grundsätzlich auch dem Abwägungsgebot unterliegt, müssen bei seiner Aufstellung alle Belange berücksichtigt werden, die nach Lage der Dinge zu beachten sind. Dazu zählt auch das globale Klima, wie offensichtlich auch das BMVI als die den Plan aufstellende hoheitliche Stelle anerkennt.

Unionsrechtlich (und wohl auch nach den Maßgaben des UVPG) nicht zu beanstanden ist sodann die Durchführung einer Nutzen-Kosten-Analyse für den Belang der CO_2-Emissionen. Für die SUP wurden aus der Kosten-Nutzen-Analyse nur die monetarisierten Umweltbelange übernommen. Daneben wird weiterhin der CO_2-Ausstoß von Einzelprojekten und Gesamtplan in Tonnen pro Jahr bilanziert.[1362]

Kritisch zu sehen sind jedoch mehrere Aussagen des Umweltberichts. So führt der Bericht auf S. 141 aus, dass durch eine Verlagerung des Verkehrs auf Schiene und Wasserstraße wie in Szenario 3 durchaus eine Reduktion klimaschädlicher Emissionen in einer Höhe von 981.000 t/a erfolgen kann, während eine Verkehrsverteilung wie in Szenario 1 zu einer Mehrbelastung von 655.300 t/a führt. Diese unter Klimagesichtspunkten sehr relevante bilanzierende Feststellung wird im nächsten Satz sogleich relativiert. Denn betrachte man die Gesamtemissionen von THG in Deutschland, handele es sich sowohl bei den Einsparungen als auch bei den Zunahmen „nur um vergleichsweise kleine Mengen von weniger als 0,1 %“.[1363] Durch diesen Zusatz findet daher rhetorisch eine Marginalisierung des gesamten Klimaschutzbelangs statt. Eine ernsthafte Berücksichtigung des Klimaschutzes würde eine Formulierung, die eine Einsparung von fast 1 Mio. t CO_2eq pro Jahr als eine „vergleichsweise kleine Menge“ beschreibt, ausschließen. Sodann wird nicht weiter erörtert, wie diese Feststellung im Hinblick auf die Ziele des BVWP zu bewerten ist, insbesondere zum genannten Aktionsprogramm Klimaschutz 2020.

Auch das Urteil des BVerwG ist in einer Hinsicht als bedenklich anzusehen. So erklärt das Gericht, dass der BVWP nicht im Widerspruch zum Klimaschutzplan 2050 stehe, da die Reduktion von THG nicht durch eine Verlagerung von Straßenverkehr auf andere Verkehrsträger, sondern vorrangig durch andere

1362 Vgl. abermals BVerwG, Urt. v. 11.07.2019 – 9 A 13/18, NVwZ 2020, 788 (795f. Rn. 77).

1363 *Bundesministerium für Verkehr und digitale Infrastruktur*, [Fn. 1324], S. 141.

Maßnahmen im Verkehrssektor zu gewährleisten sei.[1364] Zwar trifft es zu, dass im Verkehrsbereich ein ausgeprägter Mix an Klimaschutzinstrumenten besteht. Auch mag es zutreffen, dass die Verlagerung des Verkehrs von der Straße auf die Schiene und Wasserwege nicht das primäre Instrument in diesem Bereich darstellt. Das Gericht verneint jedoch im Prinzip die Relevanz dieses Instruments gänzlich, was bei einem möglichen Einsparungspotential von fast 1 Mio. t CO_2eq jährlich durchaus überrascht. Ob diese Sichtweise nach dem Klimaschutz-Beschluss des BVerfG vom 24.03.2021 noch aufrecht gehalten werden kann, erscheint äußerst fragwürdig.

Abschließend betrachtet manifestieren die erkannten Kritikpunkte die eigentlichen Schwächen des Verfahrensrechts in Deutschland. Denn es kann nur in dem Maße zum effektiven Klimaschutz beitragen, wie einschlägige Überlegungen auch nach dem materiellen Recht angebracht und berücksichtigt werden können und müssen. Da der BVWP in hohem Maße von programmatischen Überlegungen der Regierung geleitet wird und nur sehr begrenzte materielle Vorgaben existieren, wird diese Schwachstelle hier offenbar. Daraus resultiert, dass die in der SUP auch unter Klimaschutzgesichtspunkten untersuchten und bewerteten Alternativen faktisch keine Auswirkung auf die Aufstellung des BVWP 2030 hatten. So wurde zwar für Szenario 3 herausgearbeitet, dass es unter Klimaschutzgesichtspunkten die vorzugswürdige Alternative darstellt. Die Entwurfsplanung orientierte sich dennoch, ohne eine Begründung für diese Wahl zu liefern, maßgeblich an Szenario 2. Festzuhalten bleibt daher, dass die SUP für den BVWP 2030 in diesem Einzelfall kein effektives Instrument für mehr Klimaschutz dargestellt hat.

Durch die Richtlinie 2014/52/EU und die UVPG-Novelle-2017 dürfte das Instrument der SUP für den Klimaschutz weiter an Relevanz gewonnen haben. Künftige Änderungen oder Neuaufstellungen von Bundesverkehrswegeplänen bzw. Bedarfsplänen müssen daher in verstärktem Maße auch auf Belange des globalen Klimas eingehen. Jedoch bleibt weiterhin die materiellrechtliche Verankerung des Klimaschutzes maßgeblich. Hieran haben weder die Richtlinie noch die Neuerungen im UVPG etwas geändert. Eine stärkere materielle Beachtungspflicht dürfte sich indes durch § 13 Abs. 1 S. 1 KSG und den Klimaschutz-Beschluss des BVerfG ergeben.

1364 So BVerwG, Urt. v. 11.07.2019 – 9 A 13/18, NVwZ 2020, 788 (795 Rn. 75).

b. Beispielhafte Planungsentscheidungen

Weiterführend kann untersucht werden, ob und wie Klimaüberlegungen bei der Planung von Bundesautobahnen in den Schritten nach der Bedarfsplanung Einzug finden. Berücksichtigt wird dabei sowohl die Behandlung des Klimaschutzbelangs im Verfahren der UVP als auch der materiellen Planfeststellungsentscheidung. Durch die Beschreibung und Wiedergabe konkreter Fallbeispiele kann somit ein Ausschnitt der Verwaltungspraxis veranschaulicht werden.[1365] Zunächst werden daher die Rahmenbedingungen der Falluntersuchung abgesteckt (unter lit. aa). Nachfolgend werden einige relevante Merkmale, wie etwa die Anerkennung des Schutzgutes „globales Klima" (unter lit. bb, aaa), die Ermittlung der THG von Fahrzeugen (unter lit. bb, bbb), die Beschreibung der Relevanz natürlicher Kohlenstoffsenken (unter lit. bb, ccc) und Trassenalternativen (unter lit. bb, ddd) sowie die Berücksichtigung des Klimaschutzes in der materiellen Abwägungsentscheidung (unter lit. bb, eee) untersucht. Abschließend wird auch zu den hier aufgefundenen Ergebnissen Stellung genommen (unter lit. cc).

aa. Rahmenbedingungen

Für diese Falluntersuchung mussten zunächst die einschlägigen Dokumente ausfindig gemacht werden. Hierzu wurde eine Internetrecherche durchgeführt. Als wichtigste Internetquelle stellte sich die Seite UVP-Verbund[1366] heraus. Dabei handelt es sich um das UVP-Portal der Länder Baden-Württemberg, Bayern, Brandenburg, Berlin, Bremen, Hessen, Hamburg, Mecklenburg-Vorpommern, Nordrhein-Westfalen, Rheinland-Pfalz, Schleswig-Holstein, Saarland, Sachsen-Anhalt, Sachsen, und Thüringen. Das Portal dient der Information der Öffentlichkeit und stellt eine Vielzahl von planungsrelevanten Unterlagen bereit. Zudem wurde eine Internetrecherche auf den Seiten zuständiger Planfeststellungsbehörden durchgeführt.

Betrachtet wurden unterschiedliche Dokumenttypen wie UVP-Berichte, Erläuterungsberichte zur Entwurfsplanung und Planfeststellungsbeschlüsse. Ausschlaggebendes Auswahlkriterium der Dokumentenwahl stellte die Verfügbarkeit ebendieser dar. Sowohl in den Erläuterungsberichten als auch den

---

1365 Aufgrund der lediglich beispielhaften Aufzählung erhebt diese Ermittlung keinen Anspruch auf Vollständigkeit. Es handelt sich vielmehr um eine Beschreibung von Praxisbeispielen, um so die Verwaltungs- und Planungspraxis greifbarer zu machen. Zu diesem Zweck werden relevante Passagen in *kursiv* zitiert.

1366 https://www.uvp-verbund.de/portal/.

Planfeststellungsbeschlüssen werden die Umweltauswirkungen eines Vorhabens wiedergegeben, so wie sie im Rahmen der UVP ermittelt wurden. Daher bieten sich auch diese Dokumente für die hier durchgeführte Untersuchung an, selbst wenn für diese Verfahren kein UVP-Bericht öffentlich eingesehen werden konnte.[1367]

Abschließend ist darauf hinzuweisen, dass aufgrund der Überleitungsvorschrift des § 74 Abs. 2 Nr. 1, 2 UVPG das Verfahren in der Fassung des UVPG vor der Novelle 2017 anzuwenden ist, wenn vor dem 16.05.2017 ein Scopingverfahren nach § 5 UVPG a.F. durchgeführt oder die Unterlagen nach § 6 UVPG a.F. vorgelegt wurden. Den untersuchten Planungsunterlagen kann indes oftmals nicht entnommen werden, ob und wann ein Scoping-Termin durchgeführt wurde. Hinzu kommt, dass die Erarbeitung des UVP-Berichts nach einem Scoping-Termin einige Zeit in Anspruch nehmen kann. Selbst wenn ein UVP-Bericht daher nach dem 16.05.2017 vorgelegt wurde, ist es durchaus möglich, dass sich die rechtlichen Anforderungen an ihn dennoch nach der alten Fassung des UVPG richten. Ist das der Fall, sind die erweiterten Prüfpflichten im Hinblick auf das globale Klima nicht einschlägig.

Vor diesem Hintergrund kommt den untersuchten Planungsentscheidungen eine nur begrenzte Aussagekraft zu. Vielfach konnte nicht eindeutig bestimmt werden, ob für die einschlägigen Dokumente das UVPG nach der Novelle 2017 einschlägig war oder seine Vorgängerfassung. Nichtsdestotrotz dürfte auch der Planungs- und Verwaltungspraxis die UVPG-Novelle im Jahre 2017 nicht entgangen sein. Da hierdurch grundsätzlich eine Erweiterung der Prüfpflichten auferlegt wurde, ist es nicht rechtsfehlerhaft, wenn sich die Untersuchungen auch auf die globalen Klimaauswirkungen eines Vorhabens erstrecken, obwohl dies normativ zu diesem Zeitpunkt nicht gefordert war.

1367 Für die Betrachtung nicht relevant ist das Projektinformationssystem (PRINS) zum BVWP 2030. Dabei handelt es sich um die Vorabbewertung der angemeldeten Verkehrsprojekte und Projektideen durch die Länder. Diese Untersuchungen hatten ausschließlich Bedeutung für die Erstellung des BVWP 2030 und dienten der Abschätzung des Investitionsvolumens. Vgl. dazu *Bundesministerium für Verkehr und digitale Infrastruktur*, [Fn. 1324], S. 31. Die in diesem Rahmen angestellten Bewertungen sind daher nicht verbindlich für die in der Planfeststellung zu treffenden Entscheidungen.

bb. Untersuchte Merkmale

Resultierend aus den Ausführungen zum Klima im allgemeinen Verfahren der UVP[1368] und dem Verfahren der Planung von Bundesautobahnen[1369] werden im Folgenden mehrere Merkmale der betrachteten Dokumente in den Blick genommen. Zunächst kann untersucht werden, ob das globale Klima als Schutzgut anerkannt wurde (lit. aaa). Anschließend wird beleuchtet, ob eine Beschreibung und Bewertung der erheblichen Auswirkungen der geplanten Autobahn auf das globale Klima stattgefunden hat. Besonders relevant hierbei sind die von einer Bundesautobahn ausgehenden THG von Fahrzeugen (lit. bbb). In diesem Rahmen stellt sich ebenfalls die Frage, ob eine Beschreibung der Beeinflussung von natürlichen Kohlenstoffsenken durchgeführt wurde (lit. ccc). Sodann kann betrachtet werden, ob verschiedene Trassenalternativen auf ihre Klimaverträglichkeit untersucht wurden (lit. ddd). Schließlich wird ein Blick auf die Berücksichtigung des Klimaschutzbelangs in der materiellen Abwägungsentscheidung geworfen (lit. eee).

aaa. Anerkennung des globalen Klimas

Als Basisvoraussetzung der weiteren Überprüfungen ist das Verständnis des Schutzgutes „Klima“ in den unterschiedlichen Planungsdokumenten zu untersuchen. Hierbei konnte kein einheitliches Verständnis bzw. Planungspraxis erkannt werden.

Die Beschreibung des Schutzgutes erfolgte in einigen Dokumenten lediglich unter Bezugnahme auf lokale und regionale Klimafaktoren. Beispielhaft hierfür sind Ausführungen im UVP-Bericht zum 6-streifigen Ausbau der A 42 von der Anschlussstelle Bottrop-Süd zum Autobahnkreuz Essen-Nord vom 20.01.2021.[1370] Unter Ziffer 5.6.1 finden sich Umweltschutzziele und Bewertungsmaßstäbe für die Schutzgüter Klima und Luft. Dazu führt der Bericht aus:

> *„Die Gesundheit und das Wohlbefinden von Menschen und Tieren sowie die Leistungsfähigkeit und das Wuchs- / Ertragspotenzial der Pflanzen sind in hohem Maße abhängig von den lokalen und regionalen klimatischen und lufthygienischen Verhältnissen. Die lufthygienischen Sachverhalte werden auch beim Schutzgut Menschen unter dem Aspekt der menschlichen Gesundheit mit betrachtet.*

1368 Siehe unter Kapitel 5, Ziff. IV.

1369 Siehe unter Kapitel 7, Ziff. III, 2.

1370 Einsehbar unter https://www.o-sp.de/bezreg-muenster/plan?std=474&pid=60666&tid=141738; Im Folgenden: UVP-Bericht A 42.

Gemäß § 1 Abs. 1 Bundes-Immissionsschutzgesetz (BImSchG) „sind Menschen, Tiere und Pflanzen, der Boden, das Wasser, die Atmosphäre sowie Kultur- und sonstige Sachgüter vor schädlichen Umwelteinwirkungen zu schützen und es ist dem Entstehen schädlicher Umwelteinwirkungen vorzubeugen".
Nach § 1 Abs. 3 Nr. 4 BNatSchG „sind Luft und Klima auch durch Maßnahmen des Naturschutzes und der Landschaftspflege zu schützen; dies gilt insbesondere für Flächen mit günstiger lufthygienischer oder klimatischer Wirkung wie Frisch- und Kaltluftentstehungsgebiete oder Luftaustauschbahnen". Aus § 9 Abs. 3 Nr. 4e BNatSchG kann zudem gefolgert werden, „dass die Erfordernisse und Maßnahmen zur Umsetzung der konkretisierten Ziele des Naturschutzes und der Landschaftspflege u. a. zum Schutz, zur Qualitätsverbesserung und zur Regeneration von Luft und Klima" gelten.
Die wichtigsten Immissionsgrenzwerte sind in der „Verordnung über Luftqualitätsstandards und Emissionshöchstmengen (39. BImSchV)" als Umsetzung der Richtlinie 2008/50/EG in deutsches Recht, soweit diese nicht durch eine entsprechende Änderung des Bundes-Immissionsschutzgesetzes umgesetzt wird, festgelegt."[1371]

Unter Ziff. 5.6.2. führt der Bericht zu den potentiellen Auswirkungen auf das Schutzgut weiter aus:

„Als relevante Einwirkungen sind zu bewerten:
- *Verlust lufthygienisch wirksamer Funktionsbereiche durch anlage- und baubedingte Inanspruchnahme*
- *Entwertung lufthygienischer Ausgleichsräume durch baubedingte Schadstoffimmissionen"*[1372]

Vielfach wurden für das Schutzgut Klima daher Untersuchungen zur Beeinträchtigung bestehender Frisch- und Kaltluftgebiete oder Luftaustauschbahnen durchgeführt. Obwohl diese Gebiete oftmals Waldflächen sind und daher theoretisch unter globalen Klimagesichtspunkten als natürliche Kohlenstoffsenken fungieren können, wurde in einigen Berichten nicht auf die Relevanz dieser Gebiete für den Klimaschutz hingewiesen.

Im Gegensatz dazu fanden sich mehrere Planungsdokumente, die das Schutzgut „Klima" auch in seiner globalen Dimension verstanden und daher auch globale Klimaschutzgesichtspunkte im Rahmen der UVP ermittelten. Plastisch hierzu führt der UVP-Bericht für den Umbau des Autobahnkreuzes Köln-Nord BAB 1/BAB 57 vom 16.07.2018[1373] aus:

1371 UVP-Bericht A 42, S. 41.

1372 UVP-Bericht A 42, S. 41.

1373 Einsehbar unter https://www.uvp-verbund.de/documents/ingrid-group_ige-iplug-nw/467A2CFE-02C0-4EBC-AC57-E2F3160F7264/UVP%20Bericht.pdf; Im Folgenden: UVP-Bericht Autobahnkreuz Köln-Nord.

„Die Schutzgüter Klima und Luft sind zwar eigenständige Schutzgüter des UVPG, diese sind jedoch eng mit einander verbunden und werden deshalb gemeinsam behandelt. Zu betrachten sind die

- *Lufthygiene (Frischluftentstehung und Schadstoffbelastung durch Gase und Stäube),*
- *lokalklimatische Ausgleichsfunktion (Kaltluftentstehungsgebiete, Luftaustauschbahnen) sowie*
- *Wirkungen auf Klimawandel und von diesem auf das Vorhaben (Risikobewertung).*

[...]
Der Klimawandel ist gem. Anlage 4 UVPG im UVP-Bericht hinsichtlich dessen Auswirkungen auf den Vorhabenstandort und damit verbundenen Risiken für das Vorhaben zu berücksichtigen. Im Sinne der nationalen Klimaschutzplans 2050 und des Übereinkommens von Paris (vom 12.12.2015) sind Vorhaben, die zum Einsparen von Treibhausgasen (THG) führen, positiv im Sinne des Klimaschutzes.“[1374]

bbb. Treibhausgasemissionen von Fahrzeugen

Aufgrund der unterschiedlichen Auffassungen bezüglich der Ausdehnung des Schutzgutes „Klima“ wurde auch nur teilweise auf die Bedeutung verkehrsbedingter Treibhausgasemissionen für den Klimaschutz eingegangen. Dennoch sind solche Ermittlungen in einigen Unterlagen aufzufinden. Beispielhaft sind die Ausführungen im UVP-Bericht zum Neubau der Bundesautobahn 44 Kassel-Herleshausen vom 19.11.2020[1375]. Zunächst geht der Bericht ausführlich auf die lokalklimatisch relevanten Kaltluftentstehungs- und abflussgebiete sowie lufthygienische Ausgleichsgebiete ein.[1376] Anschließend widmet er einen eigenen Abschnitt der betriebsbedingten Treibhausgasbilanz. Hierzu führt er aus:

„Das novellierte UVPG formuliert in Anlage 4 Nr. 4 Buchstabe b die Vorgabe, dass auch Veränderungen des Klimas z. B. durch Treibhausgasemissionen zu berücksichtigen sind. Dabei ist auf eine direkte und indirekte Beeinflussung der Treibhausgasemissionen einzugehen (vgl. Anlage 4 Nr. 4c UVPG). Dies betrifft die direkte und indirekte Emission von Treibhausgasen sowie die Betroffenheit von Treibhausgassenken.
[...]
Bezüglich der verkehrsbedingten CO_2-Emissionen ist eine gesonderte Prognose erarbeitet worden (IMA 2020). Demnach werden im Prognose-Nullfall 2030 (also ohne das geplante Vorhaben) durch den Verkehr auf der B 7 im Bereich der VKE 11 30,1 t/a emittiert. Im Planfall 2030 (also mit Realisierung der A 44) werden im Bereich der VKE 11 auf der

1374 UVP-Bericht Autobahnkreuz Köln-Nord, S. 30.

1375 Einsehbar unter https://www.uvp-verbund.de/documents/ingrid-group_ige-iplug-he/C7AA6CC3-7AE1-4B46-B8DA-D2739132CA4C/5473_U19-8-1_UVP-Bericht_11-2020.pdf; Im Folgenden: UVP-Bericht A 44.

1376 Siehe UVP-Bericht A 44, S. 202.

neuen A 44 und der verkehrsberuhigten B 7 49,8 t/a emittiert, was einer Zunahme von ca. 65 % entspricht. Verantwortlich für die Steigerung ist die Zunahme des Verkehrsaufkommens sowie der höhere Kraftstoffverbrauch auf der A 44 ohne Geschwindigkeitsbegrenzung (vgl. IMA 2020)."[1377]

Auch im Planfeststellungsbeschluss für die achtstreifige Erweiterung der Bundesautobahn 7 südlich des Elbtunnels vom 02.08.2019[1378] ist bezugnehmend auf die Umweltverträglichkeitsprüfung zu lesen:

„*Auch hinsichtlich der Kohlendioxid-Immissionen (CO_2) ist für den Untersuchungsraum ein Abgleich des Prognose-Planfalls mit dem Prognose-Nullfall 2024 auf Grundlage einer Gegenüberstellung der für das jeweilige Szenario prognostizierten Kilometerleistung aller Fahrzeuge im Jahr vorgenommen worden. Entsprechend des Luftschadstoffgutachtens erhöhen sich die Fahrleistungen sämtlicher Fahrzeuge auf allen Straßen im Untersuchungsgebiet im PrognosePlanfall gegenüber dem Prognose-Nullfall um ca. 13 Mio. km pro Jahr (d. h. um 4,1 %) auf ca. 325 Mio. km pro Jahr. Augenfällig ist dabei, dass an der daraus abgeleiteten Steigerung der CO_2-Emissionen von 1,5 % (um 1.750 t pro Jahr auf 119.450 t pro Jahr) die A 7 mit einem Anteil von 47 % beteiligt ist, obwohl der Anteil der auf der A 7 an den gesamten im Untersuchungsraum zu verzeichnenden Fahrleistungen 72 % beträgt. Autobahntypische Verkehrsverhältnisse, deren Verstetigung Gegenstand des Vorhabens ist, tragen somit zu einem verhältnismäßig geringen Anteil zu der mit Blick auf die Vorbelastung geringen Steigerung der CO_2-Emissionen bei. Insgesamt ist daher von einer geringen zusätzlichen Beeinträchtigung des Schutzgutes durch betriebsbedingte Auswirkungen des Vorhabens auszugehen.*"[1379]

Die THG-Emission durch den auf der geplanten Autobahn stattfindenden Verkehr wurden in einigen Fällen durch einen Vergleich des Prognose-Nullfalls mit dem Prognosefall ermittelt, also der verkehrlichen Situation mit und ohne das geplante Autobahnvorhaben. Zwangsläufig sind diese Untersuchungen aufgrund des prognostischen Ansatzes einerseits der künftigen Verkehrsströme als auch der damit einhergehenden Emission mit gewissen Unsicherheiten behaftet. Insbesondere die Effekte anderweitiger Klimaschutzinstrumente im Verkehrssektor können diese Prognosen beeinflussen. So führt beispielsweise der Erläuterungsbericht zur Bundesautobahn 26 Hafenpassage Hamburg, Abschnitt 6b vom 11.12.2019[1380] aus:

1377 UVP-Bericht A 44, S. 202f.

1378 Einsehbar unter https://www.hamburg.de/contentblob/12794182/58182e0915282db5eee5eadb04fd42cc/data/dl-pfb-bab-a7-k20.pdf; Im Folgenden: Planfeststellungsbeschluss A7.

1379 Planfeststellungsbeschluss A7, S. 85.

1380 Einsehbar unter https://www.hamburg.de/bwi/np-aktuelle-planfeststellungsverfahren/13508680/a26-ost-6b/, im Folgenden: Erläuterungsbericht A 26, Abschnitt 6b.

> *„Die betriebsbedingten Emissionen hängen vor allem von der Verkehrsmenge, dem Schwerlastanteil und auch dem Zustand der Fahrzeugflotte ab. Insbesondere bezüglich des letzteren Faktors bestehen vorhabenbedingt seitens der A 26 keine Einflussmöglichkeiten. Es ist diesbezüglich jedoch von einer Reduzierung der Treibhausgasemissionen auszugehen, da das europäische Parlament im April 2019 neue Ziele und Vorschriften zur Reduzierung der Treibhausgasemissionen von Pkw und Nutzfahrzeugen bis 2030 beschlossen hat.*
> *[...]*
> *Zudem ist davon auszugehen, dass sich die zulässige Höchstgeschwindigkeit von 80 km/h reduzierend auf die verkehrsbedingte Menge der Treibhausgasemissionen auswirkt."*[1381]

Schließlich gibt es eine Reihe von Dokumenten, in denen schlicht ein pauschaler Verweis auf die bau- und betriebsbedingte Zunahme von THG durch eine Autobahn stattfindet, ohne jedoch eine quantitative Ermittlung vorzunehmen. So beschreibt etwa der UVP-Bericht zum Neubau der Bundesautobahn 26, Bauabschnitt 5b aus dem August 2020[1382]:

> *„Baubedingt ist durch die Umsetzung des Vorhabens mit zusätzlichen Emissionen von Treibhausgasen (THG) zu rechnen. Die mit dem Vorhaben verbauten Rohstoffe haben im Zuge ihrer Herstellung THG erzeugt.*
> *[...]*
> *Betriebsbedingt ist mit zusätzlichen Emissionen von Treibhausgasen (THG) im Plangebiet zu rechnen (Zunahme des Verkehrs, Verkehrsumlagerung aus anderen Bereichen). Erhebliche Umweltauswirkungen auf die Lufthygienische Situation werden sich damit jedoch nicht ergeben."*[1383]

ccc. Natürliche Kohlenstoffsenken

Die Lage der Autobahntrasse im Raum kann zudem Einfluss auf natürliche Kohlenstoffsenken nehmen und damit ebenfalls von Bedeutung für den Klimaschutz sein. Auch hierzu konnte keine einheitliche Prüfungs- und Planungspraxis erkannt werden. Soweit das globale Klima von Planungsunterlagen nicht als vom UVPG erfasst angesehen wurde, waren auch keine Ausführungen zu natürlichen Kohlenstoffsenken enthalten. Jedoch konnten auch Planungsdokumente aufgefunden werden, die relevante Auswirkungen untersuchten. Abermals bietet

---

1381 Erläuterungsbericht A 26, Abschnitt 6b, S. 166f.

1382 Einsehbar unter https://www.uvp-verbund.de/trefferanzeige?docuuid=C5B109CC-312E-4617-8D92-D1277A27BA11&plugid=/ingrid-group:ige-iplug-ni&docid=C5B109CC-312E-4617-8D92-D1277A27BA11, im Folgenden: UVP-Bericht A 26, Abschnitt 5b.

1383 UVP-Bericht A 26, Abschnitt 5b, S. 48f.

sich hier der UVP-Bericht zur Bundesautobahn 44 an. Diesbezüglich führt der Bericht aus:

> *„Die Auswirkungen des Vorhabens auf Treibhausgassenken sind durch den Verlust entsprechend wirksamer Biotoptypen (z. B. alte Waldstandorte) und Bodentypen (z. B. hydromorphe Böden) zu ermitteln (vgl. BALLA & BORKENHAGEN 2019). Hydromorphe Böden sind durch das geplante Vorhaben dauerhaft durch den anlagebedingten Verlust von Auengley-Vegen in der Losseaue (ca. 13,57 ha) betroffen. Der Verlust von alten (> 50 Jahre) Wald-/Gehölzbeständen beläuft sich bau- und anlagebedingt auf ca. 32 ha (vgl. Kapitel 5.2.4.1, Tabelle 38 in Unterlage 19.1). Zu berücksichtigen ist zudem, dass es im Rahmen von Ausgleichsmaßnahmen zu Neuanpflanzungen von Wald kommt (vgl. auch Kapitel 10.2). Eine relevante Bedeutung als Treibhausgassenke können diese Waldbestände allerdings erst nach mehreren Jahrzehnten Entwicklungszeit übernehmen.“*[1384]

Ausführliche Ermittlungen wurden ebenfalls im Rahmen des UVP-Berichts zum Neubau der Bundesautonbahn 26 Hafenpasssage Hamburg, Abschnitt 6c vom 29.01.2021[1385] angestellt:

> *„Darüber hinaus ist unversiegelten Böden mit Grundwasseranschluss bis 1 m Tiefe unter Geländeoberfläche (GOF) eine ausgeprägte CO_2-Senkenfunktion („Kohlenstoffsenke“) zuzuweisen, d. h. durch sie werden aufgrund der Anreicherung mit organischer Substanz große Mengen klimaschädlicher Treibhausgase wie Kohlendioxid (CO_2) und Lachgas (N2O) gebunden. Dieser Umstand kann für alle noch erhaltenen, naturnahen Böden im Untersuchungsgebiet angenommen werden. Für weitere Informationen wird auf den Fachplan Schutzwürdige Böden (BUKEA 2017b) verwiesen, der eine vorläufige Klassifizierung der Klimafunktion der Böden enthält. Die Moorkartierung Hamburg gibt zudem Auskunft zu den im Untersuchungsgebiet vorkommenden Torfböden. Oberflächennahe Torfe sind dabei nur vereinzelt und sehr kleinflächig im östlichen Teil des Untersuchungsgebietes vorhanden. Tieferliegende Torfvorkommen sind dagegen in größerer Ausprägung im Gebiet dokumentiert. Größere zusammenliegende Torfvorkommen gibt es im Hafengebiet der Hohen Schaar, im Umfeld der Anschlussstelle HH Wilhelmsburg-Süd, entlang des Finkenrieker Hauptdeichs und der Straße Kornweide sowie entlang der A 1 nördlich der Raststätte Stillhorn (BUKEA 2017a). Im Bereich des geplanten Wilhelmsburgtunnels sind innerhalb und unter den typischen Marschböden Torfschichten mit Mächtigkeiten von bis zu 2,25 m vorhanden (vgl. Unterlage 18.8). Ihnen kommt in Bezug auf das Klima eine besondere Bedeutung zu, da sie ebenfalls große Mengen an Treibhausgasen binden (ebd.).“*[1386]

1384 UVP-Bericht A 44, S. 203.

1385 Einsehbar unter: https://www.hamburg.de/bwi/np-aktuelle-planfeststellungsverfahren/14967112/a26-ost-6c/; Im Folgenden: UVP-Bericht A 26, Abschnitt 6c.

1386 UVP-Bericht A 26, Abschnitt 6c, S. 143.

Zu den Auswirkungen des Vorhabens auf diese Senken beschreibt der Bericht weiter:

> *„Im Zusammenhang mit dem Tunnelbau werden zudem tiefliegende Torfschichten im Umfeld der Kornweide unvermeidbar freigelegt und abgetragen. Um der damit verbundenen Freisetzung von Treibhausgasen entgegenzuwirken, sind im Rahmen des Bodenmanagements Maßnahmen für einen klimaneutralen Einbau der Torfe vorgesehen. Westlich der A 1 wird vorgelagert zum Galeriebauwerk A 1 ein Torflager hergestellt. Details zum Aufbau und der Funktionsweise des Torflagers sind der Unterlage 18.10 zu entnehmen. Gleiches gilt auch für die beiden naturnahen Torferhaltungs- und -entwicklungsflächen östlich der A 1. Im Bereich der naturnahen Torferhaltungs- und -entwicklungsflächen wird der Torf in semiterrestrische Polder eingebaut. Durch den Nasseinbau der Torfe im Rahmen dieser Maßnahme wird eine Mineralisierung der Torfe und die damit verbundene Freisetzung von Treibhausgasen vermieden (ebd.).“*[1387]

Wie gesehen wurde die Relevanz von Kohlenstoffsenken für die Zwecke des Klimaschutzes teilweise durchaus anerkannt und ermittelt. Die genannten Beispiele beschreiben zudem jeweils Maßnahmen, um die Auswirkungen auf die beeinträchtigten Senken auszugleichen bzw. zu minimieren.

ddd. Trassenalternativen

Die Erarbeitung der normativen Vorgaben hat gezeigt, dass im Rahmen der Prüfung von Trassen- bzw. Standortalternativen ebenfalls Klimaschutzüberlegungen angebracht werden können. So kann die Lage der Trasse im Raum zu einer Verminderung der zurückzulegenden Wegstrecken beitragen, wenn sie möglichst nahe an Siedlungsbereichen gelegen ist. Dies wiederum führt zu einer Verminderung des Ausstoßes von THG-Emissionen. Zudem kann es Trassenalternativen geben, die Kohlenstoffsenken weniger beeinträchtigen als andere. Das kann etwa der Fall sein, wenn Wälder oder Moore aufgrund des Baus einer Autobahn nicht oder in geringerem Maße gerodet oder trockengelegt und abgetragen werden müssen.

Im Rahmen der Untersuchung konnte indes kein Planungsdokument aufgefunden werden, in welchem solche Überlegungen angeführt wurden. Zwar wurden in manchen Unterlagen verschiedene Trassen auf die Beeinträchtigung von lokal- und regionalklimatischen Ausgleichsfunktionen untersucht, eine Betrachtung auch der globalen Auswirkungen fand in diesem Rahmen jedoch nicht statt.

1387 UVP-Bericht A 26, Abschnitt 6c, S. 144.

eee. *Klimaschutz in der materiellen Abwägungsentscheidung*

Schließlich konnten die Dokumente (insbesondere Planfeststellungsbeschlüsse) auf die in dieser Arbeit vertretene Auffassung untersucht werden, dass die Auswirkungen einer einzelnen Bundesautobahn auf das globale Klima einen abwägungsbeachtlichen Belang darstellen, der sich theoretisch in einer letztlichen Zulassungsentscheidung niederschlagen kann.

Die Betrachtung ergab indes recht eindeutig das Bild, dass Überlegungen des globalen Klimaschutzes bislang nicht zum abwägungsbeachtlichen Material der Planfeststellung einer einzelnen Bundesautobahn, bzw. des Abschnitts einer Bundesautobahn gehörten. Die planfeststellenden Behörden sahen für den Belang des globalen Klimaschutzes vielfach den Regelungsbereich der Verwaltung nicht eröffnet. Im Rahmen der Zulassung eines einzelnen Vorhabens könne sich daher nicht mit den Auswirkungen dieses Vorhabens auf das globale Klima befasst werden. Vielmehr fielen solche Überlegungen grundsätzlich in den Gestaltungsspielraum des Gesetzgebers. Anschaulich dienen hierzu Ausführungen des Planfeststellungsbeschlusses für den Umbau des Autobahnkreuzes Köln-Nord, BAB 1 und BAB 57 vom 07.01.2019[1388]:

> *„Eine Veränderung des Klimas durch den von dem Straßenverkehr verursachten Schadstoffeintrag in die Atmosphäre ist nicht bezifferbar. Zwar mag die von dem auf dem künftigen Straßenabschnitt rollenden Verkehr emittierte Schadstoffmenge mit zum Treibhauseffekt und damit zur Erwärmung der Atmosphäre und zur Klimaänderung beitragen, doch ist dies nicht im Sinne der juristischen Kausalitätslehre genau diesem Straßenabschnitt zuzuordnen. Insoweit wird hier der Bereich dessen, was ein konkretes Planfeststellungsverfahren zu leisten vermag, verlassen und der Bereich des vorrechtlichen, jenseits verwaltungsbehördlicher Überprüfbarkeit liegenden politischadministrativen Gestaltungsspielraums erreicht.“*[1389]

Die fehlende Berücksichtigung des globalen Klimaschutzbelangs wurde zudem mehrfach im Rahmen von Öffentlichkeitsbeteiligungen vorgebacht. Abweisend führt etwa der Planfeststellungsbeschluss für den Neubau der Bundesautobahn 20 von Westerstede bis Drochtersen vom 16.04.2018[1390] dazu aus:

1388 Einsehbar unter https://www.uvp-verbund.de/documents/ingrid-group_ige-iplug-nw/467A2CFE-02C0-4EBC-AC57-E2F3160F7264/Beschluss_AK_K%C3%B6ln-Nord.pdf, im Folgenden: Planfeststellungsbeschluss Autobahnkreuz Köln-Nord.

1389 Planfeststellungsbeschluss Autobahnkreuz Köln-Nord, S. 158.

1390 Einsehbar unter https://uvp.niedersachsen.de/documents/ingrid-group_ige-iplug-ni/889FAAB9-1CF4-4122-AC6B-26FBA3888147/PFB%20A20%201.BA%2016.04.2018_final%20mit%20Unterschrift%20u%20Siegel.pdf, im Folgenden: Planfeststellungsbeschluss A 20.

> *„In Schreiben Nr. 539 wird, u. a. […] vorgetragen, dass das Straßenbauvorhaben mit verbindlichen Zielen zur Verbesserung des Klimas und zur Abminderung der treibhausbedingten Erwärmung unvereinbar sei. Die Auswirkungen auf das Klima seien unzureichend untersucht worden.*
> *[…]*
> *Hinzu kommt, dass zum damaligen Stand der Wissenschaft und Forschung die Auswirkungen eines Vorhabens auf das nationale, kontinentale oder globale (Makro)Klima nicht ermittelbar waren. Noch heute sind die Auswirkungen eines Vorhabens auf dieser räumlichen Ebene quantitativ kaum abschätzbar und darstellbar. Gesicherte technische und wissenschaftliche Erkenntnisse über die Wirkungszusammenhänge zwischen dem Immissionsbeitrag eines Vorhabens und Veränderungen des Makroklimas liegen nicht vor. Weiterhin ist der globale Klimaschutz als solcher nicht Gegenstand des Abwägungsmaterials für das hier planfestzustellende Vorhaben. Klimaveränderungen können nicht dem Vorhaben A 20, 1. Bauabschnitt, zugerechnet werden. Der Klimaschutz stellt einen die Umwelt insgesamt betreffenden öffentlichen Belang dar, der nicht im Rahmen eines Einzelvorhabens bewältigt werden kann. Die Umsetzung klimapolitischer Erwägungen ist deshalb nicht Gegenstand des Prüf- bzw. Abwägungsprogramms in einem vorhabenbezogenen Zulassungsverfahren. Restriktionen für Verkehrsvorhaben aus Gründen des globalen Klimaschutzes fallen in den Zuständigkeitsbereich des Gesetzgebers.“*[1391]

An diesem Beispiel zeigen sich nebenbei die Chancen und Möglichkeiten der Öffentlichkeitsbeteiligung.[1392] Durch Umweltverbände wurde vorgebracht, dass die Entwurfsplanung sich nicht ausreichend mit dem Belang des globalen Klimaschutzes befasse. Aufgrund dieser Rüge sah sich die Planfeststellungsbehörde dazu veranlasst, sich tiefergreifend mit diesem Belang zu befassen.[1393]

Als Ausnahme zur generellen Unbeachtlichkeit des Klimaschutzbelangs sind Ausführungen im UVP-Bericht zur A 26 Hafenpassage Hamburg, Abschnitt 6c zu nennen. Der Bericht sieht ausdrücklich gewisse Maßnahmen vor, um den mit dem Abbau von Torf einhergehenden Ausstoß von THG entgegenzuwirken:

> *„Um der mit dem Ausbau und der Umlagerung von Torfböden verbundenen Freisetzung von Treibhausgasen entgegenzuwirken, sind im Rahmen des Bodenmanagements Maßnahmen für einen klimaneutralen Einbau der Torfe vorgesehen. Westlich der A 1 wird vorgelagert zum Galeriebauwerk A 1 ein Torflager hergestellt. Details zum Aufbau und der Funktionsweise des Torflagers sind der Unterlage 18.10 zu entnehmen. Gleiches gilt*

1391 Planfeststellungsbeschluss A 20, S. 334f.

1392 Siehe dazu bereits unter Kapitel 5, Ziff. IV, 2, lit. d.

1393 Zwar betreffen die Ausführungen der Planfeststellungsbehörde im vorliegenden Fall die Öffentlichkeitsbeteiligung im Rahmen des Planfeststellungsverfahrens, die Erkenntnisse können jedoch auf die Öffentlichkeitsbeteiligung in SUP und UVP übertragen werden.

auch für die beiden naturnahen Torferhaltungs- und -entwicklungsflächen östlich der A 1. Im Bereich der naturnahen Torferhaltungs- und -entwicklungsflächen wird der Torf in semiterrestrische Polder eingebaut. Durch den Nasseinbau der Torfe im Rahmen dieser Maßnahme wird eine Mineralisierung der Torfe und die damit verbundene Freisetzung von Treibhausgasen vermieden."[1394]

cc. Stellungnahme

Abschließend lassen sich mehrere Schlussfolgerungen aus den vorangestellten Beispielen ziehen. Vorab ist jedoch einschränkend anzumerken, dass aufgrund der beschränkten Fallzahl und der Art der Untersuchung keine allgemeinen Aussagen zur Planungs- und Verwaltungspraxis getroffen werden können. Vielmehr lassen sich lediglich Tendenzen aufzeigen. Ebenfalls konnte nicht immer eindeutig bestimmt werden, an welcher Stelle des Verfahren (sprich Raumordnungsverfahren, Linienbestimmungsverfahren oder Planfeststellungsverfahren) die Untersuchung der Auswirkungen auf das Klima stattgefunden hat. Aufgrund des abschließenden Charakters des Planfeststellungsverfahrens geben die in diesen Zusammenhang bereitgestellten Unterlagen eine umfassende Übersicht, auch wenn sie nicht immer beschreiben, in welchem Verfahrensschritt welche Informationen gewonnen wurden. Die wenigen einsehbaren Dokumente, die ausdrücklich aus Raumordnungs- und Linienbestimmungsverfahren vorlagen, befassten sich alle nicht mit globalen Klimaauswirkungen. Auch die bereits erläuterte Tatsache, dass teilweise nicht erkannt werden konnte, wann etwa ein Scopingtermin durchgeführt wurde und daher nicht eindeutig bestimmbar ist, welche Fassung des UVPG rechtlich verbindlich war, schränkt die abschließende Aussagekraft ein.

Vor diesem Hintergrund lassen sich nichtsdestotrotz gewisse Tendenzen der Planungs- und Verwaltungspraxis erkennen. Zuvorderst ist festzustellen, dass das Schutzgut Klima nicht einheitlich gehandhabt wurde. So bestanden bereits Unterschiede bei der Anerkennung des globalen Klimas als Schutzgut. Wurde das globale Klima als einschlägig anerkannt, war auch die Ermittlung der betriebsbedingten THG nicht einheitlich. Teilweise erfolgte ein schlichter Verweis, dass durch den Bau einer Autobahn mit einem Anstieg der THG zu rechnen sei. Andererseits wurden Prognosen vorgenommen und die zu erwartenden

---

1394 UVP-Bericht A 26, Abschnitt 6c, S. 196; Einschränkend ist jedoch anzumerken, dass es hierbei lediglich um den UVP-Bericht handelt. Das Planfeststellungsverfahren für diesen Bauabschnitt ist noch nicht beendet. Die vorgeschlagenen Maßnahmen haben daher noch keinen abschließenden Niederschlag in der Zulassungsentscheidung gefunden.

Auswirkungen quantitativ beziffert. Auch fand nur teilweise eine Beschreibung der Auswirkungen auf natürliche Kohlenstoffsenken statt.

Einheitlichkeit bestand, soweit ersichtlich, in der materiellrechtlichen Behandlung des globalen Klimaschutzbelangs. Es konnte keine Planungsentscheidung aufgefunden werden, in der das globale Klima als abwägungsbeachtlich betrachtet wurde, geschweige denn, in der das Vorhaben aufgrund von Klimaschutzüberlegungen modifiziert oder gar abgewiesen wurde.[1395]

Diese abwägungsrechtliche Behandlung bedarf jedoch einiger kritischer Anmerkungen. Teilweise wurde durch Planfeststellungsbehörden angeführt, dass der Schadstoffeintrag durch den Straßenverkehr in die Atmosphäre nicht bezifferbar bzw. zu ermitteln sei.[1396] Diese Annahme ist nicht zutreffend. Denn wie in einigen UVP-Berichten und Planfeststellungsentscheidungen aufgezeigt wurde, ist sehr wohl eine quantifizierbare Ermittlung und Beschreibung der zu erwartenden THG möglich.[1397] Die Schwierigkeiten der Planungsstellen und Behörden liegen daher nicht in der fehlenden Möglichkeit, die Auswirkungen auf das globale Klima in Form von zu erwartenden THG ermitteln und beschreiben zu können, sondern vielmehr darin, diese Auswirkungen zu bewerten. In keiner der Planungsentscheidungen oder UVP-Berichte, in dem die Auswirkungen auf das globale Klima ermittelt wurden, finden sich Aussagen zur Bewertung der Emissionen im Hinblick auf rechtliche bzw. außerrechtliche Bewertungsmaßstäbe.

Hierin spiegelt sich die lange Zeit verbreitete Unsicherheit bezüglich der Bewertbarkeit der Auswirkungen eines einzelnen Vorhabens auf das globale Klima wider. Wie unter Kapitel 5, Ziff. IV, 2, lit. f. gezeigt, ist eine solche Bewertung jedoch seit der Einführung des Bundes-Klimaschutzgesetzes durchaus möglich. Für Planungsentscheidungen, die vor dem Inkrafttreten des Gesetzes getroffen wurden, ist diese Unsicherheit durchaus verständlich und rechtlich wohl nicht zu beanstanden. Seit Einführung des KSG besteht jedoch ein ausreichender rechtlicher Maßstab, um eine solche Bewertung vornehmen zu können.

1395 Die beschriebene Ausnahme im Rahmen des UVP-Berichts zur A 26 Hafenpassage Hamburg, Abschnitt 6c umfasste lediglich den Umgang mit abgetragenen Torfböden. Er traf keine Aussagen zur Anpassung oder Modifizierung des eigentlichen Vorhabens.

1396 Vgl. abermals Planfeststellungsbeschluss Autobahnkreuz Köln-Nord, S. 151 sowie Planfeststellungsbeschluss A 20, S. 334f.

1397 Siehe abermals UVP-Bericht A 44, S. 202f.; Planfeststellungsbeschluss A7, S. 85.

Für künftige Planungsentscheidungen dürfte der Verweis auf Schwierigkeiten bei der Bewertung des Klimaschutzbelangs daher nicht mehr ausreichen.

Diese rechtlichen Unsicherheiten können zu schwer verständlichen, gar widersprüchlichen Ergebnissen führen. So erkennt etwa der UVP-Bericht für den Umbau des Autobahnkreuzes Köln-Nord die Relevanz des globalen Klimas an und führt hierzu Untersuchungen durch.[1398] Im darauf aufbauenden Planfeststellungsbeschluss wird anschließend darauf hingewiesen, dass eine Bezifferung des Schadstoffeintrags in die Atmosphäre nicht möglich sei. Außerdem sei die Erwärmung der Atmosphäre nicht im Sinne der juristischen Kausalitätslehre den Emissionen ausgehend von dem planfestzustellenden Straßenabschnitt zuzuordnen.[1399]

Es ist schwer verständlich, warum im UVP-Verfahren die Auswirkungen des Vorhabens auf das globale Klima geprüft werden, diese Daten im späteren Planfeststellungsverfahren dann aber keinerlei Berücksichtigung finden. Wie unter Kapitel 5, Ziff. II, 2, 3 und IV, 2, lit. b ausgeführt, bestimmt sich der Umfang und die Tiefe der zu ermittelnden Informationen im Rahmen der UVP nach dem einschlägigen Fachrecht. Hält die Planfeststellungsbehörde den globalen Klimaschutzbelang daher für nicht abwägungsrelevant, ist im Umkehrschluss der Anwendungsbereich der UVP für diesen Belang nicht eröffnet. Die Durchführung von Ermittlungen, Beschreibungen und Bewertungen im Rahmen der UVP sind nur geboten und machen daher auch nur Sinn, wenn sie in einem späteren Zulassungsverfahren, hier dem Planfeststellungsverfahren, berücksichtigt werden.

Dieses konkrete Beispiel verdeutlicht einmal mehr die Schwäche des verfahrensrechtlichen Ansatzes. So wurden im Verfahren der UVP die Auswirkungen der Autobahn auf das globale Klima zwar ermittelt, die Ermittlungen laufen jedoch in gewisser Weise ins Leere, da die Planfeststellungsbehörde sie nicht für abwägungsbeachtlich hält. Das Verfahrensrecht und insbesondere die UVP kann in diesen Fällen keinen Beitrag zu den nationalen Klimaschutzbemühungen leisten. Eine solche Konstellation veranschaulicht die Notwendigkeit,

1398 Siehe abermals UVP-Bericht Autobahnkreuz Köln-Nord, S. 30. Für die Untersuchungen zum Schutzgut des globalen Klimas wird im UVP-Bericht auf eine externe Unterlage verwiesen, die nicht öffentlich zugänglich ist. Siehe dazu UVP-Bericht Autobahnkreuz Köln-Nord, S. 42. Daher kann an dieser Stelle keine Auseinandersetzung mit der Tiefe der Ermittlung stattfinden.

1399 Vgl. Planfeststellungsbeschluss Autobahnkreuz Köln-Nord, S. 158.

dass verfahrensrechtliche Bestimmungen, sollen sie effektiv genutzt werden, von geeignetem materiellem Fachrecht flankiert werden müssen.

VI. Zusammenfassung und Ausblick

Klimaschutz spielt bei der Planung von Bundesautobahnen bisher eine sehr untergeordnete Rolle. Vorherrschend im Verkehrsbereich sind andere Klimaschutzinstrumente wie etwa der Ausbau der Elektromobilität, CO_2-Flottenwerte und die Diskussion um Geschwindigkeitsbegrenzungen. Trotz der ausgeprägten Zahl an Instrumenten galt der Verkehrssektor bislang als das Sorgenkind der nationalen Bemühungen. Denn etwaige Einsparungen wurden durch einen Anstieg der Fahrzeugmenge sowie die Zunahme der Motorenleistung und des durchschnittlichen Gewichts wieder wettgemacht. Dies führt vor Augen, dass kein geeignetes Instrument ungenutzt bleiben sollte, um bestehende Minderungspotentiale auszuschöpfen. Die Planung von Bundesautobahnen stellt grundsätzlich ein solches Instrument dar.

Der Planungskomplex für Bundesautobahnen wird regelmäßig dem Fachplanungsrecht zugeordnet. Trotz des fachrechtlichen Fokus' bestehen jedoch weitreichende Interdependenzen zu anderen Planungssphären wie etwa der Raumordnung und dem Städtebaurecht. Das fernstraßenrechtliche Fachplanungsregime steht daher nicht alleine dar, sondern reiht sich vielmehr in ein Netz von übergeordneten Planungen ein.

In Bezug auf den Klimaschutz bieten sich durch diesen Planungsansatz mehrere Handlungsoptionen. In erster Linie geht es um die Verminderung, Vermeidung und Verlagerung von Verkehr. Ebenfalls von Relevanz ist der Schutz natürlicher Kohlenstoffsenken.

Die nationale Planungspraxis verläuft grundsätzlich nach fünf Schritten. Auf Bundesebene wird das gesamte Verkehrsnetz für Fernstraßen im Rahmen des BVWP und des Bedarfsplans koordiniert und der Bedarf einzelner Strecken gesetzlich festgelegt. Daran anschließend wird das Planungsraster auf Ebene der Raumordnung, Linienbestimmung und Planfeststellung auf eine einzelne Verkehrstrasse verfeinert. In jedem dieser Schritte ist entweder eine SUP oder UVP durchzuführen, wobei seit der Novelle des UVPG im Jahre 2017 auch die globalen Klimaauswirkungen eines Plans oder Vorhabens zum Prüfprogramm gehören. Ebenfalls sollten im Rahmen der durchzuführenden Abwägungen die Klimaauswirkungen einer Autobahn bzw. des Gesamtnetzes zu berücksichtigen sein, womit grundsätzlich auch der Anwendungsbereich der UVP und SUP für diesen Belang eröffnet ist.

Als besonders geeignet, um Klimaschutzüberlegungen anzubringen, ist grundsätzlich die Planung auf Bundesebene, insbesondere der BVWP anzusehen. Der verkehrsnetzübergreifende Blick dieser Stufe ermöglicht die Weichenstellung für oder gegen eine klimaverträgliche Verkehrspolitik.

Die durchgeführte Falluntersuchung bestätigte die herausgearbeiteten normativen Vorgaben und Potentiale nur teilweise. So wurden im Rahmen der SUP zum BVWP 2030 die Klimaauswirkungen sowohl von drei Alternativszenarien als auch der Entwurfsplanung untersucht. Diese Untersuchungen fanden jedoch keinen Niederschlag in der letztlichen Entscheidung des Bundeskabinetts, sodass der Plan erhebliche Kritik durch Umweltverbände erfahren hat.

Auch die nachfolgenden Stufen der Planung befassten sich im Rahmen der UVP nur teilweise mit den Auswirkungen einer Bundesautobahn auf das globale Klima. Eine Berücksichtigung in der materiellen Planungsentscheidung konnte zudem nicht aufgefunden werden.

Dieses Kapitel und insbesondere die Falluntersuchung verdeutlichen abermals die komplizierte Stellung des Verfahrensrechts in Deutschland. UVP und SUP als spezielle verfahrensrechtliche Instrumente können nur effektiv für die Zwecke des Klimaschutzes genutzt werden, wenn auf materiellrechtlicher Seite das globale Klima im Rahmen einer Zulassungsentscheidung von Bedeutung ist. Für die Planung von Bundesautobahnen ist dies nicht ausdrücklich der Fall. Aufgrund des pauschalen Verweises auf die Abwägung und die „berührten öffentlichen Belange“ wie etwa in § 17 Abs. 1 S. 4 FStrG besteht oftmals kein vorgegebener Katalog der Belange, die für den Bau einer Bundesautobahn beachtlich sind. Diese rechtliche Offenheit führte in der Vergangenheit dazu, dass das globale Klima keine Berücksichtigung in materiellen Planungsentscheidungen gefunden hat. Ebenjene Offenheit trägt aber auch das Potential in sich, durch eine Änderung der Auslegung das globale Klima als abwägungsrelevant anzusehen.

Aufgrund der bisher fehlenden Abwägungsrelevanz des Klimaschutzbelangs konnte die UVP bislang kein Instrument für mehr Klimaschutz darstellen. Aus diesem Grund konnten auch die übrigen Funktionen des Verfahrens, wie etwa die Generierung von Informationen und insbesondere der Schutz von Grundrechten, nicht wirklich zum Tragen kommen.

Die Einführung des Bundes-Klimaschutzgesetzes, insbesondere dessen § 13, dürfte ein Festhalten an der bisherigen Planungs- und Verwaltungspraxis rechtlich unzulässig machen. Durch § 13 Abs. 1 S. 1 KSG findet der Klimaschutzbelang nach der Intention des Gesetzgebers in solchen Fällen Anwendung, wo Behörden ein Planungsspielraum zukommt und eine ausdrückliche Normierung des Belangs bisher fehlt. Die Planung von Bundesautobahnen stellt genau diesen

Fall dar. Klimaschutzaspekte sind daher seit der Einführung des KSG grundsätzlich als abwägungsbeachtlicher Belang anzusehen. Mit der materiellrechtlichen Beachtlichkeit ist auch der verfahrensrechtliche Anwendungsbereich der SUP und UVP für diesen Belang eröffnet. Für zukünftige Planungsverfahren können SUP und UVP daher durchaus in größerem Maße als bisher zu den nationalen Klimaschutzbemühungen beitragen.

Kapitel 8: Gesamtergebnis

Die Arbeit bestätigt die in der Einleitung beschriebene dynamische Entwicklung des Klimaschutzrechts. Während der Erstellung des Manuskripts haben mehrere für das Rechtsgebiet einschneidende Ereignisse stattgefunden. Zum einen ist am 12.12.2019 das deutsche Bundes-Klimaschutzgesetz in Kraft getreten, welches dem nationalen Klimaschutzrecht neue Konturen verliehen hat. Zum anderen ist am 24.3.2021 der Klimaschutz-Beschluss des Bundesverfassungsgerichts ergangen[1400], welcher bezüglich einiger verfassungsrechtlicher Fragen einen klarstellenden Charakter hatte, darüber hinaus aber auch die neue Rechtsfigur der intertemporalen Freiheitsrechte einführte. Der Beschluss wird das Klimaschutzrecht voraussichtlich mindestens ebenso nachhaltig prägen wie die Einführung des KSG. Beide Entwicklungen waren für die maßgebliche Forschungsfrage, ob die Umweltprüfung ein effektives Instrument für den Klimaschutz darstellen kann, von nicht unerheblichem Wert, sodass sich die Argumentation der Arbeit entlang des Rechtsgebiets mitentwickelte.

Mittlerweile gibt es eine Vielzahl von Instrumenten nicht nur im allgemeinen Klimaschutzrecht, sondern auch in den unterschiedlichen Teilgebieten, wie dem klimaschutzbezogenen Infrastrukturrecht. Einige dieser Instrumente, wie der Treibhausgasemissionshandel nach dem TEHG oder der Brennstoffemissionshandel nach dem BEHG haben sich rechtlich etabliert. Andere Instrumente wie das klimaschutzbezogene Planungsrecht sind unterdessen weiterhin starken Entwicklungen unterworfen. Ihr Beitrag zum Klimaschutz wird erst seit kürzerer Zeit anerkannt und diskutiert.

Auch das Instrument der Umweltprüfung zählt zu den noch nicht vollends etablierten und entwickelten Klimaschutzinstrumenten. Vorliegende Arbeit konnte jedoch einen Beitrag zur weiteren Konturierung des Instruments im Geflecht des Klimaschutzrechts leisten.

I. Umweltprüfung als geeignetes Klimaschutzinstrument

Sowohl UVP als auch SUP können effektive Instrumente für den Klimaschutz darstellen. Durch ihre grundsätzliche Konzeption und Ausgestaltung bieten beide Prüfungen genügend Ansatzpunkte, um den Aspekt des globalen Klimas

---

1400 BVerfG, Beschl. v. 24.03.2021 – 1 BvR 2656/18 u. a., NJW 2021, 1723, NVwZ 2021, 951.

bzw. Klimaschutzes in einer Vielzahl von Verwaltungsentscheidungen ermitteln, beschreiben und auch bewerten zu können. UVP und SUP erhöhen zwar nicht den materiellrechtlichen Wert des Klimaschutzaspektes in der jeweiligen Fachentscheidung, jedoch kann durch die gesonderte Bearbeitung eine Sensibilisierung der Verwaltung erfolgen. Hiermit kann wiederum eine faktische Stärkung des Klimaschutzes einhergehen.

Es ist indes anzumerken, dass der Umweltprüfung als Instrument zum Klimaschutz zwei Punkte entgegenstehen, die ihre Wirksamkeit bislang einschränken. Zum einen kann die Einordnung der Umweltprüfung als spezielles Verfahrensrecht ein Hindernis für ihre Effektivität darstellen. Ebenso wie das allgemeine Verfahrensrecht verfolgt das spezielle Verfahrensinstrument der Umweltprüfung keinen Selbstzweck. Es dient vielmehr der Herbeiführung eines nach materiellrechtlichen Gesichtspunkten richtigen Ergebnisses. Das materielle Fachrecht bestimmt daher die Reichweite und auch den Anwendungsbereich von UVP und SUP. Stellt das globale Klima kein Schutzgut des Fachrechts dar und können Klimaschutzaspekte auch nicht anderweitig nach materiellem Recht angebracht werden, läuft die Umweltprüfung gewissermaßen ins Leere. Dies kann zu durchaus widersprüchlichen Ergebnissen führen, wie etwa das Fallbeispiel des Umbaus des Autobahnkreuzes Köln-Nord verdeutlicht. Hier wurden die Auswirkungen des Projekts auf das globale Klima im Rahmen der UVP untersucht. Im anschließenden Planfeststellungsbeschluss wurde dann jedoch die Relevanz dieser Daten für die letztliche Zulassungsentscheidung verneint. Aus diesem Grund stellt die Verbindung von materiellem Recht und Verfahrensrecht eine entscheidende Wirksamkeitsvoraussetzung dar, welche bislang nur unzureichend erforscht wurde.

Zum anderen stellt das (globale) Klima im Rahmen der Umweltprüfung nur einen Umweltbelang unter vielen dar, sodass die Gefahr besteht, dass der Klimaschutz im Geflecht der Aspekte untergeht. Diese Gefahr besteht insbesondere, da für einige andere umweltrechtliche Belange seit langer Zeit gewachsene, verbindliche Rechtsmaterien bestehen, weshalb diese Aspekte eindeutig anhand von verbindlichen Vorgaben bearbeitet werden können. Für den Aspekt des globalen Klimas ist dies nicht der Fall. Das Klimaschutzrecht stellt ein neues, innovatives Rechtsgebiet dar, welches durch einen starken Entwicklungsdruck sowie vielfältige internationale Bezüge gekennzeichnet ist. Erst mit Einführung des Bundes-Klimaschutzgesetzes Ende 2019 wurde ein rechtlich verbindliches Regelwerk geschaffen, anhand dessen auch eine Bewertung der globalen Klimaauswirkungen in UVP und SUP stattfinden kann.

Diese Einschränkungen dürfen jedoch nicht darüber hinwegtäuschen, dass UVP und SUP in einigen Verfahrensarten gute und wirkungsvolle Instrumente für den Klimaschutz darstellen können. Die Rede ist hier insbesondere von planungsrechtlichen Verfahren, die durch offene Tatbestände und eine Abwägung gekennzeichnet sind. Durch die Einführung des KSG, vormalig dessen § 13 Abs. 1 S. 1, müssen Klimaschutzüberlegungen nunmehr in diese offenen Tatbestände, wie etwa die „öffentlichen Belange" oder das „Allgemeinwohl", hineingelesen werden. Materiellrechtlich sind sie daher regelmäßig zu berücksichtigen. Da in den meisten dieser Verfahren auch die Durchführung einer Umweltprüfung vorgeschrieben ist, besteht darüber hinaus grundsätzlich eine ausreichende Verknüpfung zwischen den beiden Rechtssphären.

Das in dieser Arbeit betrachtete beispielhafte Fachrecht, die Planung von Bundesautobahnen, stellt in diesem Zusammenhang keine Ausnahme dar. So besteht auf jeder Ebene der nationalen Planungskaskade die Verpflichtung, die Ergebnisse der durchzuführenden Umweltprüfung zu berücksichtigen. Die fernstraßenrechtliche Planfeststellung kann grundsätzlich als ein geeignetes Verfahren im o.g. Sinne angesehen werden. Denn hierbei sind die öffentlichen und privaten Belange sowie die Umweltverträglichkeit im Rahmen der Abwägung in einen gerechten Ausgleich zu bringen. Unter die öffentlichen Belange sowie die Umweltverträglichkeit fällt aufgrund des § 13 Abs. 1 S. 1 KSG auch der Belang des Klimaschutzes. Im Allgemeinen kann die UVP in diesem Rahmen daher als geeignetes Instrument zum Klimaschutz angesehen werden. Eine gewisse Einschränkung stellt indes die rechtliche Bindungswirkung der auf den vorangehenden Stufen festgestellten Maßgaben dar. Auch dürften die globalen Klimaauswirkungen einer Autobahn bereits im Rahmen einer UVP im Raumordnungs- oder Linienbestimmungsverfahren ermittelt worden sein. Die beispielhafte Beschreibung bisher ergangener Verwaltungsunterlagen und -entscheidungen bestätigt die Eignung des Planfeststellungsverfahrens zudem nur teilweise. Zwar wurden in einigen Fällen Untersuchungen zu den Auswirkungen einer Bundesautobahn auf das globale Klima vorgenommen, einen Durchschlag auch auf die Ebene des letztlichen Planfeststellungsbeschlusses konnte bislang aber nicht festgestellt werden.

Maßgebliche Bedeutung kommt zudem der auf bundesweiter Ebene vorgelagerten Grundentscheidung im Rahmen des Bundesverkehrswegeplans zu. Grundsätzlich ist der BVWP als geeignete Verfahrensart zur wirksamen Integration der SUP als Instrument für den Klimaschutz anzusehen. Der BVWP stellt die erste Weichenentscheidung für und gegen bestimmte Verkehrsträger dar und hat aus diesem Grund erhebliche Klimarelevanz. Durch das Erfordernis zur Durchführung einer SUP und der Berücksichtigungspflicht ihrer Ergebnisse besteht darüber hinaus eine hinreichende Verbindung zwischen Verfahrensrecht und den materiellen Anforderungen (wenn diese für den BVWP auch gesetzlich nicht festgeschrieben sind). Zwar wurden die Klimaauswirkungen des aktuellen BVWP 2030 im Rahmen einer SUP untersucht, jedoch wurde hierzu insbesondere die unter Klimaschutzgesichtspunkten unzureichende Alternativenprüfung gerügt. Die normativen Vorgaben werden daher auch auf dieser Ebene nur teilweise durch die Praxisbeispiele bestätigt.

Abschließend lässt sich zum Verfahren der Planung von Bundesautobahnen festhalten, dass nicht ein einzelner Schritt alleine als maßgeblich für den Klimaschutz anzusehen ist. Vielmehr tritt das Potential des Instruments der UVP und SUP erst in der Gesamtschau ihrer Integration in den einzelnen Verfahrensschritten zutage. Diese Gesamtschau ergibt das eindeutige Bild, dass der Belang des Klimaschutzes im Planungsverfahren an vielen Stellen und in vielfältiger Weise berücksichtigt werden kann. Die untersuchten Beispiele bestätigen dieses Bild grundsätzlich, auch wenn bei der Handhabung und Nutzung des Instruments zum Klimaschutz offensichtlich noch große Unsicherheiten und Unterschiede von Verfahren zu Verfahren bestehen.

II. Weitere Erkenntnisse

Neben den Einsichten zur Umweltprüfung hat die Arbeit noch weitere Erkenntnisse zum Klimaschutzrecht hervorgebracht. So verdeutlicht zunächst der IPCC-Bericht aus dem Jahr 2021 den menschlichen Beitrag zu den bereits eingetretenen und noch zu erwartenden Veränderungen des Klimas. Die Erkenntnisse über die Auswirkungen des Klimawandels werden mit fortschreitenden Forschungsergebnissen immer deutlicher konturiert. In Kapitel 2 wurde beschrieben, dass nicht nur die Umwelt, sondern auch die Menschheit in erheblicher Weise von negativen Effekten des Klimawandels beeinträchtigt wird. Diese Beeinträchtigungen werden in Zukunft weiter zunehmen.

In Kapitel 3 wurden diese negativen Auswirkungen auf die Menschen als ein maßgeblicher Grund für die rechtlichen Vorgaben zum Klimaschutz identifiziert. Denn die Bestimmungen des Grundgesetzes und insbesondere die Grundrechte stellen den Menschen ins Zentrum aller staatlicher (Schutz-)Pflichten. Die verfassungsrechtlichen Maßgaben, namentlich die Schutzpflichtenseite der Grundrechte und Art. 20a GG, verpflichten den deutschen Staat zum Tätigwerden im Klimaschutz. Der Klimaschutz-Beschluss des BVerfG vom 24.03.2021 hebt diese Schutzverpflichtung deutlich hervor und stellt den Klimaschutz als eine wichtige Aufgabe von Verfassungsrang heraus, welche in Zukunft sogar als Schranke anderer Grundrechte angesehen werden kann. Der Klimaschutz-Beschluss des BVerfG bekräftigt zudem die starke Interkonnektivität der internationalen, europäischen und nationalen Ebene in Bezug auf die Klimaschutzbemühungen.

Um das Instrument der Umweltprüfung letztlich besser einordnen zu können, musste zunächst der Beitrag des allgemeinen Verwaltungsverfahrensrechts zu den Klimaschutzbemühungen analysiert werden. Hierbei wurde deutlich, dass die Wirksamkeit des Verfahrensrechts kaum isoliert betrachtet werden kann. Durch die starke Verbindung zum materiellen Recht bietet sich vielfach nur eine Gesamtschau beider Rechtssphären an, um den Wert und Beitrag des Verfahrensrechts zu den nationalen Klimaschutzbemühungen bestimmen zu können. Die Abgrenzung von Verfahrens- und materiellem Recht verläuft dabei fließend. So ist weiterhin ungeklärt, ob etwa ein Fehler bei der Ermittlung und Beschreibung (des Klimaaspektes) im Rahmen der UVP als Verfahrens- oder materiellrechtlicher Fehler anzusehen ist.

Dabei tritt auch die grundrechtsschützende Funktion des Verfahrensrechts in den Vordergrund. Den verfassungsrechtlichen Klimaschutzvorgaben aus den Grundrechten kann daher durch eine im Hinblick auf den Klimaschutzaspekt grundrechtssensible Ausgestaltung der Verfahrensvorgaben nachgekommen werden. Nicht möglich ist hierzu die Beteiligung aller lebenden Menschen etwa in einem Infrastrukturvorhaben. Ausreichend nach den Maßstäben des BVerfG ist vielmehr, wenn in einem klimarelevanten Verfahren alle relevanten THG-Emissionen ermittelt, verarbeitet und in die Entscheidungsfindung einbezogen werden. Relevant ist daher auch die Verfahrensfunktion der Generierung von Informationen. Denn nur wenn die Auswirkungen eines Vorhabens auf das globale Klima im Verfahren ermittelt und verarbeitet werden, kann auch eine Berücksichtigung dieser Belange im weiteren Fortgang und in der Entscheidungsfindung stattfinden.

Auch UVP und SUP können für bestimmte Belange als Verwirklichungsmodus der verfassungsrechtlichen Vorgaben, insbesondere des Gesundheitsschutzes nach Art. 2 Abs. 2 S. 1 GG, angesehen werden. Dies trifft indes nur für solche Schutzgüter zu, deren Beeinträchtigung weiterführend auch Auswirkungen auf den Menschen, insbesondere dessen Leben und Gesundheit, haben. Zwar führt der Ausstoß von THG-Emissionen nicht unmittelbar zu gesundheitlichen Beeinträchtigungen, jedoch tragen all diese Emissionen zum Fortschreiten des Klimawandels und der Klimastörungen bei. Dies wiederum wird weitere Auswirkungen auf den Menschen haben, sodass Umweltprüfungen in ihrer klimaschützenden Dimension durchaus als Verwirklichung des grundrechtlichen Schutzauftrages angesehen werden können. Zudem dienen die Umweltprüfungen der Umsetzung der objektivrechtlichen Klimaschutzverpflichtung nach Art. 20a GG. Ein Verstoß gegen klimaschützendes Verfahrensrecht begründet indes nicht automatisch eine Verletzung von Verfassungsrecht, da dem Gesetzgeber bei der Ausgestaltung des Schutzauftrags grundsätzlich ein weiter Einschätzungs- und Gestaltungsspielraum zukommt.

Im Rahmen der (planungsrechtlichen) Abwägung kann dem Klimaschutzbelang zudem ausreichend Rechnung getragen werden. Aufgrund von Art. 20a GG und § 13 Abs. 1 S. 1 KSG iVm dem Klimaschutz-Beschluss des BVerfG kommt ihm ein erhöhtes Gewicht zu, sodass die Maßgaben des Klimaschutzes in der Abwägung zu optimieren sind.

Schließlich kommt den gerichtlichen Rügemöglichkeiten von Verfahrensfehlern, insbesondere solcher, die im Rahmen einer UVP oder SUP unterlaufen, eine hervorzuhebende Bedeutung zu. Sie haben eine „disziplinierende Vorwirkung“[1401] auf das Verwaltungsverfahren, sodass seine ordnungsgemäße Durchführung gleichermaßen im Interesse von Projektträgern und Behörden steht. Das Umweltrechtsbehelfsgesetz weitet die Klagemöglichkeiten im Umweltrecht in zunehmendem Maße aus und enthält hierzu spezielle Anforderungen. In Bezug auf den Klimaschutz ist festzuhalten, dass ein völliges Unterlassen der Ermittlung, Beschreibung und Bewertung der Auswirkungen eines klimarelevanten Vorhabens auf das globale Klima einen absoluten bzw. relativen Verfahrensfehler nach § 4 Abs. 1 Nr. 3 oder Abs. 1a UmwRG darstellen kann. Wurden die Auswirkungen eines Vorhabens auf das Klima hingegen geprüft – wenn auch nur in rudimentärer oder oberflächlicher Art und Weise – scheidet eine Klagemöglichkeit für Individualkläger nach dem UmwRG aus. In diesem Fall muss sich eine Einzelperson auf die Verletzung einer individualschützenden Norm berufen, wozu der globale Klimaschutzbelang momentan nicht zu zählen ist. Die Überprüfung einer zu oberflächlichen Handhabung kann daher nur durch Umweltverbände mit der Begründung erfolgen, dass durch die fehlerhafte Ermittlung ein Abwägungsfehler vorliege, welcher für die Entscheidung in der Sache von Bedeutung gewesen ist. Eingeschränkt wird der Effekt der disziplinierenden Vorwirkung durch die ausgeprägten Heilungsmöglichkeiten, die es ermöglichen, die Auswirkungen eines Vorhabens auf das globale Klima bis spät ins gerichtliche Verfahren zu ermitteln und damit nachträglich zu heilen.

III. Ausblick

Die Prüfung der Klimaverträglichkeit von Vorhaben, Projekten, Programmen und Plänen wird in Zukunft immer mehr an Relevanz gewinnen. Denn

---

1401 Siehe dazu abermals *Fellenberg/Schiller*, in: *Landmann/Rohmer*, Umweltrecht, UmwRG, Vorbemerkung, Rn. 11.

die Planung, Zulassung und der Bau insbesondere von Infrastrukturvorhaben schaffen die Grundlagen für die Gesellschaft der Zukunft. Die Entscheidung, ob heute etwa mehr Autobahnen oder Schienenwege zugelassen und gebaut werden, entfaltet ihre Wirkung nicht nur in der Gegenwart, sondern wird durch die bauliche Umsetzung dieser Vorhaben Tatsachen für die Zukunft zementieren. Es erscheint daher ausgeschlossen, dass heute eine Bundesautobahn zugelassen und gebaut wird, diese in Zukunft jedoch aufgrund negativer Auswirkungen auf das globale Klima wieder gesperrt oder gar abgerissen werden soll. Daher müssen die Auswirkungen auf das globale Klima durch rechtlich ausgefeilte Instrumente geprüft werden, sodass sich die Infrastruktur und andere klimarelevante Bereiche entsprechend den gesellschaftlichen und ökologischen Umständen mitentwickeln kann.

Zahlreiche Aspekte dieser Arbeit sind nach wie vor gerichtlich nicht abschließend entschieden. Zu erwarten ist daher Rechtsprechung insbesondere zu den Fragen, welche Anforderungen der Klimaschutz an das Recht der Planung von Bundesautobahnen stellt und wie Fehler bei der Ermittlung und Bearbeitung des Klimaschutzes im Rahmen von UVP und SUP gerichtlich überprüfbar sind.

Entwicklungen sind ebenfalls für die Bearbeitung des globalen Klimas im Rahmen der Umweltprüfung zu erwarten. Möglich erscheint einerseits, dass durch Einführung eines Leitfadens oder einer Verwaltungsvorschrift in Zukunft die Anforderungen an die Bearbeitung weiter konkretisiert werden. Ebenfalls möglich ist die Einführung einer Klimaverträglichkeitsprüfung entweder in den Bahnen der bereits etablierten Instrumente der UVP und SUP oder als ein eigenständiges spezielles Verfahrensinstrument.

Literaturverzeichnis

Ahlhelm, Inge / Bula, Andreas / Frerichs, Stefan / Hinzen, Ajo / Madry, Thomas / Schule, Ralf / Groth, Klaus-Martin / Kerstan, Susann, Klimaschutz in der räumlichen Planung: Gestaltungsmöglichkeiten der Raumordnung und Bauleitplanung, Publikationen des Umweltbundesamtes, 2013.

Albrecht, Juliane, Das Klimaschutzgesetz des Bundes – Hintergrund, Regelungsstruktur und wesentliche Inhalte, NuR 2020, 370–378.

Appel, Ivo, Staatliche Zukunfts- und Entwicklungsvorsorge: zum Wandel der Dogmatik des Öffentlichen Rechts am Beispiel des Konzepts der nachhaltigen Entwicklung im Umweltrecht, 2005.

Appel, Ivo, Staat und Bürger in Umweltverwaltungsverfahren, NVwZ 2012, 1361–1369.

Appel, Ivo, Staatsziel Nachhaltigkeit in das Grundgesetz?, in: Kahl, Wolfgang (Hrsg.), Nachhaltigkeit durch Organisation und Verfahren, Tübingen 2016.

Attendorn, Thorsten, Die Belange des Klimaschutzes nach Fukushima und der Energiewende, NVwZ 2012, 1569–1574.

Baer, Susanne, Rechtssoziologie: eine Einführung in die interdisziplinäre Rechtsforschung, 3. Auflage, Baden-Baden 2017.

Bail, Christoph, Das Klimaschutzregime nach Kyoto, EuZW 1998, 457–464.

Balla, Stefan / Borkenhagen, Jörg / Günnewig, Dieter, Der UVP-Bericht nach dem Gesetz über die Umweltverträglichkeitsprüfung, ZUR 2019, 323–332.

Balla, Stefan / Peters, Heinz-Joachim, Die novellierte UVP-Richtlinie und ihre Umsetzung, NuR 2015, 297–305.

Balla, Stefan / Schönthaler, Konstanze / Wachter, Thomas F. / Peters, Heinz-Joachim, Überblick zum Stand der fachlich-methodischen Berücksichtigung des Klimawandels in der UVP, Publikationen des Umweltbundesamtes, 2018.

Bartlsperger, Richard, Planungsrechtliche Optimierungsgebote, DVBl 1996, 1–12.

Battis, Ulrich / Krautzberger, Michael / Mitschang, Stephan / Reidt, Olaf / Stüer, Bernhard, Gesetz zur Förderung des Klimaschutzes bei der Entwicklung in den Städten und Gemeinden in Kraft getreten, NVwZ 2011, 897–904.

Battis, Ulrich / Mitschang, Stephan / Reidt, Olaf, Das Gesetz zur Umsetzung der Richtlinie 2014/52/EU im Städtebaurecht und zur Stärkung des neuen Zusammenlebens in der Stadt (BauGB-Novelle 2017), NVwZ 2017, 817–826.

Becker, Bernd, Überblick über die umfassende Änderung der Richtlinie über die Umweltverträglichkeitsprüfung: Mehrfach integrierte Vermeidung und Verminderung der Umweltbeeinträchtigung?, NVwZ 1997, 1167–1171.

Becker, Udo / Beckmann, Klaus J. / Köller, Mareike / Rohr, Götz von / Wegener, Michael / Würdemann, Gerd, Postfossile Mobilität und Raumentwicklung, 2011.

Beckmann, Martin, Das Bundesverfassungsgericht, der Klimawandel und der „intertemporale Freiheitsschutz“, UPR 2021, 241–251.

Bergk, Fabian / Knörr, Wolfgang / Lambrecht, Udo, Klimaschutz im Verkehr: Neuer Handlungsbedarf nach dem Pariser Klimaschutzabkommen, Publikationen des Umweltbundesamtes, 2017.

Berkemann, Jörg, Zur Abwägungsdogmatik: Stand und Bewertung, ZUR 2016, 323–331.

Bevis, Michael / Harig, Christopher / Khan, Shfaqat A. / Brown, Abel / Simons, Frederik J. / Willis, Michael / Fettweis, Xavier / Broeke, Michiel R. van den / Madsen, Finn Bo / Kendrick, Eric / Caccamise, Dana J. / Dam, Tonie van / Knudsen, Per / Nylen, Thomas, Accelerating changes in ice mass within Greenland, and the ice sheet's sensitivity to atmospheric forcing, PNAS 2019, 1934–1939.

Bickenbach, Christian, Subjektiv-öffentliches Recht auf Klimaschutz? Die Erderwärmung vor den Gerichten, JZ 2020, 168–177.

Böckenförde, Ernst-Wolfgang, Staat, Verfassung, Demokratie : Studien zur Verfassungstheorie und zum Verfassungsrecht, Frankfurt am Main 1991.

Böhler, Susanne / Bongardt, Daniel, Sorgenkind Verkehr – Maßnahmen zum Klimaschutz, APuZ 2007, 15–20.

Bosselmann, Klaus, Eigene Rechte für die Natur? – Ansätze einer ökologischen Rechtsauffassung, KJ 1986, 1–22.

Britz, Gabriele, Klimaschutz und Versorgungssicherheit durch Energieeffizienz – Neuerungen durch das dritte Energiebinnenmarktpaket, ZUR 2010, 124–129.

Brönnimann, Stefan, Klimatologie, 1. Auflage, Bern 2018.

Brown, Donald A., American Heat: Ethical Problems with the United States' Response to Global Warming, Lanham 2002.

Bubenzer, Olaf / Radtke, Ulrich, Natürliche Klimaänderungen im Laufe der Erdgeschichte, in: Endlicher, Wilfried / Gerstengarbe, Friedrich-Wilhelm (Hrsg.), Der Klimawandel: Einblicke, Rückblicke und Ausblicke, Potsdam 2007.

Bund für Umwelt und Naturschutz Deutschland, Stellungnahme des BUND Bundesverbandes zum Bundesverkehrswegeplan 2030 mit unmittelbarem Bezug zu einem oder mehreren Einzelprojekten, 2016.

Bund für Umwelt und Naturschutz Deutschland / Naturschutzbund Deutschland / Landesgemeinschaft Naturschutz und Umwelt NRW, Stellungnahme zum Entwurf des Bundesministeriums für Verkehr und digitale Infrastruktur für einen Bundesverkehrswegeplan 2030, 2016.

Bundesministerium für Umwelt, Naturschutz, Bau und Reaktorsicherheit, Klimaschutzplan 2050, Klimaschutzpolitische Grundsätze und Ziele der Bundesregierung, 2016.

Bundesministerium für Verkehr und digitale Infrastruktur, Bundesverkehrswegeplan 2030, 2016.

Bundesministerium für Verkehr und digitale Infrastruktur, Strategische Umweltprüfung zum Bundesverkehrswegeplan 2030, Umweltbericht, 2016.

Bunge, Thomas, Neue Anforderungen an die Umweltverträglichkeitsprüfung: die UVP-Änderungsrichtlinie 2014, NVwZ 2014, 1257–1263.

Bunge, Thomas, Die Verbandsklage im Umweltrecht, JuS 2020, 740–745.

Burgi, Martin, Die Rechtsstellung der Unternehmen im Emissionshandelssystem, NJW 2003, 2486–2492.

Buser, Andreas, Ein Grundrecht auf Klimaschutz? Möglichkeiten und Grenzen grundrechtlicher Klimaklagen in Deutschland, DVBl 2020, 1389–1396.

Byer, Philip / Cestti, Rita / Croal, Peter / Fisher, Weston / Hazell, Stephan / Kolhoff, Arend / Kornov, Lone, Climate Change in Impact Assessment: International Best Practice Principles, Special Publication Series 2012, 1–4.

Calliess, Christian, Rechtsstaat und Umweltstaat, Tübingen 2001.

Calliess, Christian, Vorsorgeprinzip und Beweislastverteilung im Verwaltungsrecht, DVBl 2001, 1725–1733.

Calliess, Christian, Abstand halten: Rechtspflichten der Klimaschutzpolitik aus planetaren Grenzen, ZUR 2019, 385–387.

Calliess, Christian, Klimapolitik und Grundrechtsschutz – Brauchen wir ein Grundrecht auf Umweltschutz?, ZUR 2021, 323–332.

Calliess, Christian, Das „Klimaurteil" des Bundesverfassungsgerichts: „Versubjektivierung" des Art. GG Artikel 20a GG?, ZUR 2021, 355–358.

Caspar, Johannes, Klimaschutz und Verfassungsrecht, in: Koch, Hans-Joachim (Hrsg.), Klimaschutz im Recht, Baden-Baden 1997.

Caspar, Johannes, Ökologische Verteilungsgerechtigkeit und moderner Rechtsstaat am Beispiel des Klimaschutzes, ARSP 1997, 338–360.

Christner, Thomas / Pieper, Theodor, Bedeutung und Stellenwert „nachhaltiger Entwicklung" bei der Gewinnung oberflächennaher Rohstoffe: Ein Beitrag zur Wirkungsweise des umweltpolitischen Leitbildes eines „sustainable development" auf planerische Abwägungsvorgänge und Genehmigungsentscheidungen im Rahmen der Rohstoffgewinnung, Berlin 1998.

Coumou, Dim / Robinson, Alexander / Rahmstorf, Stefan, Global increase in record-breaking monthly-mean temperatures, Climatic Change 2013, 771–782.

Cupei, Jürgen, Umweltverträglichkeitsprüfung: ein Beitrag zur Strukturierung der Diskussion; zugleich eine Erläuterung der EG-Richtlinie, Köln 1986.

De Witt, Siegfried, Planrechtfertigung, LKV 2006, 5–9.

Dehnen, Lutz / Morgenstern, Milan, Eine neue Ära für den internationalen Klimaschutz: Das Übereinkommen von Paris, ZUR 2016, 131–138.

Deutsch, Markus, Infrastrukturvorhaben zwischen Raumordnung, Bauleitplanung und Fachplanung, ZUR 2021, 67–75.

Deutscher Wetterdienst, Die deutschen Klimabeobachtungssysteme: Inventarbericht zum Global Climate Observing System (GCOS), Offenbach a.M 2013.

Di Fabio, Udo, Integratives Umweltrecht Bestand, Ziele, Möglichkeiten, NVwZ 1998, 329–337.

Dietlein, Johannes, Die Lehre von den grundrechtlichen Schutzpflichten, Berlin 1992.

Doelle, Meinhard, Loss and damage in the UN climate regime, in: Farber, Daniel A. / Peeters, Marjan (Hrsg.), Climate Change Law, Cheltenham, United Kingdom 2016.

Dolde, Klaus-Peter, Grundrechtsschutz durch einfaches Verfahrensrecht?, NVwZ 1982, 65–71.

Dolde, Klaus-Peter, Verwaltungsverfahren und Deregulierung, NVwZ 2006, 857–865.

Dreier, Horst (Hrsg.), Grundgesetz-Kommentar, 3. Auflage, 2015.

Dreier, Johannes, Die normative Steuerung der planerischen Abwägung: Strikte Normen, generelle Planungsleitbegriffe, Planungsleitlinien und Optimierungsgebote, Berlin 1995.

Duranton, Gilles / Turner, Matthew A., The Fundamental Law of Road Congestion: Evidence from US Cities, American Economic Review 2011, 2616–2652.

Durner, Wolfgang, Konflikte räumlicher Planungen, Tübingen 2005.

Eifert, Martin, Das Verwaltungsrecht zwischen „klassischer“ Dogmatik und steuerungswissenschaftlichem Anspruch, VVDStRL 67 2008, 286–333.

Ekardt, Felix, Zur Vereinbarkeit eines Landesklimaschutzrechts mit dem Bundes-, Verfassungs- und Europarecht, UPR 2011, 371–378.

Ekardt, Felix, Umweltverfassung und „Schutzpflichten“, NVwZ 2013, 1105–1110.

Ekardt, Felix, Menschenrechte und Umweltschutz – deutsche und internationale Debatte im Vergleich; Insbesondere am Beispiel des Klimaschutzes, ZUR 2015, 579–589.

Ekardt, Felix, Das Paris-Abkommen zum globalen Klimaschutz, NVwZ 2016, 355–358.

Ekardt, Felix / Heß, Franziska / Wulff, Justus, BVerfG-Klima-Beschluss: Folgen für Bund, EU, Länder und Kommunen, EurUP 2021, 212–227.

Ekardt, Felix / Wieding, Jutta / Garske, Beatrice / Stubenrauch, Jessica, Landnutzungs- und düngungsbezogener Klimaschutz in europa- und völkerrechtlicher Perspektive, ZUR 2018, 143–155.

Endlicher, Wilfried, Das Unbeherschbare vermeiden und das unvermeidbare beherrschen – Strategien gegen die gefährlichen Auswirkungen des Klimawandels, in: Endlicher, Wilfried / Gerstengarbe, Friedrich-Wilhelm (Hrsg.), Der Klimawandel: Einblicke, Rückblicke und Ausblicke, Potsdam 2007.

Enquete-Kommission des deutschen Bundestages, Schutz des Menschen und der Umwelt – Ziele und Rahmenbedingungen einer nachhaltig zukunftsverträglichen Entwicklung, 1998.

Epiney, Astrid, Zur Entwicklung des Emissionshandels in der EU, ZUR 2010, 236–244.

Epiney, Astrid, Instrumente und Optionen im Europäischen Klimaschutzrecht, in: Kerschner, Ferdinand (Hrsg.), Europäisches Klimaschutzrecht und erneuerbare Energien, 2014.

Epiney, Astrid / Heuck, Jennifer / Schleiss, Yvonne, Verkehrsrecht, in: Dauses, Manfred A. / Ludwigs, Markus (Hrsg.), Handbuch des EU-Wirtschaftsrechts, 51. Auflage, 2020.

Erbguth, Wilfried, Abwägung auf Abwegen? – Allgemeines und Aktuelles, JZ 2006, 484–492.

Erbguth, Wilfried, Ziel, Konzeption und Entwicklungslinien der Umweltverträglichkeitsprüfung, ZUR 2014, 515–526.

Erbguth, Wilfried / Schink, Alexander, Gesetz über die Umweltverträglichkeitsprüfung: Kommentar, 1. Auflage, München 1992.

Erbguth, Wilfried / Schink, Alexander, Gesetz über die Umweltverträglichkeitsprüfung: Kommentar, 2. Auflage, München 1996.

European Commission, Commission Notice, Technical guidance on the climate proofing of infrastructure in the period 2021–2027, C(2021) 5430 final, 2021.

Falke, Josef, Neue Entwicklungen im Europäischen Umweltrecht, ZUR 2013, 182–190.

Falke, Josef, Neue Entwicklungen im Europäischen Umweltrecht (Berichtszeitraum: 3.10.2019–2.12.2019), ZUR 2020, 115–120.

Faßbender, Kurt, Der Klima-Beschluss des BVerfG – Inhalte, Folgen und offene Fragen, NJW 2021, 2085–2091.

Fehling, Michael, Eigenwert des Verfahrens im Verwaltungsrecht, VVDStRL 70 2011, 278–337.

Fehling, Michael / Kastner, Berthold / Störmer, Rainer, Verwaltungsrecht, Handkommentar, 4. Auflage, 2016.

Fellenberg, Frank, Weiter frischer Wind aus Luxemburg – Zu den Klagemöglichkeiten im Umweltrecht, NVwZ 2015, 1721–1726.

Fellenberg, Frank / Guckelberger, Annette (Hrsg.), Klimaschutzrecht: KSG – TEHG – BEHG, 1. Auflage, München 2022.

Fisahn, Andreas / Beckmann, Martin, Probleme des Handels mit Verschmutzungsrechten – eine Bewertung ordnungsrechtlicher und marktgesteuerter Instrumente in der Umweltpolitik, ZUR 2009, 299–307.

Fleischhauer, Mark, Raumplanung und Klimaschutz – ein Überblick, in: Birkmann, Jörn / Vollmer, Maike / Schanze, Jochen (Hrsg.), Raumentwicklung im Klimawandel: Herausforderungen für die räumliche Planung, Hannover 2013.

Frank, Will, Anmerkungen zum Pariser Klimavertrag aus rechtlicher Sicht – insbesondere zu den „(I)NDCs", der 2°/1,5° Celsius-Schwelle und „loss and damage" im Kontext völkerrechtlicher Klimaverantwortung, ZUR 2016, 352–358.

Franzius, Claudio, Genügt die Novelle des Umwelt-Rechtsbehelfsgesetzes den unionsrechtlichen Vorgaben?, NVwZ 2018, 219–222.

Franzius, Claudio, Ziele des Klimaschutzrechts, ZUR 2021, 131–140.

Free, Christopher M. / Thorson, James T. / Pinsky, Malin L. / Oken, Kiva L. / Wiedenmann, John / Jensen, Olaf P., Impacts of historical warming on marine fisheries production, Science 2019, 979–983.

Frenz, Walter, Grundzüge des Klimaschutzrechts, Berlin 2020.

Frenz, Walter, Klimaeuroparecht zwischen Green Deal und Corona, EuR 2020, 605–621.

Frenz, Walter (Hrsg.), Klimaschutzrecht: Gesamtkommentar, Berlin 2021.

Frenz, Walter, Freiheitsbedingter Klimaschutz für die junge Generation, DVBl 2021, 808–819.

Frenz, Walter, Klimaschutz nach BVerfG-Beschluss und EU-Klimagesetz, EnWZ 2021, 201–208.

Friedrichsen, Lars, Umweltbelastende Vorhaben und Alternativen in der Planfeststellung: Unter besonderer Berücksichtigung der Vorgaben aus der UVP-Richtlinie, dem UVPG sowie der FFH-Richtlinie bzw. den §§ 32ff. BNatSchG, Frankfurt am Main, New York 2005.

Führ, Martin / Dopfer, Jaqui / Bizer, Kilian, Evaluation des UVPG des Bundes – Ergebnisse einer retrospektiven Gesetzesfolgenforschung, ZUR 2009, 59–65.

Führ, Martin / Schenten, Julian / Schreiber, Melanie / Schulze, Falk / Schütte, Silvia / Osigus, Torsten / Dopfer, Jaqui, Evaluation von Gebrauch und Wirkung der Verbandsklagemöglichkeiten nach dem Umwelt-Rechtsbehelfsgesetz (UmwRG), Publikationen des Umweltbundesamtes, 2014.

Gärditz, Klaus Ferdinand, Verwaltungsgerichtlicher Rechtsschutz im Umweltrecht, NVwZ 2014, 1–10.

Gassner, Erich, Die verfassungsrechtliche Profilierung des Schutzes der natürlichen Lebensgrundlagen, NVwZ 2020, 29–32.

Grabitz, Eberhard / Hilf, Meinhard / Nettesheim, Martin, Das Recht der Europäischen Union: EUV/AEUV, 65. Auflage, München 2018.

Grauthoff, Manfred, Das Schutzgut „Klima" in der UVP: Nicht bewertbar und damit nicht von Wert?, UVP-report 1994, 253–257.

Greim, Jeanine, Rechtsschutz bei Verfahrensfehlern im Umweltrecht: eine Abhandlung am Beispiel des Umwelt-Rechtsbehelfsgesetzes, Berlin 2013.

Groß, Thomas, Welche Klimaschutzpflichten ergeben sich aus Artikel 20a GG?, ZUR 2009, 364–368.

Groß, Thomas, Klimaschutz im Verkehrssektor, in: Böhm, Monika / Schmehl, Arndt (Hrsg.), Verfassung – Verwaltung – Umwelt, 2010.

Groß, Thomas, Klimaschutzgesetze im europäischen Vergleich, ZUR 2011, 171–177.

Groß, Thomas, Regelungsdefizite der Bundesverkehrswegeplanung, VerwArch 2013, 1–25.

Groß, Thomas, Verfassungsrechtliche Klimaschutzverpflichtungen, EurUP 2019, 353–363.

Groß, Thomas, Rechtsschutz gegen Maßnahmengesetze im Verkehrsbereich, JZ 2020, 76–82.

Groß, Thomas, Beschleunigungsgesetzgebung – Rückblick und Ausblick, ZUR 2021, 75–80.

Grotefels, Susan, Integrative Steuerung in der Energie- und Verkehrswende durch Raumordnung, insbesondere Regionalplanung: Stand und Fortentwicklung, ZUR 2021, 25–33.

Grothmann, Torsten, Auswirkungen des Staatszieles Klimaschutz auf den Ermessensspielraum am Beispiel des Denkmalschutzrechtes, ZfBR-Beil. 2012, 100–109.

Grüner, Johannes, Die Einschränkung der planerischen Gestaltungsfreiheit durch Optimierungsgebote und Abwägungsdirektiven, UPR 2011, 50–56.

Gurlit, Elke, Der Eigenwert des Verfahrens im Verwaltungsrecht, VVDStRL 70 2011, 229–273.

Häberle, Peter, Grundrechte im Leistungsstaat, in: Martens, Wolfgang / Häberle, Peter / Bachof, Otto / Brohm, Winfried (Hrsg.), Grundrechte im

Leistungsstaat. Die Dogmatik des Verwaltungsrechts vor den Gegenwartsaufgaben der Verwaltung, 1972.

Halloy, Stephan R. P. / Mark, Alan F., Climate-Change Effects on Alpine Plant Biodiversity: A New Zealand Perspective on Quantifying the Threat, Arctic, Antarctic, and Alpine Research 2003, 248–254.

Härtel, Ines, Einführung in das Klimaschutzrecht: Klimaschutz durch wohlgeordnetes Recht?, Berlin 2024.

Hartlik, Joachim / Balla, Stefan / Thimm, Insa / Schönthaler, Konstanze / Peters, Heinz-Joachim, Operationalisierung von in Umweltstrategien der Bundesregierung festgelegten Umweltzielen als Bewertungsmaßstab für SUP und UVP, Publikationen des Umweltbundesamtes, 2020.

Haug, Volker / Schadtle, Kai, Der Eigenwert der Öffentlichkeitsbeteiligung im Planungsrecht, NVwZ 2014, 271–275.

Heidmann, Maren, Die Alternativenprüfung bei Planungsentscheidungen, Frankfurt am Main 2012.

Heinz, Kersten, Eigenrechte der Natur: Lichtblick oder Irrlicht für einen verstärkten rechtlichen Schutz der Natur?, Der Staat 1990, 415–439.

Held, Jürgen, Individualrechtsschutz bei fehlerhaftem Verwaltungsverfahren, NVwZ 2012, 461–468.

Hendler, Reinhard, Das Gesetz zur Einführung einer Strategischen Umweltprüfung, NVwZ 2005, 977–984.

Hendzlik, Manuel / Lange, Martin / Burger, Andreas / Dziekan, Katrin / Fechter, Andrea / Frey, Kilian / Lambrecht, Martin / Mönch, Lars / Schmied, Martin, Kein Grund zur Lücke, Publikationen des Umweltbundesamtes, 2019.

Henseler, Paul, Verfassungsrechtliche Aspekte zukunftsbelastender Parlamentsentscheidungen, AöR 1983, 489–560.

Hermes, Georg, Das Grundrecht auf Schutz von Leben und Gesundheit: Schutzpflicht und Schutzanspruch aus Art. 2 Abs. 2 Satz 1 GG, Heidelberg 1987.

Herz, Raimund, Inwieweit induzieren neue Straßen zusätzlichen Verkehr?, Seminarbericht / Gesellschaft für Regionalforschung, Deutschsprachige Gruppe der Regional Science Association 1991, 51–75.

Heyer, Ernst, Witterung und Klima: eine allgemeine Klimatologie, 9. Auflage, Stuttgart 1993.

Hill, Hermann, Das fehlerhafte Verfahren und seine Folgen im Verwaltungsrecht, Heidelberg 1986.

Hoffmann, Jan, Anthropozän und Recht – Reaktionsmuster am Beispiel des Umweltrechts, UPR 2019, 52–59.

Hofmann, Ekkehard, Abwägung im Recht, Tübingen 2007.

Hofmann, Hasso, Nachweltschutz als Verfassungsfrage, ZRP 1986, 87–90.

Hofmann, Hasso, Rechtsfragen der atomaren Entsorgung, Stuttgart 1988.

Hoppe, Werner, Die Abwägung im EAG Bau nach Maßgabe des § 1 Absatz VII BauGB 2004 unter Berücksichtigung von § 2 Absatz III, IV BauGB 2004, NVwZ 2004, 903–910.

Hoppe, Werner, Die Gewichtung der Umweltbelange durch die Umweltprüfung in der bauleitplanungsrechtlichen Abwägung nach dem EAG Bau (BauGB 2004) bei der Aufstellung der Bauleitpläne – zugleich zu der begrenzten Wirkung des Nachhaltigkeitsprinzips im Planungsrecht, in: Geis, Max-Emanuel / Umbach, Dieter (Hrsg.), Planung – Steuerung – Kontrolle, Festschrift für Richard Bartlperger zum 70. Geburtstag, 2006.

Hoppe, Werner / Beckmann, Martin / Kment, Martin (Hrsg.), Gesetz über die Umweltverträglichkeitsprüfung (UVPG), Umwelt-Rechtsbehelfgesetz (UmwRG): Kommentar, 5. Auflage, Köln 2018.

Hoppe, Werner / Schlarmann, Hans / Buchner, Reimer / Deutsch, Markus, Rechtsschutz bei der Planung von Verkehrsanlagen und anderen Infrastrukturvorhaben: Grundlagen der Planfeststellung, 4. Auflage, Berlin 2011.

Hornberg, Claudia / Niekisch, Manfred / Calliess, Christian / Kemfert, Claudia / Lucht, Wolfgang / Messari-Becker, Lamia / Rotter, Vera Susanne, Umsteuern erforderlich: Klimaschutz im Verkehrssektor, Sachverständigenrat für Umweltfragen, 2018.

Hufen, Friedhelm, Heilung und Unbeachtlichkeit grundrechtsrelevanter Verfahrensfehler? Zur verfassungskonformen Auslegung der §§ 45 und 46 VwVfG, NJW 1982, 2160–2169.

Hufen, Friedhelm / Siegel, Thorsten, Fehler im Verwaltungsverfahren, 6. Auflage, Baden-Baden 2018.

Hughes, Terry P. / Anderson, Kristen D. / Connolly, Sean R. / Heron, Scott F. / Kerry, James T. / Lough, Janice M. / Baird, Andrew H. / Baum, Julia K. / Berumen, Michael L. / Bridge, Tom C. / Claar, Danielle C. / Eakin, C. Mark / Gilmour, James P. / Graham, Nicholas A. J. / Harrison, Hugo / Hobbs, Jean-Paul A. / Hoey, Andrew S. / Hoogenboom, Mia / Lowe, Ryan J. / McCulloch, Malcolm T. / Pandolfi, John M. / Pratchett, Morgan / Schoepf, Verena / Torda, Gergely / Wilson, Shaun K., Spatial and temporal patterns of mass bleaching of corals in the Anthropocene, Science 2018, 80–83.

Hundertmark, Ulrich, Die Durchführung der Umweltverträglichkeitsprüfung: eine verwaltungs- und verfassungsrechtliche Analyse der Zuständigkeiten und Bindungswirkungen, Berlin 1988.

Hutsch, Justine, Klimaschutz im Anlagenrecht, eine kritische Analyse, Kassel 2015.

IPCC, Klimaänderung 2007, Wissenschaftliche Grundlagen: Häufig gestellte Fragen und Antworten, 2007.

IPCC, Klimaänderung 2014: Synthesebericht: Beitrag der Arbeitsgruppen I, II und III zum Fünften Sachstandsbericht des zwischenstaatlichen Ausschusses für Klimaänderungen, 2015.

IPCC, Klimaänderung 2013, Naturwissenschaftliche Grundlagen: Häufig gestellte Fragen und Antworten aus dem Bericht der Arbeitsgruppe I des IPCC; Beitrag der Arbeitsgruppe I zum Fünften Sachstandsbericht des Zwischenstaatlichen Ausschusses für Klimaänderungen, 2017.

IPCC, Global Warming of 1.5 °C, Special Report, 2018.

IPCC, Special Report on the Ocean and Cryosphere in a Changing Climate, Summary for Policymakers, 2019.

IPCC, Climate Change 2021, The Physical Science Basis, Summary for Policymakers, 2021.

Ipsen, Knut, Völkerrecht, 7. Auflage, München 2018.

Isensee, Josef, Das Grundrecht auf Sicherheit, Zu den Schutzpflichten des freiheitlichen Verfassungsstaates, Berlin, Boston 1983.

Jacobeit, Jucundus, Zusammenhänge und Wechselwirkungen im Klimasystem, in: Endlicher, Wilfried / Gerstengarbe, Friedrich-Wilhelm (Hrsg.), Der Klimawandel: Einblicke, Rückblicke und Ausblicke, Potsdam 2007.

Jacobs, Max, Europäischer Emissionshandel, Erneuerbare-Energien-Gesetz und das Recht der Umweltbeihilfen: Plädoyer für einen „more environmental approach“ im EU-Wettbewerbsrecht, Baden-Baden 2016.

Jendritzky, Gerd, Folgen des Klimawandels für die Gesundheit, in: Endlicher, Wilfried / Gerstengarbe, Friedrich-Wilhelm (Hrsg.), Der Klimawandel: Einblicke, Rückblicke und Ausblicke, Potsdam 2007.

Junker, Kirk W., Ethical Emissions Trading and the Law, University of Baltimore Journal of Environmental Law 2006, 149–168.

Junker, Kirk W., The Progression of the Sustainability Concept in Environmental Law, Umwelt und Gesundheit Online 2012, 13–28.

Junker, Kirk W., Prinzip der nachhaltigen Entwicklung, in: Schöbener, Burkhard (Hrsg.), Völkerrecht: Lexikon zentraler Begriffe und Themen, Heidelberg, München, Landsberg, Frechen, Hamburg 2014.

Junker, Kirk W., Prinzip der gemeinsamen, aber differenzierten Verantwortlichkeit, in: Schöbener, Burkhard (Hrsg.), Völkerrecht: Lexikon zentraler Begriffe und Themen, Heidelberg, München, Landsberg, Frechen, Hamburg 2014.

Junker, Kirk W., Vorsorgeprinzip (Precautionary Principle), in: Schöbener, Burkhard (Hrsg.), Völkerrecht: Lexikon zentraler Begriffe und Themen, Heidelberg, München, Landsberg, Frechen, Hamburg 2014.

Kahl, Wolfgang, Nachhaltigkeit als Verbundbegriff, Tübingen 2008.

Kahl, Wolfgang, Energie und Klimaschutz – Kompetenz und Handlungsfelder der EU, in: Müller, Thorsten / Schulze-Fielitz, Helmuth (Hrsg.), Europäisches Klimaschutzrecht, 2009.

Kahl, Wolfgang, Staatsziel Nachhaltigkeit und Generationengerechtigkeit, DÖV 2009, 2–13.

Kahl, Wolfgang, Klimaschutz und Grundrechte, JURA 2021, 117–129.

Kahl, Wolfgang / Gärditz, Klaus Ferdinand, Umweltrecht, 11. Auflage, 2019.

Kahl, Wolfgang / Ohlendorf, Lutz, Das subjektive öffentliche Recht – Grundlagen und aktuelle Entwicklungen im nationalen Recht, JA 2010, 872–879.

Kahl, Wolfgang / Ohlendorf, Lutz, Die Europäisierung des subjektiven öffentlichen Rechts, JA 2011, 41–48.

Kämper, Norbert, Das Mandat im Planfeststellungsrecht, in: Johlen, Heribert / Oerder, Michael / Bender, Dominik / Brehm, Robert / Deutsch, Markus (Hrsg.), Münchener Anwalts-Handbuch Verwaltungsrecht, 4. Auflage, München 2017.

Keller, Karin, Eigene Rechte für die Natur? – Eine Kontroverse: Vom Regen in die Traufe: Natur als Rechtssubjekt, KJ 1986, 339–342.

Keller, Karsten, Drittanfechtungen im Umweltrecht durch Umweltvereinigungen und Individualkläger, NVwZ 2017, 1080–1084.

Kerr, Richard, Ocean Acidification Unprecedented, Unsettling, Science 2010, 1500–1501.

Kersten, Jens, Das Anthropozän-Konzept: Kontrakt, Komposition, Konflikt, Baden-Baden 2014.

Kim, Ji Hee, Umweltprüfungen als Vorsorgeinstrument: deutsch-koreanischer Rechtsvergleich, Berlin 2017.

Kleiber, Michael, Der grundrechtliche Schutz künftiger Generationen, Tübingen 2014.

Klingenfeld, Daniel, Die 2 °C Temperaturleitplanke als Koordinate globaler Klimapolitik, in: Keil, Geert / Poscher, Ralf (Hrsg.), Unscharfe Grenzen im Umwelt- und Technikrecht, 44, Baden-Baden 2012.

Klinger, Remo, Klagerechte zur Durchsetzung des Bundes-Klimaschutzgesetzes, ZUR 2020, 259–262.

Klinger, Remo / Wegener, Henrike, Klimaschutzziele in der Raumordnung, NVwZ 2011, 905–910.

Klinsing, Maren, Sachrichtigkeit und Verfahrensgerechtigkeit: ein Vergleich der Rechtsschutzmöglichkeiten bei fehlerhaftem Verwaltungsverfahren im deutschen und englischen Rechtssystem, 2019.

Kloepfer, Michael, Umweltrecht, 4. Auflage, 2016.

Kment, Martin, Klimaschutzziele und Jahresemissionsmengen – Kernelemente des neuen Bundes-Klimaschutzgesetzes, NVwZ 2020, 1537–1544.

Koch, Hans-Joachim, Klimaschutzrecht, NVwZ 2011, 641–654.

Köck, Wolfgang, Klimawandel und Recht – Adaption an Klimaänderungen: Auswirkungen auf den Hochwasserschutz, die Bewirtschaftung der Wasserressourcen und die Erhaltung der Artenvielfalt, ZUR 2007, 393–400.

Köck, Wolfgang / Örtl, Elke / Bovet, Jana / Fischer, Henrik / Ludwig, Grit / Möckel, Stefan / Faßbender, Kurt, Das Instrument der Bedarfsplanung – Rechtliche Möglichkeiten für und verfahrensrechtliche Anforderungen an ein Instrument für mehr Umweltschutz, Publikationen des Umweltbundesamtes, 2017.

Kodal, Kurt, Handbuch Straßenrecht, 8. Auflage, München 2021.

Köppel, Johann / Langenheld, Alexandra / Peters, Wolfgang / Wende, Wolfgang, Anforderungen der SUP-Richtlinie an Bundesverkehrswegeplanung und Verkehrsentwicklungsplanung der Länder, 2013.

Köppel, Johann / Wende, Wolfgang / Geißler, Gesa / Rehhausen, Anke / Albrecht, Juliane / Syrbe, Ralf-Uwe / Magel, Ina / Scholles, Frank / Putschky, Margit / Hoppenstedt, Adrian / Stemmer, Boris, Strategische Umweltprüfung und (neuartige) Pläne und Programme auf Bundesebene – Methoden, Verfahren und Rechtsgrundlagen, Publikationen des Umweltbundesamtes, 2018.

Köppke, Karl-Erich / Buchholz, Georg / Stenner, Leonard, UVP-Änderungsrichtlinie 2014/52/EU und Klimawandel, Publikationen des Umweltbundesamtes, 2020.

Köster, Miriam, Integration und Kohärenz im Meeresumweltschutz- und Fischereirecht der EU, Berlin 2019.

Kreuter-Kirchhof, Charlotte, Neue Kooperationsformen im Umweltvölkerrecht: die Kyoto-Mechanismen, Berlin 2005.

Kreuter-Kirchhof, Charlotte, Emissionshandel und Erneuerbare Energien Richtlinie: Instrumente zur Umsetzung der Klimaschutzstrategie der EU, ZUR 2019, 396–404.

Kühling, Jürgen, Die richtlinienkonforme und die verfassungskonforme Auslegung im Öffentlichen Recht, JuS 2014, 481–490.

Kümper, Boas, Das Klimaschutzgesetz des Bundes – Grundstrukturen und Bedeutung für das Planungsrecht, UPR 2021, 91–93.

Kümper, Boas, Integrative Steuerung in der Energie- und Verkehrswende durch städtebauliche Instrumente: Stand und Fortentwicklung, ZUR 2021, 33–39.

Landmann, Robert / Rohmer, Gustav (Hrsg.), Umweltrecht, Loseblatt Kommentar.

Lange, Martin, Klimaschutz durch Tempolimit, Publikationen des Umweltbundesamtes, 2020.

Langstädtler, Sarah, Effektiver Umweltrechtsschutz in Planungskaskaden untersucht für die Planungsverfahren des FStrG, NABEG und StandAG, 2021.

Lantieri, Adrien / Lukacova, Zuzana / McGuinn, Jennifer / McNeill, Alicia, Environmental Impact Assessment of Projects: Guidance on the Preparation of the Environmental Impact Assessment Report (Directive 2011/92/EU as amended by 2014/52/EU), Europäische Kommission, 2017.

Larenz, Karl, Methodenlehre der Rechtswissenschaft, 6. Auflage, Berlin, New York 1991.

Laubinger, Hans-Werner, Grundrechtsschutz durch Gestaltung des Verwaltungsverfahrens, VerwArch 1982, 60–85.

Laubinger, Hans-Werner, Der Verfahrensgedanke im Verwaltungsrecht, in: König, Klaus / Merten, Detlef (Hrsg.), Verfahrensrecht in Verwaltung und Verwaltungsgerichtsbarkeit, Berlin 2000.

Lehmann, Jascha / Coumou, Dim / Frieler, Katja, Increased record-breaking precipitation events under global warming, Climatic Change 2015, 501–515.

Libbe, Jens / Petschow, Ulrich / Trapp, Jan / Arndt, Wulf-Holger / Floeting, Holger, Diskurse und Leitbilder zur zukunftsfähigen Ausgestaltung von Infrastrukturen, 2018.

Lucht, Michael / Spangardt, Gorden, Emissionshandel: Ökonomische Prinzipien, rechtliche Regelungen und technische Lösungen für den Klimaschutz, Berlin, Heidelberg 2005.

Mann, Thomas / Sennekamp, Christoph / Uechtritz, Michael (Hrsg.), Verwaltungsverfahrensgesetz: Großkommentar, 2. Auflage, Baden-Baden 2019.

Markus, Till / Köck, Wolfgang, Der europäische „Green Deal" – Auf dem Weg zu einem EU-„Klimagesetz", ZUR 2020, 257–259.

Martini, Mario / Finkenzeller, Xaver, Die Abwägungsfehlerlehre, JuS 2012, 126–131.

Maunz, Theodor / Dürig, Günter (Hrsg.), Grundgesetz Kommentar, 86. Auflage, 2019.

Mayen, Thomas, Die Umweltverträglichkeitsprüfung nach dem UVP-Gesetz und der UVP-Verwaltungsvorschrift, NVwZ 1996, 319–326.

McGuinn, Jennifer / Hernandez, Guillermo / Eales, Rick / Sheate, William / Baker, Jonathan / Dusik, Jiri / Partidario, Maria / Byron, Helen, Guidance on Integrating Climate Change and Biodiversity into Strategic Environmental Assessment, Europäische Kommission, Luxemburg 2013.

Meyer, Stephan, Grundrechtsschutz in Sachen Klimawandel?, NJW 2020, 894–900.

Mezger, Gabriele, Umweltverträglichkeitsprüfung, Umweltschutz und räumliche Nutzung in den USA: am Beispiel der Umweltverträglichkeitsprüfung auf der Bundesebene und in Kalifornien, Berlin 1989.

Milam, Ronald T. / Birnbaum, Marc / Ganson, Chris / Handy, Susan / Walters, Jerry, Closing the Induced Vehicle Travel Gap Between Research and Practice, Transportation Research Record 2017, 10–16.

Milstein, Alexander, Die Bedeutung der transeuropäischen Netze für das materielle Fachplanungsrecht. Europäische Infrastrukturpolitik im Spannungsfeld von Effektivität und Subsidarität, UPR 2020, 241–251.

Mitschang, Stephan, Klimaschutz und Klimaanpassung im Besonderen Städtebaurecht, ZfBR 2020, 613–628.

Muckel, Stefan, Pflicht des Gesetzgebers zu effektivem Klimaschutz, JA 2021, 610–613.

Müller, Friedrich, Juristische Methodik, 6. Auflage, Berlin 1995.

Münch, Ingo von / Kunig, Philip (Hrsg.), Grundgesetz-Kommentar, 7. Auflage, 2021.

Murswiek, Dietrich, Die staatliche Verantwortung für die Risiken der Technik: Verfassungsrechtliche Grundlagen und immissionsschutzrechtliche Ausformung, Berlin 1985.

Murswiek, Dietrich, Staatsziel Umweltschutz (Art. 20a GG) Bedeutung für Rechtsetzung und Rechtsanwendung, NVwZ 1996, 222–230.

Murswiek, Dietrich, Umweltrecht und Grundgesetz – Rechtsprechungsanalyse, Die Verwaltung 2000, 241–283.

Nückel, David, Rechtlicher Charakter des Pariser Übereinkommens – hard law oder soft law?, ZUR 2017, 525–532.

Oreskes, Naomi, The Scientific Consensus on Climate Change, Science 2004, 1686–1686.

Ossenbühl, Fritz, Verwaltungsverfahren zwischen Verwaltungseffizienz und Rechtsschutzauftrag, NVwZ 1982, 465–472.

Peel, Jacqueline, Environmental Impact Assessment and Climate Change, in: Farber, Daniel A. / Peeters, Marjan (Hrsg.), Climate Change Law, Cheltenham, United Kingdom 2016.

Pehnt, Martin (Hrsg.), Energieeffizienz: Ein Lehr- und Handbuch, Berlin, Heidelberg 2010.

Peters, Heinz-Joachim, Art. GG Artikel 20a GG – Die neue Staatszielbestimmung des Grundgesetzes, NVwZ 1995, 555–557.

Peters, Heinz-Joachim, Verwaltungsrechtliche Verfahren zur Anpassung von Vorhaben an den Klimawandel, KommJur 2017, 41–45.

Peters, Heinz-Joachim / Balla, Stefan / Hesselbarth, Thorsten, Gesetz über die Umweltverträglichkeitsprüfung: Handkommentar, 4. Auflage, Baden-Baden 2019.

Pietzcker, Jost, Verwaltungsverfahren zwischen Verwaltungseffizienz und Rechtsschutzauftrag, VVDStRL 41 1983, 193–227.

Prognos AG / Fraunhofer ISI / GWS, Energiewirtschaftliche Projektionen und Folgeabschätzungen 2030/2050, 2020.

Quabeck, Christian, Dienende Funktion des Verwaltungsverfahrens und Prozeduralisierung, Tübingen 2010.

Rahmstorf, Stefan / Schellnhuber, Hans Joachim, Der Klimawandel: Diagnose, Prognose, Therapie, 8. Auflage, München 2018.

Raiser, Thomas, Grundlagen der Rechtssoziologie, 6. Auflage, Tübingen 2013.

Rasmussen, Andrew / Lehmler, Sebastian / Lindemann, Philippa / Wessel-Bothe, Eva / Varol, Nermin / Köppel, Johann, Handreichung zur Berücksichtigung des Klimawandels in der Umweltverträglichkeitsprüfung, UVP-report 2021, 92–99.

Reese, Moritz, Klimaanpassung im Raumplanungsrecht, ZUR 2015, 16–27.

Rodi, Michael, Die deutsche Klimaschutzplanung im Lichte einer internationalen „best practice“ Analyse von Klimaschutzgesetzgebung, in: Lorenzmeier, Stefan / Folz, Hans-Peter (Hrsg.), Recht und Realität: Festschrift für Christoph Vedder, Baden-Baden 2017.

Rodi, Michael, Straßenrecht und Klimaschutz, in: Durner, Wolfgang (Hrsg.), Grundfragen des straßenrechtlichen Nutzungsregimes – Straßenrecht im Zeichen des Klimawandels, Referate zweier Forschungsseminare des Arbeitskreises „Straßenrecht“ am 19./20. September 2016 und am 18./19. September 2017 in Bonn, 2018.

Rodi, Michael (Hrsg.), Handbuch Klimaschutzrecht, 2022.

Röhl, Klaus, Rechtssoziologie, Köln, Berlin, Bonn, München 1987.

Rosenzweig, Cynthia / Elliott, Joshua / Deryng, Delphine / Ruane, Alex C. / Müller, Christoph / Arneth, Almut / Boote, Kenneth J. / Folberth, Christian / Glotter, Michael / Khabarov, Nikolay / Neumann, Kathleen / Piontek, Franziska / Pugh, Thomas A. M. / Schmid, Erwin / Stehfest, Elke / Yang, Hong / Jones, James W., Assessing agricultural risks of climate change in the 21st century in a global gridded crop model intercomparison, PNAS 2014, 3268–3273.

Runge, Karsten, Umweltverträglichkeitsuntersuchung: Internationale Entwicklungstendenzen und Planungspraxis, 1998.

Sachs, Michael (Hrsg.), Grundgesetz Kommentar, 8. Auflage, 2017.

Sachs, Michael, Grundrechte: Klimawandel, JuS 2021, 708–711.

Sachverständigenrat für Umweltfragen, Wege zur 100 % erneuerbaren Stromversorgung: Sondergutachten, Berlin 2011.

Sachverständigenrat für Umweltfragen, Pariser Klimaziele erreichen mit dem CO_2-Budget, 2020.

Saladin, Peter V. / Zenger, Christoph Andreas, Rechte künftiger Generationen, Basel 1988.

Sangenstedt, Christof, Die Reform der UVP-Richtlinie 2014: Herausforderungen für das deutsche Recht, ZUR 2014, 526–535.

Saurer, Johannes, Klimaschutz global, europäisch, national – Was ist rechtlich verbindlich?, NVwZ 2017, 1574–1579.

Saurer, Johannes, Klimaschutzziele und Abwägungsentscheidungen in der raumbezogenen Planung, EurUP 2018, 183–187.

Saurer, Johannes, Verfahrensregeln im internationalen Klimaschutzrecht, NuR 2019, 145–151.

Saurer, Johannes, Heilung von Verfahrensfehlern in umweltrechtlichen Zulassungsverfahren, NVwZ 2020, 1137–1143.

Sauthoff, Michael, Umweltbelange in der Verkehrswegeplanung, in: Rodi, Michael (Hrsg.), Anspruchsvoller Umweltschutz in der Fach- und Raumplanung: Planungskaskaden bei Großvorhaben, Berlin 2012.

Sauthoff, Michael, Klimaschutz in der Raumordnung, ZUR 2021, 140–149.

Sauthoff, Michael, Klimaschutz in der Raumordnung, ZUR 2021, 140–149.

Schellnhuber, Hans Joachim / Rahmstorf, Stefan / Winkelmann, Ricarda, Why the right climate target was agreed in Paris, Nature Climate Change 2016, 649–653.

Schink, Alexander, Auswirkungen des EG-Rechts auf die Umweltverträglichkeitsprüfung nach deutschem Recht, NVwZ 1999, 11–19.

Schink, Alexander, Entwicklungen und Stand der UVP, NuR 2018, 21–29.

Schink, Alexander, Kommunale Erklärungen zum Klimanotstand – rechtlich betrachtet, UPR 2020, 201–208.

Schink, Alexander, Das Berücksichtigungsgebot des § 13 Klimaschutzgesetz, NuR 2021, 1–7.

Schink, Alexander / Reidt, Olaf / Mitschang, Stephan (Hrsg.), Umweltverträglichkeitsprüfungsgesetz, Umwelt-Rechtsbehelfsgesetz: Kommentar, München 2018.

Schirach, Ferdinand von, Jeder Mensch, München 2021.

Schlacke, Sabine, Klimaschutzrecht – ein Rechtsgebiet? Begriffliches, Systematik und Perspektiven, in: Erbguth, Wilfried (Hrsg.), Umwelt- und Planungsrecht im Wandel: System, Funktionen, Perspektiven, Berlin 2010.

Schlacke, Sabine, Zur fortschreitenden Europäisierung des (Umwelt-)Rechtsschutzes, NVwZ 2014, 11–18.

Schlacke, Sabine, Umweltrecht, 7. Auflage, Baden-Baden 2019.

Schlacke, Sabine, Aktuelles zum Umwelt-Rechtsbehelfsgesetz, NVwZ 2019, 1392–1401.

Schlacke, Sabine, Klimaschutzrecht im Mehrebenensystem, EnWZ 2020, 355–363.

Schlacke, Sabine, Bundes-Klimaschutzgesetz: Klimaschutzziele und -pläne als Herausforderung des Verwaltungsrechts, EurUP 2020, 338–345.

Schlacke, Sabine, Klimaschutzrecht – Ein Grundrecht auf intertemporale Freiheitssicherung, NVwZ 2021, 912–917.

Schlacke, Sabine / Knodt, Michèle, Das Governance-System für die Europäische Energieunion und für den Klimaschutz, ZUR 2019, 404–412.

Schlacke, Sabine / Kreuter-Kirchhof, Charlotte (Hrsg.), Klimaschutzrecht: Bundes-Klimaschutzgesetz; Landesklimagesetze; Brennstoffemissionshandelsgesetz, 1. Auflage, Baden-Baden 2022.

Schlette, Volker, Die Verfassungswidrigkeit des Ozon-Gesetzes, JZ 1996, 327–335.

Schmidt-Aßmann, Eberhard, Das allgemeine Verwaltungsrecht als Ordnungsidee: Grundlagen und Aufgaben der verwaltungsrechtlichen Systembildung, Berlin 2006.

Schmidt-Aßmann, Eberhard, Grundrechte als Organisations- und Verfahrensgarantien, in: Merten, Detlef / Papier, Hans-Jürgen (Hrsg.), Handbuch der Grundrechte in Deutschland und Europa: Band II: Grundrechte in Deutschland – Allgemeine Lehren, Heidelberg, Zürich, St. Gallen 2006.

Schmidt-Aßmann, Eberhard, Der Verfahrensgedanke im deutschen und europäischen Verwaltungsrecht, in: Hoffmann-Riem, Wolfgang / Schmidt-Aßmann, Eberhard / Voßkuhle, Andreas (Hrsg.), Grundlagen des Verwaltungsrechts, 2. Auflage, München 2012.

Schoch, Friedrich / Schneider, Jens Peter / Bier, Wolfgang (Hrsg.), Verwaltungsgerichtsordnung: Loseblatt Kommentar.

Schomerus, Karsten / Runge, Thomas, Klimaschutz in der Strategischen Umweltprüfung – am Beispiel der Windenergienutzung in der Ausschließlichen Wirtschaftszone, ZUR 2007, 410–415.

Schönthaler, Konstanze / Balla, Stefan / Wachter, Thomas F. / Peters, Heinz-Joachim, Grundlagen der Berücksichtigung des Klimawandels in UVP und SUP, Publikationen des Umweltbundesamtes, 2018.

Schuchardt, Bastian / Wittig, Stefan, Germany in the Midst of Climate Change, 2010.

Schütte, Peter / Winkler, Martin, Aktuelle Entwicklungen im Bundesumweltrecht Berichtszeitraum 13.2.2017 bis 1.4.2017, ZUR 2017, 375–379.

Schwarzer, Stephan / Niederhuber, Martin, Emissionshandel als Flaggschiff des Europäischen Klimaschutzrechts?, in: Kirchengast, Gottfried (Hrsg.), Klimaschutzrecht zwischen Wunsch und Wirklichkeit, Wien 2018.

Seibert, Max-Jürgen, Die Fehlerbehebung durch ergänzendes Verfahren nach dem UmwRG, NVwZ 2018, 97–105.

Seibert, Max-Jürgen, Die gerichtliche Kontrolle von Verfahrensvorschriften nach § 4 UmwRG, NVwZ 2019, 337–344.

Sherwood, Steven C. / Huber, Matthew, An adaptability limit to climate change due to heat stress, PNAS 2010, 9552–9555.

Sieben, Peter, Was bedeutet Nachhaltigkeit als Rechtsbegriff?, NVwZ 2003, 1173–1176.

Siegel, Thorsten, Entscheidungsfindung im Verwaltungsverbund, Tübingen 2009.

Sina, Stephan / Scharlau, Jan / Swieykowski-Trzaska, Lilly von / Keimeyer, Friedhelm / Klinski, Stefan, Das Bundes-Klimaschutzgesetz, NVwZ 2020, 1–8.

Sobel, Adam H. / Camargo, Suzana J. / Hall, Timothy M. / Lee, Chia-Ying / Tippett, Michael K. / Wing, Allison A., Human influence on tropical cyclone intensity, Science 2016, 242–246.

Sodan, Helge / Ziekow, Jan (Hrsg.), Verwaltungsgerichtsordnung: Großkommentar, 5. Auflage, Baden-Baden 2018.

Stäsche, Uta, Entwicklungen des Klimaschutzrechts und der Klimaschutzpolitik 2018/19, EnWZ 2019, 248–262.

Stäsche, Uta, Entwicklungen des Klimaschutzrechts und der Klimaschutzpolitik 2019–2021, EnWZ 2021, 151–161.

Steinbeiß-Winkelmann, Christine, Europäisierung des Verwaltungsrechtsschutzes: Anmerkungen zu einer „unendlichen Geschichte", NJW 2010, 1233–1238.

Steinberg, Rudolf, Zulassung von Industrieanlagen im deutschen und europäischen Recht, NVwZ 1995, 209–219.

Steinberg, Rudolf, Verfassungsrechtlicher Umweltschutz durch Grundrechte und Staatszielbestimmung, NJW 1996, 1985–1994.

Stelkens, Paul / Bonk, Heinz Joachim / Sachs, Michael (Hrsg.), Verwaltungsverfahrensgesetz Kommentar, 9. Auflage, München 2018.

Stelkens, Ulrich, Der Eigenwert des Verfahrens im Verwaltungsrecht, DVBl 2010, 178–1086.

Stern, Nicholas, The Economics of Climate Change: The Stern Review, Cambridge, UK; New York, USA 2007.

Stüer, Bernhard, Handbuch des Bau- und Fachplanungsrechts: Planung – Genehmigung – Rechtsschutz, 5. Auflage, München 2015.

Stüer, Bernhard / Hönig, Dietmar, Raumordnung und Fachplanung im Widerstreit, in: Ziekow, Jan (Hrsg.), Bewertung von Fluglärm – Regionalplanung – Planfeststellungsverfahren: Vorträge auf den Vierten Speyerer Planungsrechtstagen und dem Speyerer Luftverkehrsrechtstag vom 13. bis 15. März 2002 an der Deutschen Hochschule für Verwaltungswissenschaften Speyer, Berlin 2003.

The World Health Organization, The World Health Report 2002, Reducing Risks, Promoting Healty Life, Genf 2002.

Thomas, Chris D. / Cameron, Alison / Green, Rhys E. / Bakkenes, Michel / Beaumont, Linda J. / Collingham, Yvonne C. / Erasmus, Barend F. N. / Siqueira, Marinez Ferreira de / Grainger, Alan / Hannah, Lee / Hughes, Lesley / Huntley, Brian / Jaarsveld, Albert S. van / Midgley, Guy F. / Miles, Lera / Ortega-Huerta, Miguel A. / Townsend Peterson, A. / Phillips, Oliver L. / Williams, Stephen E., Extinction risk from climate change, Nature 2004, 145–148.

Tonikidis, Stelios, Grundzüge der richtlinienkonformen Auslegung und Rechtsfortbildung, JA 2013, 598–604.

Umweltbundesamt, Leitfaden zur Strategischen Umweltprüfung (SUP), 2009.

Umweltbundesamt, Emissionshandel in Zahlen, 2015.

Umweltbundesamt, Stellungnahme des Umweltbundesamtes zum Entwurf des BVWP 2030 mit Umweltbericht, 2016.

Umweltbundesamt, Nationales Emissionshandelssystem, Hintergrundpapier, 2020.

Umweltbundesamt, Abschätzung der Treibhausgasminderungswirkung des Klimaschutzprogramms 2030 der Bundesregierung, 2020.

Unnerstall, Herwig, Rechte zukünftiger Generationen, 1999.

Unruh, Peter, Zur Dogmatik der grundrechtlichen Schutzpflichten, Berlin 1996.

Verheyen, Roda, Die Bedeutung des Klimaschutzes bei der Genehmigung von Kohlekraftwerken und bei der Zulassung des Kohleabbaus, ZUR 2010, 403–411.

Verheyen, Roda / Schayani, Kilian, Der globale Klimawandel als Hindernis bei der Vorhabengenehmigung, Entscheidungsbesprechung zum Urteil „Heathrow

Airport“ und Einordnung in die internationale Rechtsprechung, ZUR 2020, 412–420.

Vitzthum, Wolfgang / Proelß, Alexander (Hrsg.), Völkerrecht, 7. Auflage, Berlin 2016.

Voland, Thomas / Engel, Stefan, Regeln für das Weltklima, NVwZ 2019, 1785–1790.

Von Mutius, Albert, Grundrechtschutz contra Verwaltungseffizienz im Verwaltungsverfahren?, NJW 1982, 2150–2160.

Von Weschpfennig, Armin, Renaissance der Legalplanung? Verfassungs- und europarechtliche Fragen anlässlich des Maßnahmengesetzvorbereitungsgesetzes vom 22. März 2020, AöR 2020, 438–478.

Wachter, Thomas F. / Balla, Stefan / Schönthaler, Konstanze, Methodische Empfehlungen zur Berücksichtigung des Klimawandels in der Umweltverträglichkeitsprüfung, UVP-report 2017, 213–223.

Waechter, Kay, Umweltschutz als Staatsziel, NuR 1996, 321–333.

Wagner, Julian, Das integrierte Konzept der IE-Richtlinie und seine Umsetzung im deutschen Recht, Tübingen 2017.

Wagner, Stephan, Klimaschutz durch Raumordnung, Berlin 2018.

Wagner, Stephan, Klimaschutz durch Raumordnung, NuR 2019, 159–167.

Wahl, Rainer, Verwaltungsverfahren zwischen Verwaltungseffizienz und Rechtsschutzauftrag, VVDStRL 41 1983, 151–295.

Wegener, Bernhard W., Zukunftsfähigkeit des europäischen Umweltrechts, ZUR 2009, 459–464.

Wegener, Bernhard W., Die Novelle des EU-Emissionshandelssystems, ZUR 2009, 283–288.

Wegener, Bernhard W., Urgenda – Weltrettung per Gerichtsbeschluss? Klimaklagen testen die Grenzen des Rechtsschutzes, ZUR 2019, 3–13.

Wegener, Bernhard W., Rechtsschutz gegen Verfahrensfehler, in: Faßbender, Kurt / Köck, Wolfgang (Hrsg.), Querschnittsprobleme des Umwelt- und Planungsrechts – Rechtsschutz und Umweltprüfungen. Dokumentation des 23. Leipziger Umweltrechtlichen Symposions des Instituts für Umwelt- und Planungsrecht der Universität Leipzig und des Helmholtz-Zentrums für Umweltforschung – UFZ am 22. und 23. März 2018, 2019.

Wegener, Bernhard W., Verkehrsinfrastrukturgenehmigungen durch Gesetz und ohne fachgerichtlichen Rechtsschutz? Verfassungs-, völker- und europarechtliche Anforderungen an die Maßnahmegesetzgebung im Verkehrsbereich, ZUR 2020, 195–204.

Wemdzio, Marcel, Die UVP – Unheimlich viel Papier?, NuR 2008, 479–483.

Winkler, Martin, Klimaschutzrecht: völker-, europa- und verfassungsrechtliche Grundlagen sowie instrumentelle Umsetzung der deutschen Klimaschutzpolitik unter besonderer Berücksichtigung des Emissionshandels, Münster 2005.

Winter, Gerd, Das Klima ist keine Ware; Eine Zwischenbilanz des Emissionshandelssystems, ZUR 2009, 289–298.

Winter, Gerd, Entwicklungslinien der Umweltverträglichkeitsprüfung, UVP-report 2017, 89–97.

Wissenschaftlicher Beirat der Bundesregierung Globale Umweltveränderungen, Welt im Wandel: Wege zur Lösung globaler Umweltprobleme: Jahresgutachten 1995, Berlin 1995.

Wissenschaftlicher Beirat der Bundesregierung Globale Umweltveränderungen, Welt im Wandel: Herausforderung für die deutsche Wissenschaft: Jahresgutachten 1996, Berlin 1996.

Wissenschaftlicher Beirat der Bundesregierung Globale Umweltveränderungen, Über Kyoto hinaus denken – Klimaschutzstrategien für das 21. Jahrhundert: Sondergutachten, Berlin 2003.

Wissenschaftlicher Beirat der Bundesregierung Globale Umweltveränderungen, Kassensturz für den Weltklimavertrag – der Budgetansatz: Sondergutachten, Berlin 2009.

Wittig, Stefan / Schuchardt, Bastian, Anpassung an den Klimawandel: Bauen und Wohnen in der Stadt, 2013.

Wolf, Rainer, Gehalt und Perspektiven des Art. 20a GG, KritV 1997, 280–305.

Wolf, Rainer, CCS, Anlagengenehmigungsrecht und Emissionshandel, ZUR 2009, 571–579.

Wolff, Heinrich-Amadeus, Die dienende Funktion der Verfahrensrechte – eine dogmatische Figur mit Aussagekraft und Entwicklungspotential, in: Pitschas, Rainer / Uhle, Arnd (Hrsg.), Wege gelebter Verfassung in Recht und Politik. Festschrift für Rupert Scholz zum 70. Geburtstag, 2007.

Wood, Christopher, Environmental Impact Assessment: a Comparative Review, 2008.

World Commission on Environment and Development, Our Common Future, 1987.

Wulfhorst, Reinhard, Der Bundesverkehrswegeplan und die Beteiligung der Öffentlichkeit, DVBl 2012, 466–475.

Würtenberger, Thomas, Akzeptanz durch Verwaltungsverfahren, NJW 1991, 257-263.

Würtenberger, Thomas, Rechtliche Optimierungsgebote oder Rahmensetzungen für das Verwaltungshandeln?, VVDStRL 58 1999, 139–170.

Würtenberger, Thomas, Der Klimawandel in den Umweltprüfungen, ZUR 2009, 171–178.

Ziekow, Jan (Hrsg.), Handbuch des Fachplanungsrechts: Grundlagen, Praxis, Rechtsschutz, 2. Auflage, München 2014.

Ziekow, Jan, Verfahrensfehler im Umweltrecht – notwendige Nachjustierungen im deutschen Verwaltungsrecht, NuR 2014, 229–235.

Ziekow, Jan (Hrsg.), Verwaltungsverfahrensgesetz, 4. Auflage, 2020.

Zippelius, Reinhold, Juristische Methodenlehre, 9. Auflage, München 2005.